改變歷史的

風雲人物

風雷一聲響，憾山千仞崗，氣蓋山河，風雲因而變色，寰宇為之改變！

旭日海中升，朝霞滿山林，雲淡風清，社會因而祥和，人類為之燦爛！

或叱吒風雲如希特勒，或教化人類如釋迦牟尼。**不同的抱負，各異的實踐**；各擅專長，成就了功業，改變了歷史。

難免的，滿懷熱情改革、堅持奉獻者有之；**夾雜權力和野心，亦不乏其人**。且留後人評斷。

經由風雲人物的真實故事，瞭解其人行為背後原因、動機，詮釋其人的經歷和遭遇，甚至生命的意義。讓我們快速穿透一位前賢的行誼；甚至於別人知道他有多麼偉大，而你卻知道他在別的一面沒那麼偉大！**看清一生的過程與真實**，讓他的生命在我們的時空多活一次，**助解我們自己的問題**。

閱讀吧！「**今人不見古時月，今夜曾經照古人**」，「傳記」給你！

改變歷史的
風雲人物001

Napoleon Bonaparte
拿破崙

著｜埃米爾・路德維希
譯｜鄭志勇

前言

重點人物概況

拿破崙：生於一七六九年八月十五日，卒於一八二一年五月五日。一八〇四年稱帝前，人們習慣地稱他爲「波拿巴」。稱帝後，改名「拿破崙」。筆者在後面的敘述中，提到皇帝一詞，即指拿破崙。

萊蒂齊婭：生於一七五〇年（月、日不詳），卒於一八三六年二月二日，是拿破崙的母親。出身於名門望族，才貌雙全。

約瑟夫：生於一七六八年一月十七日，卒於一八四四年七月二十八日，是拿破崙的長兄。儀表堂堂，風流倜儻，先被封爲那不勒斯國王，後任西班牙國君。

呂西安：生於一七七五年五月二十一日，卒於一八四〇年六月二十九日，是拿破崙的大弟。才思敏捷，在霧月政變中，傾全力幫助拿破崙得以執政。

路易：生於一七七八年九月二日，卒於一八四六年七月二十五日，是拿破崙的二弟。曾出任荷蘭國君，其子即爲日後的拿破崙三世。

熱羅姆：生於一七八四年十一月十五日，卒於一八六〇年六月二十四日，是拿破崙的小弟。曾在法國駐美洲艦隊服役，一八〇三年娶一位美國女子爲妻，生有一子。後在拿破崙的逼迫下離婚，繼而被封爲威斯特伐利亞國君。

埃里茲：生於一七七七年一月三日，卒於一八二〇年八月七日，是拿破崙的長妹。被封掌管托斯卡納。一八二〇年患胃癌去世。

波利娜：生於一七八〇年十月二十日，卒於一八二五年六月九日，是拿破崙的二妹，最得拿破崙的寵愛，被譽爲歐洲第一美女。

卡羅利娜：生於一七八二年三月二十五日，卒於一八三九年五月十八日，是拿破崙的小妹。丈夫是元帥繆拉。

朱莉：是約瑟夫的妻子，即拿破崙的大嫂。

歐仁妮：生於一七七七年十一月八日，卒於一八六〇年十二月十七日，是朱莉的妹妹。曾是拿破崙的未婚妻，最終嫁給貝爾納多特，並被封爲瑞典王后。

約瑟芬：生於一七六三年六月二十三日，卒於一八一四年五月二十九日，是拿破崙的妻子，即後來的皇后，但因一直沒有生育，一八〇九年無奈與拿破崙離婚。

歐仁·博阿爾內：生於一七八一年九月三日，卒於一八二四年二月二十一日，是約瑟芬與前夫的兒子。戰場上屢立奇功，對拿破崙忠心耿耿。

奧坦絲：生於一七八三年，卒於一八三七年，是約瑟芬與前夫的女兒。丈夫是拿破崙的二弟路易，被封爲荷蘭王后，他們的三子小路易，日後成爲法國國君，即拿破崙三世。

里昂·德尼埃爾：生於一八〇六年十二月十三日，卒於一八八一年四月十四日，是拿破崙的長子，母親是德尼埃爾。長大後不爭氣，終日沉迷於女色，並在賭場中肆意妄爲，拿破崙留給他的鉅額家產都被揮霍殆盡。

亞歷山大・瓦洛斯卡：生於一八一〇年五月四日，卒於一八六八年九月二十七日，是拿破崙與波蘭之妻瑪麗・瓦洛斯卡夫人生的兒子。擅長交際，在文學方面的造詣也頗為深厚。

亞歷山大一世：生於一七七七年十二月二十三日，卒於一八二五年十二月一日，是俄國沙皇。執政期間，與法國的戰爭多以失敗告終，但在神聖同盟的活動中，卻是個極為活躍的份子。

庫圖佐夫：生於一七四五年九月十六日，卒於一八一三年四月十六日。是俄國著名將領，多次擊敗土耳其軍隊。法國大舉侵入俄國不久（一八一二年六月），他就被沙皇封為俄軍統帥，並在戰鬥中擊退法軍。

巴克萊：生於一七六一年十二月二十四日，卒於一八一八年五月二十六日。是俄國將軍，在拿破崙率軍入侵俄國期間，一味地強調退讓，後被亞歷山大起用的老將庫圖佐夫取代。

弗里德里希・威廉三世：生於一七七〇年，卒於一八四〇年，是普魯士國君，他的叔父是腓特烈大帝。

路易莎：生於一七七六年三月十日，卒於一八一〇年七月十九日，是普魯士王后，美貌絕倫。

布魯歇爾：生於一七四二年十二月十六日，卒於一八一九年九月十二日。是普魯士將軍，人們尊稱他為「無畏將軍」，因為他本人雖然才不出眾，但作戰勇猛，從不退縮。曾在七十歲高齡時還率軍參加抗法戰爭，最終在滑鐵盧戰役中打敗拿破崙。

納爾遜：生於一七五八年九月二十九日，卒於一八〇五年十月二十一日。曾任英國海軍司令，聲名顯赫。一七九八年，在尼羅河口大敗法國海軍，使其沒有退路。在海戰中，身體多處受傷，甚至失去了一隻眼睛，右臂也被截去。一八〇五年十月，在特拉發加戰役中，他率領英國艦隊大勝法、西海軍，自己卻不幸以身殉職。

威靈頓公爵：生於一七六九年，卒於一八五二年。是英國著名的軍事家、政治家。曾於一八一四年擊敗拿破崙，一八一五年六月十八日，在滑鐵盧戰役中，再次重創法軍，因此名震天下。

羅馬王：生於一八一一年三月二十日，卒於一八三二年七月二十二日。是路易斯之子，被封爲羅馬國君。自幼生活在奧地利宮廷之中，不幸染上家族遺傳性結核病，英年早逝，死時年僅二十一歲。

法蘭西斯二世：生於一七六八年二月十二日，卒於一八三五年三月二日。是大羅馬帝國的末代皇帝，一七九二年至一八〇六年執政。

瑪麗・瓦洛斯卡：生於一七八六年十二月七日，卒於一八一七年十二月十五日。是波蘭伯爵夫人，一八〇七年曾與拿破崙在華沙熱戀，並爲其生下一子。

博利厄：生於一七二五年，卒於一八一九年。是奧地利著名將領，但在一七九六年第一次義大利戰爭中，敗給拿破崙。

維爾姆澤：生於一七二四年五月七日，卒於一七九七年八月二十七日。是奧地利將領，三軍統帥。一七九七年二月，所率部隊屢受重創，高齡七十三歲的老將無奈地在二十六歲的拿破崙面前降服，將曼圖亞要塞拱手相讓。

瑪麗・路易莎：生於一七九一年十二月十二日，卒於一八四七年十二月十七日。是奧地利大公主，一八一〇年與拿破崙結婚，生有一子。一八一四年，因拿破崙退位，母子被人挾持，從此離開拿破崙。

梅特涅：生於一七七三年五月十五日，卒於一八五九年六月十一日。是奧地利著名的政治家、外交家，從政數十年。曾組織反法同盟，重創拿破崙，使得瀕臨滅亡的奧地利又獲得新生。

小克勒曼：是元帥大克勒曼的兒子。馬倫哥戰役中，曾率領騎兵大敗敵軍，作戰勇猛，與繆拉不相上下。

巴拉斯：生於一七五五年六月三十日，卒於一八二〇年一月二十九日。是法國政治家，在大革命中扮演恐怖份子角色，於一七九四年發動熱月政變。為官期間，腐敗不堪，貪污受賄，無所不能，而且生活作風糜爛，擁有衆多情婦。唯一的可取之處是發現並提拔了拿破崙。

塔列朗：生於一七五四年二月二日，卒於一八三八年五月十七日。身兼政治家、外交家雙重身分，在法國頗有名氣。不僅在拿破崙當權時地位顯赫，波旁王朝復辟，甚至在路易・菲利浦政府中，也是舉足輕重的人物。

富歇：生於一七五九年五月二十一日，卒於一八二〇年十二月二十五日。是法國政治家，組織創立了法國員警，本人為雅各賓黨。一七九四年參與熱月政變，並支持拿破崙的霧月政變。被拿破崙封為警務司令，但其忠心欠佳。滑鐵盧戰役後，擔任臨時政府主席，拿破崙被其逼迫離開法國。

貝爾蒂埃：生於一七五三年十一月二十日，卒於一八一五年六月一日。是拿破崙手下最有才華的參謀，被任命為元帥、親王。

奧熱羅：生於一七五七年十月二十一日，卒於一八一六年六月十二日。被拿破崙封為元帥、伯爵。曾於一七九七年九月發動果月政變，但此人厭戰情緒明顯，在拿破崙初次退位後，效職於路易十八。

馬塞那：生於一七五八年五月六日，卒於一八一七年四月四日。被拿破崙封為元帥、親王，並被其譽為功績最大的人。

貝爾納多特：生於一七六三年一月二十六日，卒於一八四四年三月八日。被拿破崙封為元帥，並深得其喜愛，妻子是拿破崙當初的戀人德茜蕾。一八一○年八月，受封爲瑞典王儲，即後來的查理十四世。

波尼亞托夫：生於一七六三年五月七日，卒於一八一三年十月十九日。是波蘭國君的侄子，被封爲親王，曾讓拿破崙做了兩天的元帥。

內伊：生於一七六九年一月十日，卒於一八一五年十二月七日。作戰勇猛，無人能比。被拿破崙封爲元帥、伯爵、親王。

蘇爾特：生於一七六九年三月二十九日，卒於一八五一年十一月二十六日。被拿破崙封爲元帥、伯爵。在滑鐵盧戰役中，任參謀長，他沒有很好的軍事才能，做事拖拖拉拉，下達的命令內容不明確，因此而貽誤戰機。

繆拉：生於一七六七年三月二十五日，卒於一八一五年十月十三日。是法國元帥，妻子是拿破崙的小妹。一八○八年至一八一五年，被封爲那不勒斯國君。

莫蒂埃：生於一七六八年二月十三日，卒於一八三五年七月二十八日。法國的每一次革命戰爭，都親身參與，拿破崙封他爲元帥、伯爵。

拉納：生於一七六九年四月十一日，卒於一八○九年五月二十三日。立有卓著戰功，爲人秉直，是第一個爲了拿破崙的偉業戰死沙場的元帥。

達武：生於一七七○年五月十日，卒於一八二三年六月一日。被拿破崙封爲元帥、伯爵、親王。爲人忠誠，竭盡全力效忠拿破崙，心思縝密，立有無數戰功。

馬蒙：生於一七七四年七月二十日，卒於一八五二年三月二日。與拿破崙是戰友，兩人情同手足。他久經沙場，是拿破崙最信任的人，被封爲元帥、伯爵。

格魯希：生於一七六六年，卒於一八四七年。他是拿破崙封的最後一位元帥，身爲騎兵統帥，立有顯赫戰功。但在一八一五年六月的滑鐵盧戰役中，因他指揮的援軍未能及時趕到，造成了全軍最終的慘敗。

迪羅克：生於一七七二年十月二十五日，卒於一八一三年五月二十三日。是法國將軍，深得拿破崙的信任。爲人有大將風範，極具儒家風度，對拿破崙毫無二心，被封爲宮廷總監。

科蘭可：生於一七七三年十二月九日，卒於一八二七年二月十九日。與拿破崙是朋友，而且交情深厚，是法國的將軍，擅長外交，被封爲公爵。

卡爾諾：生於一七五三年五月十三日，卒於一八二三年八月二日。在法國大革命期間，他的軍事、政治才華充分地展現出來。

拉斯卡斯：生於一七六六年六月二十一日，卒於一八四二年五月十五日。出身於法國貴族，曾經流亡國外，後被召回。他對拿破崙赤膽忠心，帶著自己的兒子跟隨拿破崙流放，寸步不離其左右。著有《聖赫勒拿島回憶錄》，書中詳述了拿破崙在島上流放時所過的非人生活。

梅內瓦：生於一七七八年，卒於一八五〇年。是拿破崙的祕書，對其忠心不二。後隨瑪麗•路易莎到維也納。一八一五年五月回到法國，爲了紀念拿破崙，著書《憶拿破崙》。

貝特朗：生於一七七三年三月二十八日，卒於一八四四年一月三十一日。是法國將軍、伯爵。多年追隨拿破崙，一八一五年攜家帶眷和拿破崙一起流放到聖赫勒拿島，直至拿破崙去世。著作《札記》中，記錄了拿破崙最後七年中的大部分言論。

蒙托隆：生於一七八三年，卒於一八五三年。是法國將軍、伯爵。一八一五年，帶家屬隨拿破崙一起流放到聖赫勒拿島。

拉法葉：生於一七五七年九月六日，卒於一八三四年五月二十日。是法國著名政治家，而且參與了美國的獨立戰爭，號稱「兩個世界的英雄」。

克萊貝：生於一七五三年三月九日，卒於一八〇〇年六月十四日。是法國將軍，在一七九四年六月二十六日攻克比利時的戰役中，立下奇功。拿破崙遠征埃及時，他戰功卓著，被封爲駐埃及法軍司令。

古爾戈：生於一七八三年十一月，卒於一八五二年七月二十五日。是法國將軍，曾和拿破崙一起征討俄國，在一八一四年的戰爭中，使得拿破崙死裡逃生，一八一五年，他主動追隨拿破崙流放到聖赫勒拿島。

斯泰因：生於一七五七年十月二十六日，卒於一八三一年六月二十九日。普魯士人，被譽爲十九世紀最偉大的政治家，通曉法律、經濟、歷史等多門學科。曾擔任稅務大臣，一八〇四年提出改革體制的建議，此舉激怒了普魯士國君，後來無奈流亡俄國，被沙皇聘爲顧問。

查理大公：生於一七七一年九月五日，卒於一八四七年四月三十日。是奧地利國君的胞弟。被封爲陸軍司令，在軍隊中實行改革，效果很好。曾經戰勝法國軍隊。

施瓦岑貝格親王：生於一七七一年四月十五日，卒於一八二〇年十月十五日。是奧地利元帥。自一七九二年之後，每一次的反法戰爭，都親自參加。曾被封爲奧地利駐法大使，並爲拿破崙與路易莎主持婚禮。

若米尼：生於一七七九年三月六日，卒於一八六九年三月二十四日。是瑞士的軍事家，理論性強，曾效力於拿破崙，但後來倒戈投降反法同盟。

作者自述

一個人的生命歷程是與同時代的大背景相聯繫的，但我們不能因此把人物的歷史與社會的歷史等同起來。因爲二者有著顯著的區別。因此，在記載這二者時，寫作手法也是迥然不同的。想要混淆二者，使之結合成一體的想法，顯然是不可實現的。蒲魯塔克[1]傾力於人物傳記，而卡萊爾[2]則注重史實，兩位大家各自著書立說。不過，在我看來，後人中到今天還沒有誰能夠與蒲魯塔克齊名。

人物傳記，不是歷史學家的研究範疇，但同樣要求素材的眞實性。那些文人墨客喜歡戲說歷史人物，甚至會寫出四不像的東西，還自稱爲「歷史小說」。對此，歌德與拿破崙觀點一致，認爲這樣的東西毫無脈絡可言，一切都亂糟糟的。

如果一個人的行大於言，那麼想要爲這個人作傳就會更加不易。歷史上的風雲人物：凱撒[3]，腓特烈大帝[4]和拿破崙，都曾因爲戰場上的戰無不勝而成爲萬人之首，但是時至今日，這些戰役的意義已經顯得沒那麼重要了。曾經轟動一時的法薩盧斯戰役[5]、羅斯巴赫戰役[6]和奧斯特里茨戰役[7]，大概只有酷愛軍事的人才會有興趣談起了。如果前面提到的三位統帥只是一介武夫，別無所長，那就同克拉蘇[8]、賽德利茨[9]和馬塞那沒有兩樣了。唯有他們的政治天賦，才能讓他們風姿卓越。因爲政治家將影響到世界的風雲變幻。

我在努力尋找一種途徑，即透過對拿破崙心路歷程的描述，讓世人更加清楚地認識他，了解他。因爲，他的政治生命是與個人的人格緊密相連的。他在戰場上叱吒風雲，在政壇上呼風喚雨，這一切，都在他身上留下了不可磨滅的印記。而在此書中，那些輝煌的戰役，各國的紛爭，都不是最主要的，如同天氣總會變化一樣，我們無須去注意。但是，他與家人的喜怒哀樂，他臉上表情的每一次變換，都是他人格的間接反映。

在教科書裡，我們通常所能見到的，是拿破崙在歷史舞臺上的出色表演。不過，在本書中，他的這些豐功偉績，將被盡可能地壓縮。讀者在此會看到更多，他那些曾經被歷史學家，軍事學家，包括政治家所忽略的東西。我要傾力展現的，絕不僅僅是那些法國作家曾經描述過的「拿破崙」，我所要做的，是讓大家眞正地走近拿破崙，換一種全新的角度來審視他。本書盡可能多地擷取他一生中的小插曲和片段作爲切入點，以此來向世人展示一個眞實的人物。我會帶領讀者一步步走進拿破崙的內心世界，在此，他的果敢與柔情，他的成功與失落，他的一切一切，都將毫無保留地顯現在讀者面前。所以，我在書中沒有花費力氣去描寫諸多的元帥與將軍，因爲這些對於我們了解拿破崙的內心世界作用不大。

爲了將拿破崙有血有肉的形象眞實地再現於讀者眼前，就讓我們跟隨他人生的腳步，一起感受他的成長與變化吧！這樣，我在書中盡最大可能用拿破崙本人的原話來說明問題。因爲由自己來介紹自己，是對自己最好而且最眞實的評價；或許這其中會有不妥之處，但即便如此，哪怕是他在說謊，也是給世人展示了一個眞實的自己。當然，我不得不把自己當作什麼也不知道的人，這樣才能在寫作時把自己作爲局內人，跟著主人公一起喜怒哀樂。因此，我和拿破崙有著眞誠的情感交流，使他的內心世界再無祕密可言。當我作爲局外人的身分，冷靜地評價這位著名的歷史人物時，已經是本書的結尾了。正如旁觀者清，唯此，才能公正客觀地給他定論。

在保持史料的眞實基礎上，我力求語言生動，給讀者帶來一個血肉豐滿的拿破崙。所以，我認爲書中所描述的每一事件，都有其發生的必然性，不會隨機出現；我也不想去對其進行加工或改造，更不會趨炎附勢於某一說法；當然，可能會爲了敘述的需要，省略一些事件。

可以肯定，書中除了主人公的內心獨白，其餘資料都是無可爭議的史實。正如歌德在評價布里昂的《憶拿破崙》時所說：「那些新聞記者、史學家和詩人，花費了諸多力氣造就的戴滿光環的拿破崙，在此書無可爭議的寫實面前，顯得如此蒼白無力。不過，拿破崙的偉大形象，卻因此更加明朗。我們不得不承認，眞實才是最有說服力的，只有勇敢的人才敢把它說出來。」

拿破崙的一生，對於整個歷史長河來說是短暫的，但是，他的生命歷程如同史詩一般；那深刻的底蘊，膚淺的人根本不可能體會，只有崇尚眞實的人才能走到他的內心深處。他稱得上前無古人，後無來者，用一生寫就了生命的悲歌。在他身上，我們會看到自信和勇氣、激情與幻想、勤奮與鬥志，而他也憑藉這些，使自己的人生達到輝煌。今天，世界充滿著變化，無數的機遇，只有那些有卓越才能的人才能得到。全歐洲的熱血青年們，沒有誰比拿破崙更適合做你們的榜樣了！他在所有的西方人中，獨一無二，在歷史的舞臺上呼風喚雨，掀起狂風巨浪，並為之付出了畢生的代價。

註解

【1】蒲魯塔克（四六七年至一二〇七年）：羅馬人，希臘傳記作家，倫理學家。著作中《希臘羅馬名人比較列傳》最爲出名，被後人廣爲傳誦。

【2】卡萊爾（一七九五年至一八八一年）：蘇格蘭人，是散文作家、歷史學家。著有《法國大革命》等著作，曾被聘爲愛丁堡大學校長。

【3】凱撒（公元前一〇〇年至前四四年）：古羅馬人，偉大的軍事家、政治家、文學家。他在羅馬共和國因爲長年征戰而造成共和制度與奴隸制度即將崩潰的狀況下，以政治與軍事手段獨攬大權，

奠定後來羅馬帝國的基礎。與龐培、克拉蘇並稱爲前三雄（或譯爲前三巨頭）。著作有《高盧戰記》、《內戰記》。其「我來，我見，我征服」的名言被後人廣爲傳誦。

【4】腓特烈大帝（一七一二年一月二十四日至一七八六年八月十七日）：普魯士國君。最主要的言論爲「國君應爲人民的第一公僕」。他禁止在審訊過程中拷打人犯，宣揚人人平等。著作有《反權術主義》。在他的帶領下，普魯士贏得「天下無敵」的美名。

【5】法薩盧斯戰役（公元前四八年八月九日）：是古羅馬內戰中決定性的戰役。凱撒率軍大敗龐培，而自己的軍隊只傷亡了兩百多人。

【6】羅斯巴赫戰役（一七五七年）：普魯士軍隊大獲全勝，奧地利潰不成軍。

【7】奧斯特里茨坦戰役（一八〇五年十二月二日）：這是拿破崙執政一周年紀念日，他率領法軍在摩拉維亞小鎮大勝奧、俄聯軍，此戰也被稱爲「三皇之戰」。聯軍傷亡慘重，拿破崙取得輝煌的勝利。

【8】克拉蘇（公元前一一五年至前五三）：古羅馬人，政治家、商人。在蘇拉奪取政權的政爭中爲其效力，並鎮壓了斯巴達克斯的奴隸起義。後因此成爲一方首富，與凱撒、龐培並稱爲前三雄，三人形成羅馬共和國當時的三角勢力均衡。因爲凱撒常跟他借錢進行政治活動，累積金額太大，導致在凱撒與龐培的政爭中不得不居中協調避免凱撒倒台、欠款拿不回來。後來看凱撒征服高盧，名利雙收，亦有樣學樣的去攻打安息，卻死於戰場。他的死亡造成三角勢力均衡被打破，讓凱撒與龐培開始了正面衝突。

【9】賽得利茨（一七二一年至一七七三年）：腓特烈大帝執政時，被封爲騎兵統帥，作戰勇猛。一七五七年在羅斯巴赫戰役中，因戰功顯赫，被封爲希里西亞騎兵總監。

目錄

第一章　亂世造英雄

拿破崙的故事給我的震撼就如同聖約翰寫的啓示錄一般。我們總會覺得其內容不只如此，但又不知道缺了什麼。

——歌德

拿波里昂尼[1]出生

帳篷裡，一位年輕的媽媽有些神色焦急地坐在那兒，披肩不經意地搭在肩上。她正在給孩子餵奶，耳朵卻留神聽著外面隆隆的雷聲。天色暗了下來，他們還沒有撤退嗎？不，不，那不過是雨聲和雷聲吧？或者，也許是山裡的狐狸和野豬在活動，或是那些松樹、橡樹發出的聲音？

她穿著吉普賽人的服裝，可能因爲心急，連扣子也沒有扣好，不安地坐在帳篷裡，腦中不停地在想：外面的仗打得怎麼樣了？忽然，隱隱約約傳來了馬蹄聲，是他！他保證今天會回來的！可是，已經是半夜了，戰場離這裡很遠，眞的是他回來了嗎？

一陣冷風毫不客氣地從打開的帳篷門中竄了進來，緊接著，一位身著戎裝、頭戴羽毛頭飾的男子走了進來。看上去就知道他出身貴族，年紀不過二十歲，個子很高，只是稍微有些瘦，但動作敏捷。來到年輕的媽媽面前，他迫不及待地和妻子打招呼。年輕的媽媽連忙站起來，讓旁邊的女傭抱著孩子，然後端來了酒杯。走到丈夫面前，她摘下頭巾，栗色的捲髮如行雲流水般散落在那白皙細膩的額頭上，如精雕細琢般的朱唇彷彿急切地想要發問；長下巴給人精力充沛的印象，爐光更凸顯出她挺直的鼻樑。腰間，掛著一柄光彩奪目的短劍（這是當地人的習慣）。她，就是拿破崙的母親，萊蒂齊婭。

拿破崙這樣評價自己的母親：「天地間，作爲母親，無人能夠和她相提並論。」不過，他覺得母親的性格有時候更像男子。

萊蒂齊婭，出身貴族，才貌雙全，稱得上女中豪傑。幾百年來，她的祖先中出現了不少的英雄和領袖。最開始，他們定居在義大利，那裡和地中海遙遙相對，後來才舉家遷到現在的海島。眼下，法國人入侵，島上的居民們對他們恨之入骨，大家同心協力，不趕跑入侵者絕不罷休！

此時，萊蒂齊婭剛滿十九歲，跟隨丈夫來到島上，她相信丈夫是爲自由而戰。在這荒山野嶺中，她換上了平民的裝束，將自己的身分隱藏了起來。但是，特有的勇敢與驕傲，時刻顯露著她的貴族氣質。

丈夫站在她面前，急切地告訴她外面的消息：「我們打敗了所有的敵人，他們落荒而逃，上天無路，入地無門，已經派人向我們的司令保利求和！明天，戰爭就會結束了。萊蒂齊婭，爲我們的勝利歡呼吧！科西嘉[2]獲得了新生！」

在科西嘉，人們都盼望家丁興旺。這是個島國，居民們個個血氣方剛，哪怕是一點點侮辱，他們都不會容忍，甚至會爲此大動干戈，家族間的爭鬥此起彼落。所以，這位年輕的男子同其他人一樣，希望自己子孫滿堂，好以此來光宗耀祖。而他的妻子，萊蒂齊婭，當然和丈夫同仇敵愾，母親和祖母曾明確地告訴她：子女，會給你和你的丈夫帶來更多的榮譽。她第一次當母親時，才十五歲。剛剛在餵奶的嬰兒，是她的第一個男孩。

這位年輕的男子，就是島上司令保利的副官，時刻爲自由而戰。想到剛剛取得的勝利，他忍不住高呼：「我絕不允許我們的兒女再次淪爲法國的奴隸！」

冰雪開始消融，春天來臨了。可是，島上的居民並沒有因此而充滿希望。因爲，敵人又派了大部隊來增援，而且已經登陸，科西嘉的人民不得不重拾武器，和敵人決一死戰。

五月，科西嘉人被入侵者打敗，爲了保存力量，只得翻越高山，向茂密的大森林撤退。此時，萊蒂齊婭已經身懷六甲，懷中還抱著剛滿周歲的大兒子，她吃力地騎在驢背上，跟著島上的居民向海岸邊撤退。六月的時候，保利再次戰敗，只有幾百名忠誠的部下，跟著他一起逃往義大利。到了七月，保利的副官，也就是萊蒂齊婭的丈夫，和其他的戰士，不得不向強權者俯首稱臣。科西嘉島民的自尊再次被打擊。値得欣慰的是，八月，萊蒂齊婭又生下了一個兒子，他長大後爲島民們洗刷了恥辱。她給孩子起名叫：拿波里昂尼。

這位年輕的副官，名叫卡爾羅，他，就是拿破崙的父親。他沒有豐厚的家產，唯一擁有的只是自己的貴族血統。

萊蒂齊婭，更像一位巾幗英雄，身上有著男子般的勇敢。如今，她在海邊的大房子裡，天天操持著家務，而且要爲生計而精打細算。而此時的卡爾羅，當年的血性已經不復存在，腦子裡常常冒出不切實際的想法，卻不能爲家裡做什麼貢獻。這樣的狀況已經有幾年了，他的精力都放在如何去繼承遺產上，爲此不停地請人打官司。

卡爾羅在比薩大學念書時，同學們都叫他波拿巴伯爵。他過著富人的生活，在學業上卻不思進取。現在，第二個兒子已經誕生，他更沒有求學的動力，且不得不面對現實：怎樣才能養活一家老小呢？如今局勢動盪不安，無奈之下，他向法國人投降了。因爲，那些入侵者爲了更好統治科西嘉的島民，曾許諾給該島貴族優待。

沒過多久，卡爾羅被任命爲新法院的陪審官，同時管理著一個苗圃。法國國王急功近利地要全面占領科西嘉，決定在島上種植桑樹。此時，驕傲而美麗的萊蒂齊婭剛剛三十多歲，卻已經是五子三女的媽媽了，她是名副其實的好母親，完全達到了多子多女的要求。不過，這裡仍然會時常爆發家族間的爭鬥，而且八個子女的生活，是件讓人頭疼的事，孩子們會經常聽到父母爲了錢而嘆息。最後，卡爾羅決定：爲了孩子們的將來，去法國！於是，他帶著兩個大兒子（當時一個十一歲，一個十歲）和女兒，乘船到了法國，來到凡爾賽宮。

臨行前，卡爾羅請科西嘉島總督爲自己寫了封推薦信。巴黎的統治者承認了他的義大利貴族地位。此後的十年，他爲法國人效命，國王路易給了他兩千法郎。他的兩個兒子和一個女兒被允許在貴族學校上學，這樣，孩子們將來可以當神父或軍官。

年少志高

這是個性格內向的男孩，身材矮小，寡言少語，爲人靦腆，而且喜歡獨處。他常常一個人坐在花園的角落裡，這片領地是布里埃納軍校分配給他的，他在四周圍起了籬笆。事實上，他已經侵占了旁邊兩個同學的地盤。得到他的允許，別的同學可以來他的領地活動；但如果想占有他的領土，絕不會有好下場，他會暴跳如雷地與入侵者決一死戰。剛剛，一群男孩子在玩爆竹遊戲，有兩個被炸傷，跑到他這裡來躲藏，卻被他毫不客氣地揮舞著鋤頭趕了出去。

爲此，老師們曾經想盡辦法教育他，但是，不管是獎是罰，對他都不起作用。最後，老師們拿他沒辦法，只好任其自由發展了。有老師評價他：「這孩子，像塊花崗岩。心裡面，如同火山，隨時有噴發的可能。」

他，就是少年時代的拿破崙。不管是誰，也休想私自踏足他在花園中的王國，儘管這其中已經占用了其他同學的地盤。在他身上，獨立是不容侵犯的。他在信中給父親寫道：「寧爲雞首，毋爲牛後！」或許，他的這一觀點是受了蒲魯塔克的影響，那是他的偶像。他崇拜蒲魯塔克筆下的偉人，那些羅馬的英雄，讓他佩服得五體投地。生活裡，幾乎沒有人見過他的笑容。

少年時代的拿破崙，被同學們看作是沒有進化好的野人，極難接觸。他不會說法語，其實是根本不接受這敵人的語言。在別人眼中，他是古怪，甚至是不可理喻的。他總穿著長長的上衣，口袋裡也沒有零用錢，什麼也買不起，卻不時擺出貴族的樣子！

法國的貴族孩子們取笑他：「看啊！這就是科西嘉的貴族？如果科西嘉人真的是英雄，怎麼會被我們的勇士打敗？」小拿破崙被激怒了：「那是因爲力量相差懸殊！等著吧，再過幾年，看我怎麼修理你們這些法國人！」法國的小貴族們不屑地譏諷他：「你不過是個法官助理的兒子罷了！」小拿破崙忍無可忍，動手攻擊那些孩子們。因此，他受到了處罰，放學後被留在教室不許回家。他寫信給父親：「我不想爲自己的貧窮辯解，但絕不容忍那些外國男孩們的嘲諷，他們不過是比我多了些錢而已；在人格上，我絲毫不會遜色於他們！要我向這些富人子弟低頭認錯嗎？不可能！」可是，父親在回信中說：「我們確實沒有錢，因此，你必須留在那裡。」

不得已，小拿破崙在這所學校堅持了五年。那些孩子們的嘲弄，進一步激發了他的反抗情緒，他的自尊和自信隨著對同學的蔑視而增強。說實話，身爲神父的老師們，對他的印象是不錯的。雖然他在學業上並不出色，只是在數學、歷史和地理方面較爲突出。不過，對於一個被征服的人來說，這樣的課程是具有絕對吸引力的，因爲它會使人思維嚴謹，目光敏銳。

小拿破崙的思緒常常會飛越時空，回到故國科西嘉，而他的內心則對父親的投降耿耿於懷。他暗暗發誓：我要從統治者那裡，學會一切；總有一天，我要用這些東西來「回報」他們。他堅信：不久的將來，他將使科西嘉重新得到自由！眼下，這個十四歲的男孩，唯一能做的，就是把全部精力都投入到故國的書籍中，潛心研讀。因爲他明白這樣一個道理：要想成爲歷史的創造者，首先要研究歷史。所以，他開始大量閱讀伏爾泰、盧梭及普魯士國君所寫的作品，以及所有關於科西嘉的作品。

我們可以這樣形容少年時代的拿破崙：他性格孤僻，敏感多疑，叛逆性強；但同時勤學好問、胸懷壯志、爲人沉穩。他過早的成熟，遇事沉著冷靜，分析解決問題的能力，遠遠高於同齡的孩子。他知道哥哥約瑟夫不想做神父而要從軍時說道：「我的哥哥，戰場上所需要的勇敢，他是不具備的。充其量，他能當一名小軍官。不過，他一表人才，而且爲人機敏，善於言談。我斷定，他會在社交方面得心應手，但絕不會在戰場上出人頭地。在我看來，他想要去從軍實在不是明智的選擇。其實，他馬上就可以拿到豐厚的教士薪水了，這正是眼下我們最急需的啊！如果去當兵，海軍他根本不適合。因爲他對數學一竅不通，而且，他的身體也不允許他在海上過那種漂流的生活。炮兵的艱苦更是不言而喻，他性情浮躁，不能勝任。」這就是一個十五歲的少年對自己哥哥的評價，他自信，哥哥身上欠缺的特質，自己完全具備。

事實證明，拿破崙對哥哥的評價恰如其分，約瑟夫繼承了更多他們父親的基因。而拿破崙則繼承了父親的才藝，以及他那豐富的想像力；同時，繼承了母親的驕傲、勇敢和嚴謹；在他身上，家族觀念至高無上。

拿破崙第一次繫上佩劍時說：「只有劍柄屬於法蘭西，劍鋒是我的。」十六歲那年，因爲他曾在巴黎軍校讀書，所以被授予少尉軍銜。此後，他的一生中，穿過各式各樣的制服。在巴黎軍校，和當初在布里埃納軍校一樣，他只顧埋頭讀書。他將斯巴達作爲自己的榜樣，那些巴黎的貴族子弟在他眼裡一文不值。在他看來，那些紈　子弟只會揮霍金錢，別無所長。他在大自然中領悟到了自我，嚴格的律己，不與他人同流合污，並把這做爲人生準則。他曾給學校提出建議，認爲安逸的生活對於培養軍人是不利的。同時，他要求自己不能再給家中增加負擔，因爲家裡已經入不敷出了。父親去世後，他的家庭責任感更強了。雖然他還沒有長大成人，但已經開始學著儲蓄，好以此來幫助母親。

在學校時，拿破崙的畢業成績不錯。教官在他的鑑定中寫道：「爲人沉穩，勤奮向上，學習刻苦，處處用榜樣來激勵自己……但他性格內向，不善言談，喜歡獨處，性情多變，好怒，甚至會待人傲慢，自我觀念極強。不過，他的話雖然不多，卻往往能抓住問題的關鍵，語言精練，辯論性強。他是個胸懷大志的人。」

拿破崙穿上新制服後，已經是一名少尉了，但由於貧窮，他只得步行去瓦倫斯團部報到。儘管如此，貧困並沒有影響他的心態，那些蔑視和利用他的人，他是不屑一顧的；他發誓要脫離貧窮，透過勤奮努力來改變自己的命運，甚至左右歷史。爲此，他不懈地奮鬥，他要領導科西嘉的島民，他要成爲科西嘉的帝王。

軍隊的生活顯然是枯燥的，年紀輕輕的拿破崙也嘗試過學跳舞、唱歌，但這些享受的生活是他所不能適應的，於是很快就放棄了。他的自尊讓他無法接受自己的貧寒，不過，他透過與普通百姓的交談，得到了大量的資訊，這是那些貴族子弟們做夢也想不到的事。他問自己：這是眞的嗎？伏爾泰、孟德斯鳩[3]、雷納爾[4]，他們的精神，已經被大衆化了？甚至被外省的小市民所熟悉了？他們所宣揚的運動眞的已經開始了？革命已經迫在眉睫了嗎？

爲此，拿破崙會省吃儉用每一個法郎，用來買國外出版關於革命的書籍。當時，他的住處是一家咖啡廳的閣樓，時常能夠聽到隔壁打撞球的聲音，讓人很煩；但搬家也不是容易的事，所以他只能無奈地住在這裡。幸好，他是個對個人生活要求不高的人。在他心中，國家和社會才値得關注。他在自己的房間裡，如饑似渴地苦讀。而此時，他的那些同事們，工作之餘，紛紛出去尋歡作樂。

年輕的少尉，憑藉他的直覺，選擇要讀的書籍。他所讀的書目有炮兵學、攻城戰術，柏拉圖的《理想國》，波斯、雅典以及斯巴達憲法，英國史、腓特烈大帝作戰史、法國財政史、埃及史及迦太基史等。讀書時，他不是隨便地瀏覽，而是字斟句酌地閱讀和研究。現在，我們還可以找到拿破崙當初的讀書筆記，數量之多，令人驚嘆，大約有四百頁。這裡面不僅有撒克遜七頭政治的地圖，三個世紀的帝王表，而且有古克里特島的競走，有哈里發[5]的統治年代，甚至有那些騎兵的日常生活，以及他們家室的不軌行爲。

拿破崙曾摘錄了雷納爾的一段話：「因爲埃及跨兩大洋，位於東西交界處，所以亞歷山大認爲，世界帝國之都應該建在這裡，這樣，埃及將作爲世界經貿的中心。由此可以看出，如果要統一亞、非、歐，那麼埃及將是其中的關鍵。」時過三十年，拿破崙仍將這段話熟記於心。

此時，他已經動手寫作，其中有十多篇文章和設計方案。內容有如何布置炮位、自殺論、王權論、科西嘉等。就連當時最受歡迎的盧梭作品，也不得不讓位於拿破崙。拿破崙曾摘錄盧梭對於人類起源的觀點（記載在《論人類不平等之起源與基礎》裡），但他卻在筆記中寫道：「這些都是騙人的東西，我一句話也不會相信。」爲此，他還寫下了滿滿兩頁的反對意見：「第一，最初的人類是群居的，不是四處放牧流浪。第二，人口增多後，那些胸懷大志的人們，逐漸成了衆人的領袖，他們主宰著這個群體。」

拿破崙的心思，始終沒有離開過故里科西嘉。他爲了科西嘉的人民能夠重獲自由，在一篇文章中寫道：「看看吧，什麼人在這裡信口雌黃！竟然把禁止人們去掙脫枷鎖說成是上帝的旨意！如果這是眞理的話，那些謀權篡位的小人，豈不都成了上帝的保護對象？幸好，他們如果以失敗告終，是要被殺頭的。擦亮我們的眼睛吧！每個國家的人民都有權力驅逐外來的入侵者，科西嘉人同樣擁有這至高無上的權力……因爲這是正義的鬥爭，當初，我們能夠掙脫熱那亞的枷鎖，今天，我們同樣能夠把法國佬驅逐出境！」解放科西嘉，統治整個世界，這是拿破崙不滅的夢想。他說：「只有工作再工作，除此之外，沒有什麼可以讓我感到快樂。甚至我連襯衣都是每周才換一次。我覺得身體有些不舒服了，連睡眠也很少……每天只吃一頓飯。」

在很多人眼裡，拿破崙是個天生的數學家。他喜歡用數字去研究軍事，另外，他也在考慮如何在科西嘉島建築炮台，如何部署軍隊。不過這一切，都還僅存於他的腦海裡。但是，他在地圖上已經畫出了自己的規劃，一張張的地圖，就是他的未來！他在喧囂的咖啡廳閣樓裡，不停地思索著，終日埋頭苦讀，大量地摘錄英國國會簡報中的演說詞。在他的最後一本筆記本的尾頁中寫道：「聖赫勒拿，大西洋中的小島，英國殖民地。」

不久，母親萊蒂齊婭給他來信。告訴他家裡失去了經濟來源，已經難以維持生活，而約瑟夫又沒有工作，希望他能夠爲家裡分憂。拿破崙接到信後，毫不猶豫地請假回家。他再次踏上了魂牽夢縈的故國，心中如大海般波濤洶湧。他在日記中寫道：「周圍的人群熙熙攘攘，而我卻形單影孤，我回來了！我要在此實現我孤獨的夢想。這裡，將給我第二次生命。故鄉啊，離開你多年的兒子終於回到你的身旁！我感到興奮無比，能夠再次看到自己的同胞！爲什麼？我難以擁有快樂，爲什麼人生會不如意？我的祖國啊，是因爲你失去了自由和尊嚴！我的骨肉兄弟，被異族統治！往日科西嘉人的歡樂，隨著自由的消失而逝去。可惡的法國佬！你們剝奪了我們的幸福，敗壞了我們的道德！可是，眼睜睜地看著親人被欺負，我卻無能爲力。我還有什麼面目活在世上？如果不能夠擁有自由，活著已經變成了我的恥辱，爲此，我每天在痛苦中煎熬，一切都變得令人憎惡。」

革命爆發

不久，拿破崙當上了炮兵中尉。這樣在科西嘉過了一年，由於貧困，他總覺得生活黯淡無光。於是，休完假期後，他沒有回瓦倫斯，轉路去了奧松。因此，他的人生發生了變化。因爲在這裡，他得到了新上司的賞識。將軍發現這個年僅十九歲的中尉學識淵博，於是把閱兵場上的工程交給他負責。他自己曾說：「這項工作做起來很艱難，需要大量的計算。在最後的十天裡，我和兩百人一起日夜不停地幹活。也許，正是這不尋常的工作，使得一些上司開始對我產生嫉妒。他們爲自己沒有得到這麼重要的任務而心理不平衡。」

爲此，他再次陷入鬱悶之中。他在日記中寫道：「日子在平淡無奇中度過，何時才能升到上尉呢？等我再次回到島上，人們會因爲我接受了法國人的薪金而看不起我。不過，我最終將長眠在祖國的懷抱裡。這是法國佬不能剝奪的權利！我的自由之夢，何時才能實現啊？如果連強大的法蘭西都不能擺脫貴族的枷鎖，無法根治貪污受賄這些不正之風，那麼可憐的小科西嘉，又有什麼能力來擺脫法國的統治呢？」

此後的日子裡，拿破崙靜觀時局，養精蓄銳，把精力都投入到寫作和數學上。一七八九年，一切好像冥冥中有著定數一樣，處處蘊藏著力量，局勢一觸即發。六月，沉鬱多年的拿破崙感到復仇的日子近在眼前！他把自己的作品《論科西嘉散札》寄給流亡中的保利，他在信中寫道：「將軍！我出生於祖國危難之際……耳旁同胞的呼喊和呻吟此起彼伏……入侵者打破了他們所有的夢想。屈服換來的是什麼？除了被奴役還有別的嗎？那些入侵者為了給自己的強盜行徑辯護，對您惡語相加……我每每聽到這些，就會覺得全身熱血沸騰，我要揭露他們眞實的嘴臉！我要把恥辱送到那些敗類身上……雖然我還年輕，但我對眞理的執著不變，對祖國的愛始終不渝。將軍，我斗膽請求您能見我一面，這將使我信心百倍。」

從這封信中，我們可以看到耳目一新的拿破崙，他已經不再低沉鬱悶。他在信的開端強調了「我」字，無限的自信都在一個「我」字中不言而喻。在結尾處，他卻文風突轉，改用謙卑的語句，提起兩家舊日的情誼，希望得到保利的呵護。令人難以置信的是，他在信中措辭得當，彬彬有禮，但本性中的強硬與蠻橫卻絲毫沒有改變！

保利接到拿破崙的信後，對他的傲慢頗有微詞，在回信中委婉地打擊他說：「青年人要以謙為貴，不要妄圖左右歷史。」這封信寄出一個月的之後，拿破崙已經在親自書寫歷史了。他和士兵們一舉攻占了巴士底監獄！在駐防城鎮裡，民衆發動起義，拿破崙指揮其炮隊向百姓射擊。這是他第一次開槍，他將全部精力投入到鎮壓暴民的鬥爭中；因為暴民在他眼裡不值得可憐，就像他看不起貴族一樣。他在內心深處想著：這不過是外國人的內戰，讓他們打去吧。「科西嘉的時刻到了！」此時，拿破崙的思想處於瘋狂的巔峰！他抑制不住自己，請假！回國！

拿破崙再次登上了科西嘉小島，不過，此時的他已經今非昔比。他帶來了自由、平等、博愛的新思潮。他爲同胞們這二十年來所受的壓迫而不平，難道他們就沒有自由的權利？那些統治者只知道奴役，根本不會理解島國上的居民！沒錯，這個年輕人，不久前還靠著貴族頭銜而接受法蘭西國君的教育資助，但這又算得了什麼呢？法國國君又能如何？最終，人民都是要自己管理自己！如果已經覺醒的新法蘭西能夠自治，那麼被老法蘭西所奴役的科西嘉，同樣有權自主！「同胞們，該醒悟了！讓我們拿起武器！佩戴上新時代的紅帽章！看看巴黎，讓我們也組織出自己的軍隊！從統治者手中奪回政權，我——一個年輕的炮兵軍官，願意充當你們的領袖！」

這就是二十歲的拿破崙，臉上缺乏血色，灰藍的眼睛裡透著冷峻，天賜的伶牙俐齒，演講起來滔滔不絕。小城裡的人都熟悉他，絡繹不絕地有人來追隨他。有的是爲了自由，也有的想要改變現有的狀況；但要變成什麼樣，他們自己也不清楚；不過，變總比不變要好。廣場上，他成了萬衆矚目的人物，人們把希望寄託在他身上。

但是，事情並沒有依照想像順利地向前發展，拿破崙領導的「部隊」遭到了打擊。因爲，山區沒有派人來支援，他領導的那些革命者，在正規軍面前不堪一擊。僅僅幾小時，他們的革命就被鎮壓下去了。幸好，軍方沒有逮捕這些革命者。他感到萬分地沮喪，覺得自己連殉道者都稱不上。但是，他初衷不改，強迫自己冷靜下來接受現實。他向巴黎國民議會上書，陳述島國居民的苦難，請求絞死現在的國王，武裝島上的人民。當即，有人在他的文件上簽名支持。

* * *

時間在漫長的等待中一分一秒地過去，拿破崙在焦急地等候巴黎方面的回音。終於，科西嘉島正式變爲法國的行政省，與其他省分享有同等的權利。這樣一來，保利和他的那些追隨者就可以自由地回島了。但這樣的結果拿破崙並不滿意！只是一個行政省？如此一來，科西嘉人仍然是法國人？

不過，此時已經有一支隊伍，正浩浩蕩蕩地開往教堂了，他們將在那裡宣讀巴黎的命令並舉行慶祝儀式。拿破崙也不甘落後，奮筆疾書，昭告全體同胞，爲自己尋找同盟軍，並且多方活動，讓哥哥入選市議會。同時，他的筆並沒有停止，繼續完成他的科西嘉史。

當保利結束二十年的流亡生涯回到科西嘉島上時，拿破崙簡直不敢相信：「這就是我心目中的英雄嗎？他看上去毫無生氣，哪裡有軍人的果敢與勇猛呢？」不過，他清楚地知道：保利將被封爲國民自衛軍司令，因此，必須和他打好關係。

保利，是個久經沙場，深諳世故的老將；而拿破崙，則是初生之犢不畏虎；所以，他們兩個在一起時，總是後者口若懸河地在演講。他向保利陳述了武裝暴動以及如何使科西嘉島重新獨立的宏偉計畫。此時，保利便會緊緊地凝視著眼前的年輕軍官，感到既震驚又驕傲。是的，這個《科西嘉散札》的作者確實與眾不同，令人佩服。不過，他覺得眼前的青年有些狂熱過了頭，像被鬼神附體，說的想的都是如何統治世界。他最終無奈地搖著頭說：「拿波里昂尼，你的想法不切實際，別被蒲魯塔克迷住心竅！」

儘管如此，拿破崙並不生氣，因爲有人能理解他了。沒錯，正是蒲魯塔克筆下的英雄激勵著他。保利，第一個看到了拿破崙身上的羅馬英雄氣概。很快，他動筆寫就了一份宣言，而且公開發表。不過，此時他的假期已滿，不得不回法國服役了。

＊　＊　＊

拿破崙在寫給舅舅費什主教的信中說：「現在，我在一個農民的家裡給您寫信。我剛剛和他們談了很多。……已經是下午四點，天氣不算太冷，因爲剛散步回來，所以我的心情不錯。看起來，很快就要下雪了。……這裡的農民鬥志昂揚……爲了維護憲法的尊嚴，他們不會吝嗇自己的生命。而那些女人毫無例外地支持國君，也許她們還沒有體會到自由的美好。」

透過他給舅舅的信，我們可以看出他具有敏銳的洞察力，而且精於算計，而這些正是政治家所必需的素質。周圍的一切，包括氣候、國家等，都逃不過他犀利的眼睛。他曾在信中直言不諱地指責一個對手：「你把每個人的熱情換算成價格，照你所講，人們的性格可以透過金錢來衡量？」

錢不是萬能的，但沒錢卻是萬萬不能！此時，十三歲的弟弟路易，隨拿破崙來到了法國。但是，堂堂的中尉，和弟弟回到瓦倫斯時，兩人身上還不到八十五個法郎。衣食住行，再加上路易的學費，兄弟二人不得不自己洗衣服。

正在困難的時候，里昂學院舉行有獎徵文，中獎者可以得到一千二百法郎，這可不是個小數目，足夠武裝半個科西嘉島。徵文題目是「人們要想獲得幸福，應該具備哪些素質」。拿破崙看到題目暗自高興，因爲他對這個問題思考很久了。爲此，他拜訪了參加出題的老師，他們都是崇拜盧梭的。之後，拿破崙開始動筆寫作，從讚頌大自然、友誼和休閒入手。其實這並不是他所熟悉的。接下來，筆鋒突轉，直指政治，提倡人們應該享有自由。隨後，筆調低沉起來，他彷彿回到了幾年前，那時的自己面無血色，只是個手無寸鐵的學生，別人會如此評價他：「這是個野心勃勃的傢伙，雖然看上去不夠精神，卻視犯罪爲兒戲，擅長陰謀算計……有朝一日，讓他大權獨攬，必定會鄙視那些阿諛奉承之徒……」

斯巴達是拿破崙心中的理想，他認爲美德之中，勇敢與力量是最重要的。斯巴達人追求旺盛的生命力，他們喜歡生機勃勃。在他看來：「能夠自由地生活才是幸福的。強大才能達到美好，而窩囊廢只能被人看不起……有些人之所以稱得上偉大，是因爲他們像流星一樣，發光發熱並燃燒自己，給地球帶來光明。」毫無疑問，里昂學院當然不會欣賞拿破崙的文章。閱卷者評價：該文「沒有亮眼之處」。

失敗再次打擊拿破崙！不過，他不會因此而退縮，繼續筆耕不輟，寫他的科西嘉小說，而且在裡面竟然有一段關於愛情的內容。這聽起來有些不可思議，這個憂鬱青年心中也會有愛情的光輝？那就讓我們來聽聽這位二十二歲中尉的心聲吧：「揮之不去的，只有情網，其中的甘苦，只有自知。爲此，我已不想多說。現在我認爲，戀愛並不是一件好事，甚至會影響到個人的發展。如果人能夠擺脫情網，就萬事大吉了。」

此時，巴黎的革命運動如火如荼。路易十六逃亡到瓦倫納時被抓獲，並被押回巴黎。人民取得了勝利，革命的浪潮不可阻擋。拿破崙手舉酒杯，在攻打巴士底監獄兩周年的紀念門前，爲革命者慶功。但是，科西嘉島傳來的消息則令人擔憂。那裡正處於混亂之中，巴黎的革命，很快影響到了遙遠的島國。科西嘉島，戰爭一觸即發。亂世造英雄！拿破崙決定：回去！建立自己的豐功偉業！

參加競選

這次，拿破崙決定效仿古羅馬英雄科利奧蘭納斯[6]。他要取得輿論的支持，要爭取民心。此時，身爲副主教的伯父呂西安・波拿巴去世了，這使得他在家族中的處境得到了提升。舅舅費什，加入了雅各賓黨，而哥哥約瑟夫在市議會，對輿論有一定的影響作用。在科西嘉島上，還有比拿破崙更適合的人選嗎？指揮炮兵陣地是非他莫屬了。如果能控制國民自衛軍，將會擁有實權。可是，拿破崙的假期就到新年。為了參加司令的競選，他寫信向上司請假：「因遇到緊急情況，難以按期歸隊。但我是有理由的，雖然現在我不能把這理由說明白。」他不想因此失去那邊的職務，但請假的事情一直沒有回音。不過，他決定冒險去參加競選。

競選開始了，雖然拿破崙的親友很多，但還是不夠。母親萊蒂齊婭為了支持兒子參加競選，大擺宴席招待八方賓客，那時，常會有人在他家住宿，為的是多爭取選票。

他的一個同事回憶說：「開始的時候，他對來訪者寡言少語，總是在沉思的樣子。很快地，就像變了一個人，對每個人都熱情洋溢，與他們交談，並常常親自去拜訪那些能夠幫助他的人，盡最大可能爭取別人的支持。」他想盡辦法把一位特派員留在自己家中，有個競選對手為此還挨了打。

這就是科西嘉的競選！但最終天如人願，拿破崙當選為中校副司令。

拿破崙，這個原本的義大利人，會因為競選成功而辭去法國的軍職嗎？他是謹慎的，知道要為自己留條後路。在給上司的報告中，他說：「現在，我的家鄉正處於動盪之中，作為一個科西嘉人，我想我不可以袖手旁觀。我的親朋好友也希望我留在這裡。但是，事關重大，我特意寫此報告，以辭去軍職。」但事實上，他的辭呈並沒有上交，反而要求補發薪水。法國的上司明確地答覆了他：撤銷軍職。

現在，拿破崙已經沒有了退路，成了名副其實的冒險家。他並沒有堅實的後盾，手中的國民自衛軍，毫無戰鬥力可言，稍遇挫折就會潰不成軍。為此，他不停地思索著：「羅德堡壘！阿雅克修城市居民與衛戍部隊間為此而有矛盾，這不正是自己的機會嗎？當初，腓特烈大帝和凱撒都是以攻克碉堡起家的！對，就從這裡入手，把那個貴族出身的笨蛋司令，從這裡趕出去！這樣，就可以解放全島！

而法蘭西此刻自顧不暇，是沒有能力分兵來增援的。那時，發動戰爭的人將成爲人民心目中的英雄，而保利，不過是歷史上的人物了。」

一七九二年復活節那天，戰爭號角打響了。人們還沒有弄清楚到底是誰挑起了這場戰爭的時候，拿破崙已經率領國民自衛軍，要奪取堡壘了。不過，衛戍部隊也不是好對付的，他們負隅頑抗，拿破崙的非正規軍只得後退。巴黎方面揚言要制裁這個年輕軍官，控告他武裝叛亂。此時，茫然無措的保利連忙公開表示效忠法蘭西，毫不留情地革除了拿破崙的職務。拿破崙心中恨恨地想：「保利！你也敢與我作對？等著吧，血債要用血來還！」

這是個酷暑難當的夏日，年輕的冒險家，獨自徘徊在巴黎街頭，無精打采！此刻的拿破崙，沒錢沒權。雖然在法國，他曾經是中尉，但已經是過去的事了；在科西嘉，他的中校職務已經被保利革職。目前，他很可能遭到最嚴厲的指控，也許，第二天的三頓飯對他來說也會成爲奢求！眼下，除了雅各賓黨人，沒人能幫助他了。爲此，他參加了羅伯斯比[7]的派系。他知道，只有推翻王朝才會有新的希望。

當時的巴黎，物價飛漲，拿破崙爲了生活，只得典當了手錶；即使如此，仍然難以支持。他已經欠酒店老闆十五個法郎！他給好友布里昂出主意，叫他們夫婦做房地產生意。此時，那些位居高位的人，在他眼中仍然一文不值。他說：「明智的人都會知道，他們是不值得尊重的。這裡，人性被扭曲，誹謗滋生，那些看來是熱情的東西，不過像肥皀泡一樣不可信賴，整個法蘭西已經腐爛了。人們個個鑽營名利，心裡眼裡都只有自己，野心，會毀掉這個國家。」

不久，雅各賓黨人得勢。無套褲黨人[8]襲擊杜樂麗宮時，拿破崙就站在圍觀的人群中。此時，他在想：「感謝上帝，我將擁有新的機會！」可是，他嘴上卻說：「士兵們竟然被暴民欺負，這眞是造反了。如果國王這時候帶領軍隊趕來增援，局勢就會大不一樣了。」在這之前的幾天，拿破崙看到法國國君也戴上自由紅帽，忍不住寫道：「笨東西，爲什麼不用葡萄流彈呢？只要擊斃一些暴徒，剩下的就會四散逃命。」

無論如何，拿破崙現在的情緒是不錯的，因爲，他的對手已經垮臺。第二天，他寫信給舅舅：「您不必爲我們擔心，一切都平安無事。」對於拿破崙來說，新政府是受歡迎的。他這個逃兵不僅重新進入軍隊，而且還被提升爲上尉。即便如此，他也沒有馬上到部隊報到。聽說普魯士國君已經打到摩澤爾河，但和他有關係嗎？「法國的戰爭，我爲什麼要關心？我是科西嘉人！要立即趕回故國！」

逐出科西嘉

科西嘉島上，清風陣陣，空氣新鮮，但這些都不能驅散人們之間的鬥爭。眼前的島國，被誹謗、腐敗充斥，處於無政府的混亂狀態。巴黎國民公會中的科西嘉代表薩利切蒂[9]，與保利的政見不同，這倒對拿破崙十分有利；他們二人聯手，反對保利。阿雅克修市的雅各賓俱樂部，同樣人心渙散。可悲的保利，因爲處事不夠果斷，被人罵成是賣國賊。

到底誰控制著科西嘉？好像每個人都在發布命令，但又沒有人眞正掌權。人們個個如履薄冰，彼此猜疑。巴黎，斷頭臺被高高地豎起，國王剛剛從那裡開始了不歸路。誰能保證下一個不是自己呢？如今的科西嘉，人人帶有武器，海濱地區的命令，山裡的人們根本不聽，每個人都像國王一樣自大。這對拿破崙來說，是個絕好的機會。他是那麼地喜歡冒險，科西嘉島正是他一展身手的好地方。他已經一無所有，還在乎再失去什麼嗎？於是，他決心再回科西嘉，做這島國的君主。

這時候，拿破崙的哥哥約瑟夫、弟弟呂西安和舅舅費什，手下都有了些人。不過，只有拿破崙能把原本分散的力量集合起來。因爲，一位熟練的炮兵軍官是非常重要的，特派員需要他的幫助。當然，雅各賓俱樂部也想拉攏他。他們想利用拿破崙來指控保利背叛法國。看來，各種陰謀都出自科西嘉這個小島。

沒過多久，特派員從法國來到科西嘉，他們根本不考慮保利的意見，逕自決定對當地官員的任免。拿破崙，再次被封爲島上的駐軍司令。其實，他曾經擁有這一職位，這次的任命，不過是又確認一次而已。從此，拿破崙的人生步入正軌。

緊接著，巴黎傳來命令：逮捕保利。可能是由於反對派們太過急功近利，島上人民對這位老將軍的熱愛被激發了，他們聯合起來抗命，不許逮捕保利。這對年輕的拿破崙來說，是個棘手的問題。他裝作在聆聽群衆的呼聲，其實並非發自內心，只不過想借此來爭取時間，尋找對策罷了。最後，他採取誰都不得罪的手段，宣稱自己同情被誣告的保利；但又向國民公會表示自己的忠心。沒想到，國民公會並不信任他，同樣發出拘票要逮捕他。而保利也猜測拿破崙對自己並不眞誠，發布宣言說：「拿破崙一黨支持誣告，與特派員是一夥的，我不會再與他們來往。讓他們去死吧！」於是，有人趁火打劫，襲擊了拿破崙的住宅，幸虧家人已經和特派員先行撤退，否則性命休矣。

不過，這些可能是拿破崙所希望的呢！因爲，這樣一來，他就成了當局堅定的信徒，從而得到信任。一年前，他還在率領科西嘉人攻打法國的堡壘，現在，他變成了這個堡壘的司令來攻打科西嘉人。終於，他有了權力！被任命去保衛沿海地區。「保利，我復仇的機會到了！」但是，保利此時有島民的擁戴，而且，他曾經是位將軍。拿破崙，這次作爲法國人，第二次襲擊堡壘，同樣沒有成功！

在科西嘉，拿破崙一家已經沒有立足之地，島民宣布放逐拿破崙家族。這樣一來，貴族出身的母親，不得不帶著幾個子女逃亡海外。幾小時內，他們必須離開科西嘉。二十四年前，萊蒂齊婭曾在山林中躲避法國人的槍彈；今天，她卻要穿越深山老林，遠赴海外去求得法國人的幫助。

已經二十三歲的拿破崙，站在開往土倫港的船上。時值六月，暮色蒼茫，漸漸遠去的每個海岬，他都熟記於心。如今，他已經被當作法國人，由自己家鄉的人民驅逐出科西嘉島。這讓他怎能善罷甘休，心中發誓：不雪恥，誓不爲人！船漸漸地西行，不久，法國的海岸線清晰地出現在眼前，拿破崙有了安全感。如今，他以天下爲家，或者，這也是沒有祖國的人才獨有的特權。

鋒芒初露

「她們怎麼能穿這樣寒酸的衣服呢？」萊蒂齊婭看著兩個即將成人的女兒從市場買來的廉價衣物時，忍不住嘆息道。他們此刻住在馬賽的一家貴族府邸（貴族已被處死）。萊蒂齊婭已經六十多歲，還在爲家人的生計而忙碌，兩個最小的子女留在科西嘉的親戚家中。因爲拿破崙被看作是「受迫害的愛國者」，所以當地政府對他們有一些救濟。儘管如此，萊蒂齊婭的高傲依舊。

過了些日子，拿破崙開始供應軍火，這是個賺錢的機會。舅舅費什，也不再做神父，改做絲綢生意。大哥約瑟夫，憑藉自己的相貌，自稱波拿巴伯爵，娶到了一位已故富商的長女。而拿破崙，則很想娶這位富商的另一個女兒德茜蕾。

這個夏季，拿破崙不管走到哪，都以軍人的慧眼注視著山川地形，想著該在何處設立炮臺。同時，他的筆並沒有停止，不時地出些小冊子。

不久，比利時淪陷，西班牙人想盡辦法要翻越庇里牛斯山。在旺代，擁護波旁王朝的人取得了勝利，接著，土倫發生政變。法國更是草木皆兵！懂軍事的人在這裡極受歡迎！

土倫的人們努力地要趕走英國人。國民公會將這一重任交給了當地駐軍司令。沒想到，這個司令雖然滿腔熱情，但對軍事一竅不通。很湊巧，拿破崙此時剛從阿維尼翁交付軍火回來，同鄉薩利切蒂便把他介紹給了司令。幾個人飯後散步，看到遠處有一門二十四磅炮，他們忍不住吹噓炮的威力；拿破崙不屑一顧地告訴他們，此炮在這裡毫無威力可言。於是，他連放四炮，炮彈根本不能打到海裡。衆人驚得目瞪口呆，最後請拿破崙留在土倫，協助作戰。

「感謝上帝，機遇終於再次降臨到我的頭上。這一次，我將更緊地抓住它！」拿破崙心中暗想。此後，他把沿海所有的重炮都調到土倫，不到兩個月，已經擁有了一百多門大炮。

他要讓衆人看到自己出色的軍事統帥才能，打算在海灣的最狹窄處建築炮臺，以此來切斷英國艦隊的航道。但是，那些假專家們對此嗤之以鼻。拿破崙沒有放棄，他知道自己的朋友在國民公會中會支持自己。於是他上書指控自己的上司，並把炮轟土倫的計畫寄往巴黎。

他在公會中的朋友，即小羅伯斯比，是個才華滿腹之人，他的哥哥在國民公會中大權在握。小羅伯斯比對哥哥說：「你需要一個能征善戰的勇士嗎？他叫波拿巴。」這位科西嘉的冒險者的確有被詢問過擔任土倫軍隊的領導者，但拿破崙的警覺性讓他拒絕了此項提議。如今，他的計畫已經得到批准，原來的司令被撤職。沒想到，新來的將軍是個醫生。很快地，敵人已經占領了海岬！

拿破崙把這些新上司們帶到炮臺，這裡根本沒有防禦工事。敵人開炮，卻有人說：「我們都不需要隱蔽，愛國之心會保護我們安然無恙。」拿破崙忍無可忍，再次向巴黎上書，要求撤換司令。這次，來的是位眞正的軍人，並且任命拿破崙爲營長，採納了他的作戰計畫，對土倫發起攻擊。拿破崙親自指揮戰鬥，他的坐騎倒地，小腿受傷，這是他第一次受傷。但他取得了第一次戰鬥的勝利，而且戰勝的是英國人。敵人無路可逃，正如拿破崙所料：戰場上火光沖天，海港中一片混亂，人們疲於奔命。十二月的這個夜晚，濃煙滾滾，血水染紅了海水，處處是垂死者的掙扎聲。蒼茫的夜空，一顆新星升起，拿破崙，成了戰爭中的英雄。

被捕、失業

土倫解放，同時，北線和東線也取得了勝利，爲此，巴黎舉行盛大的慶功會。人們高喊著拿破崙的名字，他被提升爲准將。在受表彰的名單中，總共有六個年輕軍官，拿破崙看到自己的名字第一次被印在《通報》[10]裡，高興之餘，仍有些不滿。因爲有六個人呢，而他追求的是萬人之上！

此時，拿破崙已經開始被人重視了，有兩個名不見經傳的軍官，馬蒙[11]與朱諾[12]，願意與他同生共死。他將兩人封爲副官。弟弟路易這一年已經十六歲，也被封爲副官。這樣，他手下有爲數不少的一夥人了。

不久，國民公會派他鞏固土倫至尼斯的海防。而這海岸的南端，就是科西嘉島的宿敵——熱那亞。掌握了熱那亞，就等於控制了科西嘉。在熱那亞，只要你聰明機敏，就能夠得到大量情報。於是，拿破崙又想方設法謀得了駐該地特派員的職位，他的用心遠不止於此。

到達該地後，拿破崙與當地的間諜來往密切。出人意料的是，他回到尼斯準備寫報告時，卻突然被捕。原來，國民公會中的羅伯斯比被送上了斷頭臺。爲了各自的性命，每個人都說自己當初是被迫與他來往的。他們甚至爲自己尋找替死鬼，而最理想的人選，就是那些不在巴黎，沒有機會爲自己申辯的人。於是，拿破崙成了衆矢之的！

他們把拿破崙關在尼斯附近的卡雷炮臺，沒收了他的全部文稿。那一天，是他二十五歲的生日。他透過鐵窗向外邊望去，如果能把頭伸出來的話，就可以看到科西嘉島。那是讓他刻骨銘心的島嶼，多少次夢想成爲該島的統治者，都以失敗告終。幾天前，已經成功在望，卻突然淪爲階下囚。也許，再過幾天，就會被人押往刑場，接著被處死。難道就這樣等死嗎？

有人勸他越獄逃走。拿破崙以少有的熱情給他們回信：「人們如何對我已經不重要，我堅信自己沒有做錯。良心是最好的法庭，此刻，我的內心極爲平靜。別爲我而魯莽行動，那樣反而會害了我。」不難看出，只有最後一句才是眞話。在獄中，他寫信給一位有勢力的外交官：「小羅伯斯比的死，讓我有些傷心，我想他是誠實的人。但是，如果他眞要逆天而行，哪怕他是我的父親，我也不會答應。」我們不得不承認他是個天才，竟能說出如此的話來。在給國民公會的信中，他寫道：「我自問沒有做過對不起公會的事，相信委員會是公正的，不管如何處置，我都接受……能否允許我提一個小小的請求：打開枷鎖，讓愛國者得到應有的尊重！我的生死已經不重要，戰場上，出生入死是家常便飯。讓我對生還有留戀的原因是，我想繼續爲祖國效勞。」

幾天後，拿破崙無罪釋放。原來，是同鄉薩利切蒂誣告了他。當他覺得自己已經平安時，才想到把拿破崙擔保出來。薩利切蒂無意中給拿破崙作了預言：「我們的軍隊離不開他。」

出獄後，人們都對拿破崙避而不見。他寫信給那些有權勢的朋友，卻如同肉包子打狗，有去無回。他甚至曾寫信向有影響力的朋友要求如「一件體面的偵查兵軍裝」這樣的小東西來試圖讓對方回信。忽然，他得到消息，保利請求英國派兵援助。拿破崙立即決定：回巴黎！一定要抓住這次機會，他知道政府已經成立遠征軍。半個月後，法國軍隊大敗而歸，人們再次想到了拿破崙。他曾經征服過土倫啊！

可是，反對勢力太強大。拿破崙沒有被委以重任。當局把他派到旺代，雖然職位很高，但形同虛設。爲此，拿破崙又一次受到打擊，臉色更加蒼白，他拒絕接受此項任命。結果，他變得無所事事。不久，他忽然想到：布里昂[13]在做什麼呢？不會還在做投機生意吧？嗯，我何不也去試試呢？還有，如今的薩利切蒂也自身難保，拿破崙寫信給他說：「我還打算要報復你呢……可是現在，一切都不重要了，你安心去避難吧，過去的事我不會再提起。」

接下來的日子裡，拿破崙被奧西昂[14]的詩所感動，那些陰鬱的語句更增加了他的傷感。有人問他：「幸福是什麼？」他回答：「自我價值的最高體現，就是幸福。」可是，他的情緒愈來愈差。他一位友人的妻子曾說：「別人在看喜劇時，常常哈哈大笑，只有拿破崙面無表情地坐在那裡不吭聲。他會在衆人眼前忽然消失，等找到他時，已經坐在劇院的另一邊了。雖然他也曾努力地想笑一下，但就是做不到。不過，他在講戰爭故事時會突然大笑。」

人們常常會看到拿破崙在街頭流浪，身形消瘦，面色蒼白，而且性情煩躁。「他穿著不合體的衣服，哪裡還有軍官的氣質？頭上戴著頂舊圓帽，衣冠不整，雙手又黑又瘦，連腳上的鞋也不合適。」此後，拿破崙曾打算到國外去賣書求生，但第一次就賠了本。偶爾，他會到別人家去做客，也去過巴拉斯[15]家的沙龍。巴拉斯是當時的督政官，生活奢侈，作風腐敗，全巴黎的人都對他不滿。他的身邊不會缺少女人，拿破崙站在這些美女面前時，唯一能值得人注意的不過是他的機智和那些離奇的想法。但是，他身材矮小、面色陰沉、動作也不夠優美，總是讓人覺得難以接近。

拿破崙覺得自己陷入到孤獨之中，只有寫信給弟兄們時，這種孤獨感才能稍加緩解。弟弟路易的教育一直是他負責的，他在信中寫道：「你是個當軍人的料子，在你身上，有著軍人需要的特質：熱情、堅強、健康、機敏，將來，你會是兄弟中最有成就的一個。而且，我們兄弟四人誰都沒有受過你這樣的教育。」同時，他打算把小弟熱羅姆也接到巴黎。因爲，他正在和大弟呂西安爭鬥，小弟最聰明，來了會是他的好幫手。

其實，呂西安的才華與拿破崙不相上下，他才眞正地了解拿破崙。當初，十七歲的呂西安就在給約瑟夫的信中寫道：「雖然波拿巴剛剛二十三歲，但他的野心已經十分明顯。他將成爲衆人的危脅，甚至會變成暴君。」不過，呂西安也有著同樣的野心，他覺得二哥拿破崙有希望成事，想到他的成就將超過自己，總是感到不甘心。

不過，現在的拿破崙鬥志盡失，在他眼裡，大哥約瑟夫不愁吃穿，生活美滿。他開始渴望自己有個像哥哥一樣的家，於是，他寫信給哥哥，懇求約瑟夫幫他娶到德茜蕾，也就是嫂子的妹妹。在這期間，拿破崙與德茜蕾已經有一年多的書信往來。但德茜蕾還沒有最終決定嫁給他，拿破崙爲此已經迫不及待。眼看著親朋好友陸續結婚，而且生活幸福，只有自己仍然孤家寡人，他怎能不急呢？爲此，他變得情緒多變，常常情不自禁地流下眼淚，嘆息道：「人生如夢，轉瞬即逝……」

新的起點

一切都來得這麼突然。新來的陸軍部長，對於義大利前線的狀況非常不滿。於是，有人向他推薦了拿破崙。很快地，拿破崙被召到救國委員會。他向部長提出自己的計畫：二至七月間攻占倫巴底，隨後把地勢險要的曼圖亞從奧地利人手裡拿下。這樣，義大利軍只能向北前進。而此時，聯軍直逼維也納，迫使奧地利投降，最終實現法蘭西多年的夢想。

陸軍部長看完拿破崙的計畫書，佩服得五體投地，由衷地讚嘆道：「將軍，你的計畫令人振奮。

我們會仔細研究，你再寫個詳細報告交上來。」拿破崙答道：「計畫都在我腦子裡，馬上就可寫完。」很快地，這一計畫得到了全體委員的讚賞：「太棒了！真是了不起的構想。」因此，拿破崙被留在作戰指揮部。沒過多久，他便在這個部門裡站穩了腳步。

也許，這是他人生的里程碑。從此，他將一發不可收拾。在這動盪的年代裡，一切都不是不可能的。這一年，他才二十六歲。之後的二十年，他如同上滿弦的發條，精力充沛，不停地戰鬥再戰鬥。他開始著手實施自己的計畫，每個環節都不敢懈怠。因爲常常與法蘭西的最高領導人在一起，無形中提高了他的身分。

此後，拿破崙不停地問自己：我的最終目的是什麼？旺代司令？不是。萊茵司令？也不是。這些都不值得一提。巴黎，這個軍事樞紐，這裡的總司令才是最有吸引力的。不過，這個戰場還沒有得到開發。就是十七年之後，拿破崙仍然對開發這一戰場念念不忘。忽然，他想到了亞洲，馬上就開始準備。他要把土耳其調動起來，同時把炮兵和現代技術傳到博斯普魯斯。那樣，在合適的機會，就可以用來對付俄國與奧地利了。於是，他在進入陸軍作戰部的第十二天，請求前去土耳其工作。令人遺憾的是，他的請求被拒絕了。他的存在已經讓某些有力的對手感到恐懼，不希望他繼續待在作戰指揮部，而想把他調到前線去。

拿破崙彷彿知道自己未來將會成功，理直氣壯的再度上書中訴自己的理由：「大敵當前之際，波拿巴將軍臨危受命，置個人生死於度外，率領炮兵將士，浴血奮戰，取得了偉大的勝利：現在，波拿巴將軍特此請求：救國委員會諸位委員爲我主持公道，官復原職……不要被某些居心不良之人利用，他們只配做逃兵。」

他用第三人稱撰寫信件，以古羅馬人的英雄氣概發表意見。

時隔多日，仍不見回音。但拿破崙毫不氣餒，他知道他的地位不會因此受到動搖。不久，拿破崙得知政府將要重新組閣。他寫信告訴哥哥：「不管哪個政黨執政，我都是受歡迎的。看來，我的機遇就要到了。不過，即使再次被冷落，我也能夠泰然處之。」

半個月後，政府與保王黨份子之間發生了衝突，繼而升級到巷戰，三年前的一幕被重演。出於種種原因，國民公會與國民自衛軍進行了談判。出人意料的是，公會的將軍被逮捕，因此，整個國民公會亂作一團，敵對的左翼和右翼兩派卻達成了共識。

這天晚上，拿破崙火速來到國民公會，他知道肯定會有人接替將軍的職位，而且，據說人選正是他的反對者。拿破崙爲此情緒波動：難道沒人會提到我嗎？「我提議重新起用波拿巴！」他的名字被人喊了出來。拿破崙聽到後一陣狂喜。雖然他知道這個任命不會讓他流芳千古，但那無比的權力卻令人垂涎已久。

接下來大家開始著手準備，因爲第二天清晨很可能發生動亂。非常時期，拿破崙此次不再受任何官員的監督。他對委員們說：「如果讓我來領導大家，我會盡自己最大努力，但前提是不要干涉我的任何決定。國民委員會爲什麼會有今天的失敗？就是因爲當初大家意見不一，難道亂民會主動請求我們開火攻擊他們？」這一次，和拿破崙同時執政的是巴拉斯，他在委員會中威望很高，而且是拿破崙的支持者。於是，拿破崙再次被推到了捍衛政府的位置！

過去的七年中，巴黎政府面對的每一次民眾暴動，都是倉促應戰，所以一次又一次的暴動取得了勝利。這次完全不同，因爲拿破崙已經做好了準備。只一夜的工夫，國民公會已經變成了軍事重地，每個委員都配備了武器，據說還要調來大炮。年輕的騎兵軍官繆拉[16]負責，從郊區調來四十門大炮。街上，暴動的國民自衛軍也在搜羅大炮。局勢嚴重，拿破崙要在短短的幾個小時裡，布置現有的微薄軍力。兩小時，一切準備就緒！

國民自衛軍全副武裝地衝了上來，國民公會的委員們開始害怕，想要妥協。凌晨，局勢萬分緊急，那些臨時徵集的部隊已經喪失了鬥志，開始動搖；中午，甚至有軍人要投降。晚上，雙方仍在對峙。再不動手，一切都來不及了！拿破崙曾經嘲笑過路易國王的軟弱，他豈能當窩囊廢？開火的命令，可能是拿破崙下的；又或許是來自於巴拉斯的意思。最終，雙方開戰。又是兩個小時，街頭血流成河，民衆倉皇逃命。很快地，街道像死一般寂靜。

拿破崙事後在給哥哥的信中寫道：「終於度過了最危難的時候，我迫不及待的要告訴你這個消息……是我布置好一切，消滅了敵人。而我們傷亡並不算嚴重，國民自衛隊徹底失敗。另外，我很好，請代我問候德茜蕾和朱莉！」

這就是拿破崙的第一份報捷。從信中可以看出運氣和女人，在他心中占有一定的位置。他自己也說：「在我身上，兩種人格，理性和感性同時存在。」

* * *

拿破崙站在國民公會的講臺上，接受委員們的掌聲和歡呼。但他並沒有因此揚揚得意，眼光冷冷地注視著衆人，暗自想道：「這就是那天聽到炮聲被嚇得腿發軟的公會委員？看著吧，你們都將成爲我的奴隸。」這一次，他毫無爭議地被任命爲國防軍司令。跟著，追隨者蜂擁而至，不管是曾經支持或反對他的委員，因爲，他現在擁有了權力。不過，民衆們對他則恨之入骨，那些手無寸鐵的百姓，甚至包括圍觀的婦女因他而喪命。但拿破崙對此不屑一顧，他想要得到的並非是百姓的擁護。

瞬間，拿破崙身價倍增。他有錢了，僕人、馬車，應有盡有，但他把這些都給了家人。弟弟們因此有了舒適的工作，母親又可以過貴族的生活。哥哥約瑟夫更是得意，有機會挑選他所想要的工作，甚至那些以前很少來往的親戚，這次也都得到了好處。不過，這之後他給家裡寫的信愈來愈少，語氣也變了。他當司令後給家裡的第一封信說：「從今以後，我會用自己的力量幫助你們，給家裡人帶來幸福。」口氣儼然是一家之主。

接下來的日子裡，拿破崙不僅享受著成功的歡樂，而且品嘗了愛情的滋味。在他的信件裡，誘人的女郎被一次又一次提到，他對幸福的渴望愈來愈強烈。此前，他迷上了一個三十歲的少婦，被她的魅力和美貌征服。這樣的女人他遇到過兩個。一個是他母親的朋友，也是科西嘉的貴族；另一個雖然漂亮，卻爲人輕浮，曾經是謝尼埃[17]的情婦。當時，拿破崙比她們小很多，兩人無一例外地拒絕了他，因此他變得更加敏感。

拿破崙當上國防軍司令後，下令禁止民衆擁有武器，並開始搜查，一旦發現，立即沒收。這天，一個可愛的十二歲男孩，來到拿破崙的辦公室，請求要回先父的佩劍。拿破崙破例同意了。沒過幾天，孩子的母親親自前來表示感謝。拿破崙感到眼睛一亮！這是個什麼樣的女人啊？可愛，聰慧，迷人！她有三十多歲？不，三十歲？誰知道她有多大呢？雖然她不是最美的，但氣質不凡。她身材苗條，還帶有異國風情，那深色的克利奧爾[18]皮膚，多麼誘人！少婦出生在西印度群島的馬提尼克島，但一直生活在巴黎。動盪的年代，教會了她用姿色去征服男人。

拿破崙來到郊外的小屋去拜訪她時，很快就發現了少婦家境的貧困，雖然她在極力掩飾。拿破崙不在意這些，此時，他已經是一個二十七歲的軍官，而且手中並不缺錢；他本人希望有錢，但有錢人不一定能得到他的青睞。如同在工作中，能讓他刮目相看的是才幹，而不是地位。所以，能打動他的女人，也必須擁有獨特的內涵。

少婦名叫約瑟芬，是個很會吸引男人的女子，生活迫使她不得不如此。丈夫博阿爾內[19]雖然是貴族出身，但去世後，她再也沒有從婆家得到過一個法郎。其實，丈夫生前，夫妻長期分居兩地，約瑟芬住在島上的娘家，直到再次來到巴黎，才得以團聚。可惜好景不長，大革命期間，丈夫因受牽連而被處決，她自己也被關了三個月，羅伯斯比下臺後才被放出來。出獄那天，正是拿破崙被捕的日子。約瑟芬重獲自由後，雖然有親朋好友不時地接濟一下，但生活仍然窘迫，還好，奧坦絲與歐仁兩個孩子活潑又可愛。

貧困，讓約瑟芬學會利用自己作爲女人的資本來生活。也許，她的天性中就有不安分的基因吧。從此，她爲了享受生活，便開始與人調情。此時，她的身分是巴拉斯的情人。其實，這原本是她漂亮的女友塔里昂夫人的情夫，但塔里昂夫人後來愛上了銀行家，約瑟芬才有機會得到巴拉斯。不過，巴拉斯仍然被這兩個女人同時擁有，因此，她們可以從委員會得到馬和馬車。約瑟芬憑藉她高貴的出身，在宴會上得心應手，與兩派要員打得火熱，簡直成了女拿破崙。

拿破崙呢？每一次政局的變化，都可能使他變得一無所有。那天，要不是繆拉及時運來那些大炮，也許眼前的將軍已經變成刀下鬼了。他與約瑟芬一樣，連生命的安全也沒有保障。於是，他成了約瑟芬想要獵取的物件。他第一次墜入愛河之中，顯然，約瑟芬是個情場老手，應對他綽綽有餘。約瑟芬覺得自己的運氣來了，她要與拿破崙結婚。

約瑟芬在給朋友的信中寫道：「波拿巴，你在我家裡見過的。他將成爲我孤兒寡女的父親，我這寡婦的新丈夫……他身上的勇敢吸引著我……我說不清楚，他有一股難以言表的力量，讓我不能抗拒。他的目光深邃而幽遠，讓人捉摸不透，甚至連督政官也會讓他三分。可是，他的激情似火，讓我有些擔心。因爲，我已經不再年輕，到底能不能讓他那瘋狂的愛戀維持長久呢？」

心機算盡的約瑟芬不會知道，結局究竟會如何，但她隱隱感到了內心深處的不安。因爲，拿破崙不會輕易被什麼征服，一旦想要什麼，就會不達目的不甘休。他從來沒有像現在這樣想要得到一個人，生平頭一遭被約瑟芬深深地迷住了。所以，他把一切熱情都投到這個女人身上。他忍不住寫信給約瑟芬：「親愛的，我無時無刻不在想著你，你占據了我的思想，爲此，我已經神魂顛倒，心神不定。溫柔，可愛的人，你不知道你在我心中是多麼地重要。你會生我的氣嗎？爲什麼我看到你神情憂傷，你有心事？……我已經不能控制自己的激情，只有你的朱唇，你柔軟的胸脯，才能使我得到安寧。其實，你所有的畫像都沒有你本人漂亮。親愛的，你應該中午出發，那樣三小時後我就可以看到你了，等你，吻你！請你不要吻我，你的吻會使我的熱血沸騰！」

不過，拿破崙並沒有被愛情沖昏頭，他保持著應有的冷靜。對於自己心中的計畫，仍然絕口不提，只是告訴她一些不太重要的事：「那些督政官們自作多情地認爲我會請求他們的保護。看著吧，將來他們會反過來求我。」約瑟芬有些不解地問：「你怎麼會如此自信呢？但我看來這卻有些像自負，不是嗎？難道那些政府首腦會請求下級的保護？這實在是不可思議。不過，你的這種自信正是吸引我的地方。」

爲什麼拿破崙會娶約瑟芬呢？難道是爲了獨享這位柔情女郎？他是如此的自我中心，況且，如果以爲娶了她就能「獨占」她，那未免也太過天眞；或者能夠從中得到什麼好處？約瑟芬能帶給他的金錢與權力他都享受過了。她的確能幫助到他，的確，約瑟芬在結交權貴上，有她自己的一套，而且，她出身貴族。這一點是拿破崙考慮很清楚的——約瑟芬有著她自己的社會地位。這樣，拿破崙可以借助她抬高自己的身分。因爲，成了她的丈夫後，人們就不能把他只當成「普通的科西嘉人」了。不錯，正是科西嘉人，也就是義大利人的傳統家庭觀念，影響著他，使得他要想盡辦法娶名門出身的女子。另外，他的自我意識如此強烈，自然希望香火永盛，這不是非常重要的嗎？

在這世界上，只有一件事拿破崙必須要和別人合作，那就是生孩子，而且，他要考慮到孩子的血統問題。他自認爲自己是貴族出身，雖然他口口聲聲宣揚衆人平等，那不過是他的幌子罷了。他怎麼會與平民結親呢？在他看來，那會影響到他家族的血統了。他與約瑟芬，兩相鍾情，更重要的是，她出身名門。她的出身，再加上她獨特的魅力，在衆人心中成了耀眼的明星。（雖然她爲人輕浮，曾經是督政中最有權勢的巴拉斯的情婦。但是，巴拉斯爲了自身的利益，竟然願意讓出約瑟芬。他要以此來拉攏拿破崙。）法蘭西，是個性愛自由的國度，如果誰只知道追求榮譽，卻不會戀愛，得到的會是人們的嘲笑。如今的法蘭西，已經不再有騎士和貴婦，人們自由地結合或者分手。

巴拉斯打算派拿破崙去統帥義大利軍隊，但此時的約瑟芬還沒有決定到底結不結婚。於是，巴拉斯向約瑟芬保證，任命拿破崙去領導義大利軍。把最危險送到艱困的前線是再合理不過了。拿破崙當初的偉大計畫已經被送到了尼斯，那裡的總司令回覆說制訂計畫的人一定精神失常，讓他來實現最好不過了。很快地，拿破崙被封爲總司令。

拿破崙當上總司令後，約瑟芬再也不需要猶豫。有個有力的朋友向她保證不會有出生證明從被封鎖的西印度群島流出來。於是，這位新娘自稱二十八歲，當局也無從考證。她少報了五歲，拿破崙也很夠意思的多報了一歲。這個婚姻從一開始就不夠眞誠。這位子爵夫人擁有的只有債務，而拿破崙唯一的財產就是他的制服。儘管如此，他們還是簽訂了財產分配協議書。結婚戒指上，刻著「緣定今生」幾個字。

過了兩天，拿破崙離開巴黎。部隊每次紮營，他都會給約瑟芬寫情書。這樣，十一個駐地，寫了十一封情書。最後，他來到尼斯，正式就任總司令，這意味著他將要開闢歐洲以外的戰場。此時正值春分，卻是暴雨交加。拿破崙登上炮樓，眺望遠方海岸，不禁心潮澎湃：「這是我多年的夢想，對面就是我日夜想要占領的地方。身後的巴黎，我的她在等我。那裡是我的幸福。看吧，翻過山嶺，在敵人的土地上，我將功成名就，這正是我多年的追求！」

拿破崙轉過身來，看到了熟悉的山脈，但那已經不能再引起他的注意。那就是他已經失去的家園——科西嘉。

注釋

【1】拿波里昂尼：拿破崙原名是在科西嘉義大利語發音的拿波里昂尼・波納巴爾特（Nabulione Buonaparte），後改成法語發音的拿破崙・波拿巴（Napoléon Bonaparte）。

【2】科西嘉：地中海第四大島嶼。曾被希臘迦太基人、汪達爾人、羅馬人等先後統治。

【3】孟德斯鳩（一六八九年至一七五五年）：法國人，啓蒙思想家，法蘭西科學院院士。一七四八年發表《法意》，著名學說爲國家要司法、立法、行政三權分立。

【4】雷納爾（一七一三年至一七九六年）：法國人，神父、作家、宣傳家。一七五〇年後，主編《法國信使》。

【5】哈里發：伊斯蘭教國家集政權、教權於一身的最高統治者。

【6】科利奧蘭納斯（公元前四世紀至五世紀）：羅馬英雄。出身貴族。是莎士比亞名劇《科利奧蘭納斯》中的主要人物。

【7】羅伯斯比（一七五八年至一七九四年）：法國人，崇拜盧梭，一七九二年八月起義後，被選入巴黎公社和國民公會，領導雅各賓黨反對吉倫特黨。

【8】無套褲黨人：法國大革命時期，廣大革命群衆被稱爲無套褲黨人。套褲，是貴族穿的。貧民只穿普通粗布長褲。「革命者」、「愛國者」，後來都被稱爲「無套褲漢」或「無套褲黨人」

【9】薩利切蒂（一七五七年至一八〇九年）：科西嘉人，法國國民工會代表，政府特派員。熱月政變後，拿破崙被他誣告入獄。

【10】《通報》：法國大革命時期的政府公報。

【11】馬蒙（一七七四年七月二十日至一八五二年三月二日）：拿破崙早年的好友。不過，拿破崙後來遺囑中稱他爲叛徒。後人也把馬蒙的名字看作是叛徒的同義詞。

【12】朱諾（一七七一年至一八一三年）：拿破崙早年的戰友、好友。爲人憨厚耿直，作戰勇敢，爲保護拿破崙的名聲曾與人決鬥。

【13】布里昂（一七六九年至一八三四年）：拿破崙少年時的軍校同學。長期擔任拿破崙的機要祕書。著有《懷拿破崙》

【14】奧西昂（公元三世紀）：蘇格蘭傳說中的詩人。拿破崙很喜歡他詩中那些描寫陰鬱心情的語句。

【15】巴拉斯（一七五五年至一八二九年）：法國人，大革命期間非常活躍，後來參加熱月政變，擔任督政官期間貪污腐化。他最大的功績是發現和推薦了拿破崙。

【16】繆拉（一七六七年三月二十五日至一八一五年十月十三日）：後被封爲法國元帥，並做了拿破崙的妹夫，繼而被封爲那不勒斯國君。

【17】謝尼埃（一七六四年至一八一一年）：法國詩人、劇作家、政治家。法國大革命時期，曾爲國民

公會和五百人院議會，寫有愛國歌曲、歷史悲劇等。

【18】克里奧爾：即Creole，指西印度群島以及南美各地的法國、西班牙後裔，白種人。

【19】博阿爾內（一七六〇年至一七九四年）：約瑟芬的前夫。法國大革命中，是第一等級代表。一七九四年被送上斷頭臺。

第二章　精神勝於武力

睿智天成，朝氣蓬勃，勇於創新……諸多的特點加於拿破崙一身，因此他是能夠左右歷史的人。

——歌德

出征義大利

直入雲霄的山峰，連綿不斷的山脈，在藍天的映照下，如蒼龍仰臥。阿爾卑斯山上，沉年的積雪被日光照得閃閃發光，一切生靈，在它面前都將失去威嚴，大自然擁有無窮的力量。拿破崙被眼前的山巒擋住了去路。

這位新上任的總司令，是不會迷信於武力的。不過，他做事向來求穩，對於如何翻越阿爾卑斯山，一時還沒有想好。爲此，拿破崙已經考慮多時了，思前想後，難以決定。當年，漢尼拔[1]曾率軍隊征服過阿爾卑斯山。考慮良久，拿破崙決定繞過群峰，從敵人的薄弱處尋找機會。他對著山峰沉吟：亞平寧平原和阿爾卑斯山脈交界處，地勢低窪，那裡是很好的突破口。不能再猶豫了，如果到了夏天，積雪融化，更有可能發生雪崩。前進吧，衝到祖先的國度！

對於軍隊來說，時間是極爲重要的，延誤時機，可能全軍覆滅。當拿破崙虎視眈眈地盯著阿爾卑斯山思考戰術時，他的敵人還在冬季營地裡鼾然大睡呢！奧地利軍隊駐紮在倫巴第東側，薩丁人軍隊在西面的平原遙相呼應；另外，那些大大小小的諸侯國，四分五裂，不成氣候。他們哪裡能夠料到拿破崙會在冰雪融化之前發動進攻。

時間一天天過去，巴黎的經濟急速倒退，貨幣貶值，因此，除了證券，政府已經一無所有。拿破崙的士兵已經得不到任何軍餉，連吃飯都成了問題。那些軍隊後勤部門，甚至連證券也私吞。一個軍官來到拿破崙面前說：「法蘭西會因此垮下去。」另一個軍官寫信給法國當局說：「您是否知道，前線上有多少士兵死於饑餓和疾病？」大家爲此憂心忡忡，要是新司令再想不出辦法，無錢又無糧，可怎麼支持下去呢？

爲了鼓舞士氣，拿破崙第一次閱兵時說：「戰士們，我知道你們現在吃不飽，穿不暖。法蘭西需要你們，卻不能爲你們解決溫飽，這非常令人遺憾。你們的寬容和勇敢，值得褒獎。爲此，我要帶領各位到最富有的平原去。你們將看到繁榮的城鎮，那裡物產豐富。相信你們會在那裡得到想要的榮譽和財富。」士兵們聽了他的演講，只是以稀疏的歡呼作爲回報。私底下，他們在悄悄議論：「他就是新來的司令嗎？不過看上去身體並不強壯，哪裡有將軍的威風呢？榮譽和財富！說得好聽，眼前最要緊的是先弄幾雙靴子來，這樣才能走到那富裕的平原啊！」當摩西向以色列人答應上帝的應許之地時，以色列人想必也這樣抱怨著吧！顯而易見，這位新司令還沒能得到全體官兵的認可。

部隊已經在此駐紮了三個春秋！有四分之一的人已經在醫院裡，另有四分之一的人在戰鬥中或死或傷，甚至有些人當了逃兵！拿破崙只顧埋頭不停地寫呀！算呀！連頭髮蓬亂也不理睬；長長的頭髮披到肩上，很隨便地穿了件上衣，沒有什麼修飾。他不時地站起來，向官兵們口頭發布命令，但他的法文說得並不流利。他的那些手下，除了三、四個追隨而來的忠心不變外，其餘的人對他都印象很差。有人悄悄地說：「也許他更適合當數學家或夢想家。」

數學家和夢想家。或許他兩者皆是呢！

拿破崙在一開始的確傾向於算計。當他面對督政官們時，彷彿在寫競選廣告一般，他寫下熱情如火的書信攻勢：「你們要我創造奇蹟，這我做不到……要想成功，就要穩紮穩打，把目光放長遠，擁有智慧和勇氣，這樣才可能實現目標。有時候，勝利和失敗就像兄弟，如影隨形。俗話說，失之毫釐，謬之千里。而失敗，往往源於很小的失誤。」

但在面對偉大的軍事家卡爾諾[2]時，他可以暢所欲言，完全不隱瞞事實。他曾毫不留情地寫道：「你能相信嗎？我這裡半個工兵軍官也沒有，更沒有人參加過攻城戰……你根本無法想像我的憤怒，我甚至沒有炮兵！」當時，他的眞實裝備是二十四門山炮，四千匹瘦馬（還沒有吃飽），三十萬枚銀法郎；再有就是只能讓三萬士兵每天吃半飽，勉強可以維持一個月的糧食。但是，如此的裝備，他卻要征服義大利！

同樣地，拿破崙的前景也不甚樂觀。不過，身在其位，只得謀其政，他必須充分地利用現有的資源。每天，拿破崙像上了發條一樣，片刻不停地工作，以此來給官兵做榜樣。但是，這些士兵仍然無精打采，甚至已經軍心渙散。不過，皇天不負有心人，拿破崙鍥而不捨的努力，終於換來了共和國軍隊的神威。

讓我們來看看他上任第三天的經歷：派一百一十名士兵修路；迅速地平定一個旅的兵變；安排兩個炮兵師的宿營地，命令兩名將軍去處理盜馬事件；回覆另外兩位將軍的請求；指派一個土倫將軍把士兵調往尼斯；讓另一位將軍去召集昂蒂布國民自衛軍；吩咐一位將軍去發生動亂的旅中尋找可用的軍官；致函巴黎參謀部；檢閱部隊，發布每日軍誌。

最初二十天中，拿破崙單爲軍隊的供應，就下達了一百二十三項書面命令。其中涉及盜用公款、短斤缺兩、僞劣用品等；這些命令是在行軍途中，從十二個不同的駐地發出，而且在此期間，還發生了六次戰鬥。

拿破崙終於率領大軍越過狹隘的山谷，按照原定計畫，他集中兵力，第一仗攻打聯軍一部，然後擊潰另一支聯軍。兩次戰役，聯軍傷亡慘重，而且彼此失去了聯繫。其實，這不過是和法蘭西先鋒部隊的遭遇戰。它更符合法國人的性格，因爲，到目前爲止，對於如何在開闊地帶展開大規模作戰，他們還經驗不足。但在遭遇戰階段，速度與大膽，才是致勝的關鍵。

拿破崙躍馬飛奔，只聽得耳邊炮聲隆隆；忽然，他感到隨身攜帶的約瑟芬畫像（放在他上衣內口袋裡，親吻了上百遍）上覆的玻璃被震成碎片。他的臉刷地變白，勒住戰馬，對布里昂說：「玻璃碎了，如果不是妻子生病，那就是她出軌了。前進吧！」

還好，戰事正順利地發展。拿破崙深知，只有按照他的預料實現最初的目標，才能得到官兵的信任。這樣，軍士們才會佩服他，心甘情願地服從他的命令。接下來的半個月，部隊順利前進，奪取了期望中的勝利，安全到達山脈的最陡峰，之後來到最後的平臺。士兵們忍不住歡呼起來，在漫長、疲憊不堪的行軍之後，皮埃蒙特平原已經近在眼前。放眼望去，平原廣無邊際，正是春暖花開時節，士兵們好久沒有見到如此的景象，興奮不已。遠處，波河閃著光亮，向天邊流去。那個白雪世界即將被拋在腦後，有人評價：「如同魔法師揮舞了神杖一般，他們不可思議地翻越天險。從此，進入了另一個洞天。」

拿破崙修書一封，迫使對手薩丁國君停戰請和，逼迫他貢出國土中的所有特產。這是他第一次利用詭計與恐嚇贏得的停戰。他向薩丁宣揚自己會派出絕對的優勢兵力，其實，他當時正腹背受敵，哪裡有什麼優勢兵力？但士兵因此對他刮目相看，因爲他在兩周內實現了當初的承諾。

從此之後，拿破崙手下的士兵對他佩服得五體投地。而從戰爭一開始，他就把自己的名字進行了改寫，不再使用義大利文拼寫自己的姓。不久的將來，他將再次改變其名。

人們都會不解，爲什麼拿破崙能夠取得勝利？在接下來的日子裡，他發動了多次進攻。爲什麼會這樣呢？

仔細思考一下，我們可以看出：拿破崙之所以能夠取得勝利，原因有以下幾個方面：首先，他年輕力壯。雖然他不夠魁梧，但身體的耐性極好，長途的鞍馬勞頓對他來說不算什麼。他能在需要的時候隨時保持清醒，而且腸胃極好，即使在食物短缺時也能應付。更重要的是，他有著超強的洞察力和極其敏銳的慧眼，一切都逃不過他的眼睛。

應該說，是革命運動，給了拿破崙成功的機會。因爲革命的爆發，改變了人們的思想，平等愈來愈受到人們的重視。一個人的能力逐漸勝過了他的出身，因此拿破崙才能夠年紀輕輕就當上三軍統帥；即使他在帶兵的經驗或者在學歷上都還有欠缺。看看那些與拿破崙對戰的敵人吧！查理大公[3]生著哈布斯堡家族的鼻子，渾身帶著病態。[4]他所受的教育，怎麼能與科西嘉人的勇猛頑強相提並論呢？更何況，此時的拿破崙已經得到了全軍上下的支持。再說奧地利司令博利厄[5]，已是風燭殘年，七十二歲高齡，還想與年輕有爲年僅二十七歲的司令一決勝負？那個柯利將軍，身患痛風病，作戰都不能獨立行走，怎麼來打仗？阿爾文齊也六十多歲了，薩丁國王比他更老！維爾姆澤[6]將軍，不僅耳朵重聽，而且頭腦愚鈍，爲人過於謹小慎微，哪裡有機會戰勝拿破崙？而拿破崙的果敢、迅速，無人能及，他不擔心在行軍中指揮作戰，因爲部下個個年輕力壯，他相信「時間就是生命」。

在拿破崙手下，最年長的貝爾蒂埃[7]，也不過四十二歲，對他忠心不二。拿破崙從前任司令那裡把他接收過來，並委以重任，因爲他對義大利非常熟悉。貝爾蒂埃一直追隨拿破崙，長達二十年，擔任參謀長一職。拿破崙手下的另一員虎將，叫馬塞那。這是個點火就著的漢子，在船上當過隨從，爲人忠厚欠佳，曾在波旁王朝的軍隊中當過十四年兵，從沒得到過一官半職。現在，只短短的幾個星期，就被拿破崙提升爲將軍。那個奧熱羅[8]呢？當過三支軍隊的逃兵，好大喜功，追求刺激，甚至有過小偷的行徑。拿破崙把這些人從社會底層挖掘出來，並加以提拔利用。

戰役結束後，拿破崙會及時褒獎那些勇敢的功臣，而且只褒獎那些展現過人勇氣的人們。例如，一個擲彈兵，因爲在戰鬥中的出色表現，三次戰役後，就被提升爲上校，甚至有再被提拔的可能。不過，對於留用的老將，拿破崙卻不予重視，包括一些原有的將軍，總是想辦法遣散或調離。他認爲：「那些人，坐在辦公室裡混混還可以，但根本不懂得什麼叫帶兵打仗。」

對於失敗的將士，拿破崙也不追究他們的責任，反而會說：「別擔心，勝敗乃兵家常事。很快，我們會取得新的勝利。」但是，如果一整個師擁有拙劣的戰績，就一定會得到應有的評價。當衆在操練場上嚴厲訓斥，甚至揚言要在他們的軍旗上寫上嘲諷的詩句。被羞辱的士兵當場請戰：「明天讓我們去當先鋒。」第二天，拿破崙部隊裡的勇士們就多出一千多名。士兵們獲勝後，他會把他們當做自己的同志和朋友。這樣，法蘭西人民的子弟被新司令完全征服了。

其次，拿破崙的成功不得不歸功於他所率領的人民子弟兵。這也是法國大革命帶給他的幸運，因爲人民軍隊是革命的產物。至於奧地利，必須嚴格地節省兵源，因爲他們的後備力量不足，難以補充。而且，這些士兵來自不同民族，語言也不統一。士兵之間，官兵之間，交流困難，更談不上精誠合作。而法國士兵截然不同，他們有三千萬人口做後盾，有著統一的民族信仰，在此後的二十年裡，都不用擔心兵源問題。

法蘭西爲什麼要發動戰爭？他們自詡爲自由的國度，民主的先驅，要讓天下人接受它的新思想！他們自稱爲了世界的革命，要造福全人類。不過，軍隊並不單單追求純思想目標，它們正守護著被專制王國包圍的自由國度。那些專制王國看到波旁王朝的下場，陷入人人自危的氣氛。但是，法蘭西不能只守不攻，因爲，周邊各國的國王與皇帝們，可不希望他們的子民吸收到法國大革命帶來的新思潮！法蘭西必須主動出擊。拿破崙就是高舉爲自由而戰的大旗來號令三軍。這也是拿破崙成功的一個原因。

在征服倫巴底、義大利後，拿破崙發表了一系列公開演說。宣稱自己是爲了解放當地的居民，才發動了戰爭；要幫助他們掙脫哈布斯堡王族和薩丁人，從而獲得自由。那些對舊制度心懷不滿的人，聽了這強有力的宣言，怎能不振奮呢？那些被奴役的民衆，對統治者不是早已恨之入骨了嗎？而且，革命的新思想，早在幾年前就已經滲透到許多義大利城市，年輕的學子和市民爲此早已蠢蠢欲動。義大利，渴望自由的年輕人無處不在，他們大聲疾呼「統一義大利」，他們的領袖一直以來都做不到這點。因此，反叛的思想早就開始萌芽，雖然未長成參天大樹，但其勢已經不可阻擋。看吧，不滿的人群已經在歡迎入侵者了，並對拿破崙的演講深信不疑。

眼前的統帥拿破崙，骨子裡流著義大利人的血，操著一口流利的義大利母語，因此，義大利人並沒有把他當成法國軍人對待。拿破崙處處標榜自己是自由、和平的使者，他的所有信件，都在信紙上方印有「自由」、「和平」等字樣。當熱情過後，義大利人想起他們正被外國的入侵者統治，那失望的反差恐怕會非常大。

拿破崙深知「水可載舟，亦可覆舟」的道理。但是，那支饑餓的部隊能夠不折不扣地遵守他的紀律嗎？他能讓士兵們舉止文明，不騷擾百姓嗎？他在給國內的信中寫道：「劫掠現象時有發生，那些長年難得溫飽的士兵，來到這富庶的平原，雖然條件有了很大的改觀，但仍會做出有傷軍風的事情。但這也有值得同情之處：三年來，他們在阿爾卑斯山的邊境地區，吃不飽，穿不暖。忽然來到樂土，難免做出一些不盡人意之事。但是，竟然有士兵爲非作歹，犯下滔天大罪，這是不可以容忍的……爲此，我決定嚴明軍紀，絕不允許他們變爲強盜……明天，我要殺一儆百，槍決幾個膽敢搶劫教堂裡裝捐款的盤子的士兵與一個士官。希望將士們能在最短時間內重整軍威。目前，法蘭西士兵的勇敢已經令義大利人敬佩不已，而我要讓他們對法蘭西兵士的品格更加敬仰。義大利人剛經歷過一陣可怕的日子；有些事情我光想起就會發抖。感謝上帝，如果我們是撤退中的軍隊，狀況會更糟的！」

因爲拿破崙在軍中有著無比的號召力，所以絕大多數的將士們會聽從他的命令。他帶領士兵宣誓：「絕不虐待正在解放的人民，不然，我們就變成了人民的災難！如此一來，剛剛取得的勝利，將會伴隨著犧牲勇士們的鮮血，付之東流；法蘭西的盛名也會因此而受辱！沒有軍紀，胡作非爲的兵士，沒有資格做我的手下！」儘管一再的三令五申，仍然會有不法之徒鋌而走險，違反軍紀。爲此，拿破崙苦思不得其解。他規定，不能在二十四小時內交出搶來物品者，就地槍決！

與此同時，叛亂，反攻事件不斷。那些貴族、君主們怎能甘心失敗呢？他們派人煽動城市暴動。拿破崙對待這些人，毫不手軟。那些吃了熊心豹子膽的人，竟然敢反抗新統治者，無異是自取滅亡，一律殺無赦。逐漸地，叛亂愈來愈少。拿破崙的高明之處在於，巧妙地利用了公民渴望新思想的熱情，人們期待新秩序的建立。這不能不說是拿破崙獲得成功的又一重要因素。他對民衆演講說：「可親可敬的義大利人，法蘭西軍士來到這裡，是爲了幫助你們獲得自由。我們願意成爲大家的朋友，這支軍隊是值得信任的！我們將尊重你們的習俗，支持你們的信仰，保護你們的財產。」

繼而，拿破崙又向義大利人大談雅典、斯巴達和古羅馬。是啊，歷史給他借鑒，他現在不正在改寫歷史嗎？早在少年時代，他就開始閱讀蒲魯塔克的著作；後來，對各個朝代的歷史都有研究；現在，他講起這些來如魚得水，伸縮自如。在他的腦海裡，清楚地知道是誰曾經統治義大利，甚至能精確到統治的具體方位，他也知道現在的政府是怎樣組成的，所以，他明白應該如何因勢利導，在不同地區，採取不同的手段來治理。他以歷史中受人愛戴的人物爲榜樣，仿效他們的行爲，甚至雄心勃勃地要超越他們。

拿破崙不僅征服了他的軍隊，而且也征服了那些他接觸到的國家，很快，就要征服整個歐洲。也許，最初的勝利，算不上什麼豐功偉績，但在他那傳奇的筆下，都被描述成了非凡的戰役，從而載入史冊。所以，他頭上的光環，至少有一半是依靠文字堆積出來的。然而，他對自己的手下，包括他所占領的國度，都在灌輸著這一觀點：我們憑藉自己的力量，取得了今天的成功。

在米蘭發表的告士兵一書中，拿破崙寫道：「將士兵們，你們如不可阻擋的百川之水，從亞平寧的高峰飛瀉而下……米蘭已經被我們占領……各國人民與我們如同兄弟一般。不只如此，羅馬英雄布魯圖[9]和西庇阿[10]正是我們的模範，給大家帶來自由和幸福。我們將重建古羅馬朱比特神殿，把那些英雄形象再現於世人眼前，從而喚醒羅馬人的意識。幾百年來，他們被奴役，精神麻痹，從此，他們將獲得新生。這是功德無量的事情，後人會爲之感嘆。你們，我親愛的將士，將帶給祖國無上的榮耀，而你們自己，也會因此而流芳千古……當你們凱旋而歸時，百姓們會說：看，那就是遠征義大利的英雄！」

有誰見過哪個司令曾經向士兵或者什麼人發布如此的演講？有誰能超越拿破崙的想像力嗎？他的過人之處就在於沒有強迫下屬來服從自己，而是去拉攏他們，他向士兵們說：「有誰想當懦夫嗎？誰要當英雄？」不久，他會再次鼓舞士氣，用英雄來激勵他們。

他寫信給督政官們說：「已順利渡過波河，第二戰役即將開始。」他寫給巴黎的報告都經過巧妙的構思，雖然彙報的是事實，但經他那麼有意地加工之後，讓人讀起來有如身臨其境；如果他的報告被政府交給報刊發表，很快就會傳向全世界。筆桿子，是拿破崙勝利的又一關鍵。

羽翼漸豐

「你們與薩丁簽約的事，我已經知道。同意執行此約。」督政官們看到拿破崙的這句話時，只覺得後背發涼。他們覺得，這樣的信件，說是聳人聽聞也不過分。當初大獲全勝時的歡欣，此刻被沖到了九霄雲外。有哪個戰場上的將軍，敢以這種口氣給政府寫信？拿破崙的政敵們看到這封信，煽風點火說：「就憑這封信，他就應該被殺頭了。」但是，他取得的那些勝利幫助了他，當初征服倫巴底的光榮，使得他在人民心目中牢牢地紮住了根。因此，誰也不敢正面攻擊他。

不久，督政府派拿破崙的同鄉，也就是科西嘉的薩利切蒂為特派員，來到他的軍營。拿破崙才不會顧忌有這個特派員在旁邊，毅然地與薩丁簽訂《停火協定》。談判中，他小試牛刀，初步顯示了自己作爲外交家的才幹。當對方猶豫不定時，拿破崙掏出錶，指著自己要發動進攻的時刻，說：「你最好早做決定。也許我不一定能勝利，但是，我不想爲任何事耽誤一分一秒。」談判成功，透過《停火協定》，他生平第一次罷免了一個國君。繼而，在沒有徵得上司同意的情況下，拿破崙與托斯卡尼的大公開始談判。不久，他又以同樣的方法，與教皇面對面談判。

這一切，使得督政官們感到了不安，怎樣才能控制這個危險的人物呢？有人提議：「我們派個人去監督他，就讓克勒曼[11]去吧，讓他與拿破崙共同指揮，同時，由薩利切蒂負責政務。」決定送到洛迪的那天，戰鬥正在進行。

這是拿破崙第一個眞正的勝仗。高昂的士氣，再加上士兵們奮不顧身的衝鋒陷陣，亞達河上的橋很快被拿下，奧地利軍隊見對方來勢兇猛，不打自潰。儘管後來有許多勝利比這要輝煌得多，但是，沒有哪次勝利對拿破崙的思想產生過如此重要的影響。

戰役得勝後，拿破崙一方以最小的損失，獲得了大量戰利品。僅一個小時的戰鬥，大片的領土就成了拿破崙的囊中之物。這天晚上，他第一次感受到了戰爭給自己帶來的輝煌成就感，同時發現謀略對戰爭的勝負有重要意義；夢想要變成現實，必須深思熟慮，才能穩操勝券。成功使他體驗到了自己手中的權勢，不禁對未來的前景充滿樂觀。他對朋友馬蒙說：「一項史無前例的偉大事業，將由我去完成。」事隔多年，提到上述戰役時，拿破崙仍會激動不已地說：「是洛迪之戰，讓我眞正認識到了自己的價值；從那一晚開始，我要建功立業的雄心被激發出來。在此之前，它們只不過是我心中的一個夢想而已。」

不幸的是，巴黎的命令傳到了洛迪。拿破崙簡直不敢相信，自己剛剛開創的偉大事業，竟然有人要來爭功？這怎麼能夠容忍呢？爲此，他焦躁不安地在房中來回踱步，恨得嘴唇被咬出了牙印。最後，他向督政府上書：「你們這樣做，無異於在我前進的道路上設置阻礙，有了特派員的干涉，你們休想再聽到勝利的消息……這樣做，是對我的不信任。如果三軍統帥得不到應有的信任，不能自主地下達命令，那我只能遺憾地告知你們，請把我調離此位。每個人都有自己指揮的策略。克勒曼將軍也許會比我做得更好，但是，如果有兩個司令一起指揮，情況只能向人們不願看到的方向發展。如果事實如此，我將很難再爲國家效勞，除非你們能收回成命。你們可知道，我需要多大的勇氣，才寫出這份報告。也許，你們會認爲我野心勃勃，目中無人！但是，我是迫不得已才說出這樣的話，而且是我的眞實想法。你們要爲剛剛下達的命令負責……我決不能忍受與人共同指揮。何況，我擁有獨自帶軍的才能，而你們派來的將軍，好大喜功，只會將局勢弄糟！治軍與治國同理，需要的是才幹。」

拿破崙不打算將自己的位置與他人共享。如果不收回命令，萬一激怒了他，說不定這個戰爭天才會在翅膀長硬後，掉轉槍口威脅巴黎政府。歐洲中世紀不是發生過類似的事嗎？於是，督政官們決定做出讓步。拿破崙第一次戰勝了政府，從此，對巴黎方面的命令更加不屑一顧，儼然成了一國之君。不過，這樣一來，部隊要想得到救援或者軍需品，就比較麻煩了。當然，他的上書仍然要以部下的語氣來寫，只能是提建議而不能發布命令。但實際上，他的權力已經深不可測，連國君也讓他三分，他性格中的跋扈愈來愈明顯地表露出來。

巴黎來的郵差被送回去了，帶著拿破崙的「不！」上路回巴黎。

進軍米蘭！拿破崙再次勝利。他事事都要以古羅馬英雄爲榜樣，連慶功會也不例外。入城，他採取古代勝者的方式，由俘虜領路，稍有區別的是，沒有給俘虜戴鎖鏈，五百名騎兵在俘虜之後。米蘭的人民，天天看到的是整齊劃一的漂亮軍服，面對眼前這支軍隊，驚詫不已。因爲，他們的軍裝如此破舊，戰馬瘦骨嶙峋，馬背上的士兵滿面疲憊。再看三軍統帥，騎在一匹小白馬上，身材瘦小，哪裡有總司令的威嚴？後面跟著的隨從，同樣的衣冠不整。春光燦爛，這支隊伍與明媚的陽光多麼地不協調啊！

來到城門口，大主教滿面威嚴地率領著公爵、伯爵列隊相迎。拿破崙從馬上跳下來，卻沒有向歡迎的隊伍走去。他只是禮貌地站在那裡，流露出傾聽的神情，接受著歡迎者的問候。旁觀者心中暗暗猜想拿破崙會如何作答，只見他雙唇緊閉，思索之後說：「我代表法蘭西人民向倫巴底人民問好。」

隨後，又翻身上馬，敬了個軍禮，繼續前進。

在場的人爲此既驚異又感動。他們沒有想到這就是征服自己的人，沒有一點傲慢和驕橫，卻讓人覺得不可侵犯，柔中帶剛。這一切是拿破崙精心策劃的嗎？那麼這又是從哪裡得到的經驗呢？他的了不起就在於準確地把握了不同人的心理！但他自己好像對這並不是十分滿意。

過了一會兒，街上才響起歡呼聲。人們看到跟在拿破崙身後的士兵，個個穿著有各色補丁的破舊軍裝，精神懶散，甚至不成隊形，不禁更爲吃驚。天哪，這些勝利者還不如俘虜們穿得好！

拿破崙被請到大主教的宮中休息。他做的第一件事，就是洗個熱水澡。這是他的嗜好，一直保持到死。而且，隨著年齡的增長，要求的水溫愈來愈熱，洗浴的時間也逐漸拉長。這個習慣雷打不動，因爲，熱水浴能夠幫助他解除疲勞，放鬆身心。晚上，舉行接風宴席。拿破崙抓住時機演講：「尊敬的米蘭公民，從現在開始，你們擁有的自由，甚至超過法蘭西人。米蘭，將成爲五百萬人口的新共和國首都。同時，我將贈送五百門大炮，以表達法蘭西人的眞誠情誼。另外，我要從你們中間挑選五十人，自由治理國家，當然，要依照法蘭西的法律，不過可以稍作修改，以便更好地適應你們的風俗……希望大家精誠團結，一切都會愈來愈好！哈布斯堡若敢來侵犯，我們將義不容辭地保護你們，決不食言！我將與米蘭人民共存亡。」

除了蒲魯塔克筆下的英雄，大概沒有人能說出拿破崙這樣的話。這就是征服者的發言，以後每一次演說或者書信，風格都與此雷同。語言簡單明確，卻不容置疑，聽者竟也欣然接受。「你們雖是我的下屬，但同樣擁有自由。我的命令不可違抗，我會保護你們的安全，大炮代表著法蘭西的情誼。」

不同尋常的一個五月之夜，米蘭城中燈火輝煌，焰火此起彼伏，樂聲不絕於耳。拿破崙住到塞貝洛尼宮。宴會完畢，他站在窗口凝思：多年的夢想，凱旋入城，終於實現了！這一切都是眞的嗎？

他轉過頭問副官：「巴黎方面會對我們的勝利有什麼反應嗎？他們會滿意嗎？」馬蒙肯定地做了回答。拿破崙繼續問：「可是，直到今天，巴黎的督政官們不過是透過上書知道我們的功績，那宏大的場面，他們什麼也沒看見。等著吧，更多的勝利會接踵而來。如果命運之神不肯幫我，我也不會怨恨祂。現在，既然祂已經青睞於我，我就要得到更多的東西。再過幾天，我們就可以到達亞迪傑河，那時，義大利近在眼前，如果我們渡河挺進，那麼，我會讓世人看到，還會有比現在更輝煌燦爛的奇蹟出現。」

拿破崙躺在塞貝洛尼宮的禦榻上，這是多麼華麗舒適的床鋪啊，他此生頭一次睡如此高級的床。只是，卻孤單一人，床顯得太寬了！約瑟芬在哪呢？勝利的凱旋和她比起來也不值得一提！成功的夜晚，卻沒有佳人相伴！爲什麼她不在我身邊？她生病了嗎？難道有了外遇？……爲此，拿破崙輾轉反側，難以入眠。

曾經，他贏得了軍心，那些身經百戰的將軍們也對他充滿了敬意。不過，他總忍不住把妻子的畫像展示給大家看，這多少有損於他的司令形象。甚至在談論軍事時，他也沒有中斷給妻子每天寫一封信，常常會寫：「你很快會來到我身邊，是嗎？」「親愛的，快來吧。我的心在想你！快！飛來吧！」對於約瑟芬的輕浮，拿破崙是有所耳聞的。原本，她就是個難以專一的女人，很難保證不被別人誘惑。拿破崙曾幻想著，她會來米蘭。這樣，他可以把他剛征服的雄偉城市獻給她。

事實對於拿破崙來說也許有些殘忍。儘管他在戰場上取得了一次又一次的勝利，卻並沒有因此而眞正地贏取約瑟芬的芳心。約瑟芬留戀的是巴黎花天酒地的生活，她希望成爲各報的頭版人物，成爲人人羨慕的統帥夫人，以此來滿足自己的虛榮心。難道她會眞的愛上這個身材矮小的軍官？會對他死心塌地？當俘獲的軍旗在巴黎展覽時，她乘馬車大搖大擺地招搖過市，享受著人們的喝彩。這才是她需要的。如果來到異國他鄉，怎麼能夠忍受那些粗魯無禮的士兵呢？她很少給拿破崙回信。而拿破崙的情感卻愈來愈熱烈：「你另有所愛了嗎？不會又被哪個小夥子勾引吧？如果是眞的，小心！奧賽羅[12]的拳頭會落到你身上！」約瑟芬看後無所謂地笑著，對塔里昂夫人說：「這個波拿巴眞是奇怪的傢伙！」

還有一次，拿破崙正在給卡爾諾寫信，商談眼下的公務，忽然冒出這麼一句：「我愈來愈失望，我的妻子根本不想來這裡與我團聚。我肯定，她有了情夫，所以才不肯離開巴黎。女人，我討厭所有的女人！」沒想到，這次約瑟芬回信了，她給自己找到了藉口，在信中告訴拿破崙說她懷孕了，忍受不了兵營的骯髒，而且擔驚受怕對孩子沒有好處……。

拿破崙簡直不敢相信這是眞的！難道命運之神再次賜福給他？雖然他取得了無數的勝利，但沒有子嗣是他的一塊心病啊！他的成就愈是輝煌，愈需要後代來繼承。「是眞的嗎？我將有孩子？」他激動不已，迫不及待地拿起紙筆，給約瑟芬寫信。在總司令的公文箋上，他寫道：「親愛的，我誠懇地向你道歉。」由於激動，他的字幾乎難以看清，「我不知道你懷孕了，竟然還抱怨你不來，我錯了，愛情沖昏了我的頭腦，我太想念你了。原諒我，好嗎？我現在激動的心情無法形容。我的一生在戰場上廝殺，時刻有失去生命的危險，但是，你給了我希望。你病了嗎，因爲愛我，你才會有了我的孩子，可是我現在卻不能照顧你。誰在照料你的生活？是奧坦絲嗎？我一想到她在照料你，就覺得她更可愛了……過不了多久，我就能擁有一個像你一樣可愛的小寶寶了嗎？如果我能日夜陪伴在你身邊，是多麼幸福啊！如果我看到你對別人好，我會發瘋的，會毫不留情地將他剁成肉泥！」

拿破崙時刻擔心著妻子的身體，誰會來幫助她呢？爲此，他給哥哥寫信：「我現在痛苦極了，約瑟芬病了，我的心都要碎了，有種不祥的預感襲上我的心頭。哥哥，我懇求你。從小，我們是親密無間的兄弟，看在骨肉同胞的份上，去幫幫她吧，幫我去照顧她……你不知道她在我心中有多麼重要，她那麼地可愛，讓我墜入愛河不能自拔，這是我鍾情的第一個女人。她生病了，我要急瘋了……等她的病好了，能夠忍受旅途勞頓，第一件事就要來到我身邊，我要抱著她。為了她，我已經失去了理智，如果她不再愛我，這世界都會因此而變得暗淡無光。拜託，快點讓信到達她的手裡，把她的回信馬上送到我這裡，它將帶給我希望！快！」

寫完之後，拿破崙開始發布命令：派貝爾蒂埃去攻占亞歷山卓，同時向督政官們請求增援，派人向熱那亞元老院發出最後通牒，抱怨關於士兵被謀殺的案件；並寫信向該元老院介紹繆拉，做好出售一些仍放在法國沿海的大炮的準備等；命令馬塞那去催促來自威尼斯兵工廠的彈藥；命令拉納不要再前進；命令送所有的犯人到托斯卡尼；派一個師去土倫；向克勒曼報告錢與援軍已經在路上了。

很快地，約瑟夫收到了拿破崙的信，並讓約瑟芬一起來米蘭。約瑟芬再也找不到別的藉口，只得無奈地收拾行裝，準備出發。已經是六月底了，還好，旅途並不是很枯燥。拿破崙的哥哥約瑟夫，是個老實人，另外還有愛犬福蒂內，時刻跟隨在她身邊。她不時地想起夏爾，那是最近才認識的一位年輕軍官。從見過第一面後，他就想盡辦法博取約瑟芬的歡心。約瑟芬很喜歡他的名字：伊波利特！他能言善道，常常逗得約瑟芬笑聲不斷，而且，當下流行什麼，他瞭若指掌！幸好，有他同行！

終於到了米蘭，卻沒有看到已經去維羅納附近打仗的拿破崙。約瑟芬並沒有為此而失望，沒想到米蘭也是個可愛的地方，宮殿富麗堂皇，人們紛紛前來向她致敬；不過，誰也比不過伊波利特英俊瀟灑，他掛著銀劍，在宮前大道上行走。沒辦法，約瑟芬在這裡必須限制自己的言行。還好，伊波利特是個聰明人，主動找了一個僻靜的樓梯坐下……。忽然，人群開始騷動。總司令拿破崙從維羅納回來了。連續兩天兩夜，約瑟芬被火山般的熱情淹沒了。

危中求勝

拿破崙派兵圍困了曼圖亞。法蘭西斯的部隊多次企圖突圍，都是以失敗告終。但是，曼圖亞地勢險要，易守難攻，拿破崙一時也難以占到便宜。老將維爾姆澤率領部隊增援，沿著加爾達湖而下，法軍遭到慘敗。這下，奧軍堵住了拿破崙撤回米蘭的後路。風雲突變，法軍情況危急。拿破崙趕忙親自從米蘭趕來，不顧七月流火，冒著烈日，騎馬越過平原，緊急集合全部兵力準備投入戰鬥。

他沒有忘記給約瑟芬寫信：「親愛的，我迫不得已地離開你，沒有你，我徹夜難眠，心神不定。你帶走了我的幸福。在你身上，無窮的魅力令我無法控制自己，我不能不想你。什麼時候我才能不和你分開？那時，我將沒有煩惱，拋開一切軍務，在你身邊寸步不離！……認識你之後，我才知道什麼是愛情。我對你的愛愈來愈濃烈，難以自拔……請你不要如此漂亮，如此溫柔……快飛過來吧，讓我們永不分開。當我離開這個世界時，我會幸福地說：『有了你，是我今生最大的快樂！』吻你！還有那兇狠的福蒂內！」

不過，拿破崙一直無法把這隻狗從家中趕出去。他的新婚之夜，這隻狗竟然留在約瑟芬的床上。他對此事無奈地說：「當時我左右為難，如果不與狗同床，就要離開妻子獨睡一床。我只得上了床，那討厭的狗卻很沒禮貌，毫不留情地在我腿上咬了一口，腿上的傷疤至今猶在！」

炮火紛飛中，約瑟芬來到布雷西亞。但還沒來得及喘氣，又被送回米蘭。為此，她和幾個新兵差點成了敵人的俘虜。這下，她找到了藉口，再也不輕易來前線了。

這段日子裡，拿破崙的鬥志受到了打擊。他開始猶豫，特地召開會議商討對策，將軍們見到他的狀況都很吃驚。拿破崙認為情況嚴重，打算從波河撤退，奧熱羅拍著桌子不同意：「你不要只考慮自己的榮辱，我們不可以撤！」說完，揮袖而去。其餘的將領們，也沒能達成共識。

拿破崙第一次不知所措。他把自己關在屋裡，獨自盯著地圖沉思。夏夜悶熱，帳篷外的鼓聲和叫喊時時傳入耳中。他想：「明天，是關鍵的一仗，我們是否能保住倫巴底，全看明天的戰鬥。我該怎麼辦？如果維爾姆澤的兵力比打探到的情報還要多，結局就很難設想了！約瑟芬已經睡了吧？或者，她正和情人幽會呢？」

最後，他決定：打！第二天，拿破崙在卡斯奇里恩獲得了勝利。

過了幾天，他忍不住寫信給約瑟芬：「已經三天沒有你的消息了，我每天都在想你。分離眞是一種煎熬，漫漫長夜無人能伴。」在這時，約瑟芬寫信給人在巴黎的塔里昂夫人：「我快無聊死了。」他們兩人的生活看來都很煩人：對他而言，離她太遠了；對她而言，離他太近了。

三天後，「親愛的，敵人被徹底打敗了。一萬八千名俘虜，剩下的敵人或死或傷，維爾姆澤只能孤守曼圖亞。這是目前爲止取得的最大勝利：義大利，被共和國所拯救了。再幾天我們又可以相見了，這些日子來的等待與痛苦都將有了回報，一千個熱情的吻！」

戰場上剛剛能喘息一下，拿破崙的政治野心又冒了出來。他分秒必爭，在摩德納召集各邦議員，連那些南部的波倫亞議員也不得缺席。他在正式的會議上，公布了憲法，意圖讓各方聯合起來，組成新的共和國。他的目的就是要建立新的國家！

政治上的成功，也不能削弱他對妻子的思念！他在信中抱怨說：「爲什麼你對我不理不睬？難道你已經不愛我了嗎？語氣如此地生硬。別和我談什麼友誼、冬天，那些我不關心。你就不能說點別的嗎？我不在你身邊，你生氣了嗎？嗯，仇恨會令人振奮！你千萬不要像石頭一樣，對我毫無反應，那樣我會受不了的……一千個吻，軟如我心的吻。」

北方出現危機。拿破崙毅然前往。可是，他失敗了。十一月的天空灰沉沉的，他再一次處在生死邊緣，卻不能從妻子那裡得到任何安慰。更讓人心痛的是，他的好友暗示他，約瑟芬已經有了新的情人！那正是他剛剛在卡爾迪埃羅遭受重創之後，他絕望了，向巴黎請求派兵增援。

局勢愈來愈危急，士兵們的意志在減弱，大家都希望從司令那裡得到鼓舞。阿柯拉戰役爆發的前幾天，拿破崙日夜不停地處理軍事要務。即便如此，也沒能中斷他給妻子寫信。夜裡，他懷著絕望的心情寫信給約瑟芬，神智已經有些混亂：「我開始恨你，你又蠢又笨。為什麼不給我寫信？難道我不是你的丈夫嗎？你每天在做些什麼呢？有什麼事比寫信給你的丈夫更重要？……是誰？搶走了你的心？小心！約瑟芬，我會突然出現在你面前！說實話，親愛的約瑟芬，我現在心裡很亂，請你給我回信吧！告訴我你想我，它將帶給我溫暖，讓我重新燃起希望之火。多麼希望能擁著你入眠，百萬個吻給你。」

拿破崙因為約瑟芬遲遲沒有消息而心煩意亂。他開始懷疑妻子不忠，如果是眞的，那就更慘了。戰場的危機已經讓他焦頭爛額，要是後院再起火，簡直不敢想像！但是，統治整個世界的願望沒有改變！這些日子裡，甚至有士兵自殺，他下命令道：「軍人不能被個人情感控制，要征服自己。」

信件發出去兩天，拿破崙站在阿柯拉附近一座橫跨阿迪傑河的橋上，對面就是敵人，炮火猛烈地轟炸著。法軍被迫後退，想要過河成為奢望。拿破崙再次下令強渡，忽然聽到隊伍中有人喊：「不能再前進了，司令！我們，我們都會被打死！」馬蒙往前衝了幾步後，回過身看有沒有士兵跟著，突然發現司令倒在副官米爾隆懷裡，他受傷了。兵士們呆立在一旁，衝鋒的部隊因此停了下來，拿破崙甦醒過來，跌落到河邊的井裡。弟弟路易和馬蒙連忙把他救了出來。槍炮齊發，米爾隆奮不顧身地掩護司令，自己卻中彈身亡。拿破崙躍上一匹戰馬逃命。天黑後，拿破崙才回到營中，情緒煩躁。第二天、第三天，仍然沒有進展。

關鍵時刻，拿破崙急中生智，他看到橋頭的戰鬥打得難解難分，於是悄悄召集剩下的鼓手和號兵，組成半圓隊形，神不知鬼不覺地潛到奧軍的後方。他們在那裡吹響了進軍的號角。已經戰得精疲力竭的奧地利士兵一聽大驚，有一個師的人開始往後退。敵人的撤退，鼓舞了法軍士氣，人人奮勇，個個爭先，衝了上去。勇敢和機智，使得時局逆轉，拿破崙取得了勝利。爲此，巴黎鑄阿柯拉紀念章以示表彰。還有著名畫家爲此作畫，題爲：阿柯拉橋上，司令官揮舞著假想的軍旗。

危機過去了，很快，曼圖亞就會落入拿破崙的手中。拿破崙重新部署軍隊，隨後抽身趕往米蘭。他要治理全省，同時去監察約瑟芬。可是，約瑟芬比維爾姆澤更狡猾。「我回來了，不顧一切地衝進你的房裡。我要把你抱在我的懷中。可是，你不在！你在哪裡？難道你一點也不關心你的丈夫嗎？你的愛爲什麼不能夠長久？你要讓自己的丈夫成爲最不幸的人嗎？」

第二天清晨。「我的存在看來已經不重要。你不愛我了，我的幸福和你沒有關係。但我對你的愛始終不渝……你不用爲我擔心，我是爲了愛你而生。我不敢奢望你能夠同樣地愛我。……我不能贏得你的心，那是我的錯。上天沒有讓我擁有吸引你的魅力。我只請求你給我一點兒體貼，能夠尊重我，我對你的愛難以用語言形容，今生今世只愛你一人。再見，我親愛的……如果你真的不再愛我，我將把痛苦深藏。……我再度打開這封信，只爲了再給你一個吻。啊，約瑟芬！約瑟芬！」這就是他的眞情表白嗎？人都是自私的。失敗後也許忍耐比憤怒更爲明智。人都有自尊，自我開導吧，這樣也許會有作用。

第二天，拿破崙想了半天，最後決定：我必須擁有她。可是，怎樣才能讓她回到我身邊呢？她對我的戰績好像無動於衷。殷勤地去討好她？他失算了。沒有看出人都是欺強怕弱的，約瑟芬之所以有恃無恐，正是因爲他的眞情表白。

此刻的巴黎歡聲雷動。因爲，人們終於找到了可以崇拜的英雄。拿破崙的畫像被掛在各個商店，那些原本讚頌古代英雄的詩句，都加到了他的身上。每一次勝利的捷報傳來，人們對他的崇拜就增加一分。那些繳獲的敵軍軍旗，被懸掛在盧森堡宮展覽，他的戰績報告，被刊登在政府公報上。爲此，人們想出各種辦法來表達對他的敬仰。詩歌、紀念章和漫畫，竭盡所能。

拿破崙對此心知肚明，他更知道，自己的聲望愈高，督政官們愈不安。或許，他們早就知道拿破崙絕非凡人了。那些督政官們悄悄議論著：「這東西愈來愈可怕，他將代替我們的位置。」想到這些，他們就感到不安。過去七年裡，統治者們爲了維護自己的統治，會把對自己構成威脅的將軍送上斷頭臺。「他不聽從我們的調遣，甚至不允許我們派特派員，這樣的軍人，必須查辦，即使他的名字是拿破崙・波拿巴。薩利切蒂才剛背叛過他，已經被他看透了。這次，我們要派另一個特派員，讓謹愼而又野心勃勃的克拉克去他那裡。」

優雅又高貴的將軍克拉克，在去米蘭的途中，就開始算計著怎樣控制拿破崙了。他並沒有把拿破崙放在眼裡：不過是個蠢東西，沒想到這小個子也能取得勝利，他的對手眞是愚蠢。他有什麼可怕的呢？來到塞貝洛尼宮，克拉克的威風就不在了，站在總司令面前手足無措。並不是拿破崙有了什麼變化，而是旁人對他那恭維的神態，震懾住了克拉克。拿破崙出宮時，人人小心地退到一旁；周圍的人，在他面前連大氣也不敢出。他已經不只是軍人，這裡的一切都在他的控制之中。克拉克在這裡得到了還算禮貌的接待，但是他對拿破崙的行動卻一無所知，沒有任何有價值的東西可以向巴黎的主子彙報。更令人驚奇的是，拿破崙對於督政官們的大小事情，卻瞭若指掌。特派員被眼前的統治者征服了，「他將統治世界」，想到此，他投靠了拿破崙。拿破崙因此證實了自己的推斷，督政們不過是在利用他，以求得和奧地利談判。他們並不想保住義大利，更不想看到什麼革命。得到內幕後，拿破崙胸有成竹，準備不惜一切與政府鬥到底。

但目前，拿破崙還不能與督政官們公開決裂。因為，他還需要政府的援助！「我請求政府的大力支持……那些勇士們傷亡慘重，軍中已經沒人能夠繼續戰鬥。而新兵參軍時間短，戰鬥力不強。現在，我們被困在義大利中部。如果不及時派兵增援，很可能會全軍覆沒。那些名將：奧熱羅、馬塞那、貝爾蒂埃，包括我本人，都將死於非命。法蘭西將面臨什麼樣的命運？每想到此，我寢食難安。我並不是怕死，只是我死後，還有誰能接替我的職務，帶領三軍戰無不勝，攻無不克？」還有誰能說出比這更高明的話嗎？

除此之外，拿破崙還有高招。他會想盡辦法拉攏人心。曾有一段日子，法國政府財源緊缺，他就不失時機地把大量硬幣和黃金運往巴黎；當然這些都不是出自他個人的腰包。在他以前，沒有官員能夠向國內送錢。另外，他會時常給督政官們一些小恩小惠，如「屬下特獻駿馬百匹，以求緩解各位的鞍馬勞頓」。

拿破崙想控制南方諸省的軍隊，沒有得到批准，因此不滿地說：「守住義大利才是最重要的，小小的里昂算什麼，值得如此重視嗎？」當他知道要讓特派員來處理外交事務時說：「區區談判小事，哪裡需要勞動特派員大駕呢？我一個人就可以了。為了談判的順利，請你們不要干涉我的工作……我相信自己能夠勝任，我有著成熟的思想，不需要別人的幫助……你們是知道的，我們的軍隊狀況是多麼糟糕，卻要它肩負如此多的重任：要打敗日爾曼，保證交通，控制熱那亞、威尼斯等等。為了有效地完成這些艱鉅的任務，三軍統帥必須擁有絕對的指揮權！否則，焦頭爛額的將是各位督政官們。我個人並沒有什麼野心，為了祖國，我隨時有丟掉性命的危險，也許很快你們就要開始物色我的後繼者了。……儘管如此，我在堅持談判。軍隊！請給我支援！——如果你們不想失去義大利。」

拿破崙可謂是功於心計，他擁有愈多支持者，就愈常把辭職掛在嘴上。其實，他的身體很好，每天都在騎馬，甚至能把馬累得倒地。誰要是不順他的意旨行事，不會有好結果！他在義大利鞏固了法國的勢力，就是在巴黎鞏固他的勢力。雖然大衆的自由並不是他眞心嚮往的，但爲了與政府抗衡，仍然建立了西沙平共和國。督政官當中，只有卡爾諾眞正地擁護民主，他也想用義大利作爲自己的賭注。

拿破崙頭一回建立了新的國家。此後，便一發而不可收拾，不停地在建立國家，而且規模愈來愈大，他的目標是：統一歐洲。不久，他就把義大利北部六個小國聯合成一體，逕自任命官員，並給了他們一部憲法。他的旨意決不容許別人置疑。幸虧他沒有完全喪失理智，因此有時能夠稍稍有些迴旋餘地。他大告天下，宣布這些國家都已經獲得自由（不論它們願不願意），並爲此要付給他金幣。

公告說：「法蘭西是崇尚自由的民族，講究博愛。統治倫巴底的暴君專制跋扈，同時危害著法蘭西的安全……不過，共和國的軍隊，會自始至終地保護你們，幫助你們打跑入侵者！財產、人權、宗教，都將得到我們的尊重。我相信倫巴底人會因此而感謝我們，會主動要求報答我們……倫巴底當然責無旁貸地應該支援法蘭西軍隊。爲了解放你們，我們從遙遠的法國來到這裡，但是我們的給養發生了危機。因此，我決定從倫巴底徵集兩千萬法郎。我想，國富民強的倫巴底，要完成此事，不會有任何的困難。」

拿破崙每新建一個國家，都會從那裡取走他所需要的東西。然後，把名畫和雕像送回巴黎，雖然這對於巴黎的經濟並沒有什麼幫助，但卻能夠滿足巴黎人的虛榮心，因此，人們對他的敬仰在逐漸提升。而且，這樣一來，極大地豐富了羅浮宮內藝術品的存儲量，其貢獻恐怕要超過最輝煌的君主。

同時，對於他現在的祖國，法蘭西，拿破崙也絲毫不會手下留情。他在文件中寫道：「軍隊的實際消耗要遠遠大於當初的預算，甚至有後勤人員造假帳……揮霍、貪污、受賄，腐敗成風。要解決這個問題，必須重新任命一個三人組，並賦予他們絕對的權力，包括槍斃舞弊官員的權力。」當糧粖運送短少十，他發布聲明：「這些壞蛋一定會被揪出來，我們的軍隊與國家已經被貪婪殘害太久了。」實際上，親自由他發布的取締舞弊的公文，就不勝枚舉。當時，有很多婦女隨軍駐紮，他發布命令說：「自現在起二十四小時內，如再有私自留於軍營之婦女，將被用黑灰塗臉並示衆兩小時。」同時，他從人道主義出發，廢除了戰爭中盛行的一些野蠻條款，如：利用鞭刑逼供的做法，被嚴格禁止。他說：「嚴刑逼供，只能得到虛假的證詞。這是違背人性的手段。」

* * *

拿破崙在外交上，有著自己獨有的一套理論，即獻媚與恐嚇並存，虛僞與眞誠同步。這在與梵蒂岡的談判中，表現得尤爲明顯。

在法蘭西，那些革命的忠實信徒，包括那些督政官，一心想廢除教皇的絕對權威。因爲，教皇是各派宗教的核心，而革命者是不歡迎宗教的。督政們要求拿破崙進軍羅馬，很快，這座城市就出現在他面前。幼年的時候，拿破崙就曾無數次地想像：羅馬，代表著威嚴與權力。不過，這一次拿破崙沒有急著採取行動。他認爲，對待教皇，是不能用大炮的。因爲教皇的統治已經根深蒂固，它對法國和歐洲的影響遠遠不止千年。爲了維護教皇，信徒們會不惜生命而成爲殉道者。於是，拿破崙放棄了武裝進攻的想法，他說：「羅馬的地位無與倫比。與它宣戰無異於自取滅亡。」

拿破崙向南推進到一定程度後，決定就此停火。教皇同意停戰，因爲拿破崙並沒有爲難他們。庇佑六世答應給法國幾百萬法郎，一百幅名畫以及花瓶，以及任何法軍司令要求的雕像。只有兩個主題拿破崙有興趣：他指名要朱比特神殿裡的朱尼厄斯・布魯圖斯和馬可斯・布魯圖斯的大理石半身像。他以科西嘉的血統自認爲是羅馬人；拿破崙並沒有進入羅馬城，但得到了上述兩位古代英雄的胸像。

當教宗拿不出他答應的獎賞時，拿破崙再次向羅馬進軍，在一些零星的衝突後，沒有眞的衝到城內。雙方再次講和，因爲他很快要去北方作戰。況且，逃亡的教宗一定會把財寶一起帶走的，到時他要拿什麼去餵養巴黎的督政官們呢？他向那準備逃走的教宗保證，告訴他不用擔心：「請轉告聖父，我不是阿提拉[13]；就算我是，聖父也不該忘記，他是列奧[14]的傳人。」拿破崙把自己放在一個歷史場景裡，以最謙卑的態度面對世俗間最至高的領袖。然而當教宗在簽訂契約上拖拖拉拉時，拿破崙瞬間變臉成一位兇猛的軍人，撕毀契約，扔進火裡，大吼道：「閣下，難道要敬酒不吃吃罰酒嗎？談判是我留給你們的面子，這並不代表我不會動用武力！」對方被嚇呆了。拿破崙提出了更多的要求，卻都如願以償。甚至，教皇還親自寫信給「我親愛的孩子」，祝福這位革命之子。

拿破崙在安排好第一個停火協議後不過一小時，就開始以下一代歷史學家自居，滔滔不絕地討論著時事。他在餐桌上對被征服的皮埃蒙特人說：「其實，我完全可以不襲擊哥薩里亞堡壘，但你們十七日的行動部署實在稱得上高明。」

第二次戰役結束後，拿破崙處理事務的能力，他的自信與穩健，再次得到印證。剛進入三月，他就從倫巴底撤軍，月末時，已經來到斯底利亞，這裡到維也納不過數日的路程。這次，如果萊茵軍獲勝，就能夠使法蘭西斯皇帝不得不求和。此時，拿破崙宣布停止進軍，並提出與對方和談。因爲，目前萊茵軍還離此很遠，而奧、匈兩國的軍隊，正在迅速武裝。拿破崙原地不動，以靜制動，氣勢逼人，這正是他的過人之處。

波拿巴不愧是政治家，督政官們希望選舉能在穩定的局勢中進行，而拿破崙此時還不能與他們決裂。以他的能力，給法蘭西帶來五年的和平，並不是難事。難道他甘心與萊茵軍的競爭者們共同分享成功？戰場上的局勢瞬息萬變，拿破崙沒有充分把握時，不想玩火自焚。

這一次，拿破崙同樣戰勝了奧地利軍隊，萊茵的援軍被堵在戰場之外。一年以來，整個歐洲談起這位新司令，都會震撼。不過，拿破崙把自己放在和平者的位置，以此來獲得人民的敬重。他以平等的口氣，給敗北的奧軍統帥法蘭西斯皇帝的弟弟寫信：

「閣下！雖然我帶領著勇士們衝鋒陷陣，但我們更希望和平。戰爭已經足足打了六年，難道還要讓更多的人為此丟掉性命？難道不能停止人類這種自相殘殺的行為嗎？善良的人們都希望看到和平，那些法國的敵人也都放下了武器。只有貴國仍然負隅頑抗。戰爭只會帶來更多的災難，不管如何，總要有人爲此付出生命的代價。最終，不是仍要以談判解決問題嗎？冤冤相報何時了？……閣下是皇帝的同胞兄弟，我相信，您可以擁有超出凡人的心胸。難道，您不想讓自己成為先哲，成為德意志的救星嗎？我猜想，您可能會想以武力挽救國家。但如此一來，德意志將變成一片廢墟。如果您能聽從我的忠告，那麼會有多少人因此而保住性命，我覺得這將是功德無量的一件事。戰場上的勝利，並不是我所期望的。」

查理大公看了這封信後，感觸頗深。他本身的文化修養極高，是個忠實的和平主義者，出任總司令一職實非本意。拿破崙的信，為他反對維也納的主戰派增強了信心。如果皇帝拒絕談判，那會是什麼樣的結局呢？拿破崙會把這封信公之於衆，讓百姓知道是皇帝不願和談。這樣一來，他將再次讓自己以人道主義的姿態站在世人面前，而奧地利帝國則被放在了專制獨裁的位置上。那時候，拿破崙的戰火將會把整個國家變成廢墟，而且理直氣壯。這封信發出後不久，他就派兵占領了萊奧本。

這下，奧地利皇帝害怕了，同意講和。拿破崙站在樓梯口迎候，向奧地利皇帝表示問候。使者提出停戰十天，拿破崙請他們用過晚餐後，答應停戰五天。維也納擁有了暫時的和平，巴黎的督政官們卻緊張異常。什麼？他竟然敢私自和敵人談判？照此發展下去，他要把我們趕下臺，豈不是輕而易舉的事嗎？於是，他們再次客氣地通知拿破崙，巴黎將派特使過去。

時間不多了，拿破崙催促對方早作答覆。他已經知道了巴黎方面的消息，於是，他主動上書給督政官們：「我已經很累了。爲了完成使命，我時刻冒著丟掉性命的危險。也許，我的功績已經不少了，現在，我率大軍來到維也納，迷人的義大利已經在我的身後。此次帶兵打仗，我將一如既往地爲法蘭西贏得榮譽。沒有根據的誣陷我將是徒勞無功的。我問心無愧，一切爲了我的祖國。」

實際上，拿破崙內心的計畫片刻也沒有停止。

無止盡的談判。但何必費工夫呢？給我比利時與倫巴底。你們可以去神聖羅馬帝國那邊找到補償。哈布斯堡家族接受這些原則，此刻，奧地利與德意志諸侯已經不再關心神聖羅馬帝國，眼看著它走進死亡。這樣，拿破崙將有機會占領萊茵河東岸。但哈布斯堡要怎麼去補償失去倫巴底的傷害呢？依然未知。

忽然，威尼斯傳來消息，那裡暴發了反法暴動，並有幾名法國士兵遭到殺害。機會終於來了！威尼斯！這個老朽、腐化的城市，早就該滅亡了。自從德里雅斯特與安可納開始崛起，威尼斯就已經日漸沒落了。拿破崙寫信給督政官們，告訴他們不要擔心，他說：「這是個非常容易對付的傢伙。那裡的人根本無權談論自由，他們是懦弱的，只能由偉大的法蘭西去控制。他們的船隻、兵工廠、大炮、銀行，要得到這些，我將不費吹灰之力。就連科孚島和安科納，也是我們的。」

拿破崙以直接又強硬的態度面對統治威尼斯數百年，讓威尼斯成爲世界上最反動的地區之一的老貴族們。「你們膽敢挑唆農民來造反，」他一邊跟奧地利人談判，一邊寫道，「讓他們口口聲聲說要打倒法國人！爲此，已經有數百名法蘭西士兵成了孤魂野鬼。別不承認！不要以爲我在德意志，你們就可以無法無天、目中無人了！血債要用血來還！要戰還是要談？如果你們不立刻交出兇手，我將就此宣戰！」

十多個老態龍鍾的貴族官員，無一例外地被他恐嚇。面對元老院的使者，拿破崙擺出暴怒的神態：「我不想再給你們憲法。對於威尼斯，我將是阿提拉第二！你們無權向我提出要求，我，將給你們立法。」城市政權交接的時候，九十高齡的總督氣絕身亡，這是威尼斯的最後一位總督。

到此，義大利的事情應該告一段落了！拿破崙在這裡已經得到了太多；難道，他還不滿足嗎？慾望永無止境，他又給自己設定了新目標。威尼斯，不過是個跳板，從這裡，他的觸角將伸到公海。接手幾個海島之後，剩下的應該是亞德里亞海了，拿破崙在心裡盤算著。前不久他在安科納強迫羅馬接受和談條件時，也曾站在海邊遠眺，不遠處是愛奧尼亞群島，再過去就是土耳其。他寫道：「從這裡，一天之內，我們就可以到達馬其頓；它對於土耳其帝國來說，實在太關鍵了。」打入土耳其，是他在救國委員擔任少將時就有的想法。於是，他從安科納派使者去與簡尼納、斯古塔利和波士尼亞有勢力的帕夏們拉攏關係。

此刻，拿破崙身處萊奧本，牢牢控制了威尼斯的各個島嶼，同時爲攻戰科孚島與藏德在作準備。「只要將亞德里亞海與東方握在手中，就沒人救得了土耳其帝國，讓我們看著它垂死掙扎吧！先占領愛奧尼亞群島，這樣，我們的戰利品已如囊中之物。」

其實，拿破崙的一切行動，目的是進攻英國。這是法蘭西多年的夢想，即在地中海分一杯羹，這樣，如同在英國與印度之間設下屏障。對拿破崙個人來說，這將極大地滿足他的野心。他切斷英國與印度的聯繫無疑可以重傷英國，而受創的英國亦可以意味著能讓他贏得東方世界。他的思維總是在行動之前，昨天，他才只占有歐洲一角，現在已經覺得遠遠不夠了。他對布里昂說：「東方，有著偉大的國度，歷史悠久；那裡有六億人口，比起來，歐洲又算得了什麼呢！」

* * *

這是一間具有巴洛克風格[15]的房子，高高的拱門，白色的牆上，金邊的光芒刺人眼目。長椅上，覆蓋著綠緞，一位十六歲的少尉端坐上面。這是個自幼嬌生慣養的少年公子，兩邊是年輕貌美的婦人，他的母親也在其中。這位母親風情萬種地笑著，目光從周圍那些衣冠楚楚的軍官們身上劃過。即使她什麼也沒說，仍彷彿傳達了訊息：「克里奧爾的婦女，個個是情場高手！」在她身後，是一位年輕英俊的將軍，同樣擅長逢場作戲、談情說愛，是個風月老手。他正向前探著身子，雙眼緊盯著她上衣深處。這將軍就是馬塞那，他性格魯莽而粗野；不過，正是這一特點，使得他在戰場上勇往直前，局勢危急時能夠力挽狂瀾。他對女人有著強烈的占有慾，至少有兩個女人不離他左右。同樣地，他對金錢的執迷，也超過了一般人。

馬塞那身邊，是位個子不高的大腦袋軍人。他擁有馬塞那所不具備的優點。此刻，他也在與女士們閒聊。他就是貝爾蒂埃，身為拿破崙的參謀長，多才多藝。既能管理行政，又能帶兵打仗。他對地圖頗有研究，是拿破崙手下的得力捍將。雖然他貌不出眾，身手也不夠矯健，此時卻是春風得意。因為，他出人意料地贏得了維斯孔蒂家族一位美女的愛情。

旁邊的繆拉，說他是個演員更爲恰當。身穿綠色緞子衣服，手上那頂巨大的、帶有羽毛裝飾的帽子，轉個不停。他的出身和大多數軍官一樣，沒有什麼背景，常常自言自語。此刻，他正笑得前仰後合，因爲滿嘴粗話的奧熱羅，就是那個出身農民的傢伙，剛剛講了笑話。繆拉是不害怕上戰場的，也不會把王公貴族放在眼裡，不過，聽到約瑟芬在喊他，顯得有些不大自然。原來，約瑟芬也想聽聽這個笑話。老謀深算的約瑟夫看到這情景，擔心繆拉口無遮攔，連忙向他暗示，意思是不許說。拿破崙的妹妹埃里茲，這時正坐在窗口前面。她沒有在場的其他婦女漂亮，而且爲人苛刻，對丈夫也不夠友好，還常常在母親萊蒂齊婭面前說約瑟芬的壞話。

忽然，外面的花園裡傳來銀鈴般的笑聲。原來是寶琳，很快，她就要成爲新娘了，正抓緊時間享受婚前的自由時光。她的未婚夫就是勒克萊克，這是哥哥拿破崙爲她挑選的。她現在正和伊波利特玩捉迷藏的遊戲，一想到她肯定打擾到約瑟芬的時候，她就更加高興。

拿破崙沿著走廊，正與巴黎劇作家阿爾諾邊散步邊閒談，他們這樣已經有兩個小時了。阿爾諾是他特意邀請的客人，他向拿破崙諮詢軍隊和戰場上的情況。拿破崙向他做了詳細的介紹，他想借阿爾諾的口替自己做宣傳。此刻，他們正談到政府危機。兩人就要走進接待室時，拿破崙故作不在意，而阿爾諾卻情不自禁地大聲說：「依我看，他們必須得聽命於一位極有能力的人，除此，還有比這更好的辦法嗎？可是，到哪去找這麼合適的人呢？」

拿破崙的腳剛踏進屋，軍官們刷地立正，中斷了一切談話，雙眼緊盯這位年輕的司令。雖然，他們都比他年齡大，而且身材也比他高大。只有歐仁對此視而不見，因爲他有母親約瑟芬撐腰。

這裡，是米蘭附近的古堡蒙地貝羅宮，拿破崙的避暑勝地。現在，他儼然是個政治家。戰爭已經告一段落，萊奧本和約已經擬定，只差正式簽署了。拿破崙大可以去巴黎，在那裡享受他自幼就渴望的歡呼和讚頌；但他寧願留在義大利。他還沒有完全取得勝利，新征服的國家政權還需要鞏固，義大利的任務還沒有最終完成，在此之前他不會回巴黎。這段日子的蒙地貝羅宮，與其說是司令部，不如說是個小朝廷。

在拿破崙身上，我們看不到暴發戶的陋習。他極力給人以平和的印象，讓人們知道他要建立的是平等的政權。在他手下，有許多軍官出身平民。雖然他現在是法蘭西人，很多人並不知道他是科西嘉人，但他毫不隱瞞自己的出身，甚至引以為榮。去年年底，他把全家請到米蘭，熱情地邀請他們來到蒙地貝羅宮，想拍他馬屁的人，都極力討好他的家人。半數的義大利人已經把他的名字等同於擁有天命的天之驕子。

但他發現他很難讓出身貴族、嚴守禮教的母親萊蒂齊婭喜歡約瑟芬。她認為：約瑟芬玷污了家族的聲譽。約瑟芬對婆婆也是怒目相向。拿破崙雖然寵愛妻子，但在這一點上，卻站在母親一方，要求妻子必須對母親彬彬有禮。婆媳間的恩怨與日俱增。在萊蒂齊婭看來：「這個克利奧爾女人不守婦道，對男人們搔首弄姿，卻不會生兒育女。」而她自己可是十三個孩子的母親啊。約瑟芬的不育，讓萊蒂齊婭感到了羞辱，認為這會讓兒子的仇敵得意揚揚：看啊，一代偉人卻生不出兒子！她堅信這不是兒子的問題。都是討厭的約瑟芬！因為她生活不檢點，才生不出孩子！

於是，在兒子取得了無數次戰役的勝利後，萊蒂齊婭擁抱著他說：

「孩子，你瘦了！你怎麼能這樣不愛惜身體？這是在浪費自己的生命啊！」

「親愛的媽媽，我很好。」

「可是，你到現在還沒有孩子……」

「媽媽，您是怕我絕後嗎？」他對母親說：「您要保重身體，如果沒有您，就沒人可以給我教誨了。」在他的意識裡，科西嘉人的家族觀念與統治世界的願望同等重要。

拿破崙的兄弟姐妹們，包括他的舅舅費什，都在蒙地貝羅宮裡過著奢華的生活。十六歲的寶琳，根本容忍不了嫂子對兄長的不忠。而且，正是因爲她的慫恿，讓哥哥拆散了自己的美好戀情，只能心不甘情不願地嫁給勒克萊克將軍。同時，埃里茲與巴喬基也在教堂重新舉行了婚禮。之後，萊蒂齊婭討厭這裡的爾虞我詐，回科西嘉去了。

被拿破崙稱爲「那個島」的科西嘉，現在已經從之前保利召來的英國人手中奪回來了。因爲歐洲大陸的局勢尚不穩，他主導了一次遠端遙控的奪回行動。在某個月黑風高的夜晚，二十多名法蘭西人，攜帶鉅資和武器，登陸科西嘉，同時散發「鼓勵愛國者」的小冊子。拿破崙亦派遣了他早年的朋友兼對手薩利切蒂到島上。這樣，透過遙控，他終於達了他過去多次失敗的目標。

萊蒂齊婭面對那些曾經逼迫她和孩子流亡的人時，百感交集：「我們才離開了四年？眞是恍如隔世！」這就是當年讓拿破崙日思夜想的科西嘉嗎？如今，他只需發布一個口令，埃里茲的丈夫就能成爲這裡的領袖；呂西安則成爲軍需後勤部長。此刻的拿破崙，身處義大利，科西嘉對他來說，只是老宅而已，如果他的家屬願意，隨時回去居住就是。不久前，波旁王室給他捎來信件。路易十六的弟弟在信中說，只要他對王室俯首稱臣，就可以得到公爵的名分，或者甚至是科西嘉的世襲總督。拿破崙對此已經不屑一顧。

在蒙地貝羅宮，拿破崙學會了公私分明。令人不解的是，他並沒有讓法國士兵來保護府邸，而是派三百名波蘭士兵保護家屬。在戰鬥中，拿破崙曾有好幾次差點成爲俘虜，爲此，他組建了四十人的衛隊，稱他們爲標兵，這些人個個萬中選一，身材魁梧，作戰勇敢，而且忠心耿耿，甚至可以爲保護司令不惜犧牲自己的生命。

在這座府邸裡，還住有各國來使。外國使者肩章上的聖馬克的獅子，聖彼得的鎖鑰，光芒四射。這些使者來自維也納、利沃諾和熱那亞。在這裡，拿破崙過著奢華的生活。按當地習俗，他要大開宮門，允許人們進來參觀，而且可以到宴會廳的走廊休息。他要讓人們知道，自己也和這裡的人一樣，喝的是本地酒。

初次與拿破崙打交道的人都會驚訝於這位年輕司令的氣質，他總是如此地從容自若，而且不失威嚴，能夠很好地把握與人交往的分寸。也許，那些拜訪者在身材上都要比他高大，但在交談時卻要刻意地俯身低頭，以此來獻媚於他。在這裡，他的身材矮小彷彿成了榮耀。

曾有人這樣寫道：「他要是能夠從戰場上活著回來，四年之內，他不是被流放就是坐上君王的寶座。」這個人的預言，只在時間上差了三年。

拿破崙是個功於心計的人，知道如何讓自己功成名就。在他手下，有個幹練的記者，文筆一流，他的任務就是，把拿破崙的功績在巴黎盡可能地擴大影響，同時巧妙地詆毀督政官們的聲譽。拿破崙從蒲魯塔克那裡懂得怎樣才能讓自己名垂千古，所以在他的義大利別墅中，詩人、歷史學家、藝術家和科學家們絡繹不絕。一年前，他凱旋進入米蘭後，雖然軍務繁忙，仍不忘給一位著名的天文學家寫信，而且言辭懇切。

「科學是人類智慧的結晶，而藝術，讓我們的世界充滿了美，並蔭及子孫後代。因此，開明的君主，自然會尊重科學，珍視藝術。那些科學家和藝術家，不管來自何方，理應得到法蘭西人的愛戴。而此前，這些人在社會上是沒有地位的。如今，自由已經成爲潮流，人們的觀念在改變，誰還能容忍暴君的存在？那些有才華的飽學之士，在法蘭西可以充分擁有自主的權力。因爲，對於法蘭西人民來說，一位偉大的數學家、畫家或者其他名人，遠比一個富庶的省份重要得多。我想，您已經明白了我的意思，那麼懇請您幫助更多的米蘭偉人瞭解我！」隨後，拿破崙派一個人專職負責，這個人別的都不用管，只負責把義大利各小國所珍藏的名畫藝術品登記造冊，這爲他以後在條約中得到這些珍品打下了基礎。而事實也是如此，最名貴的那部分，終究都被運到了巴黎。

爲了豐富巴黎音樂學院，拿破崙特意命令有關專家抄錄義大利名曲樂譜。他曾對此事發表言論：「不可否認，音樂在所有的藝術門類中，對人的感情影響最大；統治者必須對音樂加以關注。一曲偉大的激動人心的交響樂，會激發人們感情上的共鳴，其深遠影響遠遠勝過那些文章的教化作用。文學作品只能作用於人的理念，卻很難影響到行爲。」拿破崙獲得科學院院士名分後，則在司令公用信箋上端印上「科學院院士」五個字，並宣稱：「從此，法蘭西共和國眞正的力量都來源於新思想。」他在私下曾說：「一定要讓士兵們覺得領導者比他們自己更有本領，更有教養；這些頭銜可以讓士兵們更加尊重領導者，即使他們並不太清楚這到底代表著什麼。」

由此可以看出，上天已經賦予了拿破崙政治家和統治者的天資。他在做每個動作，寫或說每句話時，都會考慮到這將給他帶來什麼樣的影響，一切都以拉攏人心爲前提。只有獨自一人，或在親信面前，他才會顯出本色。

曾有個眼光敏銳的人這樣描述拿破崙：「只要是與他接觸過的人，都會強烈地感受到他身上的力量……雖然他的舉止不是最具風度的，卻不怒自威；他的一言一行，都令人不寒而慄。在他的威嚴面前，誰敢不服從他的命令呢？在公開場合，他的威嚴更是有增無減。不過，生活中，他倒是比較閒散，待人和藹，甚至會與人眞誠相處；他有幽默感，總保持著良好的心態，但不會附庸低俗。當他覺得工作之間有閒暇時，他會與我們一起歡笑；在空閒時隨時去找他都可以。但是，當他離開辦公室時，他的房門就會緊緊閉上，完全不見客，不管誰來都一樣——就如那些思緒清晰明快的人，他總是需要充足的睡眠。據說，他常常會連續睡上十多個小時。即使睡眠被打斷，他也可以在之後彌補過來。令別人不能企及的是，他可以隨時隨地入睡。他的愛好是運動，尤其是騎馬，快馬加鞭，對他來說是種享受，只不過他騎馬的姿勢實在不太優美。」

拿破崙是個健談的人，而且大多數話題和政治或人生有關。而且，他會講一些幽默而含義深遠的故事來活躍氣氛。功成名就後，向他示愛的人很多，但他只鍾情於約瑟芬。當然，在得知約瑟芬對自己不忠之後，他很失望，沒再像從前那樣狂熱地愛著妻子。雖然約瑟芬不守婦道，有時甚至是對不起他，但他仍然關心、熱愛著妻子。他在戰場上也不忘給妻子寫信：「你不給我寫信，是不高興了嗎？是不是想回巴黎了？你真的不再關心我了？你知道這會讓我肝腸寸斷的。如果你不高興，我的生活也會失去光彩。我馬上要與教皇談判，事情一完，我會立刻來到你身邊。」沒過三天，他又寫信說：「我已經和羅馬談判成功。他們同意把波隆那，費拉拉和羅馬涅割讓給我們。為什麼你還沒有給我回信呢？是我得罪你了？你是知道的，我的心裡只有你！今生今世不變心。」

如今，拿破崙在蒙地貝羅第一次長時間地擁有著愛妻，覺得幸福無比。看到約瑟芬在社交圈中游刃自如，他也很高興。偶爾，兩人也會到郊外遊玩。他們乘車從瑪究蕾湖經過，來到貝拉島上巴洛克風格建築旁的杜鵑花叢中，耳邊傳來斯卡拉歌劇院女中音格拉西妮[16]嘹亮的歌聲，唱的是蒙特威爾第的愛情歌曲。拿破崙把愛妻的雙手緊緊地握著，陶醉在幸福之中。他的副官寫道：「他在馬車裡，總是忍不住與妻子打情罵俏，親暱異常，貝爾蒂埃和我都很不好意思。但這一切都發生得如此自然，一點也不讓人困窘。」

塔列朗

此刻的巴黎局勢如何？不久前，這裡來了個外人。以前，內閣部長們都是律師，可現在忽然來了個政治家。他是法國貴族的後代，身分是主教，但已經被教宗逐出教會。這就是塔列朗[17]，剛剛回到巴黎，已經擁有了部分權力。最近產生的議會兩院中，「右派」占絕對優勢，並且常與督政官們作對。他們說拿破崙想要解放歐洲；說拿破崙希望戰爭永不停歇；而強攻威尼斯的行爲實在惡名昭彰。或許他們說得沒錯，但遠在前線的拿破崙聽到後，卻對此嗤之以鼻。他上書給兩院，或者叫公告也可以，該書寫道：「我代表八萬士兵的利益，必須警告你們：那些律師除了會嚼舌根外，一無所長，他們膽小怕事。勇士們任人宰割的時代已經一去不復返！」

同時，拿破崙派遣奧熱羅回巴黎支持督政官們[18]，就如幾年前他自己挺督政官一般；保王黨和神父們的勢力愈來愈強大，直接對共和國憲法構成威脅，拿破崙當然要維護督政官們，這也是在維護自己的利益。還好，此時波旁王朝的人還不敢公然現身，因此督政官們決定冒險發動政變。再說，他們的實力已經由三名增加到了五名，這樣勝算的把握更大一些。

政變成功後，第一次有了內行來當外交部長，即塔列朗。此刻，他站在遠處，心中默默地權衡著對手的實力。直到現在，他還沒有見過拿破崙，但已經預感到此人將出人頭地。於是，他決心取得第二把交椅的位置，反倒開始想方設法討好拿破崙。他與拿破崙有許多不同之處。例如，他生來不具備談判的本領，爲人貪婪成性，只有錢才能激起他的熱情。他像個冷血動物，狡詐，陰險，虛僞。爲此，他在努力地改變自己，以求獲得拿破崙的好感。

從任何一個角度看，塔列朗都是拿破崙的對照組。他沒有與衆具來的群衆魅力、缺乏熱情（除了自己的貪慾以外），冷酷又狡猾，對他人毫不坦白；他可以配合他想要討好利用的對象，迅速調整自己表現出來的情緒。他那憤世嫉俗的腦袋、以及長長的鷹勾鼻子，已經套上了共和國官員的金絲領子；不久後會換上拿破崙帝國官員的制服；接下來他將第四次改裝，穿上反法聯盟國家的制服。四十年裡，他換了無數個主子，但沒有對誰忠心過，總是有所保留，因此能明哲保身。早在幼年時，塔列朗在一次事故後成了跛足，因此不能參軍，才當了一名神父。他清楚地記得，黎塞留[19]曾經就是神父，後來才掌握政權的。儘管如此，也只有塔列朗能與拿破崙一決高下。拿破崙雖然才華出眾，但始終沒能擺脫這個狡猾而又可憎的外交部長。兩個人最終脫離關係，是塔列朗面帶陰險的笑容，瘸著腿從拿破崙的屍體上跨過去（而這一切都是他造成的），進入敵人內閣。最後擊倒拿破崙的是塔列朗；但是，如果我們仔細想想，拿破崙是敗給了放任塔列朗的自己。

塔列朗見過不少的世面，而且做事不顧後果，沒有原則或道理可講，這是他留給拿破崙的印象。時值九月，拿破崙去烏迪簽署和約，他發現了塔列朗是個自己需要的人，而且值得一用。此前，他覺得自己只要擁有軍隊就可以了，現在，他自己也成了政治家，當然需要另一個政治家的支援。他利用與奧地利人談判的空閒，寫信給這個新外交部長，在其中闡述了自己的治國思想。

他在信中寫道：「法蘭西現在雖然強大，但還像個嬰兒，因爲我們在政治上都還不夠老練。直到今天，我們還不能把行政、立法與司法完全區分開來。我們的法蘭西，人民才擁有眞正的權力，人民是主宰。而政府，在我看來，應該是國家的代表更爲合適，必須按憲法治理國家。」

塔列朗讀著拿破崙的信，心中暗想：「你眞的有如此高尙？」想到這，忍不住陰險地笑了。

他接著讀道：「在十八世紀，擁有三千萬人口的國家，竟然被逼無奈要以死相拼，維護國家的尊嚴，還有比這更不幸的事嗎？要想眞正得到民衆的支援，必須制定服務於人民的憲法，把人民的利益放在首位。」塔列朗邊讀邊想：「他已經取得了戰場上的輝煌成功，現在，打著新憲法的旗子，要進軍政治了。他的目標，就是要專制！」

塔列朗繼續讀下去：「我們沒有理由放棄攻占馬爾他的計畫，因為，有了馬爾他和科孚島，地中海就成了我們的領海。如果我們沒能把英國從開普敦逐出去，那麼占領埃及就尤為重要了。只要兩萬五千名士兵和八至十艘戰艦就可以了。其實，埃及並不是蘇丹的領土。你可以想像一下，遠征埃及會對土耳其帶來什麼影響。這會使我們想到遠在東方的利益。」

塔列朗讀著這封信，逐漸皺起了眉頭。他想：寫信的人，如果不是魔鬼，就是天才。沒過多久，來了第二封信：「如果我們不犯錯誤，能夠正確地領導一切行動，那麼，我們的法蘭西將逐步強大，甚至控制整個歐洲。現在正是好時機，幾年之內，將會陸續發生偉大的事件。」

在拿破崙眼裡，這些日爾曼人做事畏手畏腳。談判已經進行了幾個星期，這些奧地利的達官貴族仍然優柔寡斷，談判沒有任何實質性進展。其實，這只要一、兩個小時就可以決定啊！談判大廳裡，皇帝的御座是空的，但是，好像法蘭西斯就坐在上面，於是衆人誰也不敢作決定。拿破崙再也忍無可忍，說道：「我看，在談判開始前，最好把那張椅子搬開。那高高在上的座位，我總有坐上去的衝動。」

拿破崙寫給奧地利外交部長的信彷彿是在自言自語，而他的耐心已經到了極限。「我對你們太仁慈了，」他對那些奧地利人吼道，「我可以對你們更苛刻！這簡直在浪費我的生命。我可以決定的事情相當於王公貴族。別跟我說什麼議會……以我們的實力，兩年之內，法國人可以征服整個歐洲。但我們並不想以武力解決問題，我們希望和平，你們懂嗎？和平！……你們跟我說這個那個，一堆關於上頭的指示，你們不用再拿皇帝做擋箭牌。如果明明陽光燦爛，皇帝卻說是夜幕降臨，你們也會隨聲附和？」最後，拿破崙爲了震懾對方，狂暴地抱起一隻花瓶摔在地上。於是，談判成功。

這一消息對歐洲來講，無疑是令人振奮的。拿破崙在想什麼呢？此時，他已經在坎坡福米奧簽訂了和約，六年戰爭就此結束，這是他一直要爭取的和平。事情僅僅過去兩天，他寫信給督政官們：「當務之急，我們要以最快的速度打敗英國。否則的話，我們將反受其累。眼下正是有利時機，必須馬上集中兵力，擴充海軍，以迅雷不及掩耳之勢，直搗英國老巢。那時，整個歐洲將由我們統治。」隨後，他向海軍發布命令：「將士們！大陸已經安定，接下來，讓我們把自由擴展到海上。法蘭西需要各位的力量，有了你們，我們的國家將威名遠揚，響徹天下！」

此刻，拿破崙的腦海浮現著宏偉的計畫。新的計畫在他這裡層出不窮。決定之後，他即刻回到米蘭的蒙地貝羅。他要把義大利安頓好，之後，帶著和約去巴黎。這一次，他的口氣簡直就是國王在說話，他發公告給新成立的西沙平共和國：「偉大的人民，這裡是有史以來，第一個透過和平手段贏得自由的國度。我給你們帶來了自由，我相信，你們會把他保護好！……在這裡，你們會充分享受到人格的尊嚴……如果當年古羅馬人能夠像我這樣治理國家，現在，羅馬的鷹旗應該繼續飄揚在朱庇特宮，而無辜的人們也可以免受十八個世紀中不光彩的奴隸制度！現在，我要暫時地離開此處，目的是爲了更好地鞏固這裡的自由，你們的幸福，是我心中最大的牽掛。」

不過，在一次閒談中，拿破崙無意間坦露了自己的眞實想法：「你眞的以爲我在義大利取得勝利，是爲了幫助督政官們？我會把心思放在建設那個共和國上？太可笑了吧！那只是個三千萬人口的小國！而且還有我們的那些缺點和毛病！法蘭西需要的是榮譽！這才能滿足她的虛榮！光給他們自由，他們不會感激的。看看我的軍隊！是我，讓法蘭西軍人擁有了尊嚴。軍人們會以我爲偶像，如果督政官們膽敢撤我的職，那他們不會有好下場的。」

「人民需要的是可以崇拜的偶像。那些學者，包括政府，還有什麼理論家們的言辭，都起不了作用。群衆相信的是偶像，他們寧願被心中的偶像愚弄，只要這是個聰明的領袖！而這樣的人別無他選，就是我！……不過，時機未到。現在，我還不能鋒芒畢露，有時甚至要委曲求全。因爲，我們還需要再建立幾個共和國……和平現在不是我心中所想的。如果世界和平，我也不再是軍隊的領袖，我早已失去我的地位以及權力，小跑去盧森堡的那些律師手下工作了。要離開義大利，是爲了更長遠的利益。但同樣的需要繼續努力，因爲，目前巴黎仍然存在分歧。支持波旁的王黨還在，我不可能會支持他們。也許到最後，我會削弱共和黨人的力量；但即便如此，我也不會讓舊王室得利！」

這才是拿破崙的眞實思想，稱得上句句屬實：「一切都在按照我的計畫行事；我相信這世界上只有我自己不會被我的計畫嚇到，將來亦是如此。」

如果當時誰敢把這些話再講回給拿破崙聽，他一定不會承認的。不過他的確不會滿足於已有的成就。在義大利停留近兩年後，他與布里昂一起回國。他說：

「像這樣的勝仗，再打幾次，我就可以名垂青史了。」

「別說以後，波拿巴，你現在已經是前無古人，後無來者了。」老同學布里昂說。

「你太過譽了，布里昂！要是我現在死了，一千年後，我在世界史上的分量，不過是半頁紙而已！」拿破崙不屑的笑道。

隆重登場

此刻，盧森堡宮成了戰爭展覽館。武器、軍旗及其他戰利品，整齊地陳列著。以前，法蘭西國君才是這個宮殿的主角，貴族們會在他前後左右圍繞。今天，全巴黎的人都穿上了節日盛裝，那氣勢像要去參加五月節盛會；雖然已經是嚴冬，仍然群情振奮。坐在前排的都是漂亮的女士，大多是權貴的女友，她們爲的就是近些看看那傳奇人物。雖然這小個子司令貌不出衆，卻是大家心中的偶像。

「據說他到巴黎有一個星期了，我還沒見過呢？他爲什麼要躲避衆人的歡呼呢？」

「歡迎儀式即將開始！看，五位督政官走上了主席臺！」

耳旁響起了激昂的《馬賽曲》，觀衆們情不自禁地跟著唱。幾分鐘後，石階上響起了佩劍與皮靴的聲音。人們迫不及待地把頭伸出窗戶，想爭先一睹總司令的風采。

來了！來了！只見拿破崙身穿戰地軍服，神色莊嚴卻沒有傲慢，邁著堅定的步子，沉著地走上主席臺。他後面，是三名副官。離他最近的是個腳穿絲襪、衣服金光閃閃的人，走起路來一瘸一跛，惹人注目。沒錯，他就是塔列朗。禮炮響起，這是致敬的炮聲；昔日的炮兵，今天受到了最高的禮遇。雷鳴般的掌聲，震耳欲聾。宮外的群衆也自發地鼓掌，雖然他們現在看不到心中的偶像，但期待著他離開會場時能夠有機會一睹其威嚴。許久，人們才安靜下來，塔列朗發言。他華麗的，滔滔不絕的，用文言到沒幾個人聽得懂的辭彙，讚頌著拿破崙的功蹟。最後，外交部長結束演講時高呼：「全法蘭西因他而獲得自由，只有他不能自由，因爲他肩負著上天的使命！」再次響起雷鳴般的掌聲，歡呼聲一浪高過一浪。可是，有誰眞正聽懂了他的結束語？有誰聽出他的弦外之音？

拿破崙鎭定自若地來到臺前。他將要說些什麼？

「爲了自由，法蘭西人民被迫與他們的國王對抗……兩千年來，歐洲先後被宗教、封建貴族、君主實行專制。現在，民主立憲剛剛開始。讓我們偉大的國家不斷擴大，是在座每個人的天職。你們的成就，遠不止這些。歐洲兩個可敬可愛的國家，重新認識了科學與藝術，見證了自由的精神，重現我們祖先的光榮。在此，我非常榮幸地給各位帶來了法蘭西斯[20]皇帝批准的坎坡福米奧條約……如果法蘭西以憲法治國，歐洲也會因此而獲得自由。」

拿破崙的演講結束後，會場裡鴉雀無聲，接著，響起更為熱烈的掌聲。其實，這次的演講，並不比巴黎街頭張貼的內容更具魅力，卻贏得了聽眾的尊敬；他們對拿破崙既好奇又佩服。掌聲的對象不是這次演講，而是這個人。他曾許多次在前線對軍隊講話，亦曾對科西嘉的鄉親們發表宣言，但這是拿破崙第一次對社會人士，或者說對著政治人物們演講。

與其說是演講，不如說是政治家的宣言。也許，只有塔列朗能深刻領會其中的含義。他對於祖國的溢美之詞不甚正確：英國與美國早已實行民主制度許多年了。至此，法國為了她的民主之路動盪了十年，隨著日爾曼和約的簽定，人們才認識到民主的意義。而拿破崙帶來的這份羊皮紙，則代表了歐洲大陸的和平。

事情到這裡還沒有完結——拿破崙鏗鏘有力的結束演講，政治家的外表掩蓋不住軍人的鋒芒。督政官們聽出了拿破崙的威脅之意，明白這是針對他們的。沒辦法，巴拉斯強作鎮定，也上臺發了言。然後，第一次，當然也是最後一次，不情願地與這小個子司令擁抱；此時，他更希望懷裡的是拿破崙夫人。

約瑟芬，她到哪裡去了？這麼重大的盛會，她怎麼能夠不來呢？可是，沒有人能告訴他約瑟芬在何處。拿破崙到巴黎一個月後，約瑟芬才回巴黎。不過，她面對拿破崙時，絲毫沒有愧疚之感，只是顯得很疲憊。很快，她就與巴黎的舊相好又混在了一起。

幾乎在同一個時期，另一個女人進入了拿破崙的世界。這是個非常出眾的女子，不僅漂亮，而且聰明；或許有些太聰明了。她就是內克[21]的女兒，德•斯塔埃爾夫人[22]，她有權有勢，人也幽默。塔列朗能夠被任命爲外交部長，就是她的功勞。她曾不斷地給拿破崙寫信，試圖駕馭這匹駿馬；但他總是巧妙的保持距離。這次，她親眼見到了拿破崙，卻再被禮貌地拒之門外。不過，拿破崙卻沒辦法阻止她看穿自己的心思——這可是無數男人想做卻做不到的。

他給這位才女留下了如此的印象：「他的臉龐消瘦，面色蒼白，但不影響他的氣質。只是身材不夠高大，也許騎在馬背上可能會更威武些。他好像不太擅長社交，在那種場合裡，顯得有些不夠自在，當然他並不靦腆。有時，他會流露出傲慢的神情；不過，傲慢的姿態好像更合適他……雖然不具有學者或社會名流的氣質，但他的與衆不同深深地吸引了我。他在講述自己的經歷時，會展現出非凡的想像力……他常常帶著嘲弄和諷刺的口吻，不管談論的是崇高或是什麼別的事物……我認識的名人很多，他們有些人不乏粗野，唯獨他讓我感到畏懼。他並不善良也不邪惡，既不彬彬有禮亦不冷酷無情。他是獨一無二的，不容易爲外界所影響。我想，正是他的獨樹一幟，贏得了法蘭西人民的心。他彷彿沒有痛恨或愛慕等情緒，對他來說，世界只有他一人存在。他就像棋局中的高手，把整個世界當做他的對手。他的成功得益於此，但將來的失敗大概也與此有關……他對自己的利益非常執著，努力不懈地去追尋。如果他是個善良的人，那麼他將成爲堅忍不拔的典範……在他面前，我甚至不能自如呼吸。」

也許德・斯塔埃爾夫人的評價有些不甚公平，但那不過是因爲她的自尊心受到了傷害。每當她想要脫下拿破崙自我防備的盔甲，瞬間她就發現其實被俘虜的是她自己。她崇尚的是盧梭式的理想道德世界，而拿破崙對這些不感興趣。不過，她是少數能夠看清拿破崙心思的人。

曾有日爾曼作家寫道：「想想看，這樣一個身材並不魁梧的人，而且偏瘦，碩大的腦袋，高額頭，深灰色的眼睛，深褐色的頭髮，再加上希臘式的鼻子，堅挺的下巴，會是什麼樣的呢？不過，他行動敏捷，莊嚴而不可侵犯。他可以五、六步走完長長的樓梯，卻忽然溫文爾雅地站在你面前。多數情況下，他的眼神是向上看的。他的雙眼充滿著深邃和敏感，極像腓特烈大帝。」

拿破崙在回巴黎途中，曾在拉斯塔特耽擱了幾天，爲的是與帝國的使者討論和約以及如何將軍隊撤離的事情。在那裡，人們同樣對他充滿了好奇，甚至有些懷疑。他展現給衆人的仍是一派王者之風。他對使者的態度瞬息萬變，時而訓斥，時而和藹；給這個伯爵一只金錶，或者送一副寶石帽扣。使者們對他的出手闊綽非常驚訝：他怎麼有如此多的錢？

豪爽地饋贈禮品，是拿破崙慣用的手段。爲此，人們會聯想到哈里發，樂善好施。而他則同時帶有傲慢的氣質，人們因此看到了他的風格。不過，當他覺得要向誰表示感謝時，也會以最眞誠的態度，由衷地表達自己的心意。他曾將從阿柯拉戰役中擄獲的其中一面軍旗贈給勇士拉納將軍，上面寫著：「阿柯拉戰役中，戰局危急之時，你在多處受傷的情況下，離開戰地醫院，決心戰死沙場。我看到你勇猛殺敵，身先士卒。是你，第一個衝過雅達河。這面旗幟，代表著無上的榮譽，你當之無愧。」

拿破崙心中有數，他的話會影響到巴黎民衆的情緒。因此，他在社交場合，要褒貶時都非常謹愼。他的沉默寡言，甚至征服了他的對手，整個新聞界驚嘆著：「這才是偉大的謙恭！」

一段日子裡，拿破崙時常在大庭廣衆前露面。其中一次，是在塔列朗爲他舉行的招待會上（那是在返回巴黎的第二天），他表達了對這位外交部長的敬意。兩人都非常小心，不過，拿破崙時刻不忘提及自己高貴的祖先。他說：「蘭斯大主教是您的叔父，我的伯父，在科西嘉也是個大主教，和法國的主教具有同等的權勢。」他如此說，是不想被塔列朗輕視。首次，拿破崙把塔列朗當成了對手看待。

接下來，拿破崙把約瑟芬住過的房子買了下來，兩個人過了段隱居生活。期間，他們很少一起外出，只和幾個兄弟以及少數幾個友人來往。不過，拿破崙會時常換上便服，獨自來到外面，但他並不參加晚會，而且爲人隨和。如果被人在劇院裡對他致敬，他就連忙躲進包廂不出來。他對一位親信說：「如果人們常看到我，就不會再那麼注意我了。你以爲我很喜歡受大衆矚目嗎？等我上斷頭臺時，這一大群人同樣會如此歡呼。」常會有學者被邀請到拿破崙家裡做客，他也會參加科學院的會議。有時，飯後會與拉普拉斯[23]討論數學，向天文學家展示來自義大利的新式行星軌道計算方法；或者與謝尼埃爭論詩歌，甚至關於形而上學（如果他克制不了自己的話）。

這段日子裡，督政官們的一言一行也休想逃過拿破崙的眼睛。值得高興的是，督政官們的威望每況愈下。他很清楚，督政官們的威脅時刻存在，他要避其鋒芒，於是派兄弟去打探消息。他從各黨派力量那裡收集情報，然後再思考對策。他曾自語道：「巴黎人不會關注過去。新人的出現，很快會代替舊人。如果我再沒沒無聞下去，馬上就要被忘卻了。我不能總這樣無所事事。」爲此，他在園中來回踱步，尋找出路。

最後，他發現，一切還爲時過早，再等一陣子吧。當他們沒能力控制局勢時，才是最佳時機。他在心中暗暗盤算著：「我剛三十多歲，有的是時間。目前，最重要的是，贏得更多民衆的擁戴，可是該如何去做呢？現在，整個歐洲都太平無事。最危險的人物奧詩[24]已經死去，太好了，眞是天助我也！嗯，他曾是約瑟芬的情夫，想來長得不錯。不過，約瑟芬對他的死毫不傷心。現在，莫洛也不能對我構成威脅。只有萊茵軍司令奧熱羅對我心懷不軌，我必須想辦法對付他。至於科西嘉人，如今已經沒什麼影響力，不過，那個來警告我有被下毒危險的婦人第二天就遇刺了，幕後一定有黑手。嗯，別急，我還是先離開巴黎再說。」

「對付英國？沒錯，這的確是當務之急，如果那些白癡沒把海軍的狀況搞成這樣的話！過去的五年，海戰中我們失敗了六次。這樣的軍隊能攻打英格蘭？主動攻打英國嗎？如果有辦法擊垮英格蘭，主宰世界將變成可能。應該沿著海岸航行，尋找可能的機會，然後，如果實在沒有辦法在海峽對岸上岸的話，退回地中海吧！只有往東方，我可以毫無阻礙的盡情發揮。埃及是至關重要之地，就讓我循著亞歷山大大帝的足跡，創造輝煌的歷史吧！」

爲此，拿破崙做了長期的準備。親自到敦克爾克和佛蘭德海岸考察，連越界捕魚的漁夫及走私商販也不放過。不過，這一天，他突然出現在家中，約瑟芬有些驚慌失措；但她臨陣不慌，偷偷給老情人的祕書寫了個便條。這位總司令，擁有數百名情報員，可以不斷地收到祕密消息，如果他得到了這張便條，會怎麼樣？

約瑟芬給巴拉斯的祕書這樣寫道：「沒想到波拿巴今晚忽然回家了。請轉告巴拉斯，非常抱歉，我不能和他共進晚餐了。相信你能理解我現在的處境。」

令人作嘔的老傢伙巴拉斯，擁有著屬下的妻子，卻不信任這個司令的才能。水性楊花的約瑟芬，成天生活在與男人調情的過程中，同時還得敷衍拿破崙，甚至在與拿破崙的婚書上，簽上自己少女時的名字；自認爲仍處於少女時代，可以不斷地隨意更換情人。

毫無疑問，收到信的巴拉斯肯定在咒罵拿破崙，但他沒想到的是，第二天，拿破崙就給他們這些督政官上書說：「目前，我們海軍的狀況，實在是讓人擔憂。以如此的軍隊，想要戰勝英格蘭，確實不太可能，除非能夠出其不意，打他個措手不及……我們需要較長的夜晚，因此最好的作戰時機在冬天。看起來今年是來不及了，只能等到明年。也許，我們攻打英國的最佳時機就這樣消逝了。」

不過，拿破崙並沒有因此而停止他的偉大計畫。他規劃出了八大海戰的藍圖，從西班牙到荷蘭，能考慮的他都考慮到了。他的第二方案是打擊英國商業，這要把埃及作爲突破口。因爲從那裡指揮攻打英國是非常方便的。

督政官們看到拿破崙準備占領埃及，非常高興。因爲，他們覺得像拿破崙這麼具有威脅力的人物，當然是走得愈遠愈好！最好他死在那裡的戰場上！

占領埃及，這算不上是新計畫；法國人針對這個議題已經討論多年了。當塔列朗看到拿破崙的意見，他寫下的評論只有：「殺雞焉用牛刀？不用派什麼厲害的軍事家就可以辦得到。」他這句話究竟是希望把拿破崙留在巴黎，又或單純只是對這次行動不屑一顧？不論如何，日後拿破崙讀到了這句話，亦只在紙張邊緣寫道：「神經病！」

很快，拿破崙就擬好了作戰規劃，他親自掛帥，統領三軍。計畫中首先要占領馬爾他，然後進攻埃及，隨後把英國從紅海驅逐，繼而開鑿運河，使法國在紅海的利益得到最大的擴張。

地中海是拿破崙的故鄉，早年，他常常對著科西嘉紋章上摩爾人的頭像冥想，看著非洲的帆船從海面上駛過。前一段日子，他已經獲取了熱那亞和威尼斯的艦隊，與突尼斯人和希臘人等打過交道。這些，都與當年亞歷山大大帝有著驚人的雷同，即把埃及作爲未來帝國的中心。

出發之前，拿破崙在腦中無數次地考慮自己的規劃。此前，一切都只是存在於頭腦中的設想，現在，他要透過冷靜的思考，權衡得弊，把這一切變成現實。爲此，他寢食不安，把自己數學家的天分融入到這一非凡的夢想之中，但是，千算萬算，仍然出了紕漏。因爲，他的一切設想，都在模仿古代的英雄，可是現實不會重演歷史。社會在變化，人們不再是能夠隨意被人統治的奴隸，即使在偏僻的非洲，各民族人民也在覺醒。拿破崙被捲入了一個巨大的矛盾之中；然而他陷得愈深，他會愈努力地尋求出路。他的夢想源於兩千年前，如今要重現歷史的軌跡，無疑是白日做夢，儘管他有著過人的天賦。

遠征東方

拿破崙在給哥哥的信中寫道：「我將要去東方，確保大業的成功。我想，法蘭西離不開我……如果戰爭爆發且進行得不順利，我就會回國，到時人們會更堅定的支持我。但如果戰爭女神眷顧著共和國，如果有另個如我一般厲害的將軍崛起，那我就會留在東方，爲這世界做更多事情。」布里昂曾詢問他多久後能夠回來，拿破崙回答：「不是六個月就是六年。」

事情發展得並不順利。奧地利不同意割讓萊茵河左岸，在維也納，法國特使貝爾納多特也不配合他，眼看就要爆發衝突。拿破崙猶豫了，是不是要留在歐洲？可是，督政官們不同意，催他快點出兵。他們說：「作爲三軍統帥，怎麼能言而無信呢？」

到了五月時，拿破崙進駐米蘭已經兩年，四百艘船隻準備就緒，只等一聲令下，駛離土倫。約瑟芬親自前來送行，其實，她更關心的是隨軍的兒子歐仁。船隻起錨後，將士們才知道此行的眞正目的。人們站在甲板上，看著歐洲的海岸愈來愈遠；拿破崙站在「東方號」大炮旁邊的桅杆旁，雙眼緊盯著東南方。

與此同時，納爾遜[25]和其他三名海軍將領，正站在戰艦的甲板上，手舉望遠鏡，搜尋著拿破崙的蹤跡。他們認爲，法國艦隊要向西西里島前進。前一天，納爾遜的艦隊遭遇了暴風雨，損失很大。但這場暴風雨，對拿破崙卻非常有利，使他們在英國艦隊之前抵達馬爾他。這樣，他們以迅雷不及掩耳之勢，占領了這個軍事重地。等納爾遜的海軍恢復元氣，趕到埃及時，根本不見法國軍艦的蹤跡，這才發現追過了頭。納爾遜有些惱怒，下令向敘利亞海岸前進，仍然一無所獲；重新回到西西里島，也是徒勞無功。「簡直是個魔鬼。」納爾遜煩躁地詛咒著。

法國艦隊在海上航行了一個月，拿破崙因水土不服，多數時間都在床上。難道暈船的將軍能夠征服大海嗎？他有些情緒浮躁，於是讓布里昂為他朗讀。他的這支海軍，擁有兩千門大炮，同時，還配備著一支科學家軍隊：天文學家、幾何學家、礦物學家、化學家、文物學家、橋樑專家，甚至有畫家和詩人，共一百七十五人，另外，還有數百箱的設備和圖書。因為他將面對的是一個文明古國，必須對每一方面都有所瞭解。但將士們並不稀罕這些有識之士，輕蔑地叫他們：「笨驢。」拿破崙卻把他們視為財富，如果聽到誰說出不敬的話，定要嚴懲不貸。因為，這些都是他精心挑選出來的專家，並且每個人都有自己特殊的研究任務。同時，他還帶了一套阿拉伯鉛字，這可是從國家印刷局挑出來的。就連隨船攜帶的那些書籍，也是他不辭辛苦，親自過目，然後才裝到船上，準備運往埃及。他覺得軍官們應該讀些小說，這是有好處的。所以，他看到將士們讀小說時，就非常高興。《少年維特的煩惱》和歐西安的詩集，是拿破崙喜歡的作品，常常帶在身邊。但此次航行，他很少有精力去認眞閱讀。

那麼，布里昂給這位司令讀些什麼呢？原來是不同版本的埃及旅行記，這都是從不同地方搜羅來的。有蒲魯塔克的作品，荷馬[26]的名著，還有阿利安[27]的《亞歷山大大帝歷次征戰記》、《可蘭經》。

拿破崙習慣在用餐後把科學家們召集在一起，並開玩笑說這是「科學院會議」，不過，討論起來卻是非常嚴肅的。他會親自擬定辯論題目，然後評出最佳選手。通常，他最感興趣的題目是數學與宗教，大概因為他本身就喜歡數學與夢想吧。會場上，蒙日[28]的鷹勾鼻子惹人注目，他的前額禿禿的，肥胖的下巴，其貌不揚，卻深得拿破崙的敬重。多少年來，拿破崙總是會把他記在心裡。蒙日旁邊是德塞[29]，是拿破崙特意從萊茵軍中調來的。他的鼻子比一般人大，厚厚的嘴唇，臉很黑，但看上去很慈祥。雙目炯炯有神，一看就知道非比尋常，他稱得上是個戰略家。克萊貝[30]，總顯出一副無所畏的樣子，但辦事果斷堅毅；他旁邊，拉普拉斯透過眼罩，注視著會場的每個人。還有一個叫貝托萊[31]，長著個山羊頭。克萊貝針對幾何學大發議論；但當拿破崙聽到其中一位學者要爲宗教哲學辯護時，打住了他的話題，然後笑著用手指向貝爾蒂埃，因爲，他竟然坐在一個角落打起了呼嚕，手裡還捧著《少年維特的煩惱》。

天氣熱得不行，爲此，拿破崙常常晚上還躺在甲板上，以便呼吸點夜晚的涼氣。這時，他的朋友們會圍在身邊，討論著各種問題，例如宇宙中其他行星上是否有外星人的存在，或者創世等問題，大家爲此爭得面紅耳赤。這些人都是狂熱的革命之子，敬佩伏爾泰，他們都不信奉上帝，喜歡用自然科學來解釋宇宙起源。拿破崙則靜靜地躺在一旁，饒有興趣地聽著他們爭論。忽然，他手指夜空中的繁星，問：「你們爭了半天，誰能告訴我：是誰創造了它們？」

不久後的一天，拿破崙騎馬橫越沙漠，來到獅身人面像前，四目相對，一切在瞬間凝固。此時，他的心中卻如大海般波濤洶湧。「你已經矗立在這裡幾千年……亞歷山大大帝[32]曾站到你面前，凱撒也曾與你對話。他們，距此已有兩千年；而我，今天也來到你面前，並將再創輝煌。在這裡，數百萬人被一人統治，君主的意志被不折不扣地執行，奴隸們爲此付出了無數的汗水。他們認爲國王是衆神之子，如果有人對他們說『我就是神』，大家會因此而聽命於他。相比之下，歐洲算得上什麼呢？」

之後，拿破崙秣馬厲兵，準備戰鬥。而八千名馬穆魯克[33]士兵，號稱世界上最精銳的部隊，此刻也是整裝待發，準備與入侵者決一死戰。拿破崙策馬揚鞭，來到將士前面，指著遠處的金字塔喊道：「勇士們，在這裡，四千年來的歷史將被你們改寫！」

接下來，馬穆魯克士兵首先發動戰爭，襲擊了法軍，但沒有占到便宜，反而失去了自己的陣營。他們只得逃到尼羅河邊，狼狽過河。這些人有個習慣，常常把黃金放在腰間，因此在水中前進緩慢，最終被勝利者洗劫一空。

拿破崙知道怎樣才能得到開羅帕夏酋長們的支持。這正是他所擅長的，甚至比那些歐洲的外交家們更爲高明。他只攻擊他們共同的敵人馬穆魯克人；他知道入鄉隨俗，還在「東方」號時，就準備好了致埃及帕夏的信，寫道：「在我看來，您應該受到衆人的尊敬，應該擁有至高無上的地位，那些貝依們算什麼？令人遺憾的是，在開羅，您卻無權無勢，這眞是不公平。我相信，您會歡迎我的到來，因爲我是《可蘭經》的忠實信徒。支持我吧，讓我們並肩作戰，一起對付那些不信神的傢伙！」

爲了讓他們相信自己更信奉穆斯林眞主，拿破崙故弄玄虛，大談基督教三位一體。在一開始他說他已經征服了教宗與馬爾他人，對他來說可蘭經就如聖經一般是神的旨意。可是，當他得知反法軍隊開始登陸時，又辯解說：「阿拉是阿拉，穆罕默德是祂的先知。我代表開羅國務會議全體人員，歡迎你們，向你們祝福！」接著，他說允許這些人登岸，爲的是把他們一網打盡。入侵者的船裡有俄羅斯人，於是他說：「俄羅斯人痛恨那些，像你們跟我，虔信唯一眞神的信徒。在他們的神話裡，有三個神。他們很快就會知道，世上只有唯一一個眞神，保佑著正義的一方。」

他把宗教混亂爲一談，後來甚至利用法國來作爲政治工具；說法國人信仰穆罕默德，聲稱《可蘭經》是自己的精神理念。甚至，他會把這本聖書帶在船上，隨時閱讀。因此，當他要罷免一名認爲有威脅的開羅法官時，引用《可蘭經》爲自己辯解：「上帝是最善良的，他支持我們……我們將無往不勝。因此，助我者興，逆我者亡！」

如果，拿破崙眞的出生在四千年前的埃及，他光使用這些話語就可以贏得世界。但遺憾的是，四千年後，這些埃及人可是很多疑的。拿破崙看不起這樣的人，卻用最動聽的話語來麻痺他們。儘管如此，對於傷害百姓的士兵，他是不會心慈手軟的。《軍中日誌》裡寫道：「不管在何處，那些傷害婦女的人，會和在歐洲一樣，被視爲魔鬼。那些搶劫的行爲，會使全體將士感到羞辱。這會使我們失去本該得到的幫助。」

幾個星期後，拿破崙在這裡擁有了權威。他覺得自己已經是東方的主宰，他感到幸福了嗎？他的老朋友朱諾得到了一封提到約瑟芬的信，如果這封信落到英國人手上，不知道會鬧出什麼亂子。但如果眞是那樣，拿破崙倒可以因此而省去很多煩惱！不過，朱諾覺得，身爲司令的老朋友，應該讓他知道眞相。那是有關伊波利特・夏爾[34]和約瑟芬的事，其實，拿破崙早就把伊波利特・夏爾從軍隊中踢了出去，但約瑟芬卻爲他找到了軍隊承包商的工作。他們在一個舞蹈學校中再次相遇，約瑟芬舊情復燃。看啊，他的腰多麼誘人，舞姿令人迷醉！現在，他又擁有無數財富。於是，約瑟芬在巴黎附近買了一幢房子，與這個小白臉共同住在馬爾梅松，過起了堂而皇之的夫妻生活……。

拿破崙聽朱諾談著這些，忍不住在屋裡來回踱步。他的臉色愈來愈難看，漸漸沒了血色，面部青筋暴跳，甚至開始用拳頭打自己。突然，他對布里昂說：「你不夠朋友，關於約瑟芬這個女人的事，你爲什麼不告訴我？朱諾，不夠意思！約瑟芬！我在你兩千英里之外，爲什麼你要背叛我？至於那些該死的小白臉，看著吧，他們不得好死！我要和她離婚！對，登報離婚！我馬上就寫信過去。是她對不起我，我決不能被巴黎街頭的無事者拿來取笑！」

布里昂想盡辦法讓拿破崙冷靜下來，告訴他家庭幸福事小，聲譽事大。拿破崙氣憤地說：「聲譽是什麼東西？我對她情深意濃，她是怎麼對待我的？如果朱諾的話是假的，讓我做什麼都行！」不過，爲了避免英國人得到他的家信而知道這一醜聞，他只得在寫給哥哥約瑟夫的信中暗示生活的不幸。因此，這封信看起來與衆不同，甚至是耐人尋味。寫這封私信時，他剛剛取得一次勝利。信是這樣寫的：

「除了埃及，可能再也找不到一個國家，能夠如此盛產玉米、大米、蔬菜和肉類。野蠻在這裡被讚揚，但是軍隊卻連一點軍餉也沒有。我兩個月後回法蘭西。請哥哥暫時幫我照看家業。你要知道，我家中有了一點小變故，一切都已經眞相大白，除了親愛的兄長，我已經一無所有。現在只有一件事能令我更痛苦——就是失去你、連你也背叛我的話。我是個感情專一的人，這是多麼可悲啊！你能體會我現在的心情嗎？幫幫我吧，爲我在巴黎附近或勃艮地準備一座房子，讓我回去時有個落腳之處，冬天來臨時，我可以在那裡過冬。我對某些東西已經極爲厭惡，我累了，想要休息，不希望有人來打擾。因爲偉大才會如此嗎？我的感情付之東流。我還不到三十歲啊！爲什麼一切都是空的？我現在已經無路可走，這會讓我變得更加自私。看好我在巴黎的房子，不許任何人踏足！我從沒想過要制裁你，你是知道的，雖然我有時快被氣暈了。就到這吧！代我吻你的妻子和熱羅姆。波拿巴」

十二年了，拿破崙從沒有如此憤怒過，此刻，他的報復心在飛速膨脹！他把自己的心掏出來對待約瑟芬，雖然有過失望，但始終沒有放棄，今天，他徹底地絕望了。與之相比，那些戰場上的勝利、成功，即便成爲第二個亞歷山大，又算得了什麼呢？他是如此地注重感情，卻偏偏在感情上受挫。而且爲此他已付出全部的感情，還有什麼能讓他如此消沉呢？他以稻米蔬菜開始此信，最終卻以孤獨和沮喪收尾。現在，他只剩下哥哥了，「對我來說，一切都已經沒有意義」。

歸路已斷

拿破崙再次振奮起來，是因爲尼羅河之戰。一七九八年七月三十一日，納爾遜率領英國艦隊重創法國艦隊。

這一天，他從沙漠中騎馬歸來，走進馬蒙的帳篷，感到氣氛有些不對，將士們個個神色驚慌。到底發生了什麼事？追問之後才知道：法國艦隊慘敗。就在前一天，尼羅河口的阿布基爾灣海戰中，法國艦隊幾乎全軍覆沒，只有四艘軍艦僥倖逃脫。

所有的人都不敢出聲，面色蒼白地站在一邊，大家都知道這一事件的嚴重。拿破崙臉色鐵青，他竭力讓自己冷靜，因爲他知道，此時，重新鼓舞士氣是最重要的。停頓片刻後，他故作輕鬆地說：「看來，我們要長期居住在埃及了。很好，大家要堅強，這算不了什麼。風浪過後，一切都會恢復平靜。也許這是上帝的意思，讓我們留在這裡主宰東方。我們要像先賢那樣，改變這裡的面貌，創造出光輝業績！」

可是，這是多麼慘重的失敗啊！那些督政官們會有什麼反應呢？拿破崙此時心緒複雜，是啊，艦隊並不是他親自指揮，當時，他也不在尼羅河口戰場。可是，這次失敗肯定會影響到他的英名：「我們怎麼回法蘭西呢？難道要坐土耳其的船隻？蘇丹會不會從中作梗呢？這位土耳其蘇丹一直舉棋不定，他還會保持中立嗎？可能已經決定與我們作對了吧？英國早就成了法國的敵人。天哪，十三艘戰艦眨眼間成了碎片，再想與英國抗衡，又得等多少年啊？十年？或者更長！誰來幫幫我？」

在給督政府的報告中，他對於這次的戰敗毫無掩飾，但他很小心的解釋納爾遜的艦隊意外的被拖延，讓法軍有時間可以在埃及站穩腳步，實在算是最好的結果了。

接下來的幾個星期，拿破崙心神不定，這是他從未有過的狀況。現在，他只能等候消息，迫切地想知道歐洲的形勢，除此之外，什麼也做不了。如果英國控制得好，那麼，他根本不可能得到一點法蘭西的消息。這是他有生以來，第一次感到時間的漫長。因此，他的情緒更差，常常處於幻想之中。布里昂安慰他說：

「現在我們最需要的是鎮定，等等看巴黎方面有什麼消息。」

「那些督政官們？他們有什麼用！他們巴不得我死在這裡才好！」

如果他能騎騎馬該有多好！但實在太熱了，穿著制服實在令人吃不消，他又不願意穿阿拉伯服飾。有時他還是堅持騎著馬出去跑跑，當他回來時，發現還是沒有來自法國的消息，他會對布里昂說他的想法：「你知道我現在想做什麼？到巴伐利亞低地去作戰！我要打一個大勝仗，這樣才能一雪布倫海姆[35]之恥。然後，我將退出戰場，回歸山林，過普通百姓的生活。」但是，他怎麼可能做得到呢？征服東方，是他多年的夙願；身處埃及，想到的是巴伐利亞。在他的頭腦裡，除了戰爭，還有別的嗎？

拿破崙感到前途渺茫，退路被切斷，而且，巴黎也不再有他日思夜想的妻子。沒辦法，他決定和波斯國王及印度提普蘇丹談判，希望波斯允許他過境前往印度。他許諾，幫助印度掙脫英國的枷鎖。可是，當眞要付諸行動時，他開始質疑這個計畫的可行性：「要在這裡留下一萬五千人，而且要另有三萬人可供調遣，才能進軍印度。」

即使這些計畫仍是未定之數，這些宏大的理想帶給拿破崙最快樂的日子。在此四年之後，他說：「我總被文明束縛著，只有在埃及才感到掙脫了這一枷鎖；那裡，是我一展宏圖的理想之地。我幾乎可以看到我實現了我的夢想。我想像我在通往亞洲的路上，騎著大象，拿著一本記載著我將帶給世人信息的新可蘭經。我要改寫歷史，我要把英國從印度趕出去，再次打開東西方的通途。」

在埃及的時候，拿破崙稱自己「凱必爾蘇丹」，這是個極具浪漫色彩的名字，其實，他一直把自己看做蘇丹。也許是由於約瑟芬的不忠，再加上他的浪漫，愛神再次降臨。有個年輕貌美的中尉妻子，金髮碧眼，極具魅力，女扮男裝，從土倫隨軍來到埃及。她是個私生女，父親是廚師，婚前靠爲人做衣服爲生。拿破崙知道她是女子後，搶來自己享用，那個中尉則被派回法蘭西。女裁縫很快適應了角色，堂而皇之地當起了古埃及女王克麗奧佩特拉[36]。她與拿破崙一起赴宴，出雙入對，約瑟芬之子歐仁，身爲副官，只得隨時侍候。可能是覺得有些尷尬，於是拿破崙准許他回去休假。

歐仁從拿破崙那裡知道自己母親的所作所爲，感到無地自容。她都三十多歲了，還不守婦道，讓自己的頂頭上司被世人取笑，更何況，這位司令可是人們崇拜的偶像啊！想到母親竟然與一個和自己年齡差不多的紈褲子弟同居，歐仁更是難以接受，自己還要天天追隨司令，看著他帶著情人公然出入。或許，女裁縫對這位年輕副官更感興趣，常常多情地對他笑著，她最爲得意的是，那個克利奧爾伯爵夫人的位置，如今已由她取代。而拿破崙對女裁縫的要求是：爲他生個孩子。只要她能生孩子，就娶她爲妻；爲此，他不再顧忌離婚。至於孩子的出身？他的手下不是有很多都娶了平民女子嗎？只要孩子是我的！他認爲只要有才能，不在乎出身高低。

可是，過了一段日子，拿破崙開始埋怨：「沒想到這也是個笨東西，連孩子也生不出來！」女裁縫聽到後，毫不留情地說：「那可不是我的責任，你自己心裡明白！」拿破崙聽後，臉色發青，卻無話可說，爲此，他更強烈地想要一個孩子。雖然他有著稱霸世界的雄心，但如果不能延續香火，他的自信也將隨之崩潰。

* * *

「科學院會議」正在舉行，拿破崙與院士們坐在一起。他在發言的時候，從不以勢壓人，而是有理有據地闡述自己的觀點。但有時話題不可避免地要涉及軍事問題，爲此，他有時難以控制自己的情緒。

有一次，拿破崙情緒激動，爭得臉紅脖子粗。貝托萊卻慢條斯理地說：「您是不對的，因爲您已經在發怒了。」拿破崙喊道：「你們串通一氣，玷污了科學！」有個外科醫生反駁：「將軍閣下，您認爲征服者的藝術是什麼呢？」只有在這裡，人們才敢發表自己的見解，因爲他在這裡是講平等的，若換了其他場合，誰敢說個「不」字？

連續幾個星期，一點法蘭西的消息都沒有。時間好像停住了腳步，什麼事都沒有進展，人們爲此焦躁不安。只有那些學者們馬不停蹄地忙碌著，他們對這個國家的各方面進行研究：尼羅河的魚類、紅海的礦產等，甚至考慮過開發鹹水湖和尼羅河泥土。他們尋找流行於當地疑似鼠疫的瘟疫起因究竟爲何；還有沙眼病，一種可怕的眼疾，造成無數埃及人失明的可怕眼疾；一本字典與一本文法書發行了；上埃及的幾座神廟亦被發掘出來。某日，一位從羅塞塔回來的軍官帶給拿破崙一塊石板，上面有希臘文以及兩種古埃及文字的對照，古埃及文千年以來的謎團終於被解開了！

拿破崙最感興趣的是，到底有沒有可能經蘇伊士海峽開鑿運河？爲此，他不怕遭遇貝督因襲擊，騎馬在沙漠中旅行，去追尋古代皇帝開鑿古運河的遺跡，頭腦中規劃著新運河的藍圖。半個世紀後，雷塞普斯[37]證實了他的夢想。

＊　＊　＊

終於，傳來了讓人振奮的消息，敵人的封鎖被打破了！一些商人利用小船衝破了英國的封鎖線，拿破崙從他們那裡知道了巴黎方面的情況。法國艦隊在阿布基爾被摧毀後，局勢發生變動。土耳其蘇丹與俄國成了盟友，並同時對法國宣戰。土耳其統帥阿克梅特，已經帶軍向埃及進軍。開羅那些反對拿破崙的人，被這些消息鼓舞，發動起義，結果被炮火鎮壓。起義者的人，頭被插在長矛上示衆，拿破崙說道：「這對我們是有利的，在這裡不需要仁慈。」

對於拿破崙來說，局勢的變化，並沒有帶來多少恐懼。如果土耳其眞的向南進軍，那不是就有機會擊敗他們了嗎？他的手下們避而不談讓他心煩的事。他們征服埃及的目標在於，以此爲根據地，進而占領印度。他曾說：「我們的海軍，可以橫渡海洋；有了駱駝，我們可以穿越沙漠。」爲此，他花了幾乎一年半的時間征服埃及，並且逐漸鞏固了那裡的政權。隨後，開始爲遠征印度作準備。他要準備四萬將士以及相應的駱駝，同時需要一百二十門野戰炮。但是，尼羅河之敗使他的計畫成爲泡影。如今，海岸被英國控制，蘇丹已經從中立轉爲對手，埃及人也虎視眈眈。

拿破崙只得適應時局，調整自己的計畫。他要變逆境爲優勢。有消息說土耳其將與英軍聯合登陸，他們要來消滅我們？「來吧，背水一戰！我們將奪取土耳其所有的軍火庫和港口，從而武裝敘利亞的基督徒，那些德魯茲[38]會被煽動起來。只要我們占領了阿克，就將得到開羅的輿論支持。那樣，六月的時候，我們就可以到達大馬士革，前線將被推進到托羅斯，再指派兩萬多名法國將士，六千名馬穆魯克人和約兩萬名德魯茲人向東拓進。如此一來，蘇丹將難以插手。上帝保佑的話，來年三月，我們渡過印度河！」此刻的拿破崙，重新燃起希望之火，他要進軍敘利亞。

但是，哪裡有道路啊？多半天的時間，騎馬才前進了四十五英里，爲什麼黑夜如此漫長？連水也找不到。雖然俘虜了三千名土耳其士兵，但是怎麼處置他們？自己的將士吃飯都成問題；再者，還得另派出數千名法軍看守這些俘虜。不行。送他們回國？船從哪來？放了他們？那不是縱虎歸山嗎？怎麼辦？爲此，召開了專門的軍事會議。會上，大家都贊成殺掉俘虜。而且，幾天前，土耳其人剛剛殺死了一個法國士兵！如果還要養著他們，士兵會因此而挨餓，他們會被激怒的。拿破崙爲此有些猶豫，拖延三天後，才無奈同意。他們把三千名俘虜趕到海邊處死。後來的軍事評論家談到這一事件時，尤其是那些德國人，都認爲拿破崙此舉是迫不得已。

前面就是阿克！拿破崙一想到將要在那裡得到許多武器，擴充自己的軍備，便迫不及待地下令向北進軍！他那偉大的夢想再次重生。土耳其已經宣戰。此時的拿破崙完全成了孤軍奮鬥，只得戰鬥到底。他曾對一個官員說：「占領阿克後，我們必須向大馬士革和阿勒坡挺進，而且要想辦法增加兵力。到時候，我會宣布那些專制酋長們已被推翻，以爭取民衆的支持。接下來，我們要占領君士坦丁堡，打敗土耳其，重建一個新帝國。成功後，我將因此而名垂青史。最後，從亞德里亞海或維也納返回法蘭西。」

來到阿克，他發現這裡並不大，但武器精良，由英國軍官和炮兵守衛。雖然連續發動猛攻，都無濟於事。不久，英國戰艦趕來支援，法軍受到威脅。

半年多以後，拿破崙接到了來自巴黎的消息！但令他失望。塔列朗沒有去君士坦丁堡，更沒有與蘇丹會談！這個騙子！而且，法國與那不勒斯和撒丁尼亞也已經開火。現在握有大權的是他的對手莫羅[39]和奧熱羅！

眼下，只有奮力奪取阿克！這裡的守將是菲利浦，非常有才能的一位工兵軍官，是拿破崙當初巴黎軍校的同學；他逃亡國外後，竟然參加了英國軍隊！拿破崙決定強攻，他已經沒有耐心再僵持下去。時間已經不多，必須當機立斷！

軍中已經出現怨言，有些軍官也開始發牢騷：「還不如讓克萊貝做司令，至少他沒有這麼霸道。」

拿破崙坐在帳篷裡，心情鬱悶。眞的有如此困難？沒人能戰勝英國嗎？什麼時候才能結束這場攻城戰呢？不能再等了！面前只有一條路：放棄阿克，立刻回埃及！無功而返，接受戰敗，對拿破崙而言實在是種不常碰到的感覺。就算攻下阿克，他能接受巴黎的局勢，只顧一頭沖向印度嗎？不行，法國正陷入戰火，只有他這個革命之子可以拯救局面。這一次，拿破崙出乎意料地跟在軍隊的後面。軍隊撤退幾個小時後，天色暗下來，他還站在一塊高地上，注視著久攻不下的阿克，思緒萬千。

撤退如敗軍，沒有路，甚至找不到水，黑死病也來添亂。拿破崙讓自己保持鎭定，平靜地來到醫院看望病人，對他們說些鼓勵的話。醫生報告，有五十個病人已經沒有希望了。爲了結束他們的痛苦，拿破崙下令給這些人服用鴉片，但醫生不同意。後來，他說：「即便是我的兒子，當時也別無選擇，毒死會比活受罪要好得多。」

剩下的兩千名病員，再加上六千名健康的士兵，行走在茫茫無際的沙漠上。大家都已經疲憊不堪，由於缺少馬匹，要由四個人抬著一名不能行走的傷患。拿破崙命令所有的軍官一律步行。屬下問司令：「您要騎哪一匹馬？」他喊道：「你沒聽到我的命令？」說著，用鞭子打了他一下：「所有人一律步行！」

終於，部隊撤回開羅。進城時，拿破崙命令展示繳獲的軍旗，並發布公告，讓埃及人民誤以爲他們得勝而歸。

巴黎會如何評價這一戰事呢？他該怎麼對巴黎報告呢？對他們說：因爲黑死病，所以我們沒有取得阿克的勝利。拿破崙命令科學院選一位代表來證實此說，有個醫生起來反對，當衆拒絕爲這個謊言簽名。拿破崙的臉色變得陰沉，但最終沒有堅持，相反地，對這個人的頂撞並無反感。甚至在以後，多次提拔此人。

土耳其人已經從海上進軍，想要擊敗法軍；法蘭西遠征軍再次處在生死存亡關頭。不久，土耳其人將在阿布基爾灣登陸，那時正好是尼羅河口海戰一周年之際。面對兵力兩倍於自己的土耳其人，拿破崙並不急於進攻；等其登陸後，出其不意地發動攻擊。戰鬥結束後，繆拉情不自禁地擁抱拿破崙：「將軍，您簡直是神！世界在您面前，也不値得一提。」拿破崙寫信給開羅當局：「相信你們已經知道阿布基爾灣海岸戰役的結局，那絕對稱得上最輝煌的勝利！登陸的敵軍全部被趕下海，無一脫逃！」

這一天，拿破崙發現參加法軍的馬穆魯克兵中，有一個小夥子，高高的身材，英俊瀟灑，湛藍的眼睛，目光如炬。這就是盧斯塔，喬治亞人，曾經五次被賣爲奴，一看就知道是個忠誠的人。於是，拿破崙贈給他一把帶柄的利劍，讓他做自己的隨身侍從。此後十五年，盧斯塔從不離開主人半步，睡覺的地方就是主人的臥室門口。

阿布基爾勝利之後，拿破崙與英國艦隊司令進行談判。此舉從表面看，是爲了與英國人交換俘虜，其實，拿破崙想借此來打探消息。有個人想方設法得到了他所需要的報紙，副官把報紙拿到帳篷裡時，他已經睡了。

「司令，有報紙了，是個壞消息。」

拿破崙蹭地坐起來：「怎麼回事？」

「報告，舍雷爾戰敗，我們幾乎失去了整個義大利。」拿破崙一步躍下床，奪過報紙。整夜，他都在讀這張報紙，情緒狂躁不安。

第二天早晨，他叫來忠誠的馬蒙，兩人密談兩個小時；之後，拿破崙動身去開羅。他私下告訴馬蒙：「我決定回法蘭西，你跟著，要寸步不離。我們在歐洲已經吃了敗仗。不知道敵人現在已經到哪了，義大利也完蛋了。那些督政官們個個是廢物，幹得了什麼事？蠢驢！當初，我隻手挑起重擔，取得了無數次勝利，爲法蘭西贏得榮譽。沒有我，哪有他們的好日子過？我才離開多久，就把一切都丟掉了。我要立刻起程，跟我上一場勝仗的消息一樣快的速度到達巴黎。這樣才能恢復軍心，也好重振旗鼓，民衆們才有再次獲得幸福的希望。」

馬蒙聽了司令的話，回答說：「那將是我的希望。」拿破崙心想：「他們會說我扔下了這裡的將士。不過，我將委任克萊貝爲新司令，管理這裡的事務。我來這裡的目的是爲了建立殖民地，現在，已經實現了。土耳其軍隊已經被擊敗。在這裡，我不需要再做什麼了，我要去歐洲戰場一展身手。我已到而立之年，再不抓緊，就沒時間了！無論如何，我要即刻趕往巴黎！」

英雄凱旋

拿破崙下令不許點燈，兩艘軍艦上都掛著威尼斯旗幟，司令的那艘叫「米爾隆」。這個名字，是爲了紀念一個中尉。在阿柯拉之戰中，他爲掩護拿破崙而中彈身亡。事隔十五年後，拿破崙爲他再次授予榮譽。

船隻到達邦角，這裡危機四伏，他們與英國艦隊距離近到可以看到對方船上的點點燈火。雖然是八月，寒氣很重，北風猛烈。幾個人坐在甲板上，頭頂是點點星光，大家都情緒低落。拿破崙提議玩牌，好緩解一下氣氛，衆人借著微弱的夜色看牌。拿破崙非常高興，自己作弊未被發現。不過，第二天早上，他像個孩子似的供認前一晚作弊，而且把不該贏的錢退了回去。

想起一年半前南下時，大隊人馬浩浩蕩蕩，此刻卻是今非昔比！只有兩艘小艦，當初的將士，一半已做地下之鬼，擊敗英國已經不再可能！那個多佛登陸計畫呢？甚至連占領印度也是妄想！拿破崙現在正偷偷地離開埃及，如果將士們知道他離去，很可能會發生兵變。拿破崙登艦後，才任命克萊貝爲總司令，最後的軍中日誌都來不及細寫。科學家已先行被派到了上埃及，那些詩人比較麻煩：竟有人發現了其中奧妙，也偷偷地上了船。也好，拿破崙心想：「讓他上來吧，這人是個宣傳家，日後用得著。有了上一場大勝，巴黎一定會支持我們的。」

接下來的日子，兩艘船總處於危險之中。拿破崙問：「如果被英國艦隊發現，怎麼辦？硬拼只是送死。投降？我想誰都不會同意。那只有，炸掉船！」衆人都不吭聲。旁邊的蒙日面無人色地說：「你來炸船好了。」拿破崙看著他，淡淡的笑了笑。幾天後，果然遇到一艘船，人們誤以爲是英國戰艦。轉眼間，蒙日消失了，後來發現他就守在火藥艙門口，害怕拿破崙眞的跑去炸船！由此看來，拿破崙的話是多麼有份量。

在地中海航行一個多月後，十月的一個早晨，陽光燦爛。拿破崙眼前出現了一個熟悉的小島，「科西嘉！」他激動地說。是否命令海員快速駛向該島？他一時猶豫不定。因爲還沒搞清它現在是否仍屬於法國。「仍屬於法國？六年前，我會說『屬於法國了沒？』當時對我來說，統治科西嘉就是全世界最了不起的事。幾年間，我已經征服了義大利，埃及也已屈服，巴黎都要聽命於我。這一切都是天意吧！」風愈來愈大，島上的信號表明港口允許法國船隻進入。科西嘉，再次成了這個沒有祖國的人的家。

衆人棄船登陸。阿雅克修居民爭先恐後地向港口湧來，那些曾經無數次咒罵過拿破崙的人，此刻滿面堆笑地來迎接他。拿破崙不動聲色地望著眼前的人群，不知道有多少人要和他握手，他都無動於衷。忽然，耳邊傳來熟悉的聲音：「孩子！親愛的孩子！」是卡蜜拉！他的乳母。如今她已經快五十歲了，仍然身體健壯。她的出現，讓拿破崙的心中湧起了熱情。

又回到了兒時的家，母親萊蒂齊婭已經把房子修葺一新。拿破崙沒有見到母親，他即刻接見了能夠給他提供資訊的人。由此知道短短的三個月，他曾經的輝煌戰績都已灰飛煙滅。如今，不利的消息堆積如山：曼圖亞和米蘭再次落入他人之手，義大利的大部分地區也已經失去。雖然法蘭西仍控制著熱那亞，但也危機四伏。馬塞那已經無奈地撤回法國！英國人在荷蘭登陸成功！拿破崙決定，去尼斯，要占據有利地勢！將一切失而復得！要保住現在的政府！穆林將軍成爲執政官之一？這傢伙是誰啊？你說還有西埃士[40]？看來某個勢力正取代舊有的督政官，甚至可能發動政變。必須馬上趕到巴黎！

在大海上航行兩天之後，遠處的海岸依稀可見。忽然前方出現英艦，有人喊「快轉方向！」拿破崙吼道：「前進！」上天又一次眷顧了他，再一次擺脫了敵人的追擊。天已經黑了下來。沒辦法法登陸土倫？那就掉頭去弗雷居斯吧！那裡暗礁遍地？哪裡沒有礁石！一個半月後，法蘭西海岸終於出現在眼前，必須馬上登陸！

拿破崙眞的把法蘭西當作自己的祖國嗎？才不是。他只不過要借此來展示自己的才能，因爲，這裡能夠讓他功成名就。

第二天，弗雷居斯小城的每個人都在談論著拿破崙。小城的居民像歡迎凱旋而歸的羅馬大將軍。有個官員要檢疫，民衆大喊：「就是他有黑死病我們也歡迎，但絕不允許奧地利人踏上這裡半步！」他們把拿破崙當作救世主。

拿破崙坐在馬車裡暗想：「看來，法國現在的情況確實不妙：這裡的人多麼盼望我回來。來得早不如來得巧，我回來得正是時候。」馬車到達埃克後，停下稍稍歇息，並且趁機向路人打聽消息。在這裡，他收到一封沒有送到的信，上面寫著：「司令，督政官府希望您早日歸來，歡迎您和您的勇士們！」這些一無所長的統治者們，此刻才想到他！

拿破崙決定在此地休息幾天，先寫一封信回覆督政官們：「埃及已經被我們控制，沒有一點問題。七月底以前，我沒法獲得任何消息；當我知道您們處境不佳時，首先想到的是回來。不管有多大危險，我都責無旁貸。因爲，哪裡需要，我就到哪裡去。即使找不到船艦，就是把自己用斗篷裹起來，放到我可以找到的第一片貝殼裡，用划的也要以最快的速度回國。埃及有克萊貝留守，不會有任何問題。」

這封信件會先於拿破崙到達巴黎，目的就是讓他們知道誰即將到來。猶如勝者凱旋，一路上禮炮齊鳴。在瓦倫斯街上，拿破崙認出了當年的咖啡店老闆娘，當初，他曾在她的鋪子裡借住，那隔壁就是彈藥房。這回，拿破崙送給她一件東方的小飾品作爲紀念。到達里昂後，他花了兩個多個小時觀看臨時排演的劇本──《英雄凱旋》。人們在談起他時群情高漲。波丹，最有名的議員之一。聽到拿破崙歸來的消息，竟然興奮過度，倒地而死。

＊　＊　＊

巴黎近在眼前。拿破崙仍然在蒐集資訊。他現在是不是已經和約瑟芬沒有關係了？幾位兄弟現在哪裡呢？爲什麼沒有一個親人來接我？約瑟芬會在哪？她還會歡迎我嗎？

清晨，霧氣迷朦，拿破崙路過稅收亭，沿著市郊大道前行，隨後來到自己居住的胡同。房子就在眼前。有個婦女獨自站在門口。誰？

他的母親。

人們都在歡呼：「波拿巴回來了！是眞的。」一夜之間，消息如長了翅膀，傳遍各處。人們舉杯慶祝，迎接他的歸來，興奮地歡呼，因爲，他是人們心目中的英雄，「榮譽、和平與幸福，會與他相伴而來。」

每天，拿破崙都能從報紙上看到有關他的報導。就連那些反對派，也將希望寄託在他身上：「雖然他在埃及遭遇失敗，那算得了什麼呢？他沒有後悔自己的決定，不知道那種莽撞會把他引向何方。但無論如何，他的勇往直前，給人勇氣和希望。」這一次，拿破崙的地位得到了鞏固。

只有約瑟芬沒有露面。拿破崙歸國的消息傳來時，她正與第一督政官歌伊埃共進晚餐。兩人得知這一消息後，都感到心慌意亂，知道火山即將爆發。前一段日子，巴拉斯曾勸她勇敢地與那個冒險家離婚，然後嫁給伊波利特。約瑟芬此後再也沒有收到拿破崙的信，但他的大伯約瑟夫那敵視的眼神，已經說明了問題。現在整個巴黎已經爲了拿破崙對土耳其的大勝而瘋狂，或許待在拿破崙身邊才是最安全的選項。對於要與丈夫破鏡重圓，她看著自己在鏡中的倒影：她依然有信心自己的魅力可以顚倒衆生。

稍後，約瑟芬急忙回到家中，描眉畫眼之後，自認爲風姿不減，然後乘上馬車向南馳去。坐在車上，她暗自盤算：「出其不意，是拿破崙戰場上勝利的關鍵。我要抓緊時間，與他在歸途中重逢，我將日夜陪伴他，贏回他的心；得趕在那些饒舌人之前，再次俘虜他！」

令人遺憾的是，約瑟芬沒有趕上。拿破崙已經往北走了。於是，她連忙打道回巴黎。這樣，她失去了寶貴的時間，這三天裡，家人把一切都告訴了拿破崙。當然，也有人勸他不要離婚；在巴黎，這種流言可是會傳得很兇的。但拿破崙態度堅決：「我已經受夠她了，還怕別人說什麼？不去理它，時間一長閒話就自己散了。」隨後，他命人把她的東西收拾好，放在門房那裡，連屋子也不允許她再進來。

約瑟芬回來了，衝破了第一道關卡，拿破崙把自己關在屋裡。約瑟芬在門外喊著他的名字，低頭認錯。歸途中，她清楚地看到了丈夫的英名與威望，因此，更想與他重歸於好。可是，拿破崙始終沒有反應。最後，她決定去找救兵。奧坦絲和歐仁都被帶來了，他們一起哭天搶地，不住地懇求，整整鬧了一夜。

難道約瑟芬眞的捨不得丈夫嗎？誰都能夠看出她的動機。已經身經百戰的司令，會再次成爲她的俘虜嗎？此刻，他正躺在床上，腦子裡想的是如何統治法蘭西：「沒有誰値得信任。所有的人，趁我不在的時候，想到的都是自己的利益，他們分搶我的權力；太平的時候，沒有人希望我回來，因爲我會對他們構成威脅，就連同胞兄弟也是如此。至於這個水性楊花的女人，我從沒有限制過她的自由。我有權要求她整天思念我這個遠在天邊的丈夫嗎？她太誘人了。如果此次我寬恕了她，把柄在我這裡，想必她不敢再胡作非爲，甚至會對我保證，今後將會安分守己。她的聲音多麼迷人啊！一定風姿不減，不然怎麼會有那麼多人爲她神魂顚倒？埃及的那個女人，哪裡能和她相提並論呢？簡直就是個廢物，連孩子也不會生。有誰能比約瑟芬更好嗎？何況，她已經生過孩子，也許能爲我生一個呢！」

想到此，拿破崙打開了房門，站在那裡不出聲，極力掩蓋著內心的不滿。第二天，約瑟芬主動供認，欠了兩百萬法郎的債。他什麼也沒說，還清了欠款。

拿破崙的手足，尤其是幾位妹妹，對於約瑟芬的歸來，極爲不滿，但也沒再說什麼。拿破崙沒有時間再處理家事，因爲情勢變化太快。他沒回國之前，約瑟夫已經成了巴黎的議員。呂西安雖然才二十四歲，還沒有到法定年齡，也已經是反對黨的領袖了。他是個天才的演說家，性情急躁，爲人張揚，而且野心勃勃，甚至與西埃士策劃過政變。如今，司令哥哥回來了，呂西安將一切守口如瓶。

他，好歹也是波拿巴家的人啊！

不過，最危險的人物，是約瑟夫妻子的妹夫，貝爾納多特。拿破崙回來後，他沒有急著過來拜訪。過了幾天才來，拿破崙與他談到了法國的局勢不妙，貝爾納多特反駁道：「依我看，法國目前沒什麼危險。」拿破崙沒有說話，盯著對方不放，四目相對，誰也沒有屈服的意思。拿破崙努力控制著情緒，想把話題轉開，卻忍不住又談到了時局，抨擊了雅各賓黨。貝爾納多特馬上插話：「你不知道是你的兄弟們組織了這個黨嗎？」拿破崙不願爭吵，說道：「哎呀，將軍，如果一個國家沒辦法保障我的安全的話，我還不如去住到森林裡呢！」貝爾納多特反唇相譏：「天啊！難道你還缺少安全嗎？」

這次，拿破崙忍無可忍，火山馬上就要爆發，約瑟芬連忙前來解圍，避免了一場戰爭。其實，他們的矛盾，多少是因為約瑟芬。因為，貝爾納多特娶了德茜蕾•克拉里，這可是當年拿破崙的夢中情人。只不過他那時無名無分，沒有贏得芳心；等到他功成名就後，卻娶了約瑟芬。他覺得有些愧對德茜蕾•克拉里，同時，也不能接受貝爾納多特。所以，拿破崙在此後的日子裡，想盡辦法照顧德茜蕾，以此來彌補她。雖然兩人沒結成夫妻的主要原因是德茜蕾的拒絕，但拿破崙並不在意。為此，他不斷提拔貝爾納多特，而後者卻在不停地出賣他。

兄弟們告訴拿破崙他不在時巴黎發生的一切。拿破崙聽後，預感到有什麼事要發生，必須馬上做好準備。他認為，權力要集中，官員們最好不要頻繁更換。政府必須成為權力的核心，最好是任期十年。

盧森堡宮中的人們，此刻都心神不定，因為，拿破崙回來了。雖然他們誰也不歡迎他，但彼此間也同樣的互不信任。五個督政官中，有誰真的與拿破崙志同道合嗎？西埃士與呂西安私人關係最好，而巴拉斯是約瑟芬的老情人；歌伊埃呢？和呂西安、約瑟芬都還可以。迪科？穆蘭將軍？要知道，拿破崙回來後就贈給穆蘭將軍一把飾有寶石的大馬士革小刀，穆蘭礙於情面收下了這件禮物。

此前，他們見到拿破崙的時候，心裡驚訝道：這個司令穿的是什麼啊？不如叫他冒險家！一身便裝，綠上衣，圓帽子，馬穆魯克劍佩在腰上，而且，頭髮也剪得短短的，想以簡樸拉攏民心嗎？可是今天，督政官們心裡正七上八下的時候，拿破崙出現在他們面前，完全換了個人。他騎在馬上，副官們緊隨其左右。一身耀眼的軍服，令所有的人眼睛一亮。如此講究的服飾和陣容，想必此行大有來頭。果然，拿破崙來到這裡後，面對五位督政官威風凜凜，好像他才是領袖。

拿破崙的反對派怒氣衝衝地責問督政官們：「為什麼要被他操弄？他把埃及的事整個搞砸了。你們早就該把他當逃兵抓起來！他這次回來，肯定圖謀不軌！」

同一時刻，拿破崙正在與雅各賓黨領袖談話，隨後接見了波旁王朝的使者，但他從沒把自己的眞實意圖暴露於人。他極力掩飾自己的煩躁情緒，故作禮貌地聽取別人的言論。回到法蘭西已經半個月了，情勢一天比一天緊迫。國家處於癱瘓之中，那五位督政官只顧著勾心鬥角。這混亂的局勢，兩院也無能爲力。新憲法的地位岌岌可危。誰才是政府眞正的領導者？誰眞正擁有軍權？穆蘭將軍？拿破崙將軍？

大家都在猜測著拿破崙與政府間將如何相處。此間，他曾到科學院做了一個報告，爲大家講述蘇伊士古運河，而且揭示了羅塞塔石的謎底。十一月一日，國會設宴慶祝馬塞那的勝利，人們沒有見到拿破崙的身影。

那個晚上，拿破崙正與呂西安和西埃士密談。這得歸功於塔列朗，是他把西埃士和拿破崙連到一起。兩個人相對而坐，暗自較勁。拿破崙說：「我使得法蘭西共和國走向偉大。」西埃士神父說：

「如果不是我們先建立了共和國，你又使什麼變得偉大？」

最後，幾個人商量了如何發動政變，以改組政府。到時候，他們將散布謠言，說雅各賓黨人要謀權篡位。那時，元老院與議會因爲害怕，把會議從巴黎移到聖克盧舉行，那時，將由拿破崙爲巴黎軍區總司令。西埃士與迪科已經達成協定，其他三位督政官也可以透過威脅、利誘讓他們辭職。巴拉斯有錢就可以擺平。歌伊埃呢？呂西安說「必要時動用武力解散兩院」。

深夜，拿破崙獨自一人，又把整個計畫考慮了一遍：「用武力太魯莽了！想想四年前動用武力，造成今天什麼樣的結果！一切要做得合理合法才好。不用一兵一卒，沒有流血傷亡，這才是最理想的政變。不然，新政權很容易再次垮臺。十年的革命，人們已經不再喜歡槍炮。要統治法蘭西，只有我。」

「那個西埃士可靠嗎？他可是個老奸巨猾的人物，他創立了憲法，但那不過是個理想主義的東西。還好，我來得正是時候，不然，他可能與莫羅聯手了。現在，這兩個人都將被我所用。貝爾蒂埃、布里昂、繆拉、馬蒙和勒克萊克，這些人是能夠信任的。呂西安呢？短期內沒什麼問題。貝爾納多特？他對我總是懷有敵意，但還算不上是敵人。塔列朗？他才是最危險的，所以，我必須先穩住他。穆蘭？巴黎的將軍太多了，我沒時間管他，要抓緊時間！」

第二天晚上，拿破崙去拜訪塔列朗，兩個人密談許久。忽然，街上傳來喧鬧聲。馬蹄聲到門前停止，「是巡邏兵？」拿破崙有些緊張。後來，塔列朗在回憶錄中也寫道：「拿破崙當場臉色慘白，我想我當時也是一樣的難看吧。」二人以爲政府派人來逮捕他們，立即吹滅燈，悄悄來到陽臺探聽情況後，這才放下心來。原來是些醉鬼在鬧事，員警前來解決問題，兩個陰謀家大鬆了一口氣。爲什麼督政官們不敢逮捕他們？因爲拿破崙當時的威望太高了，民眾不會答應的！

十一月六日，盧森堡宮舉行宴會。拿破崙與莫羅都接到了邀請，只是，莫羅被安排在貴賓席，而拿破崙被安排在普通席裡。拿破崙為了表示自己的不滿，什麼也不吃，只有心腹僕人遞過來的雞蛋麵包他才勉強吃點。宴會剛剛開始半小時，他就起身告辭，又來到同謀者那裡，商量著如何把剛才那些人拉下臺。

七日晚上，塔列朗、羅德雷[41]和西埃士四人來到拿破崙家中，共進晚餐，同時邀請了儒爾當和貝爾納多特。吃完飯時，拿破崙問儒爾當：「你說最近會發生什麼事？」兩個從來沒有說過話的將軍，四目相對，被問者的手緊握劍柄。大家一拍即合，決定兩天之內採取行動。

每個人都明確了自己的任務。繆拉、拉納和馬蒙負責三軍部隊，貝爾納多特負責通知總參謀部，呂西安控制五百人院，因為，他剛剛當選為本月的議長。元老院的議長也是同謀。約瑟芬負責邀請歌伊埃夫婦來家做客。而拿破崙將在上午八點，約巴拉斯共進午餐。約瑟夫負責貝爾納多特，至少讓他保持中立。羅德雷負責起草布告。

霧月政變

十一月九日（霧月十八）早晨，霧氣濃重。拿破崙的家中已經熱鬧非凡，客人們在花園中散步，討論時局的變化，一切都按計畫順利進行。上午七點，兩院將召開會議，而那些不該來的人並沒有接到開會通知。最先到的是同謀，等達到法定人數後，呂西安在五百人院，他的同謀則在元老院，共同推舉拿破崙為巴黎軍區總司令。

終於，送信的人帶來了蓋有正式公章的委任狀！一切合法，嚴格符合規定程序。拿破崙帶著自己忠實的擁護者，大搖大擺地從街上走過，民衆已經對政治不再關心。

杜樂麗宮的花園裡熱鬧非凡。拿破崙從馬背上跳下來，進入元老院，隨即走入他從沒有來過的黯淡大廳裡。雖然他看不起這裡的人們，卻不得不在這裡做例行公事的演說。他何必要來對一個他快要毀掉的憲法宣誓呢？可是法律規定，新任職的司令都要當衆宣誓。所以，他只得站在講壇上，不情願地開始講道：「法蘭西正處於危難之中……大家都意識到了事態的嚴重性，所以新起草了一項法律來拯救它。十八世紀末，與以往截然不同，政府處於風雨飄搖之中……民衆所需要的，是自由平等的國度。相信我們能夠建立這樣的國家，從現在開始，藉由所有支持自由的朋友們的協助，我將竭盡所能，拯救法蘭西。我以人格與支持我的勇士們作擔保，我發誓！」

「我們發誓！」如拿破崙宣誓的回音一般，士兵們的大喊迴盪在大廳裡。議員們坐在椅子上不安地扭動。「他的勇士們？」拿破崙不等衆人反應過來，已經離開了大廳。來到外面，鬆了一口氣。那些律師的眼睛，實在是讓人不舒服！他剛剛好像在一場熱鬧的遊行演講，卻沒有人爲他歡呼。

接著，拿破崙翻身上馬，號召他的將士們奮起救國。這次的語調與剛才截然不同。這時，接到了呂西安送來的報告，他已經把五百人會議推遲到第二天。什麼？督政官們的衛隊正開向這裡？他們是敵是友？「不會是西埃士派來的吧？」隊長回答不是。兩人相視大笑。

其實，西埃士此時正面無血色地站在盧森堡宮門口。此前的兩個星期，他一直在學習騎馬，並幻想著能夠騎著馬，精神抖擻地率領衛隊，與衆人並轡而行。可是，衛隊還沒等他發布命令，便自動出發了。隊長帶領他們來到杜樂麗宮，這哪是神父能夠追得上的？誰也不會注意到，西埃士無奈地坐在馬車裡，跟在後面，爲人隨和的迪科，陪在他身邊。很明顯，督政官們已經失去了他們的權威。

按照穆蘭的估計，杜樂麗宮大約有八千人是反對派；不過，他從副官那裡得知，城裡的重要據點都已經歸拿破崙控制，因此派人回覆說：「屬下願聽從司令調遣。」

至於老實的歌伊埃，在家中大發脾氣。他對上午八點的早餐邀請非常不滿，只答應讓妻子赴約。現在，歌伊埃夫人正與約瑟芬一起喝茶，拿破崙卻在陰謀奪取她丈夫的法蘭西。歌伊埃對此事聽到一些風聲後，連忙通知那些督政官們開會。可是，沒有一個人來，穆蘭已經倒戈，而巴拉斯說自己正在洗澡。

塔列朗來到巴拉斯面前時，這位督政官正在刮鬍子；他似乎把整天的時間都花在浴室裡了！但他看了塔列朗的眼神後，很快地決定放棄所有的抵抗，只要求拿破崙給他一張保證他安全的通行證。他的祕書向拿破崙轉述了這個要求，當時，拿破崙正在杜樂麗宮的花園裡，聽到後當衆訓斥道：「你們爲法蘭西做了什麼貢獻？憑什麼要求我放過你們？我爲你們贏得了和平，回來卻再次看到戰爭……至於那些奮戰在疆場上的勇士，你們給了他們什麼？那麼多的將士戰死沙場，難道還要我袖手旁觀？再這樣發展下去，不出三年，法蘭西將變成君主獨裁！而民衆們需要的是平等和自由的共和國！」

小祕書被他的暴怒嚇傻了。其實，拿破崙內心並沒有如此強烈的情感，相反地卻平靜得很，剛才只不過是做給衆人看的。他相信，不出兩個小時，這件事會傳遍巴黎。

歌伊埃勇敢地來了，他竟然敢反對擁有無比權力的拿破崙，他提醒拿破崙要對督政府負責。拿破崙大聲喊著：「哪裡還有督政府？我義無反顧地這麼做，是爲了拯救偉大的祖國。西埃士、迪科、巴拉斯都已經識趣地自動退位。」正說著，穆蘭派人送信來。拿破崙看後說：「你不是要與穆蘭聯合嗎？好好看看吧，這是他送來的辭職書！難道你還想頑抗到底？」

固執的歌伊埃不肯讓步，他對法律的忠誠到了不可理喻的地步。但是，回到盧森堡宮後，他和他的朋友馬上被五百名士兵監視，這種待遇直到政變結束。巴拉斯在家焦慮不安地等候消息，他會不會答應我的要求呢？要是他藉機報復我怎麼辦？終於，塔列朗來了，爲他帶來了通行證，還有一袋金幣。不過，沒有人知道最後那袋錢究竟是到了他手上？又或者塔列朗把這些錢當作郵資收走了？

* * *

事情進展得還算順利，共和國的五位督政官們被陸續拿下。不過，拿破崙知道，明天，在聖克盧，將面臨更大的麻煩。呂西安非常了解哥哥現在的心情，說道：「這件事必須在一天之內完成！你動作太慢了！五百人院已經發現上當了。明天，說不定會鬧出什麼事來。現在，必須馬上派人去肅清兩院，把最危險的成員抓起來。」

阻力肯定會有的，貝爾納多特就是一個。他曾主動請命，要擔任雅各賓黨人的領袖，以此來反對拿破崙。拿破崙不聽從同黨的勸告，仍堅持以和平的方式繼續政變。「人們可能會因此說我畏懼這些將軍，但他們沒有理由控告我們非法。因爲，我們沒有動用任何武力！要讓民衆投票參與，要避免發動戰爭，如果以民衆的鮮血爲代價，得來的果實是不會長久的！」不過，拿破崙雖然嘴上如此說，夜晚，爲了以防萬一，他還是把手槍上了膛，放在枕頭邊。

第二天早晨，街上人潮如流，大大小小的車輛，擁向聖克盧宮，彷彿去參加什麼絕世盛典。拿破崙也乘車前往，他不允許衆多的隨從跟隨，以免造成招搖過市的感覺。他的原則是：依據憲法辦事。對於前一天的變故，誰能說出有違法之處嗎？兩院在城郊開會，是在討論安全形勢啊！他們當然有權委任新的巴黎軍區司令！督政官們辭職是他們自願的啊！今天，將舉行公開會議，修改憲法，並且任命三位臨時執政者。此後，兩院將暫時休會，每一步都合理合法！

議員們對此卻不買帳，強烈地提出抗議。因爲大廳需要布置的時間，所以下午一點會議才正式開始，這給了他們充分的時間儲存怒氣。

三位即將成爲執政者的人，正坐在花園對面的一間小屋裡。西埃士和迪科一直坐在那裡，此時，拿破崙忍不住來回踱步。不斷地有人來彙報消息，拿破崙心裡抱怨：「這些文人做事眞不俐落！只是安排個會議，竟然用了一上午！而且，還要讓那些議員們一個個地宣誓，要知道，新兵宣誓時都是集體進行的，兩分鐘就足夠！爲什麼我不能公開露面？那些律師們卻在大庭廣衆下開會？」

樓上的太陽廳是元老院，樓下橘廳則舉行五百人院會議。那些旁聽者，都是拿破崙的同謀，聚集在五百人院的會議廳。宣誓結束後，由呂西安主持，開始討論。反對者的呼聲愈來愈強烈，大聲指責廳外的軍隊。甚至有人嚷著：「我們不要獨裁！這個克倫威爾[42]將奪去我們的自由！」議員們隨聲附和。拿破崙接到的消息愈來愈不妙。軍官們開始不耐煩：「把這些傢伙趕出去，我們這麼多勇士來這是幹什麼的？」

拿破崙對此沒有反應，帶上佩劍，悄悄地來到樓上的元老院會議廳，幾個親信尾隨其後，對主子的舉動感到費解：難道他沒有想過動用武力？議長看到拿破崙很驚訝，讓他發言。他今天會比昨天講得好些嗎？要講些什麼呢？

他清了清嗓子，開始講道：「昨天，我本在家中閒坐，是你們把我請來……今天，卻要我忍受衆人的誹謗……回國以來，各個黨派想盡辦法詆毀我的名譽……請元老院爲我主持公道。我沒有一點個人目的，這你們是知道的。難道，我對法蘭西的赤膽忠心，你們沒有看見？……那些反法聯盟都不能讓我屈服，難道我會怕一小撮搗亂份子？」

下面開始騷動，彼此交頭接耳。拿破崙繼續說道：「全法國都知道我們經歷了什麼樣的生活，那些政黨不過想發國難財，他們都想利用我。而我，卻來到兩院。難道你們還不明白？再耽擱下去，自由將成為空談，你們要對自己的行為負責！」元老院的議員們圍上了講壇，打斷他的演講。拿破崙忽然轉過身，向大門揮手，彷彿指著視線之外的士兵們。他對著看不到的士兵喊道：「勇士們，我們一起獲得了無數的勝利，舉起你的雙手支持我！如果有哪個外國的奸細膽敢詆毀我，那就讓他嚐嚐你們的厲害！勝利是屬於我們的！戰神與命運女神站在我這邊……」

下面的人一片混亂，布里昂連忙走過來，拉著拿破崙的胳膊低聲說：「停止吧，將軍！您是不是有些慌亂了？」拿破崙只得隨布里昂走出了會場。他的同謀們趕快站起來發言，為此辯解一番。

拿破崙走出大廳，感到清醒了些。剛才是怎麼了？怎麼有些語無倫次？在戰場上，面對硝煙炮火，也沒有皺過眉頭啊！今天，如此關鍵的時刻，怎麼不夠鎮定了呢？

他相信，雖然遇到了阻礙，結果必定成功。他將統治這個共和國，結束十年的動亂。可是，坐在大廳裡的那些律師們，被宗派紛爭所困擾，腐敗無能。但是，他必須請他們給予自己合法的地位，時間已經刻不容緩！

在科學院，拿破崙可以安靜地與學者們進行討論，但對於立法會議並不瞭解，他以為滿有把握獲勝的。他派人告訴約瑟芬說一切順利，為的是穩定軍心。接下來，他來到樓下的五百人院準備發言。吸取了剛才的教訓，四名忠誠而勇猛的衛兵隨他一起入場。雖然這麼做已經超出了法律的許可權，但也顧不了太多了。

在衛兵的護衛下，拿破崙手持禮帽和馬鞭，進入五百人院會議廳。有人喊道：「波拿巴！」眾人循聲望去。雅各賓黨人喊著：「打倒暴君！趕走獨裁！他是違法的！」甚至有些身強力壯的議員衝過來，要動手打拿破崙。衛兵急忙把司令圍在中間，用他們的身體擋住憤怒者的拳頭。雙方起了爭執，亂哄哄地扭打在一起。喊聲、咒罵聲，響成一片。在衛兵的保護下，拿破崙艱難地退了出來。他有一陣子因爲情緒激動而難以言語。但很快，他讓自己冷靜下來，走回密室。

拿破崙想到，在義大利戰爭中，自己曾帶領士兵冒著炮火前進；在洛迪、阿柯拉，都曾時刻面臨生死存亡的危險，他都沒有畏懼過。但是，今天他第一次捲入這樣的局勢中，又不能使用槍支。因爲，他始終堅持在這次政變中不能使用武力的原則。

現實讓他不得不改變原則，對方的拳頭雨點般落在身上；這終於打破了他的原則。他們動手了！拿破崙的憤怒不可抑制，這是對他的蔑視！他氣憤得用手抓自己的臉，鮮血流了出來。血！讓他冷靜了下來。是的，議會中有人要謀殺他！他將告訴士兵，那些可惡的東西是如何地對待巴黎軍區司令的。是他們，先動了武力！拿破崙終於爲自己使用武力找到了藉口。

呂西安在五百人議會大廳裡，繼續進行著維護哥哥的鬥爭。議員們在喊：「把他驅逐出境！他不受法律保護！」呂西安用力搖鈴要求衆人保持安靜。有人提議，投票表決，宣布拿破崙不受法律保護。呂西安看到事態難以控制，連忙脫去議長長袍，一怒之下衝出了會場。

來到外面，他看到哥哥與部隊在一起。拿破崙聽說要透過投票，宣布他不受法律保護，所有人都知道這代表要革命了。緊跟著，他向士兵喊道：「拿槍！」然後飛身上馬。但是，士兵們對此反應並不迅速；軍隊對此仍有疑慮。

夜色已深，大家都在靜觀其變。拿破崙和呂西安兄弟二人騎上馬，在廣場上奔馳。柵欄外面，西埃士和迪科坐在馬車裡，他們做好了要不逃跑，要不成爲統治者的準備，只等著形勢的發展。一切都毫無秩序可言。

呂西安抓住時機對士兵講話，甚至比拿破崙對議員們的演講更爲有力：「勇士們，身爲五百人院的議長，我要告訴大家：會場裡，有些人被一小撮雅各賓黨人矇騙了。他們都是英國人的走狗，竟然要宣布將你們的司令驅逐出境；司令一職可是兩院委任的。那些人用心險惡，甚至想刺殺司令。將士們，讓我們奮起保護司令！用你們的刺刀，擋住敵人的攻擊，這將是對法蘭西最大的貢獻。快，除了支持我們的人，其餘的都趕出去！」

拿破崙專注地聽著弟弟的發言，緊抿著他的唇。當呂西安講完，他接著大喊：「殺掉那些亂黨。跟著我！我就是戰爭之神！」呂西安吃了一驚，怕他又脫口而出什麼話，制止他：「天啊，現在先安靜！」

「波拿巴萬歲！」士兵們喊道，眼前的兄弟倆，正是他們心目中軍事與政治的象徵。可是，大家卻沒有行動的意思。再拖延下去，一切都將功虧一簣。呂西安使出了最後一招，他順手抄過一名軍官的佩劍，對準拿破崙的胸膛喊道：「上帝作證，如果他將來破壞了法蘭西的自由，我就用劍結束他的性命！」

這句話收到了他們渴求的效果。繆拉下令吹響進軍號，並喊著：「弟兄們，我們來把那些烏合之衆踢出來！」士兵們被他的舉動逗笑了。

接下來，雖然刀光閃閃，卻沒有傷及一人，反抗的議員都被拉了出去。大廳裡光線黯淡，會場一片混亂，議員們與士兵扭在一起，有的議員跳窗而逃。呂西安此時來到樓上元老院，把拿破崙被圍攻的事大肆渲染地講述一番。元老院議員個個神色慌張，不知所措，呂西安建議他們任命三位臨時執政，會議開到深夜才散。

當天深夜，最受信任的成員們在聖克盧宮大廳裡聚集。在蠟燭光下，三十個議員乖乖的照著指示投票。一百多位社會著名人士親眼目睹了這場選舉。一切順利進展，民衆沒有受到驚擾。凌晨兩點，三位新執政者在鼓樂聲中宣誓就職。「共和國萬歲！」人們的歡呼聽起來有些無精打采。

一個小時後，執政官波拿巴與布里昂一起坐車回巴黎。他直視前方，一句話也沒說。直到回到家，在約瑟芬旁，他開口說：

「我說啊，布里昂，我今天是不是說了很多粗暴無理的話？」

「沒有說非常多，將軍。」

「那些白癡要逼瘋我了，我實在不太會公開講話。」

接下來，他並沒有談論剛經歷的政變，也沒有爲勝利慶祝的意思。他突然想到貝爾納多特，這傢伙的反應眞讓人痛心！

「貝爾納多特這蠢東西，竟然要出賣我！如果不是爲了他的妻子，我才不會那麼寬容他！這一切你是知道的，我都開始後悔爲什麼要遷就他？我不想在巴黎再看到他……時候不早了，我們都休息吧！晚安，布里昂，明晚，我們應該就會睡在盧森堡宮了。」

注釋

【1】漢尼拔（公元前二四七年至前一八三年）：羅馬時代的迦太基軍隊統帥，長期與羅馬軍隊大戰，造成羅馬帝國相當大的威脅，令羅馬共和國需要傾全國之力與迦太基對抗。公元前二一八年，率軍翻越阿爾卑斯山，歷時十五天。

【2】卡爾諾（一七五三年至一八二三年）：法國軍事技術專家、政治家。大革命時有「勝利的組織者」之稱。

【3】查理大公（一七七一年至一八四七年）：奧地利君主的弟弟。主張改革軍隊，頗有成績，最終敗在拿破崙手下。

【4】哈布斯堡：歐洲歷史上最強大的統治家族之一。一二七三年，哈布斯堡的魯道夫四世當選爲德意志國王。從此，哈布斯堡王室長期統治神聖羅馬帝國與奧地利帝國，直到第一次世界大戰。在此處暗指哈布斯堡王室因爲長時間近親通婚，造成貴族成員身體多有殘缺。

【5】博利厄（一七二五年至一八一九年）：奧地利名將。多次敗於年輕的拿破崙之手

【6】維爾姆澤（一七二四年五月七日至一七九七年八月二十七日）：奧地利元帥。被拿破崙打敗後，將曼圖亞要塞拱手相讓。

【7】貝爾蒂埃（一七五三年十一月二十日至一八一五年六月一日）：一七九六年至一八一四年間，擔任拿破崙的參謀長，稱得上是拿破崙的左右手。先後被封爲元帥和親王。後變節效忠復辟王朝。

【8】奧熱羅（一七五七年十月二十一日至一八一六年六月十二日）：拿破崙手下的元帥。一七九七年，曾奉命發動政變。拿破崙在遺囑中稱之爲叛徒。

【9】布魯圖：古羅馬政治家，原是凱撒的心腹，後來卻參與暗殺凱撒的計畫。讓凱撒在死前說出著名的：「連你也是，布魯圖？（Et tu, Brute?）」，他也說出名言：「我愛凱撒，但我更愛羅馬。」

【10】西庇阿（公元前二三六年至前一八三年）：古羅馬時期的偉大統帥。他的祖父、父親均爲執政官。公元前二一八年起參戰。公元前二〇四年，在非洲擊敗迦太基統帥漢尼拔，被稱爲「非洲西庇阿」

【11】克勒曼（一七三五年五月二十八日至一八二〇年九月二十三日）：參加過七年戰爭。一七九二年瓦爾米大捷中，戰功卓越，率軍把普奧聯軍逐出法國領土。一七九三年十一月被捕，熱月政變後

出獄。

【12】奧賽羅：莎士比亞名悲劇《奧賽羅》的男主角，因懷疑嬌妻有情夫，將她扼死後自殺身亡。

【13】阿提拉：匈奴君王。曾控制裡海至萊茵河間的廣大地區，東、西羅馬帝國都要向他進貢，被歐洲人稱爲「上帝之鞭」。

【14】列奧：阿提拉圍攻羅馬時的教皇。他親自出城，與阿提拉在明喬河畔談判，後者主動撤離。

【15】巴洛克風格：十六至十八世紀，歐洲流行的藝術形式，講求複雜華麗的圖案與裝飾風格。

【16】格拉西妮：米蘭著名女中音歌唱家。在第二次義大利戰爭期間是拿破崙的情人，分手後於一八五〇年去世。

【17】塔列朗（一七五四年至一八三八年）：法國貴族出身，神職人員。法國大革命初期的風雲人物，老謀深算。一七九二年初出使英國，一七九六年返法，歷任督政府和拿破崙政府的外交部長。波旁王室復辟後，在路易•菲利普時期繼任高官，成爲不倒翁。他的一生「都在出賣」。拿破崙在遺囑中稱他爲叛徒。

【18】共和五年（一八九七年），督政府危機四伏，只得請求在義大利的拿破崙派兵支援。奧熱羅奉命率領軍隊回援，果月十八日（九月四日），將一百三十名王黨份子、反革命份子從議會中清除出去。同時，那些不肯聽話的議會、記者和教士被流放到法屬圭亞那。這一政變，軍隊的勢力得到加強，爲今後的軍隊獨裁掃清了障礙。

【19】黎塞留（一五八五年至一六四二年）：法國政治家，主教。曾任法王路易十三的宰相，重視經濟發展，維護中央集權。他最大的貢獻是買進大量船隻，爲法國海軍奠定了堅實的基礎，並因此提高了法國的國際地位。

【20】法蘭西斯一世（一七六八年二月十二日至一八三五年三月二日）：一七九二年至一八〇六年間為神聖羅馬帝國皇帝。一八〇四年至一八三五年間為奧地利皇帝，稱法蘭西斯一世。一八一〇年這個奧地利皇帝被迫將公主嫁給拿破崙，但後來一腳踢開了這個女婿。

【21】內克：瑞士人。路易十六時代的財政大臣。

【22】德•斯塔埃爾夫人：路易十六時財政大臣內克的女兒。才華洋溢，是作家、民主派人士。長期寫文章批評拿破崙的政權，也因此受拿破崙政府迫害，不得私自進入巴黎市區。其作品「論德國」於一八一〇年被查禁。

【23】拉普拉斯（一七四九年三月二十三日至一八二七年三月五日）：法國著名的數學家、天文學家，人稱「法國的牛頓」，著有《天體力學》五卷本。拿破崙很器重他。

【24】奧詩（一七六八年六月二十四日至一七九七年九月十八日）：法國大革命間的名將。一七九三年攻取阿爾薩斯省。一七九四年三月，被誣告入獄，認識約瑟芬。普遍認為，如果奧詩沒有英年早逝，將會是拿破崙最強而有力的競爭對手。

【25】納爾遜（一七五八年九月二十九日至一八〇五年十月二十一日）：英國著名的海軍統帥，被稱為「民族英雄」。指揮軍隊當機立斷，以作戰迅速著稱，所率領的海軍作戰戰力極強。一七九四年的科西嘉戰役中，右眼受傷，眼力微弱。一八〇五年在特拉法加大戰中，中彈身亡，享年四十七歲。

【26】荷馬：希臘時代的著名詩人，著有史詩《伊里亞德》和《奧德賽》等作品。

【27】阿利安：希臘著名的歷史學家和哲學家。著有《遠征記》，前七卷主要記述了亞歷山大大帝的功績。

【28】蒙日（一七四六年五月十日至一八一八年七月十八日）：法國數學家，創立了投影幾何原理。一七九一年建立公尺、公升、公克爲單位的度量衡制度。隨拿破崙征討埃及，在那裡建立科學院。

【29】德塞（一七六八年八月十七日至一八〇〇年六月十四日）：法國大革命時期的著名將領，作戰英勇。一七九八年隨拿破崙去埃及，戰功顯赫。歸途中在海上被俘。馬倫哥戰役中，在危急之時令法軍反敗爲勝，本人卻不幸犧牲。著有《航行記》。

【30】克萊貝（一七五三年三月九日至一八〇〇年六月十四日）：法國大革命初期的名將。與拿破崙一起遠征埃及。後被拿破崙命令留在埃及，統帥那邊的法國軍隊。一八〇〇年六月在開羅被刺殺。

【31】貝托萊（一七四九年十二月九日至一八二二年十一月六日）：法國著名化學家。隨拿破崙遠征埃及，在那裡參與創辦科學院。

【32】亞歷山大大帝（公元前三五六年至前三二三年）：公元前三三六年，爲馬其頓國王。進軍埃及後，建築亞歷山大城。隨後在遠征印度途中重病，歸途中在巴比倫病故。他所創建的橫跨歐亞非三大洲的帝國隨即分裂。

【33】馬穆魯克：字面上的意思是「被擁有的」，大概有「奴隸」的意思。在中世紀的伊斯蘭埃及，是一種爲阿拉伯哈里發服務的軍事團體，主要組成是被奴隸販子在公元九世紀左右被販賣到中東地區的非穆斯林人種，大部分來自高加索地區與黑海北部的高加索白人、索卡西亞人與欽察人。被買來作爲作戰用途時，他們的地位稍高於奴隸，因爲奴隸是不被允許攜帶武器的。早期爲阿拉伯哈里發效力，曾經在一二五〇年至一五一七年間建立自己的王朝；後服務過與十字軍對抗的回教徒、鄂圖曼帝國與拿破崙的軍隊。但隨著熱兵器的發展，馬穆魯克的驍勇善戰慢慢無用武之

地，而漸漸式微了。在中文版的小說與電玩遊戲中，馬穆魯克常被翻譯爲「阿拉伯奴隸兵」，然而他們並不完全是奴隸（擁有傭兵性質），且也不是阿拉伯人。

【34】阿波利特•夏爾（一七七二年至？）：約瑟芬的情夫，比她小九歲。拿破崙遠征埃及時，他們公開同居。

【35】布倫海姆戰役：一七〇一年至一七一四年間，西班牙王位繼承戰爭中最著名的一次戰役。英國名將巴爾伯勒公爵統帥英、荷、葡盟軍，在巴伐利亞小鎮，殲滅了法蘭西、巴伐利亞聯軍，是法軍五十年來最慘重的失敗。

【36】克麗奧佩特拉（公元前六九年至前三〇年）：埃及國王托勒十二世之次女。據說國色天香，後成爲埃及女王。爲保住王位，她先後與凱撒與安東尼戀愛，後自殺身亡。中文版小說、電影常稱其爲「埃及艷后」。

【37】雷塞普斯：法國著名工程師，一八五〇年至一八六九年間負責開鑿蘇伊士運河。

【38】德魯茲：中東的伊斯蘭教派。人數不多，尚武，散居於敘利亞、黎巴嫩和約旦。

【39】莫羅：共和派將軍。一八〇〇年霍亨林登一戰大敗奧軍。一八〇四年至一八一三年被流放美國。後效力於沙皇，在德勒斯登戰役中重傷，死於今捷克的洛烏尼。

【40】西埃士（一七四八年五月三日至一八三六年六月二十日）：法國神父，憲法理論家。著有《什麼叫第三等級》，促使三級會議成立國民議會（三級會議的三等級分別爲：教士、貴族與第三等級）。一七九九年出任督政。同年十一月參與拿破崙發動的霧月政變。波旁王朝復辟後，被迫流亡比利時。一八三〇年七月查理十世被推翻後回國。

【41】羅德雷（一七五四至一八三五）：法國著名政治活動家，一七八九年當選三級會議的第三級代

表。支持霧月政變，拿破崙的許多談話紀錄都被他保存。

【42】克倫威爾（一五九九至一六五八）：十七世紀時英國資產階級的領袖。當選為議員後，反對國王查理一世。英國內戰時（又稱為清教徒革命），領導圓顱黨均與王黨軍抗爭。一六四九年一月三十日處死國王，自封「護國主」，建立軍事獨裁政權。恩格斯說他「同時兼具羅伯斯比與拿破崙的形象。」

第三章　統治世界的是想像力

縱觀歷史，上下數千年，所有的一切，在歷史的巨輪中轉瞬即逝，只有海洋與大陸，經歷過滄桑巨變，依然永恆。

——歌德

革命結束

在一張橢圓形的大桌子周圍，圍坐著二十多個人。有的正值青春年少，有的人已是中年，當然，其中也不乏白髮蒼蒼的老者。這些人穿著當時普通百姓的衣服，誰也沒有戴假髮。在這裡，花邊已經不再是時尚的東西，耀眼的制服與金色的穗帶，不再是人們的追求。他們個個神采奕奕，有的是能力出衆的實幹家，也有的更傾向於學者風範。這些人來自不同的地方，卻擁有著共同的志向。十年來，他們在革命的浪潮裡摸爬滾打，現在，準備結束這個時代了。周圍，是波旁王朝的宮殿杜樂麗宮，奢華的擺設，與布爾喬亞的氣氛難以諧調。蠟燭的銀光，勾起人們對時代的回憶。

與盧森堡宮相比，杜樂麗宮充滿了神祕感。現在，拿破崙大權獨攬，在霧月政變兩個月後，與另外兩位同謀共同執政，成為此宮的主人，他對此宮殿慕名已久。此時，波旁王朝的最後一名後裔已經在七年前逮捕，中產階級的首領入住這裡，歷史眞的是很有意思！

拿破崙進入此宮後，忍不住四處張望，以此滿足自己的好奇心。他現在非常高興，情不自禁地說：「太好了，杜樂麗宮終於到了我們手中，我們要長久地住下去。」

那些圍坐在橢圓桌旁的人中，有些曾來到過這裡，也有些人曾到過盧森堡宮。這些人親眼目睹了三部憲法的出現與消亡。過去的十八年，革命浪潮此起彼伏，新思潮不斷湧現，只是都難以長久，如流星劃過夜空，轉瞬即逝。整個城市堅固得如同營壘，沒有戰火與硝煙，卻被那些擁有武裝的政黨們攪得天昏地暗，新舊勢力的較量從來沒有停止過。

坐在桌首的將軍，那個穿著綠色舊軍服的人，讓大家安靜了下來。現在，他已經身為參政院的元首，實際上統治著整個國家，那些反對黨不管有多麼不情願，也只能忍氣呑聲。法蘭西終於被一個意志堅定，野心勃勃的人牢牢地握在手中。

現在，拿破崙可以在法蘭西呼風喚雨了，他的地位已經牢不可破。如果不是當初他堅持不動用武力的原則，可能政權會來得更容易些。嚴格地循規蹈矩，反而給自己帶來了麻煩。不過，這讓他有了展示政治才能的機會。他擁有強大的軍隊，同時清楚地知道武力的侷限性。他曾說：「你知道是什麼讓我感到不可思議？有時武力是如此的軟弱無能！武力最終要折服於精神。」

儘管拿破崙擁有強而有力的軍隊，但他自始至終都沒有使用武力威脅政府。即使在奪取政權的生死存亡之際也是如此，更不用說那些談判或結盟了。他天生有政治才華，當然，他知道武力的作用，會在合適的機會運用一下。從現在到今後的十五年裡，民衆的呼聲，才是他所關注的。因為他相信精神能夠戰勝一切，所以他將更多的精力投入到鞏固秩序與維護和平之中，歷史證明他確實為此付出了努力。

不過，拿破崙認爲，秩序雖然體現了平等，但不等同於自由。什麼是自由？他說：「不管是誰，都需要主宰，人生來有服從的本能。」他在實現統治的過程中，欣賞的是那些有才幹而且做事有效率的人，而且會授予他們相應的權力。這與他自己憑藉個人天分獲得成功，有著驚人的相似之處。

隨著拿破崙統治才能的逐漸展現，人們愈來愈清楚地看到：他所建立的制度，可以讓能者上，庸者下，這樣每個有才華的人，都可以透過自己的努力得到應有的回報。因爲，他們的最高統帥也曾經一貧如洗。

他執政後辦理的第一件事，就充分表明了他的工作作風。西埃士草擬了一部憲法，其中談到要設大總統之職，一個只有代表政府形象與簽字同意的橡皮圖章，拿破崙二話不說就回絕這個意見。領頭的只有第一執政官，有非常大的權力，亦有非常多的工作。他一手遮天，實行中央集權。軍事、外交，包括政府成員的任命等，都由他一人說了算。參議院、立法院乃至保民院，都無權制定法律，這些機構不過是給政治家提供個發言的地方，讓那些參議員有地方領薪水而已。

拿破崙雖然事事專政，但從不以出身、門第取人，任何人，必須要有才幹，才有被提升的可能。參政院的成員，就是這樣選拔出來的。這些參政員稱得上圓桌會議專家，他們都是拿破崙一手提拔起來的。拉普拉斯很受拿破崙的器重，被任命爲內政部長。不過，數學家出身的拉普拉斯，從政一段時期後，就改去研究天文了。羅德雷，兼有官員和記者雙重身分，拿破崙評價他是二十年中，最有獨立思想、最值得珍惜的會談記錄者。那個特隆歇，則是當代最優秀的法學家，被任命爲參政員。參政院裡，有這樣一個習慣：大家身分平等，彼此以「公民」相稱。這樣，不管是保王黨還是雅各賓黨，彼此平起平坐。

當記錄員把會議紀錄交給拿破崙時，他會說：「不要遺漏這些有識之士的意見，他們的話非常有價値，這是軍人或者那些有錢人想不到的。有時，我的頭腦會失去理智，甚至會說出有失公允的話。因此，我清楚地知道自己的弱點。」如果出現了衆人沒有主見，只是隨聲附和的情況時，他會及時提醒大家：「各位，我請你們來這裡，是要發表意見的，不是來聽我說，更不是來誇我的。只有針鋒相對，有爭議，才會有選擇。」

通常，會議都在晚上九點開始，因爲在這之前，大家都要忙於公務。也許，會一開就要到第二天凌晨五點。到了後半夜，與會人員個個身心俱疲，連國防部長有時都睡著了。拿破崙會搖著他喊：「各位，清醒一下，時間還早，剛剛兩點。討論繼續進行，我們得對得起民衆的信任啊！」所有人中，他最年輕，才三十歲。雖然年輕，但三次戰役，使他學會了統治千萬人的本領。回想當初：指揮軍隊翻越阿爾卑斯山，率三軍漂洋過海，轉戰沙漠戈壁，這不都是最好的鍛鍊機會？艱苦的歲月裡，他要時刻考慮軍餉、權力、賞與罰等。

在政變那天晚上，拿破崙及時吩咐兩個委員會起草法典，這是當務之急！當時，一切都處於混亂之中，如果沒有法律，後果不堪設想。事實上，法國大革命爆發前，一直沒有統一的法律體系，這簡直不可思議。革命到今天已經進行了十一年，怎麼能還沒有法律呢？於是，政變後的第一個夏天，三位執政者就開始籌畫這一工作。四個月後，《民法典》出爐，後被稱爲《拿破崙法典》。草案由參政會討論商榷。一年半以後，經過投票，法案正式通過，於一八〇四年開始實施。

一百多年後，這部法典仍然在法蘭西履行著自己的職責。同時，拿破崙把這部法典用到許多被征服的國家中。德意志中部和南部、普魯士、瑞士和西班牙的立法，也都借鑒了這部法典。它甚至影響到了中美洲和南美洲。

爲了制定這部法典，拿破崙連續幾個月親自參加法典的討論，並最終決定了許多具有爭議的條款。參與制定法典的人，個個都是有識之士的學者，他們在拿破崙的指揮下，對法典精益求精，力求創立一套能夠體現人權的新體制。這樣的體制形成後，將不再有世襲貴族，所有人的子女都是平等的；父母養育子女成爲法律責任。法律面前，人人平等。

在婚姻問題上，拿破崙的思想受到了科西嘉人家庭觀念的影響。他說：「我很清楚，通姦並不是極個別的現象，而是個普遍存在的狀況；隨便一個沙發上就可以發生的事……不論是爲了一點小錢小惠，又或是爲了阿波羅[1]或九繆思[2]那樣的美男、美女，而與人通姦的傢伙，都應該受到處罰。」

他是婚姻的維護者，甚至認爲丈夫被放逐時，妻子應該同行，「如果她們是如此的愛自己的丈夫，我們沒有權利禁止她們這麼做。難道她要因此與丈夫離婚，跑去變成其他男子的小妾？許多人犯罪，根源在於他們的妻子。難道她們不應該爲丈夫的罪過承擔責任嗎？」他讚賞古羅馬的婚慶習俗，因爲，當地女子出嫁後，監護權就變成了丈夫，「對於那些不守婦道的巴黎婦女來說，這是個很好的辦法。」

所以，他雖然同意離婚的存在，但離婚不應該太容易。他認爲：「如果夫妻都要反目，成爲路人，那麼人世間最親密的還有什麼呢？我不會輕易答應誰離婚的。不然的話，那些年輕女子可能爲了趕時髦，爲了舒服，隨意地出嫁。法律不允許她們這麼放肆……只有三種情況可以離婚：即謀殺、通姦或沒有夫妻生活。」

如此洞悉人性的思想，是他精於算計的才能，將自己的經驗與法律理論結合的成果。這位立法者的心靈無疑是矛盾的：約瑟芬過去的不忠在他心中揮之不去，因此他強調一夫一妻婚姻的神聖；但拿破崙一方面已經在思考：「如果她不能爲我生孩子，是不是要與她離婚？」現在，約瑟芬非常害怕拿破崙拋棄自己，她在想盡辦法維持這樁婚姻，但此時的拿破崙已經在考慮離婚問題了。

畢竟是人之常情，拿破崙不想使自己的家事公之於衆。所以，他不贊成法庭干預婚姻問題。他認爲，應該由當事人自己解決有關婚姻問題。「既然雙方都同意離婚，當然有離婚的理由，不需要法庭再來干預，法庭的任務就是宣布離婚。」於是，拿破崙在有關婚姻這一部分中補充道：不要把虐待或通姦問題公開宣講，只要雙方都願意離婚就可以了。他提出了半離婚的概念，即分居；要求雙方自行達成共識。他所做的一切，都是在努力地維護婚姻。因爲，他崇尚秩序，不喜歡混亂。爲了使婚姻的穩定性加強，他把結婚年齡做了修改。大革命時，女性十三歲，男性十五歲就可以結婚；現在改爲女性十五歲，男性二十一歲才能結婚。

法典裡關於子女的權利，都被後來的人們所接受。只要父母婚姻合法，孩子就有相應的法律地位，甚至包括在出生前。他規定：「如果丈夫離家十五個月，就無法承認孩子是自己的。」接著，他又補充說：「爲了追求眞理，我甚至拋棄了榮譽，可是我怎麼能去詆毀妻子的名譽呢？作爲丈夫如果不能確定日期，就不要輕易說對方有外遇，因爲孩子才是重要的。」

關於贍養權問題，有人提出應該限制稍年長子女要求生活費的權利，拿破崙不同意：「做父親的沒有權利把十五歲的女兒趕出家門！如果他有六萬法郎的高額收入，還能夠對孩子說：『你長大了，出去獨立生活吧！』嗎？如果我們不加以限制，就等於鼓動子女弒父。」也有人建議，最好把領養子女的程序簡化，這樣可以節省時間，只要有公證官證明就行了。拿破崙反駁道：「這絕不僅僅是手續問題。人是有獨立思想的，所以與動物不同。難道那些士兵奮戰沙場，是爲了掙幾個便士或一枚不值錢的勳章嗎？只有那些影響到他們思想的人，才能激發他們的鬥志。那些公證員，能透過十二個法郎理解人的思想嗎？所以，必須要立法。領養是個重大問題，這是非常神聖的事，要雙方達成共識，讓一個人的親生子女，成了另一個人的骨肉。這是多麼崇高莊嚴的行爲啊！沒有血緣關係的人，從此開始相依爲命，上天是多麼博大啊！」

羅德雷評價說：「我們的領袖，在立法會議上顯示出了驚人的能力。他那精確的分析能力無人能及。他可以連續十小時關注某個議題，而且專心致志，不被任何事打擾。」

立法人當中，年過八十的老律師特隆歇最受拿破崙敬重。因爲這位元老邏輯嚴謹，精力充沛。同樣，這位老人對年輕的拿破崙也十分讚賞，佩服他分析問題的能力和強烈的正義感。拿破崙對每條法令都要重申：「要確保它的公正。」爲此，他謙虛地向學者們請教，弄清前人怎樣處理類似問題，其中，羅馬法和腓特烈大帝時代的法律最受這位年輕執政者的青睞。

這張橢圓形桌子，通過了三十七項法律，拿破崙對每個問題都發表了自己的看法和見解。麵包問題、錢幣問題，鉅細靡遺，他都要親自過問。爲了儘快公開新法，他要求學者們不停地工作。即使是回到家，他們也常常會收到拿破崙的信件，並要求馬上作答。曾有人說：「這個新的領袖，具有多項常人不及的才智。他每天工作十八個小時。三年裡，他所做的事超過了帝王們一百年的總和。」拿破崙精通各種行業術語，專家們別想因爲他不懂而蒙蔽他，就連那些王黨份子都不得不佩服他在技術問題上的精確。

驚人的記憶力，是拿破崙的過人之處。他在讀完塞居爾[3]視察完北方海岸防務的報告後說：「我讀過了你的報告，很好。不過，我們在奧坦絲德的四門炮中，你漏掉了兩門，它們被放在村後的公路上。」塞居爾爲此驚訝不已，因爲拿破崙說得分毫不差。他在報告中提到了該地區的數千隻火器，而拿破崙找到了他疏忽的兩門。

慢慢地，整個國家機制在經過十年混亂之後，一切步入正軌。此前的十年，各地怨聲不斷：人們沒有安全感，社會毫無秩序可言。過去，一個金路易只能兌換二十四個法郎，如今可以兌換八萬個。不久前，督政府難以穩定經濟，暴發的財主們買走了國家的土地。沒有人向政府納稅。拿破崙上臺後，面對的是百廢待興的法蘭西。

霧月政變後半個月，拿破崙就已在各省建立起稅收局。他認爲：「只有穩定國家的稅收，才能擁有安全和財產。」兩個月後，法蘭西銀行成立。第二年，他又組建了新委員會，以此監督稅收以及地產和林業部門的工作。因爲前任的揮霍、浪費，拿破崙不得不用剩下的國有土地來還債。他減少國債，同時恢復商會，對股票買賣加以管理，防止通貨膨脹，禁止軍隊承包商的欺詐勾當。漸漸地，法蘭西又興盛了起來。

拿破崙何以取得如此驕人的成績？關鍵在於他能夠決定一切，工作起來廢寢忘食，而且永遠不會受人賄賂。他所任命的部長、省長等官員，個個和他一樣精力充沛，把事業當作頭等大事。因此，杜絕了徇私舞弊，庸者無處立足。官員任命自己的下屬，且支付自己下屬的薪俸。他自己說：「這樣的統治，給了個人施展才華的空間，每個人都是自己的主宰，每個階層都有自己的領導。」

「不拘一格地使用人才」是拿破崙的用人宗旨。因此，他認爲：「一切都在不停地進步，我不依靠任何政黨的支持。即使他前一刻鐘還在犯罪，只要有才，我都會委以重任，法蘭西需要這樣的人才。不過，也因此產生了問題：每個人都想當老大。這可能是法國人的性格，他們都以爲自己能力非凡！」爲了平衡政局，拿破崙只得把兩個很有油水的部長職位給了兩個互相反對的人，他們很難攜手作戰，但能力超乎尋常。他在任命這兩個人後說：「連富歇[4]這樣的雅各賓黨都能當警務司令，還有誰會對新共和國沒有信心呢？塔列朗不是衆人羨慕的對象嗎？他們是我的左右手。我會爲所有的飽學之士提供施展才華的機會。」

他在寫給省長和將軍的命令裡說：「任何政治組織都必須馬上廢止，黨派是不受歡迎的。如果有哪個國民自衛隊或者公民仍然對新政府圖謀不軌，我們不會放過他。如今，統治法蘭西的人是不可戰勝的。」幾個星期後，拿破崙發布公告，將新憲法公之於衆，並大加讚頌。布告的結尾處寫道：「公民們，革命到此結束。」

政變後不久，拿破崙寫信給奧地利皇帝：「當我再次回到歐洲時，非常遺憾地看到了法蘭西與貴國又在打仗。人民的召喚，使我責無旁貸地挑起維護國家尊嚴的重擔。」信中的語調，傲慢得如同君主，彷彿在返回巴黎之前，他已經主宰了法蘭西。也許，這種居高臨下的氣勢，幫助他取得了成功；但奧地利皇帝對此不屑一顧。然而，拿破崙對此早有計畫，他只需要實行計畫而已。

出於安全的考慮，拿破崙著手組織貼身侍衛軍，要求每個成員必須而且只能身經四大戰役。接下來，拿破崙派莫羅督戰萊茵河一線，自己則緊鑼密鼓地準備進軍義大利。不能再採取四年前的戰術，必須另尋佳徑！於是，拿破崙故意把毫無訓練的新兵組編成後備隊，招搖過市地在奧地利間諜的眼底下經過；當他看到維也納報紙上的諷刺文章時，臉上露出了狡黠的笑容。與此同時，另一支三萬多人的精銳部隊已經組建完畢，這支部隊將出其不意地完成他設計好的壯舉。當年，漢尼拔曾讓高山低頭，今天，將有位司令讓大炮通過關隘。他命人用樹幹紮成巨大的雪橇，把大炮放在橇上，滑下山去！

政變後的第一個春天，軍隊神出鬼沒地來到大聖伯納山口附近。修道院的老僧侶以爲是神兵天降。有位牧民給眼前的總司令做嚮導，邊走邊把自己生活的困難無意間閒聊出來。很快，他驚訝地發現，自己彷彿剛跟神仙教母講話，因爲他得到了一棟房子和一個田莊！

那些士兵們也意識到自己即將成爲傳奇戰役的一份子，人人奮勇，個個爭先，使大炮行走如飛。

他們信任自己的統帥，因爲他已經身經百戰。很快，他們將回到四年前的樂土——倫巴底。然而，奧地利軍方對此卻一無所知，奧軍司令寫給帕維亞女友的信中還說「一切安然無恙」。只短短十二個小時！拿破崙已經進入帕維亞。

* * *

不過，六月中旬的這場戰鬥倒是幾經波折。軍情瞬息萬變，拿破崙在馬倫哥平原進攻奧地利，沒想到遭遇頑強的抵抗，情況不妙。德塞的後備隊在哪？眼看要全軍覆沒！總司令急得揮著馬鞭，路邊塵土飛揚。

「挺住！再堅持一下！援軍馬上就到！只要再支持一小時！」但士兵仍在後退。眞的要失敗了？終於，援軍趕到，戰況瞬間得到扭轉；只聽大炮轟鳴，敵軍的陣地被拿下。

下午五時原本已經要輸的馬倫哥戰役，七時由於德塞的及時趕到，轉敗爲勝。但是，德塞卻犧牲在沙場上。

拿破崙爲此悲痛不已，久久地矗立在戰場不肯離去。這是他最鍾愛的將領，而且，此次戰鬥的勝利，功臣是德塞！這讓拿破崙難以接受，他本人竟遭遇了失敗。不過，他寬慰自己道：「是我策劃了整個戰役，戰爭的勝利在我的預料之中，德塞及時增援也是我早就安排好的。」這場戰鬥到底誰才是勝者？

戰場上，就要分秒必爭！拿破崙的原則是邊打邊談。於是，他在軍中就開始給法蘭西斯皇帝寫信：「如果不是英國人的狡猾，我眞誠又坦白的心意早已傳給陛下知道了。所有的建議都是爲您考慮的，令人遺憾的是，戰爭還是爆發了。無數法、奧士兵英靈已經不在。難道，戰爭的恐怖還要繼續？爲此，我感到痛心不已，所以向您呼籲：馬倫哥戰場躺著一萬多具屍體，請念在蒼生的分上，停止戰鬥。我有責任向您發出警告。如果您親臨沙場，會有比我更爲深刻的體會。您將有希望帶著您的臣民走向和平。如果還有人愚蠢得要打仗，那麼經歷了戰爭之後，他們也會變得聰明起來，知道和平與安寧的可貴。」此後，每一次戰鬥勝利，他都會寫一封類似這樣的信，信中無數次提到了和平。

這封長信——在此僅節錄幾句最有份量的話語——就如他這場作戰一般精采。他展現出他對於和平的渴望。在未來，他還會在許多勝利後發出多封類似的信件。拿破崙—波拿巴，偉大的軍隊領導人，難道亦是位和平主義者嗎？

當然不是，但他也不是個好鬥的傢伙。他常對用武力取得的勝利產生懷疑；他出身自軍旅生涯，戰爭，對他來說就像是棋士熱愛棋局一般，事實上他應該算是個政治家。在倫巴第平原上，他第一次萌發了安邦治國的意識。他要把帝王和國家看成棋子，從而投入到另一場更爲偉大的戰爭中：外交。此刻，他已經意識到了精神的力量。對他來說，戰爭永遠不會停止，寶劍要光芒永存。不過，他手中不僅有戰場之劍，同時持有和平之杯，而他更在意後者。

拿破崙清楚地知道，榮譽對法蘭西是重要的，但安寧更不可少。如今的法蘭西，仍然存在危機。他在國內時大權獨攬，如果長期逗留國外，那豈不是要後院起火？所以，他迫切地希望戰爭儘早結束。不久，他動身趕往米蘭。

* * *

巴黎的情況如何呢?它好像並不太歡迎這位新主宰。羅德雷在日記中寫道:「十一年來,巴黎人早上睜開眼,首先想到的是:『暴君什麼時候能夠消失?』現在,巴黎人可能會說:『一切還過得去,可是,剛剛興建的企業,建造中的房屋,正在移栽的樹木,最終的命運會怎樣呢?如果新的領袖不在了會怎麼樣?』看來,民衆對他更大的希望是政治而不是軍事。他的軍事成就令他如北極星般引領著群衆,但是他的政治才能讓人民擁有了希望。」不過,民衆們雖然會有不安,但至少是心甘情願的追隨他。

塔列朗寫信給戰場上的拿破崙:「司令,我剛從杜樂麗宮回來,您想像不到法國人民的熱情,更難以知道外國人的驚訝,他們簡直不敢相信,您取得了如此輝煌的勝利!是您,創造了奇蹟!」拿破崙笑著想:「看來,塔列朗不僅會獻媚,而且是個預言家!奇怪,他怎麼能夠看出我內心的打算呢?」

不過,巴黎又傳來了另外一個消息。身爲警務司令的富歇報告說:「最近塔列朗召集了幾個親信,討論著萬一您遇有不測該如何應對。不過,當他們在晚餐桌上得到馬倫哥戰役的捷報時,感到非常震驚!」

「還蠻警覺的嘛!」拿破崙看到這裡想:「看來我是攪翻了一池春水。好傢伙!表面上關心我的安危,內心更想取而代之吧!」

於是,他決定儘快返回巴黎!這一天晚上,他卻去了斯卡拉歌劇院。因爲是格拉西妮在演唱。兩年前,她的求愛被拒絕,但癡情不改,繼續爲他而唱。這個漂亮的義大利著名女歌唱家,早已傾情於眼前的義大利征服者。她將到巴黎歌劇院去,但到時她會是明星的身分,又或是拿破崙的情人呢?讓時間告訴我們吧!

好消息不斷傳來，德意志境內的敵人也被打敗，呂內維爾條約對法國非常有利。法蘭西得到了萊茵的邊境地區，而且重建西沙平共和國。巴黎的「朋友們」準備歡迎這位凱旋的英雄，提議要建築凱旋門。拿破崙對此並沒有什麼反應，他寫道：「凱旋門、慶典都不是最重要的。我對這一切沒有興趣，不喜歡張揚。民衆的滿意，才是最大的勝利。」後來，他謙虛的同時仍帶有傲慢地寫道：「可以建築凱旋門，不過要選好地點。如果後人能夠爲我實現此事，則最好不過。」也許，他預見到了二十年後，崇拜他的人們會扔掉他的鷹旗？

拿破崙回國後，仍然致力於和平的建設。他要改變自己的形象，當初他用武力把自己的意志強加於一個又一個的國家；現在，他要透過談判，與昔日的敵人握手言和。僅兩年時間，奧地利、普魯士、巴伐利亞，甚至英國等都不再與他爲敵了。

曾經與他交戰的九個國家，承認了新生的法蘭西共和國，儘管這其中經歷了十年的滄桑巨變。兩年前，法蘭西還面臨著分崩瓦解的命運，現在，已經成爲歐洲國家的領路者。

是拿破崙，以第一執政的身分，帶領法蘭西人民取得了革命的勝利。他把新思想與舊勢力進行了融合與協調，當他占領皮埃蒙特、熱那亞、盧卡和厄爾巴島時，奧地利和英國都沒有插手干預。

在革命浪潮爆發之初，基督的思想受到了威脅，理性占據了有利位置。四年前，拿破崙在義大利給了教皇種種優遇，而當時的巴黎是不支持他這樣做的。但他爲了自己的利益，一意孤行，與僧侶們非常親近。現在，他要想辦法彌合法國與教會之間長達十年的恩怨。難道他是個忠實的信徒嗎？當然不是！與土耳其人在一起，他把自己變成穆斯林，現在，他將成爲天主教徒。因爲，他知道天主教的影響深遠，想要征服它幾乎是不可能的。最好的辦法是與之達成聯邦，這樣至少不會成爲自己的阻力。他說：「天主教會盡力讓我與教皇之間保持距離。雖然那時我身在義大利，無暇分神來顧及他，但我相信，他早晚將臣服於我。那時，我將無比強大！」

不過，要想讓巴黎民衆重新接受教會，是非常困難的！因此，拿破崙首先讓自己以哲學家的身分出現在主教面前：「尊敬的主教，我現在才明白，如果沒有宗教，人們無法理解正直和德行的含義。他們不知道自己從何處來，又要去向何地，生活在渾渾噩噩之中。是您，天主教教父，闡明了人類的起源與命運。」

羅馬聽到這一消息時，簡直爲之震驚。於是，紅衣主教孔薩維來到巴黎，與拿破崙會談。第一次會面時，拿破崙就想征服對方。這位教會巨頭以柔克剛，面帶微笑地固守自己的陣地，並不加以反駁。旁觀的塔列朗，對這一切既興奮又好奇！還好，雙方在重要問題上互作讓步，達成共識：例如，神父沒有結婚的權利，主教要在羅馬產生，恢復古老的教會法。教會由此接受了國家的錢財資助，這樣一來，國家就具有了左右教會的基礎。

協議簽定後，在聖母院大教堂舉行隆重慶典。拿破崙與其他國家元首們一起前往，並同唱感恩讚美詩。但他個人不會去領聖餐。他問弟弟：

「對於我們今天的活動，巴黎會有什麼反應？」

「他們會關注事件的整個過程，也許會因此而產生不滿情緒。」兄弟回答。

「那我就讓衛兵把這些人逐出教堂。」拿破崙說。

「可是，如果連衛兵也不滿，那怎麼辦？」兄弟對此有些擔心。

拿破崙肯定地回答：「不會，我相信老兵們會嚴肅地參加聖母院大教堂的慶典，就像當年他們在聖開羅清眞寺那樣。我會做他們的表率，看到自己的司令如此嚴肅，他們會爭先仿效的。『服從』是軍人的天職！」

終身執政

拿破崙的根基未穩。他只有十年的執政期，現在還剩下八年。此後，會有人來接替他。他需要民衆的支援，但又不願於去迎合他們。爲此，拿破崙深思熟慮，然後給參議院發出暗示。參議院對他向來俯首貼耳，他們保證，拿破崙任職期滿後，再延長十年。拿破崙並不滿足於這二十年，他再次暗示參議員，他需要的是終身執政。但他要了個手段，說把此事的決定權交給「人民」。於是，舉行公民投票，結果自然很明朗。幾乎四百萬人投贊成票，只有少數勇敢者說「不」。拿破崙的權力又飆升了一個臺階，如今，他大權獨攬，而且可以獨自與外國簽約；只有他才能夠任命參議員，參議員有解散議會的權力；他甚至擁有指定後繼者的權力。拿破崙把自己與歐洲其他統治者比較後，發現他們只不過比自己多了一頂皇冠。爲此，他狡黠地自我安慰道：「從現在開始，我與別的君主一樣，他們不也是終身執政嗎？」

然而，那些投贊成票的人，不一定都是眞心擁護拿破崙。即使在巴黎，當拿破崙勝利歸來，進入盧森堡宮時，群衆的喝采聲並不熱烈。他對此很不滿，責問警務司令：「爲什麼不事先掌握輿論？」

富歇回答：「我們是古高盧人的後裔，那些既不歡迎自由，也不接受壓迫的人。」

「什麼意思？」

「司令，您是國家的領袖。可是，民衆覺得您最近的舉措，似乎妨礙了他們的自由，他們不歡迎獨裁統治。」

「如果我眞的只有暴力，不能獲取民心，也拿不到這個位置的！」

「您需要寬厚、剛強和公正。這樣，很快能夠再次贏得所有人的支持。」狡猾的富歇說，但他本人從來似乎沒有對誰寬厚公正過。

「輿論是隨時變化的，我有能力去引導它，糾正它！」拿破崙說，然後轉過身，不再理睬對方。

短短兩分鐘的談話，拿破崙決定撤銷富歇的職務，但並非害怕富歇的神職身分。警務部被取消後，拿破崙命令司法部接管這部的工作：「我之所以這麼做，是因爲我追求和平，法蘭西人民因此而擁戴我。」我們得習慣這些冠冕堂皇的話，他畢竟還是需要掩蓋他的政治野心。爲了安撫富歇，拿破崙任命他爲參議員。富歇在離職前，告訴拿破崙，有一筆二百五十萬法郎的儲備金。拿破崙對此頗爲驚訝，爲了表示自己的「心意」，他讓富歇留下一半。富歇走出會客廳，心中暗暗得意：這一百二十五萬，再加上隱瞞未報的數目，賺了一大筆！

拿破崙習慣以上述方法處理那些知道太多內幕的危險人物。至於公眾輿論，他並不擔心，他完全有把握對其進行控制。他不喜歡被任何政黨左右，更不想被哪個人影響。所以，他要透過民眾投票，擁有終身執政的權力，如同政變後他想盡辦法獲得全民支持一樣。投票結果證明：革命已經結束。拿破崙說：「公民投票的好處很多，可以延長任期，這樣我才能擁有權力，而且是光明正大。」

他清楚地知道，自己的地位充滿了危機。所以，他想效仿古羅馬大將軍，集國家大權於一身。當年，羅馬軍人依靠軍隊奪取權力，而他要靠卓越的政績鞏固統治地位。所以，他更重視民眾的呼聲，這遠比他的軍隊重要。他想擁有專制的權力，卻要把這建立在民主的基礎上，稱得上「民主的專制」。

爲此，拿破崙理直氣壯地爲自己辯解：「能者上，庸者下。有才幹的人，才能擁有權力，而不是有門第的人支配權力。還有誰能比我做得更出色嗎？」他的才能，讓他在戰場上屢屢獲勝，如今又讓他居於萬人之上。不過，他並不滿足於此。爲了名正言順，他透過投票選舉，鞏固自己的地位。

如果說，革命因拿破崙而成功，那麼，共和國又因他而滅亡。再精明的算計，也並非疏而不漏，因爲他是個冒險家，期望的是在古希臘、羅馬生活中尋求刺激。因此，他遠征東方，此後，又在霧月政變中，在兩院言行失儀。保利是了解拿破崙的，他曾說：「你應該活在蒲魯塔克的筆下，而不是現在。」

身爲國家首席執政者，拿破崙並不眞正地擁護民主，更不相信人民的權力。或許他生活在古代社會會較好，那時民衆沒有自己的主見，領袖們說什麼是什麼；同樣地，他不適合生活在亞洲，因爲那裡存在獨裁的君主。拿破崙在聖克盧宮的辦公室裡，有西庇阿和漢尼拔的半身像。有人說，他更像羅馬皇帝或哈里發。

剛剛結束政變時，波旁王室曾有意討好拿破崙。路易十八，即法蘭西國王的弟弟普羅旺斯伯爵，想借助這位新司令的幫助復辟。爲此，他前後三次找拿破崙商議此事，並許諾事成之後，必有重謝。前兩次請求，拿破崙都置之不理，直到第三次時，他才回答：「閣下，您的意思我非常明白，感謝您對我的信任。但我勸您就此打住，復位是不可能的，那將使十萬人因此丟掉性命。爲了法蘭西的和平與幸福，您必須作出個人的犧牲，歷史將會記住您的恩德。對於您家族的不幸，我深表同情……我將盡可能地幫助您，讓您的生活平靜而快樂。」

但是，對於旺代省王黨份子，拿破崙的態度完全不同。因爲，這一派對他是有用的，要力爭與之結成同盟。開始的時候，有些王黨份子並不接受他，經過一段時間之後，拿破崙再次向他們發出邀請：「我衷心地歡迎你們的到來，快來吧！這裡的政府具有蓬勃的生機！……對於王公，你們已經仁至義盡……你們的王公們卻如此地不爭氣，他們爲什麼不敢親臨戰場？難道他們不該去嗎？」

那些王黨份子回答：「也許，他們是迫不得已，所以才留在倫敦。」

拿破崙猛烈地反駁：「不對！他們應該第一批上戰場，親自指揮作戰！」他那激憤的樣子，讓人聯想到世界史上最近的一次事件。

那時，這個勇敢的冒險家，乘坐一艘快艇，在地中海裡乘風破浪，快速地駛向敵人的艦隊，面對強大的敵人，毫無懼色，他要到法國去攫取政權。聽！這個在不久的將來統治整個歐洲的年輕人，情緒高昂地喊道：「你們想做將軍還是領主？只要你們聽命於我，將得到想要的一切。……如果不答應我的條件，即將有十萬大軍把你們的城市踏爲平地！」

對方答道：「你膽敢侵犯，我們將讓你有來無回！」冒險家氣勢洶洶地喊著：「你竟然威脅我？」那聲音令人膽寒。貴族們最終垂頭喪氣，他們被這個滿口外地口音的人那超常的想像力沖昏了頭腦。

最終，拿破崙使得許多逃亡國外的王黨份子回到了法蘭西。他給他們周到的照顧，讓他們消除了心理戒備，很快，約有四萬多人回到國內。拿破崙雙管齊下，同時與雅各賓黨人協商，達成共識。至於那些保持中立的人，拿破崙並不擔心，因爲他們在他的統治下感到了安全。如今，巴黎已經不是軍營，更不是戰場，一切都在正常地運行。

拿破崙曾給有關當局下命令說：「如果天氣寒冷得像一七八九年那樣，則必須在教堂和市場中生火，讓人們可以免受饑寒之苦……因冬天氣候極冷，肉價提升，我們要在巴黎多提供就業機會。另外，烏克運河要及時開工，同時建築德賽碼頭……對於那些乞丐，按照法律規定，要將他們逮捕入獄，可是這樣做有失仁慈。也許他們應該被逮捕，但不如給他們工作和食物。爲此，要在每個省建立收容所。……那些失業的鞋匠、帽匠、裁縫等生活貧困的人，政府要想辦法資助。」同時，他又給軍政部長下令，要求爲炮兵提供特殊供應。接著，他寫信給內務部長：「就業是當前的重要問題，在本月放假以前，要盡可能多地提供就業機會。要發布以下命令：五月到六月間，必須給聖安東區的工人配備椅子、衣櫥和安樂椅等……明天，你要交出計畫，合格後馬上動手去辦。」

一天，拿破崙讀到這樣一份規章，規定工人們不許從杜樂麗宮花園經過，他馬上下令，允許他們通行。他不允許關閉公共閱覽室，說道：「我清楚地記得，當年我是多麼渴望擁有一個暖和的房間，能夠在那裡自由地閱讀，那是非常幸福的事情。爲此，我堅決反對關閉閱覽室，那會使許多像我一樣的窮孩子失去讀書的機會。」拿破崙還規定，星期日時，法蘭西劇院池座票一律降價，爲的是使普通百姓也能來觀看演出。他在全法國禁止賭博，因他認爲賭博會破壞家庭，使人傾家蕩產，「如果允許它們存在，無異於縱容犯罪。」

拿破崙下令起草新教育法案，以此爲準則，在全國設立公辦小學、中學、高級中學和技術學校。設置六千名公費生名額，其中有三分之一的名額留給爲國立功者的子女。三年中，法國開辦了四千五百所小學，七百五十所中學，四十五所高中。爲了表示對科學院的尊敬，拿破崙規定：第一屆參議院中，科學院院士的名額要占到三分之一。內務部長奉命行事，列出十位最優秀的畫家、雕刻家、作曲家、音樂家、建築學家等名字。接著，拿破崙下令，繪製巨幅壁畫，用來紀念那些著名的戰役。對於上述行爲，他解釋說：「人們在抱怨，說我們缺少藝術，這是內務部的嚴重失職！」

看上去，各行各業的人民，狀況都將有所改善，那麼，法蘭西帝國又要從何處去獲得榮譽呢？沒有了戰爭，又沒有了宮廷，法國人的虛榮心將如何滿足呢？爲了解決這一矛盾，拿破崙想出了創設榮譽軍團的辦法。

榮譽軍團，將成爲拿破崙的忠實擁護者。因爲，他們在入選之前，要莊嚴宣誓：反對任何恢復封建政權的人或勢力，因此，會絕對支持拿破崙。不要把它看成是軍官俱樂部，他的宗旨是讓那些擁有卓越成就的人得到獎勵和榮耀。拿破崙任命一位物理學家為榮譽軍團團長，參政院裡有人提出質疑，頒發榮譽狀是否和舊政權濫發賞賜有異曲同工之處？拿破崙非常不滿地回答：「世界上難道有不設榮譽狀的共和國嗎？你說這是孩子的遊戲，但成年人也需要獎勵。在講臺上，我不能任意說，但是面對的是智者和政治家，我要暢所欲言。說實話，我覺得法國人並不是眞的追求自由平等，十年革命，他們並沒有改變多少；當年高盧人的習性仍然存在，狂熱而反覆無常。他們有一種愛好：即追求榮譽。因此，我們必須崇尚榮譽……士兵們會為此英勇作戰……榮譽的作用，沒辦法用金錢來衡量，它如同清泉，取之不盡，用之不竭。這是錢財永遠也達不到的境界，而且是崇高的行為。」不難看出，拿破崙並沒有眞的把民衆放到與自己平等的地位上，但卻能夠抓住他們的要害，他骨子裡流的是科西嘉島人的鮮血啊！

*　*　*

一八〇〇年，聖誕之夜，拿破崙乘車去歌劇院，約瑟芬和她的女兒坐在另一輛馬車上，跟在後面同行。馬車來到一條狹窄的街道，忽然有輛空車擋在前面，司令的馬車被迫停了下來。車夫把空車推到道邊，揮起馬鞭，繼續趕路。剛剛駛過不遠，藏在空車裡的炸藥爆炸。約有二十多人傷亡，幸好拿破崙和約瑟芬的馬車沒有受到衝擊。來到歌劇院，拿破崙逕自走進包廂，他平靜地對隨後進來的約瑟芬說道：「約瑟芬，有人想謀害我。叫人把節目單給我送來。」他看上去對此毫無反應，默默傾聽著海頓的新作《創世紀》。

一般情況下，高水準的音樂會，能夠讓他得到暫時的放鬆。可是，這個晚上，他的腦子不停地旋轉：為什麼會有人要謀殺我？謀殺成功，後果如何？是誰想要置我於死地？左翼？右翼？這都不是最重要的，他清楚地知道，左、右兩翼都有不少敵人。關鍵是行刺成功，誰是最大的受益者？不可設想，謀殺成功，法國將會是什麼樣的結局。那好，充分利用這次謀殺未遂的陰謀吧！他要藉此機會解決個人權力的問題。

第二天早晨，人們都來看望他，慶賀他劫後餘生，大家一致認爲是王黨份子策劃了這起陰謀。拿破崙故意裝得情緒激昂：「你們都被矇騙了。是九月黨人，那些知識份子，他們沒有在革命中得到好處，因此心懷不滿。他們個個頭腦靈活，有文化，而且與群衆打成一片，隨時有可能挑動群衆鬧事！」爲此，參政院有人提議，成立特別審理庭，拿破崙不同意，認爲這樣解決問題太慢。他激動地講道：「除非我們對此事不予追究，就像當年奧古斯都那樣，寬恕一切人；否則的話，就要雷厲風行，將可惡份子一網打盡，以絕後患。這樣，一般的刑事程序顯然不能完成如此重任。這是非常嚴重的流血事件，看看吧！有多少無辜百姓死於非難？血債要用血來還。這些陰謀家們喪盡天良，必須追根究柢，統統逐出法蘭西。不然，他們會死灰復燃，成爲國家的毒瘤。」

頭髮花白的特隆歇聽後，不信任地搖頭。他認爲，這起事件，肯定是逃亡國外的王黨和英國人幹的。拿破崙不高興地問：「難道你們認爲，應該流放的是貴族或僧侶？可是，旺代省現在很平靜，那些對人類影響如此之大的傳教者，不應該受到流放的待遇。看來，有必要撤掉幾位參政院成員，他們竟然相信王黨陰謀這類無稽之談……難道我是小孩子？我應該說國家正大難臨頭？大革命以來，法國有過比今天更好的局面嗎？我們取得了無數的軍事勝利，國家穩如磐石，這難道不是事實嗎？你們從來沒有眞正地關心自由，怎麼今天對自由如此有興趣？太荒唐了！別用『我在參政院裡捍衛了愛國份子』來爲自己辯解。也許會有頭腦簡單的人相信這些話，但你現在面對的是法國最有頭腦的人，他會相信你們的鬼話？」說完，他宣布會議結束。

那些參政員聽懂司令的弦外之音了？拿破崙說這些話，絕不是爲了個人的安全，如果爲了安全，他當然要努力尋找眞正的謀殺犯，並採取措施報復。但是，他的目的不在於此。他更關心的是政治，是他的權力。哪些人我可以在國內控制住？哪些人身在國外，我要施以懷柔政策？他認爲，最有效的安全應該在建立嚴厲的措施基礎之上。後來，他自己說道：「我夜裡總是失眠，要想安枕無憂，就得把各大城市的領袖們流放出國。我才不怕那些上午九點才起床，衣冠楚楚的陰謀家！」

事件接踵而來，一本匿名的小冊子再次激怒拿破崙，書名是《凱撒、克倫威爾與波拿巴》，書中宣揚建立世襲君主制。是誰？膽敢把他內心的祕密公之於衆！不過，他的同謀忙爲此解釋說，小冊子美中不足的是過早公開了這還未實現的事實；拿破崙聽了，也就不再追究。可是，這兩次事件，一爲謀殺身體，二在傷害精神，爲此，拿破崙清除了保民院和立法院五分之一的成員，民主代表貢斯當、謝尼埃等都被除名。七十三家報紙因此被審查，六十一家被勒令關門，小冊子及劇本要發表必須事先送審。參政院有人提醒他出版自由，拿破崙反駁道：「現在的狀況，難道我們允許群衆自由集會？……你能保證每個記者都不會蠱惑人心？誹謗雖然不是事實，但猶如油污，難以根除……不要提英國，那裡情況不同；政府歷史悠久，可我們這裡，新建的政府尚待鞏固。人們將愈來愈放肆，他們可能會說，我因爲怕中毒而不敢吃飯！……要想控制各政黨，首先要踹掉他們的老窩，使之失去根基，難以再發展。」

* * *

誰也不會想到，小冊子的作者竟然是拿破崙的弟弟，呂西安。也只有他如此深刻地了解自己的哥哥。霧月十八日中，他為拿破崙的成功做出重大貢獻。他稱得上四個兄弟中最有才華的人，比拿破崙小六歲，在很早的時候，他就有著勃勃的野心。雖然，在二哥的扶植下，他已經身居高位，但這並不能令他滿足。他想得到的是統治國家的地位。因此，在拿破崙的翅膀下，時刻還會受到哥哥的保護，這對他來說是不可接受的。為此，他越發地憤怒，心有不甘。他清楚地記得政變時自己的作用：「是我，幫助他登上王位，為什麼我要屈居他之下？」

霧月政變後，呂西安被任命為內務部長，也不過是別人統治的工具。每當拿破崙發布命令，他都以批判的眼光審視一番，幻想著如果是自己該如何發布？從性格上看，這兄弟二人有著驚人的相似之處。為達目的都會不擇手段，道德在他們心中是沒有分量的。不過，他畢竟沒有二哥那精於計算的頭腦。他比拿破崙更具冒險性，卻政治頭腦不足，雖然如此，年僅二十五歲，已經是位高權重了，但這哪裡能夠滿足他的慾望？他有著更大的野心，不達目的，怎肯善罷甘休？他第一個妻子，父親只是個旅館老闆。在他年輕的生涯裡，從事過穀物投機，生活上花錢不節者，常常捉襟見肘，卻又不肯踏實地工作。如今，他已經擁有巴黎最華麗的住房，卻仍然貪婪無厭，家中總是賓朋滿座，大擺宴席。他的愛好是演出和寫詩，頭腦裡無時無刻不在想著如何奪取哥哥的權位。

兄弟二人的關係如此錯綜複雜，怎麼能沒有矛盾呢？呂西安常常把當初的勝利，歸功在自己頭上。兩人第一次起衝突時，拿破崙就已暗下決心，要把這位野心勃勃的兄弟驅逐出境。最終，他念及手足之情，只撤銷了他的部長職務，讓呂西安失去權力。他被派到馬德里，他在這個新職位倒是頗有建樹，在反英方面取得了一定的成就；同時，有幾百萬的金錢中飽私囊。如今，他妻子病逝，回到巴黎，娶了自己心愛的女人，儘管這女人和約瑟芬是同等貨色。拿破崙為此大為惱火，因為他為了要幫呂西安作媒一樁政治婚姻，已經計畫一段時間了。

至於拿破崙的大哥約瑟夫，精通人情世故的老好人，由於他兄弟的成功亦開始擁有財富與權力。然而他開始對身爲第一執政的弟弟有諸多批評。他常常與斯塔埃爾夫人他們打成一片，聚在一起發洩對第一執政的怨言。駐羅馬特使的職位，已經不能滿足他的胃口，但他拒絕出任義大利共和國總統一職，連參議院議長也不肯接受。他要把自己放在一家之主的位置。

路易是拿破崙的二弟，爲人優柔寡斷，在他身上，詩人的才華更爲突出。很長一段時間裡，他與約瑟芬的一個親戚談戀愛，對自己的妻子奧坦絲毫無感情；他們的婚姻是被迫的。多年以後，他爲心中的戀人寫詩著文。

小弟熱羅姆，最年輕的小弟，心地善良，但爲人輕浮，是在二哥的嚴厲教導下長大的。

拿破崙的幾個妹妹，無一例外地從哥哥這裡得到了金錢與榮譽，但她們不懂得知恩圖報，相反地不停地索取更多的錢財。埃里茲！她與弟弟路易都不知穩重，被外人說長道短。爲此，拿破崙曾怒斥二人：「你們不知道羞恥嗎？我在竭力要求人們講道德，克制言行的同時，我的弟弟、妹妹卻穿著內衣出現在舞臺上！」可是，他離開後，姐弟二人依然如故。

卡羅利娜，嫁給了將軍繆拉，不知情地捲入丈夫與貝爾納多特的陰謀中。拿破崙知道此事後，憤怒地說：「應該槍斃繆拉。」

可憐的波利娜，一場殖民戰爭奪去了她的丈夫勒克雷爾。一年後，她改嫁羅馬貴族博爾蓋澤親王，並因此成爲羅馬王妃。其實，她的天眞不過是故作姿態而已。拿破崙最喜歡的是她，常常小心翼翼地勸誡她。

舅父費什，是位神職人員。在拿破崙的幫助下，他先成爲主教，後又升爲紅衣大主教。

不言而喻，所有家庭成員都透過拿破崙的權勢獲得了金錢和榮譽，個個生活糜爛，而拿破崙本人，只知道工作再工作，哪裡懂得享受。

只有萊蒂齊婭，仍然獨處，不失科西嘉婦女的本色，她一如既往地討厭約瑟芬。拿破崙掌權後，曾邀請她到杜樂麗宮居住。她不同意，繼續與長子約瑟夫住在一起。她並不看重眼前的榮華富貴，覺得這些不過是過眼雲煙。人們討好她時，她答道：「希望你說的能夠長久！」

如果拿破崙只是個暴發戶，那麼，當他的家人來分享他的成就時，他可能會把十來個兄妹請出家門，因爲他會怕別人知道自己的出身。他現在統治著法國，母親卻操著濃重的科西嘉口音。他那個不知羞恥的妹妹，會把他的臉丟盡，讓人聯想到他是不是也同樣地沒有教養。幾個弟弟不知檢點，爲官不廉。但拿破崙沒有排斥這群討厭的傢伙，還不斷地滿足他們的貪婪，給他們官，給他們錢。

這一切都因爲他骨子裡流著義大利人的血，島國的影響，在他的身上根深蒂固。在科西嘉的傳統中，家族是中心，家族間的爭鬥永遠不會停止。這種家族觀念，使得人們想把自己得到的一切都毫無保留地留給子嗣。可是，命運多麼地捉弄人，拿破崙直到現在，還沒有一兒半女。因爲愛情，他娶了約瑟芬。這個女人，曾和前夫生下一對子女，嫁給他後卻再不生養。她之所以不育，當然是因爲她的水性楊花；但也正因爲她擅長於此，才有可能俘虜拿破崙，使他飽嘗感情的痛苦。她第一次遇到拿破崙時，已經過了三十歲，看來她已經沒有希望爲拿破崙生下孩子。拿破崙現在最渴望的就是有個孩子，哪怕是女兒也行。

執政之最初，羅德雷就曾提到此事：「王黨份子們在議論：『將來是誰接替拿破崙？』如果您明天不在了，我們要聽命於誰？您迫切需要一位繼承人。」

「這還沒那麼嚴重。」

「您有了繼承人，法蘭西會因此而踏實。」

「可是我沒有孩子。」拿破崙說。

「您可以領養一個。」

「現在這還不是問題。我看不出參議院有指定我繼承者的能力，只有我還有其中三個議員會知道繼承者的名字。但要指定誰呢？」

「他們最好選一個十二歲左右的人選。」

「你爲什麼堅持要找一個小孩子？」

「一個小男孩可以在你設立的學校中成長；一個你可以親自訓練與愛護的孩子。」

這位第一執政被逼急了，喊道：「法國人民將是我的繼承人！」

說這話的可不是個老人，他不過三十出頭歲而已。既然他設立的執政官任期只有十年，他大概也可以預期最後他會成爲專制君主，但他已經可以看到如何延續血脈的危機。他爲此冥思苦想，最後把希望放在弟弟身上。他之所以如此厚待兄弟，就是要讓他們以他的名字生養孩子，雖然不是他親生，但至少有拿破崙家族血統。因此，當他得知呂西安再婚的事後，大發雷霆；不是因爲那個女人的名聲不好，而是她出身低賤。呂西安必須離婚！他要娶的應該是王家之女。

呂西安不會對拿破崙言聽計從。本來他對二哥就心懷不滿，再說，他對現在的妻子非常疼愛。兄弟倆爲此事大鬧一場，拿破崙氣極敗壞地來到約瑟芬的房間，說道：「沒希望了！我把呂西安撤了職。」

同樣，爲了此事，他與路易也爆發了激烈的爭吵。約瑟芬的希望在路易身上，因爲他是自己女兒奧坦絲的丈夫。奧坦絲並不喜歡路易，被約瑟芬強迫嫁了過去。這對夫婦所生的男孩，拿破崙十分疼愛，準備讓他做繼承人。可是，幾個妹妹圖謀不軌，竟然誣衊說拿破崙是這男孩的親生父親。

或者，整個歐洲的人都會眼紅這個家族的鴻運，而這個家族卻在上演著你爭我鬥的鬧劇。母親萊蒂齊婭同情被迫結婚的小夫妻，她也心疼被流放的呂西安，並最終隨呂西安去了羅馬。不過，她在羅馬生活得很開心，在那裡，她作爲一個義大利人，受到了衆人的尊敬。

時間流逝，約瑟芬已經紅顏不再。而且，原本這個女人就不受大家歡迎，所以，幾個妹妹們開始爲哥哥物色美女。此時，拿破崙對約瑟芬的愛也開始消退，但還不至於拋棄她。不過，他開始接受別的女人，不斷地和漂亮女演員尋歡作樂。

那個叫喬治的女人，對拿破崙有些畏懼，不過仍然評價他是個「溫柔的男子」。拿破崙很寵她，儘量滿足她的種種要求。她的教名也是約瑟芬，拿破崙不喜歡，爲她另起了義大利名字——喬治娜。

有時，拿破崙會在晚上來到一個祕密的地方，他要去和可愛的杜夏特約會。這是個溫柔、苗條的金髮女郎。她是約瑟芬的一位女侍官，兩個人幽會時，常常玩牌，或者輕聲慢語，卿卿我我。此時的約瑟芬，在另外一張牌桌上坐立不安，使勁想聽清他們在說什麼。有時，約瑟芬氣得失去理智，竟然跟蹤他們，使勁地拍打著門環。拿破崙爲此極爲惱火，回到家後，要與約瑟芬離婚，約瑟芬就用眼淚來保護自己，一次次地得逞。

儘管如此，拿破崙並沒有因此而懈怠了工作。他不想在男歡女愛上浪費時間，更不允許那些女子們干預朝政。他才三十多歲，卻在給朋友的信中寫道：「我的心已經沉入大海，再也難以掀起感情的波瀾……。」

如今的約瑟芬，就像當初的拿破崙，每天焦慮不安。爲此，她用各種方法，想使自己變得年輕漂亮，生活奢侈腐化，花錢如流水，甚至超過了前法國王后。不過，拿破崙對她還算有情義。有時，她爲拿破崙朗誦，幫助丈夫消除疲勞，拿破崙則用目光向她表示感謝。身爲一國之首，歷經滄桑巨變，但他的性格卻十分保守，而且很懷舊，連撤銷一位將軍，或解除一個官員的職務，他都不忍心，當然更難以與眼前的女人離婚。

拿破崙發布命令時，極少動筆，一般都是口授。現在，他正在辦公室內走來走去，對面站著二十歲的梅內瓦，在聽他傳達命令。只有梅內瓦才可能進入這間辦公室，還有另外三間密室。任何人都休想從梅內瓦這裡得到什麼消息，從沒有人做過如此打算。

一些重要計畫，拿破崙是要動筆寫出來的。這裡，有一份非常重要的地圖，由拿破崙親自保管，鑰匙隨身攜帶。他離開書房時，地圖必須放入櫥櫃。如果地圖被盜，馬上就會被發覺。那麼，梅內瓦及其他僕人會因此而受到懷疑……。他所有的軍事行動計畫都在裡面；要推翻他，只有先摧毀他的計畫，而這地圖，就是關鍵。

*　　*　　*

拿破崙不得不提高警覺。這個冬季，危機四伏。幾個星期裡，他不斷地審查從倫敦、旺代和巴黎等地送來的材料。他的間諜們多次請示：「可以下手了嗎？」他總是回答：「再等等。」最後，他得到了需要的全部證據。王黨份子和雅各賓份子已經聯合，企圖共同擊敗他。波旁王朝中的朋友皮謝古[5]，以及共和派的莫羅，也勾結在一起。動手的時候到了。

當一切眞相大白於天下時，整個歐洲爲之震驚。人們不得不再次佩服拿破崙的精明，雖然他們中有人希望他倒臺，但有理由相信，想要作亂的人肯定比官方《通報》寫的要多。英國大使也沒能逃脫關係，莫羅被捕入獄，拿破崙下令逮捕他時曾經考慮再三，因爲這是他敬重的人。逮捕之前，他幾次派人去打聽消息。這使他想起三年前，自己在塔列朗家那晚，也曾虛驚一場。證據如山，莫羅難脫其咎，不過拿破崙最終放過了這位霍亨林登之役的英雄，只將他放逐到美國。結果，皮謝古死在獄中，另有十三個同謀犯被槍決。一位叫凱雷爾的人說，波旁王朝的某位親王也參與了此事。

波旁的親王！拿破崙對這一消息極爲重視。塔列朗不懷好意地提醒拿破崙：「昂吉安公爵，孔代[6]貴族一系的後裔，波旁王朝的親屬，目前由英國政府供養。他捲入此案的可能性最大，多年來住在萊茵前線，不就是爲了打探法蘭西的情況嗎？他整天無所事事，與德意志南部的間諜來往密切。你必須殺一儆百，拿這個王室之人開刀！這樣才能震懾逃亡在外的波旁王朝成員！」

拿破崙下令：突襲萊茵河對岸登海姆的小城巴登。一切都經過精心設計，對於這次襲擊，他的重視程度不亞於當初圍攻曼圖亞。三百名勇士衝進巴登，逮捕了昂吉安公爵，四天後他被祕密押送至萬森城古堡。

隨去的官員回來稟報拿破崙，說昂吉安公爵那裡沒有發現任何可疑。但是，居心叵測的塔列朗，執意堅持由軍事法庭進行審訊，並動用最嚴厲的刑罰。他這麼做的目的，是爲了將拿破崙推向道義的審判臺，以此爲自己的將來謀利。約瑟夫似乎看出了些眉目，提醒拿破崙說，當年他們在軍校時都對孔代充滿尊敬，意思是要他放過這一代名人的後裔。拿破崙告訴他：「我已經決定不追究他的責任，而且，我覺得我能說服他聽命於我。」

約瑟夫回家後，安慰德•斯塔爾夫人，並擔保說：「公爵會沒事的。」昂吉安公爵比拿破崙小兩歲，如果不是拿破崙已經成功，他也有希望成就一番事業的。當晚，他被帶到軍事審判廳。面對十多個參謀部軍官組成的法庭，公爵鎮定自若。審訊的內容是拿破崙事先定好的。

「你是否與英國間諜有來往？」

「沒有。」

「如果皮謝古的計謀成功，你會率軍越過萊茵河入侵法國嗎？」

「不會。」

「你接受了英國的津貼？」

「是。」

「你想參加英軍？」

「爲了解放祖國，我願意。」

「那麼你會聽命於英軍指揮，以武力反抗法國？」

「不使用武器，孔代家族怎麼能重返祖國？」

令人遺憾的是，昂吉安公爵於一八〇四年在巴黎被處決。這樣一來，激起衆怒，反對拿破崙的力量聯合起來。

實際上，法國人是無權到外國逮捕公爵的。但他進入法國境內，就有了被判處死刑的合法性，他自己承認有推翻現有政權的願望，當然要受到懲罰。

這的確是個致命的錯誤。槍決昂吉安公爵，無異於對歐洲十幾個君主的挑戰，數百萬相信君權神授的歐洲人民，會因此站到反抗拿破崙的隊伍裡。其實，在過去的七年裡，拿破崙不管在軍事上還是在政治上，沒有實施過任何暴行。

公爵被處決的第二天，拿破崙與幾個客人正在一起就餐，氣氛非常沉悶。約瑟芬對此感到不安，她看出了丈夫此時思潮洶湧。忽然，拿破崙開口說話：「無論如何，他們這下該知道我們的厲害。我希望從此以後，一切平安無事。」吃過飯，他在房中踱來踱去，不斷地向人解釋他爲什麼這麼做。後來，他講到腓特烈大帝時，因爲對此人充滿了敬佩而情緒激動地說：「作爲政治家，要克制自己的感情。也許，他會因此而與衆人決裂，難道這是他的錯嗎？其實，他們的內心是孤獨的。……身居要位，他甚至會被迫做一些自己也不願看到的事……不要被世俗的枷鎖絆住了你們的手腳，請不要想著如何去指責別人；站在更高的角度，你會發現，那些被你們認爲沒有感情的偉人，才稱得上眞正的政治家！他們對自己的言行是負責任的。」

忽然，他中止自己的內心獨白，派人拿來有關這次陰謀的文件，並讀給大家聽。他說：「你們知道了吧！我們證據確鑿，這些人密謀造反，要使法蘭西處於混亂之中，他們不僅要殺害我，而且要顚覆革命！保護這得之不易的革命成果，我責無旁貸！公爵陰謀奪權，跟別的謀反者沒什麼不同，當然應該受到懲罰……這些亂臣賊子想殺掉我，他們不會得逞！一小撮雅各賓黨人就想打敗我嗎？就是有波旁王朝份子支持，也是不可能的！如果他們成功，意味著什麼？我敢說，他們將復辟王朝。法蘭西的歷史車輪會因此而倒退！他們有在戰場奮勇殺敵的本領嗎？……不錯，我是殺了人，但我是迫不得已的。也許，我以後會爲此繼續殺人；但是，我本意上決非如此，流血是我極不願意看到的。爲了革命，我只能忍辱負重！」說完，他示意讓客人們離開。

稱帝

昂吉安公爵事件過去一星期後，一個參議院的委員來拜見拿破崙，提出兩項請求：一，成立最高法院；二，建立世襲君主制。這兩項舉措的提出，目的是要試探公衆的反應。要威懾那些作亂份子，要維護國家領袖的統治、最高法院和繼承人，缺一不可。

拿破崙並沒有從一開始就給自己制定好人生路線。他在一步步取得勝利後，不斷地調整著自己的計畫。初次入侵義大利時，他不是爲了米蘭的王冠，更沒有想到統治法蘭西。可是，隨著他權勢的逐步擴大，心中的宏圖也愈來愈偉大。他的功績正實現了他的處世原則：「死守既有計畫的人無法有太大的成就。」拿破崙的一生中，有很多成功是因爲他能夠敏銳地觀察局勢，靈活地改變自己的決策，隨機應變，因此獲得了無數次的成功。

想稱帝有什麼錯嗎？拿破崙生來善於規劃偉大的夢想，於是他第二次被想像沖昏了頭。第一次是遠征埃及。第二次是入侵俄國。但是，他的理想使他不得不這樣做。他總是在效仿歷史，古代英雄的形象時刻充斥著他的頭腦。因此，號令天下的慾望愈來愈強烈，他要實現古羅馬帝國這一夢想。在他身上，詩人的氣質，讓他常常把自己放到歷史之中。每取得一次勝利，就覺得自己與歷史又近了一步。他渴望後人能夠記住他的輝煌業績，於是，他決心要制一個徽記。

爲此，拿破崙說：「國王的稱謂已經不合時宜。這一稱呼與腐朽密不可分，我不想繼承死人的榮耀。皇帝聽起來要比國王好得多，它更具吸引力。」此話預示了他內心的渴望。

當拿破崙稱帝之後，常常自問：「御座是什麼？不過是把一塊緞子蒙在木頭上！」不過，他清楚地知道，正是因爲有了這蒙著緞子的木頭，才可以統治天下的人們，這正如他可以用榮譽軍團來籠絡部隊一樣。他對御座的渴望愈來愈強烈，這遠比創立榮譽軍團重要得多。透過這個標誌，他可以統治人的思想。拿破崙意識到自己需要權力的標記，這樣，才能讓民眾看到權力的存在。

難道如此精明的拿破崙，始終沒能看出皇冠徽記中隱藏的危機？可是，他爲此不惜一切地努力著，要實現古羅馬帝國的夢想。他親眼看到，世襲的權力在戰場上消失，看到那些曾經顯貴的國王們嚇得兩腿發抖。他認爲自己才是天下無雙，獨一無二的英雄。只有勇敢和有才華的人，才能得到他頒發的榮譽與財富；他的身上充滿了反叛精神。他深信，自己經過八年的奮鬥，贏得的地位和榮譽，可以使他的子孫後代享受不盡。

蒲魯塔克的作品、凱撒的傳記，拿破崙都潛心拜讀過，他甚至研究法國、英國以及普魯士君王的歷史。現在，他迫切地希望皇位世襲制能夠再次得到確認！他說：「我生來與孤獨爲伍，性格左右著我的言行，也許，我將擁有統治世界的機會，世界的和平將由我來創造。爲此，我會忍辱負重，並且盡可能地不使用武力。」

拿破崙的爲人也算善良。羅德雷曾爲子嗣的事勸他離婚另娶，他聽後反應強烈地回答：「從我執政以來，自認爲爲了國家盡心盡力。離婚對我也許有好處，但是只是因爲我現在有身分，有地位了，就有理由拋棄妻子了？我和她同甘共苦多年，怎麼能夠忍心與她離婚呢？我做不到。我的心有感情，母親教育我要與人爲善。如果約瑟芬先我而去，我才有機會再次選擇伴侶。至於繼承問題，誰將來能夠治理法蘭西呢？我的兄弟們出身寒微，沒有能夠像我這樣靠自己的奮鬥取得輝煌成就。將來主宰法蘭西的人，必定是人中豪傑，具有偉大的本領才能夠做到。」

拿破崙爲了實現自己的獨裁統治，爲了讓自己成爲一代帝王，再次讓民衆進行投票。十二年前，他親自毀滅了國王的君主制，如今卻要再次重建。這次，他的熱情簡直空前高漲。只幾天時間，就大功告成。參議院只有三個人反對，其中卡爾諾的意見被記載了下來；即使他仰慕拿破崙的才能，但他更崇尚自由。一八〇四年的五月，新憲法頒布，內容簡短，只是對舊憲法的補充。

稱帝後的一天，大家共進晚餐後，拿破崙反坐在椅子上，面對弓形窗，半天沒有說話。約瑟芬正與德•雷穆撒夫人閒談。忽然，拿破崙起身來到德•雷穆撒夫人面前，原本還算輕鬆高興的面孔，瞬間變得嚴肅異常。接著不顧旁人的反應，逕自講了起來：「我知道，處決昂吉安公爵令你們大家對我產生了不滿。看來，你們仍然喜歡回憶以前的事。而我，只是會時常想起當初的偉大。昂吉安公爵對我來說是什麼呢？不過是一個逃亡國外的王室成員，他地位高貴，比別人更具危險，因此除掉他非常應該……兩年前，一切如人所願，我掌握了政權。……我很希望執政府的壽命再長些，可是，現實已經不允許……。」

「我不想成爲敵人的政黨，包括保王黨與雅各賓黨，只要他們聽命於我，就肯定會安然無恙。我清楚地知道，與任何政黨結盟都是不明智的，如果有可能，倒是可以和他們簽訂些協定，當然要對我有好處才行……現在，各政黨都已經沉默不語，但他們心裡仍在反對我這個共和主義者……寧要帝制，也不要獨裁。因爲，在帝國裡，民衆將不再迷茫……。」

「很快，你們就會看到，那些逃亡國外的王黨，將會不由自主地被宮廷的禮儀召回。貴族們將爲了恢復後的稱謂回到法國……我敢保證，德•雷穆撒先生，你稱呼我『陛下』，我回覆你『先生』，會令你感到親切舒服……在共和國裡，你們的虛榮心與驕傲沒有施展的空間，生活得並不快樂。……自由，不過是個藉口，你們眞正渴望的是平等。……今天，有士兵和民衆的支持，我將帶領法蘭西走向輝煌。」說到這，拿破崙漸漸平靜了下來，繼而給德•雷穆撒下了道聖旨，要求他別再用有禮但空洞的口氣跟他說話。

不久以後，三十四歲當選皇帝的拿破崙，神色悠閒地坐在椅子上，目光環視四周。時而，他會站起來，旁若無人地發表演講；時而，變得面無表情，坐在那裡一動不動。他好像並不看重出身，但骨子裡卻又想接近高貴的人，爲此，他不斷地調整著自己，瞬息萬變。

實行帝制後，拿破崙首先要改變的是稱呼。爲此，他寫信給德•斯塔埃爾夫人：「我與我兄弟之間不會用什麼新頭銜互相稱呼的。」他向旁人表白，說自己並沒有變，但說此話的同時，卻神色威嚴。他說：「那些理智的人應該明白，一切不過是虛名而已，友誼、家庭包括社會關係，都不會因此而受到影響。我保證，就算我被稱爲『陛下』，也不會和過去有什麼不同。」

話雖如此，拿破崙卻因爲稱帝而再次改變名字。名字可以改，但他的服飾，舉止言談，的確與當初第一執政沒什麼區別。不過，自此以後，他在公告、信件、命令等上面的簽名卻跟著變化了。八年來，他簽的是波拿巴。現在，他開始簽成：拿破崙。只有他的母親，仍用科西嘉語叫他「拿波里昂尼」。

他鄭重地拿起筆，寫下：拿破崙一世，法蘭西皇帝。

稱帝之後，新的問題隨之出現。新發行的幣上刻著的內容似是而非，爲此拿破崙已經思考了整整四年。大革命爆發周年紀念日時，他以王者風範自居，準備了隆重的慶典活動。不過，做這一切，只是一種政治手腕；甚至，他把法蘭西共和國的生日慶祝（七月十四日），也故意改到星期天舉行。也許，再過兩年，就不需要紀念這一天了。同時，革命曆已經被舊曆格里曆代替。

數不清的人來向拿破崙獻媚。那些曾經投票處死路易十六的人當中，有多少正在爲新的皇帝效命？這眞是對革命極大的諷刺！爲了革命，有多少人流血犧牲，如今，革命已經被帝制再次吞沒。歐洲在微笑著看著這一切。

舊貴族們爲此放聲大笑。皇帝密切關注著聖安尼區的工人們，同樣沒有忽略聖日爾曼區的舊貴族。人們樂此不疲地談論新帝王在杜樂麗宮的逸聞。現在，大家稱他爲「陛下」，這和波旁王朝的末代皇帝有什麼區別？有關帝王的謠言四起，迅速遍布天下，拿破崙的形象嚴重受損。

既然已經稱帝，朝廷就必不可少！拿破崙保持著原有的作風，大小事都要親自過問。困難的是，他對宮廷中的禮節一無所知，這就不得不召見舊時代的專家。約瑟芬，原先倒是有幾個前朝宮女伺候，可是她對皇后的禮儀連一知半解也談不上。據說，宮廷女官瑪麗•安東尼內特還活著，在巴黎開辦了學校。約瑟芬趕快派人把她召來！女官來到約瑟芬的房間，一招一式地教她。

皇帝對待宮廷中的事務，同樣以嚴肅認眞的態度處理，就好像新建軍隊參謀部，絲毫不敢懈怠。他自己說：「我很清楚，許多人對此舉頗有微詞。就連羅德雷先生可能也會反對我。不過，我不說你們也知道，我爲什麼要稱新元帥們爲『閣下』？這是爲了與我的『陛下』稱號相配合。當元帥們有了自己的稱號，就不會對我的稱號再有一堆意見了。」

無論如何，拿破崙稱帝之初，各種問題層出不窮。當初的另兩位執政，搖身一變，成爲帝國的宰相和司庫。塔列朗被任命爲侍從長，他把自己的陰險與狡詐又帶到了新的朝廷之中。如果帝王將舊時的王公貴族請來，一切會簡便得多。可是，拿破崙偏偏選用那些無產者與小資產階級子弟。因爲，這些人曾與他患難與共：貝爾蒂埃、繆拉、拉納、內伊和達武等十四位將軍，分別擔任宮中要職，儘管他們曾經具有麵包店夥計、馬童、侍役、流浪漢等不爲人所齒的身分。如今，這些人脫掉軍服，穿上了有金麥穗裝飾的元帥服。他們的妻子爲了與現在的身分相適應，還要學會行屈膝禮，學習如何站立、行走。全歐洲的人都在看著這個曾經的中尉，稱帝后如何提拔他的尉官們。看那馬蒙，胳膊上還吊著繃帶，褲子上裝飾著絲緞；那張著口的袖子，讓人在想到他赫赫戰功的同時，不失嘲諷的意味。

如今，曾經的軍人坐在帝王的寶座上，要怎麼樣才能完全恢復逝去的王朝？不過，只需幾個小時，拿破崙就決定了家屬應該穿什麼顏色的衣服出去打獵。可是，鹿出現時，一代帝王正沉浸在冥思苦想中，根本沒有注意到獵物的出現，旁人都不敢擅自行動，母鹿卻因此而得以逃生。後來，拿破崙感慨道：「宮廷的禮儀繁多……生活枯燥而無味，並沒有想像中的威嚴，到處都死氣沉沉……我們必須按規定的禮儀行事，哪裡還有自我？就像是安在鍍金馬車上的零件，一切按部就班，毫無生趣。」

拿破崙不喜歡那些貴族女子。有時，他也不自然地問她們有幾個孩子等問題。他想盡力給人留下平和的樣子，但因爲心不在焉，總是事與願違。聖克盧宮裡，坐著一屋子仕女，他卻不知道有什麼話題可以說，只能嘴裡不停地嘟囔著：「這裡可眞熱！」

恢復帝制後，凡是與宮廷稍有瓜葛的人，都多少得到了些好處。宮廷官員的薪俸極爲豐厚，不過，舊貴族卻沒有因爲這個而發財，他們的俸祿並不高。之所以這樣，是因爲拿破崙認爲，這些工作本來就是他們的職責。

金錢和榮譽，被拿破崙如此地利用，他說：「人們會爲了自己的慾望不斷努力……委任那些參議員和親王，就是爲了激發他們的野心，這樣他們才會對我有依賴性。」他知道金錢的作用。對於自己，他是十分節儉的。規定每年爲兩千五百萬，此前的路易十六，雖然名義上也是這麼多，但實際每年會花上四千五百萬，拿破崙卻能省出一千二百萬。王宮照樣富麗堂皇，但只需要波旁王朝的四分之一開銷。爲什麼能夠如此節約？這要歸功於一代帝王的精明與能幹，曾經，他每月只需要九十法郎。他說：「即使是現在，每年有一千二百法郎，再加一匹馬，生活就已經很不錯了。」

稱帝後的拿破崙，生活與以往大致相同。每天七點按時起床，九點開始辦公。大部分時間，幾個祕書都在不停地記錄他口頭傳達的信件、命令等。他傳達命令的速度接近平時的說話，卻要求祕書們一字不差地記下來。晚上，如果一代帝王睡不著覺，梅內瓦就要把主人的想法也記錄下來。對於他來說，一般有二十分鐘可以吃完一頓飯，吃什麼並不講究。在衣著上，他總是穿那些沒有大臣們華麗的衣服。每當有典禮等社交場合，需要他穿得非常體面時，僕人爲他擺弄衣服頭飾總讓他很不耐煩，覺得這些東西簡直是負擔。拿破崙對生活的衣食住行要求並不高。唯一與衆不同的是壁爐、熱水浴是不可缺少的，同時，需要科隆香水、紅葡萄酒，每天換兩次內衣。羅浮宮被粉刷一新後，帝王前去視察，看後並不高興，說道：「這樣的房間，倒是很適合給情婦住，哪裡有一點莊嚴的氣氛！」

相反地，身爲一國之后的約瑟芬，生活糜爛，花錢如流水。她有七百套衣服，二百五十頂帽子，光珠寶鑽石、披肩及頭飾，就價值幾百萬法郎。雖然皇帝希望她風光地出現在各種場合，但面對那些巨額帳單，總會心有不滿。

至於皇帝的兄弟和妹妹們，更不用說，白來的錢怎麼會知道愛惜？他們雖然從皇帝這裡獲得了無數的錢財與權勢，卻仍然貪得無厭。這五對夫婦（呂西安仍然在放逐當中），加上他們都不喜歡的約瑟芬，彼此間的勾心鬥角從沒有停止過。御前會議中，六個成員中拿破崙的近親占了四個。約瑟夫被任命爲首相，路易是國防大臣，歐仁爲國務大臣，繆拉則爲海軍元帥，人們要恭敬地稱他們殿下。妹妹們哪肯善罷甘休，個個前來要封號。拿破崙無可奈何地說：「你們這麼理直氣壯的要求，我還以爲我們當眞是皇室後代呢！」

他的兄弟妹妹，無一例外地得到了豐厚的好處，但外人卻很少有這樣的好運了。可是，這些兄妹們，並沒有因此而念及這位帝王的好，甚至會不斷地給他找麻煩。人們對此大爲不解，爲什麼他要如此遷就這些傢伙呢？他那麼不可一世，盛氣凌人，怎麼能夠容忍別人如此對待他？

拿破崙有著東方人的血統，喜歡賞賜給人封號，如同送給別人佩劍和鼻煙盒一樣隨便。不過，他認爲，這種權力只能授予那些可以信賴的人。當然，血濃於水，就是生死與共的戰友，也抵不過親屬在他心目中的位置。拿破崙對兄妹們是信賴的，但他們卻不知道感恩圖報；甚至，有妹妹還背叛了他。對待家屬的問題上，一代帝王被血統蒙蔽了眼睛，平等、任人唯賢的原則被忽視了，他把兄弟和侄子都封官加爵。而對於將領，他只允許他們在其許可權範圍內，可以自作主張。不過，帝王對待這些親屬，有時像皇帝對待不懂事的親王，這讓他們十分反感，他本人也爲此非常惱怒。

約瑟夫此時變得不可理喻，讓女兒稱拿破崙「執政」，拒絕外交使節的任命，但二百萬年金卻照收不誤，還住在弟弟給他的盧森堡宮中。帝王爲此已經忍無可忍，終於如火山一樣爆發出來，因爲確實積怨很久了：「你究竟想幹什麼？我封你爲親王，是爲了讓你與敵人去勾肩搭背嗎？讓你只是穿著褐色外套，頭戴圓頂帽，在巴黎大街上招搖過市？爲了家族的利益，我犧牲了多少個人的東西！我可以什麼都不管，過輕鬆快樂的日子……可是，這樣將會荒廢好不容易建立起來的朝廷。難道，你也夢想稱帝不成？」

事後，他繼續向人抱怨道：「你知道約瑟夫對外人說我什麼？他說我對妻子封后是錯誤的，那樣侵犯了他的利益，說什麼他子女的地位因此受到了影響！他有什麼資格在我這裡談利益？難道他就是要想方設法刺激我不成？甚至想吹牛說與我的情人睡過覺！權力就是我的情人！爲此，我付出了別人無法想像的代價，怎麼會允許別人從我這裡搶走，連共用也做不到！」拿破崙愈說愈氣，怒火逐漸牽連了其他幾個兄妹，只是對歐仁和奧坦絲還存有好感：「倒是我的繼子繼女，比他們要懂事得多。有時，約瑟芬因爲我喜歡別的女孩而生氣，他們會勸母親說：『您別爲此動怒，您是知道的，他還年輕，這是難免的事。發火不是自找苦吃嗎？就算他做錯了什麼，想想他爲我們帶來了多少好處啊！』」

鬧歸鬧，脾氣發完之後，火消了，帝王還是會照舊提拔他的兄弟。雖然約瑟夫拒絕接受任命，拿破崙最終強行讓他去了軍隊。「擁有軍職對他來說是必要的，那將帶給他榮譽。我會把非常有利的戰鬥安排給他，讓他有成功的機會，這樣，我就可以把他提升爲統帥。」對待兄弟，他算是做到了仁至義盡。

有著詩人天賦的路易，做了禁衛軍司令，位高權重。不過，他不用親臨戰場，只需在家享清閒就可以。繆拉和卡羅利娜揮霍成性，連餐具都要用金的。拿破崙說：「對於妹妹卡羅利娜，我總得多費好多唇舌，比在參政院的發言還要勞神……。」

有時，拿破崙會感慨說：「這群沒良心的傢伙，竟然盼望我早死。眞是可惡，不斷在我面前叨念關於死亡的事。……幸好我自己的家庭還算不錯，不然也太悲慘了！爲什麼他們總是與我的妻子作對？她有什麼值得嫉妒呢？……她是我的妻子啊！對他們有什麼損害？她不過喜歡扮演皇后，有些珠寶，衣服多一些而已，但對於她這個年齡，這些又算得了什麼呢？我不會聽信他們的讒言。爲此，哪怕是失去再多，我也要給妻子公正的名分！」

可以想像，拿破崙與家人的矛盾永遠不會停止。其實，他完全有能力制裁這些人，但他做不到如此無情無義。

唯一不貪不爭的人，就是皇帝的母親。遠在羅馬的呂西安寫道：「母親並不贊同二哥恢復帝制。她爲此常常感到不安，卻又不肯對我說。她擔心，會有亡命之徒要謀殺二哥。」這位尊貴的母親，雖然已經上了年紀，卻風姿不減。多年的滄桑變化，使她看透了凡塵俗世，視富貴如浮雲。她從不去計較身分與財富，只是關心著子女們的健康。而她的子女們，此時正在巴黎杜樂麗宮，爲了錢財與地位，永無休止地爭吵！

拿破崙想把母親接到巴黎居住。萊蒂齊婭找了許多藉口不肯前往，但經不住兒子三番五次的邀請，只得同意，但她故意拖延時間，以便錯過拿破崙那輝煌耀眼的盛典。她只是從旁人那裡聽到人們對此事的讚嘆，爲此，她只平淡地說了一句：「但願這些能長久！」

不過，作爲萊蒂齊婭的保護人教皇，這次卻非常順從，接到邀請之後，及時動身趕往巴黎。他知道，召見他的是當今最有權勢的帝王，怎麼能駁他的面子呢？而且，這位即將登位的是義大利人！一位紅衣主教私下曾說：「至少有値得我們欣慰的地方，新帝王是義大利人，讓他去統治這些法國佬吧！」拿破崙爲什麼要邀請羅馬教皇呢？

開始，拿破崙並不在意如此多的細節問題。不過，他後來考慮要得到教會的認可是十分必要的。於是，請求教皇「爲他塗聖油，即加冕」，這是神聖的宗教儀式。爲了此事，信件在羅馬與巴黎間不斷地往返。教皇到達巴黎時，心裡並不是很滿意，感覺自己沒有受到足夠的尊重。拿破崙只是在巴黎城門口迎接，也沒有在教皇面前下跪，連手也沒吻。教皇對此非常失望，沒辦法，巴黎的人民好像沒有穩定的信仰，教皇受到如此待遇也並不奇怪了。

與拿破崙截然不同的是，約瑟芬是個虔誠的教徒。她悄悄地告訴教皇，自己和丈夫從未在教堂舉行婚禮；照此看來，他們還不是夫妻呢！所以，約瑟芬想要彌補這一缺憾，鞏固眼前的婚姻，因爲她遲遲沒有生育，感到婚姻並不牢靠。教皇明白她的用意後，決定先爲兩人舉行宗教的結婚典禮。加冕典禮前兩天，舅舅費什身穿紫袍，爲這對夫婦舉行了婚禮。八年前，兩人既沒有請神父，又沒有官員作證，自由結合。如今的宗教儀式，同樣沒有旁人做證，就算舉行了婚禮，也沒有人能夠保證不會發生變化。

一八〇四年十二月二日，聖母大教堂，光華四射，教堂被布置得更像個餐廳，一切準備就緒。有人還仿效前人，製出了當年查理曼大帝的權杖。爲了加冕儀式，專家特意翻閱了路易十四時代的歷史紀錄，以保證加冕的正規。塞居爾非常用心地研究了大典的禮儀，畫家伊薩貝，此前也精心地對整個過程進行了演練。

此時的拿破崙神采飛揚。他身披古代皇帝才穿的斗篷，挽著皇后約瑟芬，步履從容地走向高高的祭壇。約瑟芬同樣光彩照人，紅衣主教小心地站在教皇旁邊，靜候典禮開始。

吉時已到。衆人都在等著這個從未屈過膝的人給聖父行跪拜禮。出乎意料的是，拿破崙抓住冠冕，背朝教皇與祭壇，站得筆直，竟然當著法蘭西民衆，自行加冕；然後，爲妻子加冕。

教皇事先已經知道了這一過程，不過他也是最後關頭才被通知如此安排，只能敢怒不敢言。此刻，他無奈地爲這兩個人塗聖油，他看到，拿破崙頭上的皇冠根本不是基督皇冠，不過是異教徒的金製帽子。

後來，人們在談到這次盛典時，都說皇帝當時臉色雖然不夠紅潤，但很有精神。此後，人們感覺拿破崙和奧古斯都皇帝愈來愈像，身上彷彿具有魔力，連面貌也愈發地像古羅馬第一皇帝。

整個加冕過程被拿破崙搞得不倫不類，甚至藉機毀掉了教皇的威嚴。教皇爲此失望透頂；原本對波旁王朝的懷念，此刻都飛到了九霄雲外。拿破崙站在祭壇的臺階上，成了一代帝王。十二年前，他還是個無名小卒，經過自己不懈地奮鬥，此刻成了萬人仰慕的獨裁統治者。

不過，加冕過程中，也不乏一代帝王的眞情流露。當他坐在御座上時，頭戴皇冠，輕聲對約瑟夫說：「哥哥，如果父親健在，該多麼高興啊！」此前，他極少談到去世的父親，現在，不由自主地想起自己的出身。

拿破崙做事，向來只抓關鍵問題，對於枝微末節並不會在意。所以，加冕大典上，他處事不驚。做彌撒的時候，他想和前面的舅父說話，就用權杖輕輕地碰他的背。大典結束，他與約瑟芬一起吃飯時，長嘆出了一口氣說：「感謝上帝，一切順利！這簡直比在戰場上打仗難受多了！」用餐時，這個皇帝也讓妻子戴著皇冠，因爲，他覺得皇后這樣裝扮，非常動人。

當晚，他心神不定地對親信說：「德克雷，我應該早幾年出生的。這時代沒有什麼偉大的事來給我做。雖然，我已經取得了令人矚目的成就，可是，這與古代英雄比起來，還差得遠呢！亞歷山大大帝，征服亞洲之後，自稱朱庇特之子；幾乎整個東方都敬佩他。可是，如果我自稱是上帝之子，恐怕賣魚的都會嘲笑我。還有什麼偉大的事業去做呢？」

這對話發生在拿破崙被加冕爲皇帝數小時後，十分簡單直白。這正解釋了爲什麼東方對他有如此的吸引力。他天生適合被賦予無上的權力，同時亦承擔了來自於權力的巨大壓力。他知道人們會屈服於像他這樣有力量的人。而他既然清楚地知道民衆的弱點，看到了統治者的腐敗，他要怎麼再去建立民主政體？於是，他不斷地強化自己的統治地位，爲了能夠名載史冊，拋棄了休閒與享樂，不停地努力奮鬥著。

關於國璽，有人曾把圖樣放在他桌上。這是一頭蹲踞昂首的獅子，他用筆劃掉這個圖案，批示道：「要飛鷹。」

* * *

身分的改變，勢必會影響到人的思想。拿破崙把警務部門重新設立，全國劃分爲四個區，每個區都由參政院中可靠的成員管轄，他們擁有大量的特工人員，負責監督民衆的一言一行。富歇被任命爲警務大臣。此間，拿破崙與塔列朗走得愈來愈近，不知不覺中，一代帝王已經陷入這兩個陰謀家的羅網。雖然，拿破崙對此有些察覺，也曾想組建第二層特工人員網，以便監視其他特工人員，但沒能取得實效。這兩個前神職人員，拿破崙厭惡他們，他們也痛恨著這皇帝。但拿破崙始終沒辦法擺脫他們。

富歇的出身更爲卑微，常常面無血色，表情冷漠，極少與人言談。他的胸前佩著勳章，領口的花邊隨風飄動；不過，只有那雙炯炯發光的眼睛，讓人知道他還具有生命。

塔列朗看上去更像個貴族，儘管有些跛腳，仍然能夠得到漂亮女人的媚眼。他的魔力讓人難以招架，並為自己背叛其主子辯解，說是為了拯救法國。不過，這個說法有什麼憑證呢？他的貪婪讓謊言不攻自破。目前，他只是暫時屈服於皇帝之下，從來沒有忠心過。不過，他也曾為拿破崙做過一點貢獻。那是一個夜晚，兩個人共同在外面旅行，拿破崙睡著了，塔列朗就在他身邊坐著，守護了一夜，以免有人驚醒了熟睡的帝王。不要以為他是真的關心主子，犧牲或同情是他根本不可能具備的品質，他之所以能夠那麼做，不過是希望拿破崙睡夢中說出什麼祕密。

拿破崙每年都要不斷地提起德•斯塔埃爾夫人。因為她和她的寫作，讓拿破崙感到恐懼，因此，禁止她進入巴黎。不過，她對拿破崙的評價是：「對女性總是很溫柔。」拜倫最初是崇拜拿破崙的，貝多芬原本要把《英雄交響曲》獻給他，後來打消了此念。

馬倫哥戰役後，拿破崙竭盡努力維持歐洲的和平，這樣堅持了四年，可以說他是成功的。為了緩解歐洲君主對法國的不滿情緒，他恢復了帝制。不過，兩個人的去世，使他的計畫受到了重創。沙皇保羅一世遇刺，年輕的兒子亞歷山大繼位，他深受法國啓蒙思想薰陶，是個理想主義者，民主思想濃厚；只是頭腦有些不清醒，最大的願望就是想做個不被民眾抱怨的君主。因此，他與英國很快達成協定。此時，英國的福克斯在短暫執政後去世，於是，英國流露出與法國結盟的意圖，卻沒能成功。英國擅自撕毀協議，拒不從馬爾他撤軍，還提出了新條件，為此兩國剛剛建立的和平環境被打破。在英國的倡議下，歐洲聯盟再次成立，為的是恢復波旁王朝，因為拿破崙在法國稱帝，無疑給那些野心家樹立了榜樣。

加冕後一年，法蘭西與英國再起爭端，這一戰事一直延續到拿破崙倒臺。最初，雙方處於對峙階段，並沒有爆發眞正的戰爭。這樣，拿破崙的軍事才能沒有機會施展，因而也就無法改變局勢。對於英國來說，本身具有兩個方面的優勢：它是個島國，而且殖民地衆多。拿破崙愈來愈清楚地看到，英國，將成爲新的亞歷山大帝國，版圖將從本土擴展到亞洲和非洲，如果它們是連爲一體的話，將處於長盛不衰的位置，而他自己的新東方帝國之夢將沒有機會實現。

阿布基爾海戰失敗後的第二天，拿破崙就說，要想重建法國艦隊，至少需要十年。現在，已經過去了五年，英國海上的霸主地位比以前更爲堅固，而且對好望角和其他海外殖民地的控制力愈來愈強，法國除了要重建海軍之外，還有很多事情刻不容緩，需要馬上去做。

其實，拿破崙對艦船的了解少之又少，他所擅長的是如何設計大炮。他知道騎兵隊的每一匹馬什麼時候要重新上馬蹄鐵，需要多少錢，也了解麵包房每天能出爐多少麵包。他的常識稱得上淵博，無論何時，下屬們對這位上司都心懷懼怕，因爲他能在檢查中指出非常專業的問題；但他也因此得到了人們的佩服與敬重。

可是，要想了解艦船談何容易！這需要長期的時間與精力，雖然，艦隊司令對拿破崙能夠很快掌握海軍的情況非常吃驚，但是他對上司的讚美，只能說是專家對外行的誇獎。拿破崙對此也心知肚明，目前他需要偉大的艦隊司令，而且艦隊急需壯大。爲此，他處心積慮，夜不能寐，終於獨創了另一種戰爭方式，因而能夠暫時占到英國的上風。他下令，從漢堡至塔朗托的港口，禁止英國船隻通行；如此一來，英國即將在貿易戰中被擊毀。同時，拿破崙再次審視自己的作戰計畫，只要他能踏上英倫三島，就將改變眼下的被動局勢。

爲此，拿破崙在布倫親自研究船隻的裝卸問題。他能夠在陸地上得心應手地指揮戰鬥，並取得一次又一次的勝利；但是，海戰對他來說是個挑戰。他的性格，導致了失誤。暴風雨即將來臨，他竟然要求三軍進行實戰演習。艦隊司令布律克斯拒不執行命令，皇帝發現竟然有人公開抗命，把布律克叫到面前：

「爲什麼不服從指揮？」

「陛下，我想您應該懂得我爲什麼這樣做。這樣的天氣，實戰演習將有犧牲將士們生命的危險。」

不可一世的皇帝此時只想到了自己的尊嚴，暴怒地吼道：「先生，我的命令必須服從，至於後果，不是你該管的事，馬上執行！」

「陛下，我難以從命。」

死一樣的沉默。拿破崙手持馬鞭，青筋暴露，來到布律克面前。幸好，馬鞭沒有舉起。布律克不由得後退一步，手緊緊握住劍柄，在場的人大氣也不敢出。「二十四小時內，離開布倫去荷蘭！不要讓我再見到你！瑪貢副司令將執行我的命令。」

實戰演習終於在暴風雨中如期舉行。小艇被撞翻，水手在惡浪中垂死掙扎。拿破崙也沒能倖免於難，爲了逃命，慌亂地跳上小船。第二天，兩百具屍體被沖到岸上。

無疑，這是拿破崙一生中的最大錯誤，得到了嚴厲的懲罰。下屬竟然公開違抗命令，這可不是什麼好兆頭，類似的事情還在發生。有個美國人，來到巴黎，向法國海軍提供兩大發明：一個是蒸汽輪船，它以蒸汽爲動力推動船隻前進；另一個是潛水艇，可以發射威力無比的魚雷。拿破崙親眼看到「潛水艇」試航取得部分成功，卻完全不採用相關計畫。如果那美國人拿來的是機關槍或是戰地無線電之類的新發明，拿破崙應該就能開明的應用了。

於是，發明創造的活動就此停止。拿破崙遲遲不能征服英國，信心也因此而受到打擊。畢竟，他不熟悉海戰；於是，他決定改從陸地進攻。是！要從陸地踏上英格蘭島！不過，想要實現這一計畫，決非易事，需要時間與穩定的後方。

因此，和平對拿破崙來說極為重要。多年來，他也一直在努力。加冕後不久，他寫信給六個國家的君主，呼籲大家以和為貴。每封信都頗下工夫，根據收信人的不同，採用不同體裁，字斟句酌，連簽什麼名都謹慎對待。

他在寫給波斯國王的信中說：「想必您對我的名聲並不陌生，我擁有的輝煌業績，您肯定非常清楚。是我，使法蘭西成為西方強國。不過，我對東方各國君主也很感興趣……東方人十分勇猛，具有衝鋒精神；可惜的是，他們在有些方面一無所知，軍隊力量薄弱，沒有嚴明的軍紀。他們與北方軍隊交鋒時，敗多勝少……我真誠地希望與貴國結為同盟，如果您有什麼需要，請及時告訴我……拿破崙。」拿破崙要讓波斯國王明白，給他寫這封信的人，是埃及戰爭中赫赫有名的將軍。信封上寫著：「拿破崙，法蘭西皇帝」。

與此同時，拿破崙給英國國王喬治三世寫信。儘管雙方處於敵對狀態，但仍有書信往來。信中寫道：「當前局勢，對雙方都沒有好處，將士們在流血犧牲，難道作為一國之君，看到如此情況，還沒有惻隱之心嗎？為此，我願意首先伸出和平之手。不過，這並不代表我害怕戰爭，更不表明我們將會失敗。我真誠地追求和平，陛下應該很清楚，我曾經取得過多少次戰鬥的勝利。望陛下三思而後行，不要錯失良機！目前，和平才能平息民眾的憤怒。機不可失，失不再來，如果閣下執意要戰，後果將不堪設想！過去的十年，閣下已經得到了比全歐洲還大的殖民地，擁有了超過全歐洲的財富，您還不滿足？」

寫到這裡，拿破崙忍不住啞然失笑；英國和歐陸各國看到法蘭西日益強大，難道會放過他們嗎？第四次反法聯盟即將成立。

其實，拿破崙對和平的年代還是比較滿意的。那時，馬爾梅松宮的親信們常常看到他的笑臉。現在，他不得不重披戰袍：「戰爭，是人類不可避免的。歷史在倒退與前進中交替進行。如果我們不想被敵人消滅，就要去消滅他們。」這是最簡單不過的眞理。法國大革命時期，只有最初的幾次戰爭屬於防禦，後來就都變成進攻性的侵略戰爭了。

十九世紀初，也許，作爲一代帝王，拿破崙能夠將和平再持續十年。但是，復仇心切的歐洲怎麼能對法蘭西的強大視而不見呢？於是，拿破崙被迫採取行動，決定統一歐洲。此刻，新的反法聯盟已經初步成形，矛頭直指法國，拿破崙因此不得不調整原有計畫。幾年來，他一直關注著亞歷山大大帝，如今，查理曼大帝的身影闖入了他的心。他來到埃克斯－拉－夏佩勒，參拜法蘭克皇帝之墓。他對同行的人說：「和平，是全歐洲人的美好願望。如果要實現這一理想，就要統一歐洲……怎麼能說這是仿效古代帝國呢？實際上，太陽底下沒有新鮮事！」

拿破崙的理想隨著現實的變化而變化。如今，他的夢想是重建查理曼帝國。之所以如此，是因爲他本身具有狂熱的性格，這使他在舊目標尚未達到之前，又擁有了新目標。

歐陸帝國

入春以後，拿破崙的部隊已經在布倫駐紮，只是登陸英國的計畫一再拖延。他把兵力向東轉移；萊茵河畔的敵軍還沒有發現時，法軍已經渡過萊茵河。從布倫海港出發前，拿破崙向達律口授進攻奧地利的計畫。這是在戰爭前兩個月發布的命令，當時他離作戰地點有六、七百里；拿破崙的行動，使得奧地利再次拿起武器反抗。

熱那亞被占領，警告著哈布斯堡王朝的統治者，阿爾卑斯山不可以第三次被翻越。法蘭西斯，只能在日爾曼土地上與法蘭西一決高下。英國人出手大方，錢財源源不斷地輸送到前線，俄國爲聯盟輸送軍隊，一切與拿破崙遠征埃及時驚人地相似。新沙皇要在此戰中改變歐洲對俄國的舊印象，因此也出手反抗西方的暴君。對方已經熟悉拿破崙的作戰技巧，在別人看來，這一次，他無異於自投羅網。不過，拿破崙稱得上軍事天才，他制定了與以往截然不同的作戰方案。他指揮精銳部隊，在奧軍還沒有弄清是怎麼回事的時候，就把他們重重圍困在烏爾姆，奧軍沒來得及拿起槍就被迫投降了。拿破崙自己評價說：「目的已經達到，一切易如反掌。現在，我要去對付俄國人了，他們很快會完蛋。」

戰場上，拿破崙仍然沒有忘記給約瑟芬寫信：「這個星期，我總是被淋得全身濕透，感覺雙腳站在冰裡。」儘管如此，他仍然在元帥們的簇擁下，站著接受了烏爾姆的投降。只是，他的穿著實在難以找到一代帝王的影子。下士的軍服，破舊的斗篷，沒有帽徽的帽子，從哪裡可以看出他的身分呢？

同樣地，拿破崙像取得馬倫哥勝利一樣，提議談判。他寫信給戰敗的奧地利皇帝：「閣下很清楚，我擁有絕對的優勢，有資格向您提出要求。您必須保證，拒絕加入英國的第四次聯盟……民眾的安全，我與貴國人民的友誼，才是最重要的事。」

寫好後，拿破崙率軍向維也納挺進。行軍中，傳來了不幸的消息，陸地告捷不久，特拉法加海戰中，法國艦隊全軍覆沒，十八艘戰艦沉入海底；雖然英軍的納爾遜戰死，法軍的海軍司令亦被俘。歷史再次重演，那次是在沙漠中獲悉海軍覆沒的噩耗，現在，災難再次降臨。還好，如今與巴黎的通道是暢通的，並沒有被切斷後路。拿破崙下令加速進軍維也納。

法蘭西斯得知同盟國在特拉法加的勝利後，信心大增，亞歷山大沙皇也因此更堅決地與拿破崙作對。普魯士成了雙方都想拉攏的對象，卻藉故搪塞，搖擺不定，準備靜觀時局變化。拿破崙本想利用土耳其來引誘沙皇亞歷山大，但沒有成功。在布呂恩，上演了一場捉迷藏的遊戲，強國們故弄玄虛，以隱藏自己的眞實實力，沒想到最終被各自的代表洩了密。只有拿破崙，最具政治眼光。

決定性戰役前兩天，一切準備就緒，他給在布呂恩談判的塔列朗寫信：「把威尼斯交給薩斯堡選侯這件事，我沒有什麼意見，你可以做主。我將拿下維隆那……爲了義大利……選侯大人要是喜歡的話，大可以自稱威尼斯國王。」

「巴伐利亞想自成君主國的話……我可以給他們領地內的大炮、彈藥庫和軍事要塞，他們只需要付五百萬法郎……明天，我想，我們將與俄國人決一死戰。雖然，我曾努力要避免這場戰爭，我已經盡我所能的避免衝突了。我幾次與沙皇通信，我覺得他是個還不錯的人，但是手下的那些人實在可惡……請代我給巴黎捎信，但不要提戰場上的事，我不想讓妻子掛念。至於我，你不用擔心，我軍處於優勢；只是，想到戰場上將要流血犧牲，我眞的於心不忍……代我向家人問好，因爲條件所限，我只能在膝蓋上寫信，所以不能寫得太多。」

這就是皇帝的心思，在他獲得那歷史上知名的大勝仗之前。當他在研讀地圖，標出每一個値得注意的村落，註記每一條河流的寬度與每一條路的狀況，當他努力在營火邊保暖不讓自己失溫時，他仍掛記著巴黎那些等著他命令的大臣，以及避免他的妻子會爲他擔心。寫完信後半個小時內，拿破崙制訂出新的計畫，分割了四或五個國家，立新的君王，確定戰爭賠款以及如何割讓土地。當他在天寒地凍的十二月天，仍然在軍營裡計畫著天下大事時，其他封建君王都還在宮殿裡吃著晚餐呢！說拿破崙可以輕易地征服他們，又有什麼好意外的呢？

當天晚上，拿破崙掌握了敵軍的情況，興奮之情溢於言表：「他們將自投羅網！一切都在我的預料之中！明天，他們將全軍覆沒！」

隨後，拿破崙與部下共進晚餐，因爲心情舒暢，飯後坐在桌子旁邊，滿面笑容，得意揚揚。他先對悲劇發表了一些自己的主張，接下來談到埃及：「如果阿克順利拿下，我將把頭巾纏上，並讓士兵穿上那些肥大的土耳其長褲。不過，沒有把握之前，我不會讓勇士們去冒生命危險。或者，我應該利用阿拉伯、希臘和阿美尼亞士兵與土耳其戰鬥到底。早在蘇伊士時，我就應該奪取勝利，而不是拖延到今天。我應該成爲當之無愧的東方帝王，從君士坦丁堡回到法蘭西。」說到最後，拿破崙自己都忍不住發笑，他很清楚，自己正處於幻想之中。

是的，一個多世紀以前，的確有這樣一個看上去很平常的人，卻像戰神似的，令歐洲昏天黑地，他的出現左右了時代的命運！那時候，兩個君主間的戰爭，甚至可以改變幾代人的命運。他像是神話中的人物，一個三十歲的矮個子男人，在一個叫不上名字的荒野中，坐在一間籬笆塗泥的茅屋裡，身上的外衣沾滿了油漬，襯衫已不知被汗水浸過多少次，這就是一代帝王拿破崙。想到第二天戰場上的勝利，將使他重振一千年前查理曼大帝的雄威，拿破崙的想像再次自由馳騁。

第二天，黎明將至。一年前的這一天，拿破崙在聖母院大教堂的祭壇上，自己給自己加冕稱帝。此刻，他慷慨激昂地向士兵們保證，戰爭取得勝利後，他將永別戰場。

還有哪個統帥說過這樣的話嗎？他總是當衆展示自己視死如歸的決心，拿破崙的士兵們，確實在二十次戰爭中見到過他，把他作爲天生的統帥。後來，他自己寫道：「奧斯特里茨之役，是我軍事生涯中最漂亮的一次戰役。」

不久之後，皇帝擊敗了俄、奧聯軍，小村奧斯特里茨平原因此而被世人知曉。第二天，拿破崙對將士們說：「勇士們，你們的表現非常出色……我允許你們用我的名字給你們的孩子命名。如果哪個孩子能夠像我一樣優秀，我將認他當做我的兒子，並繼承我的一切！」還有什麼語言比這更動聽嗎？

不過，他寫給妻子的信卻很簡短：「俄、奧聯軍已被擊敗。我們都非常疲倦。大家已經在野營煎熬了一個星期，夜裡很冷。今晚，終於能睡在床上了，睡在考尼茨親王漂亮的別墅裡。我將有機會換上乾淨的襯衣……睡上兩三個小時。」

過了一天，法蘭西斯皇帝親自來到考尼茨親王府邸，請求與拿破崙談判。此刻，拿破崙已經離去。兩個人最終的見面地點，是一個磨坊。拿破崙不失禮儀地向皇帝行禮：「非常抱歉，我只能在這裡接見您。」他的語氣是多麼地自信，連出生於帝王之家的奧地利皇帝也不放在眼裡。此刻，遠方的巴黎，人們在爲他的勝利舉行狂歡。

兩位統帥都面帶微笑，眼光中並沒有敵意。雖然，他們已經交戰十年，卻從未謀面。兩個人的經歷也有相同之處，都在二十六歲左右執掌國家大權，只是方式完全不同。誰能想到，如今，是拿破崙追求和平的願望，使他們面對面地交談，但是，終有一天，法蘭西斯的復仇意識又把他們分爲敵人。

拿破崙事後說：「昨天，奧地利皇帝親自來拜見我……他希望我能夠網開一面，但我時刻提醒自己要保持警惕。雙方已經達成協議……這場戰役中，我們奪得四十五面軍旗，一百五十門大炮，俘虜俄二十名將軍和三萬名士兵，可是，有兩萬多人戰死沙場……多麼殘酷的戰爭！」此後，他時常提到戰場上的流血犧牲。

奧斯特里茨戰役後第二天，塔列朗給皇帝寫信說：「或許現在乘勝追擊，一舉搗毀哈布斯堡王室是很容易的，但如果從法蘭西的利益考慮，還是允許他們在法國有個安置好的位置比較好。」拿破崙卻執意主張執行普萊斯堡和約，也就是將舊日爾曼帝國分裂成四到五個國家；同時，奧地利從德意志和義大利撤軍。他心裡到底是怎麼想的呢？

歐洲！一個在法國霸權統治的聯邦。各國被重新劃分爲中小規模的王國，屈服在法國之下。奧斯特里茨大捷後，拿破崙的思想漸漸成形。這場勝利讓他有力量可以朝著個偉大的目標邁進，一個統一的歐洲。

不過，他並沒有急著去實現這一目標。在時機沒有成熟前，他不會故意挑起戰爭。馬倫哥戰役結束後，他的願望是和平。只是，奧地利不肯講和。於是，戰爭再起，這是非常正常的現象。哈布斯堡王朝怎麼能容忍與法國共同占有歐洲？奧斯特里茨戰役，很好地解決了這個問題。現在，查理曼帝國將有機會復活。可是，那些皇帝們怎麼會甘心被擺布呢？拿破崙只有用武力來實現自己的歐洲之夢。可惜的是，十年後他才認識到自己是錯誤的。只是，那時一切都太晚了。

拿破崙正在給羅馬寫信：「告訴教皇，一切都在我的控制之中，讓他知道，我是查理曼，教廷之劍，教皇的皇帝，而我希望他可以如此對待我。」這就是他的性格，如果要向羅馬鞠躬，前提是羅馬要聽命於他。奧斯特里茨戰役以來，拿破崙的舉止有了些改變。他下令說：「波旁王朝已經滅亡。」同時，給哥哥約瑟夫的信中寫道：「我想你已經知道，我要把那不勒斯王國納入到我的家族。這樣，它將和瑞士、荷蘭、義大利及德意志三個王國一樣，成為我的聯邦，共同屬於法蘭西帝國。」

此後，拿破崙努力實現他的計畫，即全歐洲被一個皇帝統治，各國君主要向法蘭西皇帝俯首稱臣。而巴黎，將成為歐洲的首都。他開玩笑說：「沒想到，戰爭竟然使我胖了起來。如此推想，假如歐洲的國王聯合起來反抗，我將可能更加肥胖。」接連而來的勝利，使得拿破崙的冒險精神一發而不可收拾。

幾個月裡，拿破崙身在巴黎，卻指導幾個王國相繼成立：約瑟夫被封為那不勒斯國君，巴伐利亞和符騰堡的公爵都被封為國王，歐仁與維特爾巴赫家族的女兒成婚，巴登大公國世子與約瑟芬前夫的侄女聯姻，符騰堡的公主嫁給拿破崙的小弟熱羅姆。還有，一共十六個小國組成萊茵聯邦，每年要向法蘭西進貢。塔列朗、貝爾蒂埃和貝爾納多特也都因此擁有了自己的封地。

接下來，拿破崙宣布：「我將派路易親王爲荷蘭執政，荷蘭一定得接受。……對我來說事情已經定了，否則荷蘭就得被併入法國……一分鐘也不能耽誤。」荷蘭已經維持獨立的狀況許多年了，現在，拿破崙把弟弟封爲荷蘭國王，荷蘭成了法蘭西的附屬國。對於路易來說，這算不上什麼好事。他對榮耀不感興趣，再說，荷蘭的氣候很惡劣，他覺得自己的身體吃不消。約瑟芬卻極力支持，「當荷蘭國王，總比法國親王好」，她的心願是讓奧坦絲當王后。拿破崙等荷蘭使者走後，不管在場還有許多貴婦，就給皇侄，也就是荷蘭新國王路易的兒子講起了《青蛙與國王》的故事。

皇帝的妹妹們不幹了，她們爲自己沒有分到領土而不滿。可是，哪有那麼多的土地可以分封？最終，繆拉升職後，卡羅利娜搖身變成克利弗郡主；埃里茲則成爲托斯卡納郡主；波利娜委屈地哭了，因爲她只不過變成了關斯塔拉的主宰，「爲什麼，那只是個村莊啊！我只是個鄉村的公主？」她只好在無數的情人與鑽石之間尋找慰藉。

實際上，拿破崙的這些親屬，沒有一個人能把自己的工作做好。約瑟夫鬧出了不少的笑話，令皇帝爲此大爲惱火。路易國王也不讓人放心。由於法國與英國之間的戰事，需要荷蘭派兵支援；但他非但沒有向法國派送荷蘭兵員，反而送來了一堆抱怨信。對此，拿破崙給他回信說：「你自己沒有能力統治，我現在實在沒時間去處理你的事情。……別總讓人看著你愁眉苦臉……男子漢大丈夫，做事要乾脆些……你太過優柔，竟然想到讓我承擔軍費，虧你說得出來！你要自己組建起三萬人的軍隊，拿出你的勇氣來！」

在埃里茲的支配下，其丈夫在托斯卡納頒布了憲法。她親自來到軍營檢閱部隊，但對屬下喜怒無常。而且，她總是在人面前擺出王家的派頭，拿破崙看了都覺得好笑。

至於繆拉，稱得上費力不討好，惹來了一片怨聲。拿破崙直截了當地批評他：「你頒發的那些命令，毫無意義。你的理智哪裡去了？腦子裡除了權力，還能想到別的嗎？」

藝術家卡諾巴爲波利娜製作了大理石雕像，這使得她的容顏萬古流傳。雕像的壽命長過了拿破崙所創建的任何一個國家。至於那個皇帝最小的弟弟熱羅姆，年輕氣盛，在美國見習時，擅自做主，與當地的普通女子成親。

皇帝對這件婚事非常氣憤，爲此，他鼓動母親來干預這樁婚姻。熱羅姆回到里斯本時，只准他一人上岸。無奈之下，他與美國妻子被迫分開；分手前，年輕的丈夫發誓對妻子永不變心。但當他返回巴黎後，拿破崙軟硬兼施，終於使他放棄了美國的妻子，這一切都是爲了榮譽和職位！那位應該得到同情的妻子，因爲無法在歐洲大陸登岸，便去了英國，在那裡，生下了一個兒子。還好，她在那裡遇到了呂西安，得到一些照顧。此時的呂西安，在英國生活得很好。他寫了一首史詩，叫《查理曼大帝》。

皇帝的親屬當中，唯一讓他感到欣慰的只有繼子歐仁。拿破崙很器重他，多次在公開場合表揚他。歐仁被封爲義大利總督，娶了巴伐利亞的公主爲妻。拿破崙在給他的信中寫道：「親愛的孩子，你要懂得享受生活，工作固然要努力，但要學會放鬆。你的妻子很年輕，應該多帶她出去走走……人是可以做很多事的。我的狀況和你相似；不過，我的妻子年歲已大，而且我的事要比你多！」拿破崙希望這個巴伐利亞公主能爲家庭多生幾個孩子。他說：「最好讓她生個兒子！」令人遺憾的是，歐仁的妻子生了個女兒，他只好寬慰自己說：「先生女孩，今後會生一群孩子的！」

萊蒂齊婭現在住到了巴黎，儘量讓自己不受到兒子的影響，過著普通百姓的生活。拿破崙讓母親住在特里亞農宮，每年給她一百萬法郎。人們對這個太后的節儉不理解，她卻說：「科西嘉人經歷了太多的滄桑巨變，眼前的榮華如過眼雲煙；當孩子們再次沒落時，我這個做母親的，要有能力幫助他們才行。」她偶爾會開個招待會，人前總是保持著高貴的氣質。如果有人要高價賣給她東西，她會笑著說：「你別以爲我會像那幾個女兒似的出手大方。」雖然，她的子女們個個位高權重，但她覺得身邊沒有値得信任的親人。「所有的人都說我是世界上最幸福的母親，其實，我常會因爲這種幸福坐臥不安。天天爲孩子的安全擔心，怕他們會戰死在沙場。」

週末，萊蒂齊婭按照自家的傳統，與孩子們一起在杜樂麗宮吃飯。如果皇帝對她有所限制，她會很不高興。有時，拿破崙故意和母親開玩笑：「您覺得宮中的生活不自由？學學您的女兒吧！看看她們是怎麼花錢的。」萊蒂齊婭回答：「不要指望我像她們那樣，每年給我二百萬法郎，我也會照現在這樣生活。你是知道的，節儉是我的習慣。」對於那些要討好她的人，萊蒂齊婭非常反感，並提醒拿破崙遠離這些小人。她常常爲科西嘉人向拿破崙求情，並且盡自己最大的努力幫助那些老朋友。

一天，萊蒂齊婭想把科西嘉的首府移到阿雅克修。拿破崙馬上同意，他理解母親的心情：「我的母親，當然具有治理國家的能力。」但不管萊蒂齊婭如何努力，想讓呂西安與二兒子和解，都沒有成效。拿破崙對此半步不讓：「我不能感情用事，聽命於我的才是我的兄弟，否則，我不會承認他是我家的成員。」

揮軍普魯士

巴黎的書房裡，法國皇帝默默地凝視著腓特烈大帝的青銅胸像：「你是我所有經歷的見證人。」確實，腓特烈大帝對他的影響可謂深遠。實際上，拿破崙在腓特烈大帝去世時，已經是中尉軍官。他以這位大帝為楷模，雖然此前沒有與普魯士軍隊接觸過，但心中仍對他們充滿了敬意。在拿破崙眼裡，普魯士國王腓特烈・威廉三世毫無治國的本領，但他仍然與普魯士結盟，那是因為這支部隊曾在十八世紀聲名卓著。不過，當他看到普魯士那扶不起來的政治時，敬重之情很快就不見了。

早在奧斯特里茨戰役前，拿破崙就打算與普魯士結盟。特拉法加海戰後，法蘭西斯與沙皇都想拉攏普魯士。但是，這個無能的國王優柔寡斷，總幻想著依靠中立的地位來保護自己。真正左右普魯士國王的，是國內的民主人士。有人在紐倫堡發表文章諷刺法軍，軍事法庭將此人判為槍決。也許，法庭的判決並沒有問題，但卻激起了民憤。拿破崙不想因此挑起禍端，於是提出雙方同時撤軍，並給國王寫信說：「我是遵守盟約的……不過，如果您私自撕毀盟約，那麼我將被迫以武力解決爭端。可是，我是真誠希望和平的。」

拿破崙對於普魯士已經沒有了敬重，甚至會背地裡說它的壞話：「它的官員腐敗無能，國王更是一無所長，朝政被那些不知天高地厚的傢伙統治。」

後來，拿破崙怎麼也不敢相信，戰爭竟然真的爆發了。

那些貴族出身的普魯士軍官，曾在腓特烈大帝指揮下擊敗過法國，後來又被法國擊敗，他們想洗雪敗兵之恥，於是挑起了戰爭。普魯士王后是個典型的戰爭狂。如今，普魯士與俄國結盟，因為王后在沙皇身上，發現了丈夫所沒有的陽剛之氣。奧斯特里茨之役後，他們一直在等待時機，而這一天終於到了。

塔列朗的回憶錄中寫道：「拿破崙對於此戰心中沒有必勝的把握，腓特烈大帝的威嚴猶存，拿破崙從來沒與這麼有名的軍隊打過仗。他覺得這些人要比奧地利人厲害得多。」於是，拿破崙決定搶渡萊茵河！戰爭的第一個星期，拿破崙取得了勝利。路易・費迪南親王，號稱普魯士之花，倒在了戰爭的暴風雨中。

普魯士一片大亂。無能的國王，根本無法控制混亂的蔓延。沙恩霍斯特將軍，兩星期前就勸國王進攻，而軟弱的國王只會接受法國的襲擊。布勞恩斯魏克公爵身爲總司令，卻沒有實權，國王不給他指揮權。最後，國王只得親自帶軍作戰，士兵們搞不清到底是國王還是公爵在指揮，軍隊被分成三部分；因爲霍亨洛厄親王的軍隊也不聽公爵的指揮。

戰爭前兩天，拿破崙胸有成竹，寫信給對方：「我實在沒有興趣從您那群廢物的官員身上得到好處，他們的無能令人驚訝……爲什麼要讓無辜的士兵流血犧牲？用無數勇士的生命換來的勝利，我並不稀罕。如果在我剛起步的時候，可能會懼怕失敗，可是，閣下應該看到，將要失敗的是您。您有什麼理由犧牲如此多人的性命？……對於您，我無所求。閣下要明白，戰爭無異於自取滅亡！也許，我的信刺傷了您的自尊，可是，爲了和平，我必須把話說明白。您難道不想要和平嗎？即使我不能成爲您的朋友，但我仍然在努力，我不希望看到有人繼續流血犧牲。」

普魯士王后路易莎，本性好戰，只不過被大家以爲是愛好和平的女性。不過，她讀完此信後，竟然也荒唐地認爲拿破崙是害怕失敗才寫了這樣的信。她本可以改變丈夫的，使事態向好的方面發展，可是，她沒有！她認爲拿破崙不過是個好說大話的人，很快就會被打敗。

拿破崙給妻子寫信說：「一切順利，事情按照我的預料發展。國王與王后都在埃爾富特。如果他們不識時務非要打，我將奉陪到底，他們將知道什麼是殘酷。我現在身體很好，雖然每天行軍很多，反而長胖了。」戰爭爆發前，拿破崙根本就沒有休息過。凌晨三點，副官建議他睡一會兒，卻得到了他的訓斥：「不行！沒看到我在思考嗎？聽懂了沒有？快去找到制高點，那樣我才能居高臨下，看到整個戰場的形勢。我六點就會到那邊。」說完，他躺上行軍床，馬上就睡著了。

這一夜，普魯士參謀部本來已經得到情報，知道法軍在調動部隊。可是，他們毫無反應！結果，天還沒亮，拿破崙親臨戰場，情緒激昂地鼓舞他的勇士們。耶拿，普魯士軍隊慘敗；與此同時，達武在奧爾施泰德也取得了勝利。普勇士的布勞恩斯魏克公爵受傷後，竟然沒人敢出來指揮戰鬥，腓特烈的部隊，潰不成軍。

在魏瑪，拿破崙見到了公爵夫人。她的丈夫查理•奧古斯都公爵，極力主張戰爭，絲毫不會聽取別人的建議，執意與拿破崙爲敵。耶拿戰敗，他逃得比誰都快，不知跑到哪去了。宮廷官員如鳥獸散，只有公爵夫人和大臣歌德留了下來。拿破崙第一次見到公爵夫人時說：「我爲你感到不公！作爲丈夫，他怎麼能夠丟下你不管……。」但是，公爵夫人並沒有爲此亂了方寸，反之非常從容地回答了他的問題。拿破崙對她非常敬佩，爲此，竟然改變了原來的計畫，他原本是要毀滅這個國家的，最終卻保證不會再難爲這個國家。因爲，他被這個舉止得體，尊貴高尚的夫人打動了。

在柏林，另一個女人給拿破崙留下了深刻的印象。哈茨費爾德城主代表柏林進行談判時，有一封信被對方劫獲。拿破崙爲此大爲惱火，要把他當間諜嚴懲，貝爾蒂埃嚇得坐立不安，拉普想盡辦法平息拿破崙的怒氣，都不起作用。很快，哈茨費爾德伯爵夫人被帶到波茨坦宮，拿破崙後來給妻子的信中這樣說道：「她看到伯爵的信後，不停地抽泣，老實地回答說是他丈夫的筆跡。她念信的聲調，讓我都感到痛心。她是多麼可憐啊！善良、簡單、有禮的女性，我眞不忍心傷害她們。」

其實，拿破崙對女性並沒有多大興趣，甚至連伯爵夫人的容貌和服裝都沒有看清。但是，他被夫人眞誠的感情打動，眼淚讓他的心軟了下來。於是，他邊燒信邊說：「罪證已經不在，你丈夫沒事了。」

兩個德意志婦女，雖然她們的丈夫都曾與拿破崙爲敵，他卻對她們慈悲爲懷。不過，他討厭路易莎王后。因爲這個女人干涉朝政。是她，把國家與丈夫引向戰爭，打破了本該擁有的安寧與和平。這樣的女人，拿破崙非常憎惡。於是，他公開嘲笑這個女人：「她白白生了個漂亮的臉蛋，卻天生頭腦愚蠢……她給國家帶來痛苦，必將受到良心的譴責。」

接下來，拿破崙神采照人地進入柏林，並沒有忘記那隆重的凱旋式入城。不過，這次勇士們個個穿戴整齊，而他本人，仍然穿得和平時一樣樸素。他對無憂宮非常感興趣，同時，把腓特烈大帝的劍當做戰利品據爲己有，即使讓他做普魯士國王，也換不走這把劍。但是，這些腓特烈大帝的後代實在不值得尊敬。拿破崙當衆指責王后道：「王后的房間裡竟然有沙皇的畫像，她還與沙皇有信件往來……由此看來，這個女子竟然干預朝政，而丈夫對此竟然不聞不問！」

不過，出於穩妥的考慮，拿破崙還不能將普魯士霍亨索倫王朝[7]毀滅，雖然他早就想廢掉這個國王。此刻，他身在柏林，把歐洲看做整個世界，很快，他將繞過好望角進軍。在夏洛登堡宮，拿破崙繼續保持他的習慣，口授一封宣戰書。他將封鎖歐洲所有港口，禁止英國船隻通行。他想：「我不是不能踏上英倫三島嗎？那好，你們也休想踏上歐洲大陸！不管是什麼，只要是來自或者運往英國及其殖民地的全部沒收；英國人只要踏上歐洲大陸，馬上逮捕！」

爲此，拿破崙首先與俄國和奧地利簽訂條約。俄羅斯與奧地利都想要把波蘭變成它們國家的前線；夾在中間的波蘭，兩邊都不想要。就如對上帝祈禱一般，波蘭向皇帝求助，他是自由人民的勇士，一定得幫他們。該如何解決波蘭問題？他把自己的言論在波蘭散播：「我應該復興波蘭王室嗎？也許，只有上帝能夠回答這個問題。」與此同時，拿破崙要求波蘭人提供部隊，他說「如果沒有一支四萬人的軍隊，就稱不上國家。」繼而，向奧地利建議，用加里西亞換取普魯士的希里西亞。但他認爲要眞正地解決波蘭問題，博斯普魯斯海峽是關鍵。他要土耳其蘇丹趕走摩爾達維亞境內的俄國人。

這樣俄國，包括奧地利，都被控制在多瑙河下游。

現在，拿破崙坐在無憂宮中腓特烈大帝的書房裡，伏爾泰的畫像在向他微笑。他正獨自坐在那裡沉思，好像在與一位看不見的對手下棋。忽然，他的眼前一亮，查理曼變成了亞歷山大大帝。他要追隨亞歷山大的腳步，在印度征服英國，統治全世界！

新的對手出現在棋盤上。可是，竟然傳來了西班牙叛變的消息。拿破崙驚得面色蒼白，局勢緊急！拿破崙又一次清楚的看出要擊敗英國，俄國的支持至關重要。不論要征服或者拉攏俄國，他需要一個根據地做支點。拿破崙決定去華沙，以波蘭爲支點，爭取俄國。

連續幾個星期，拿破崙的大腦飛速運轉。有時，他感到孤立無援，於是，給妻子寫信，言語間仍然充滿熱情：「親愛的，知道我在想你嗎？……雖然波蘭婦女和法蘭西女人很像，但在我心中，只有一個人，你猜是誰？除了你，還會有別人嗎？你在我心中是最美好的，漫漫長夜，你卻不在我身邊！」

約瑟芬以她女人的敏感，覺察到拿破崙有了情人。不過，她現在還不打算長途跋涉去興師問罪。拿破崙的另一封信中寫道：「我看到了你的激動，難道漂亮女人都要稱霸天下嗎？我知道，我天生是被人奴役的命，沒有人憐惜我。」

信還沒有寫完，傳來了令人驚嘆的消息：去年冬天，妹妹卡羅利娜給他介紹的漂亮女孩，已經分娩。拿破崙在離開法國前，就知道她接近產期了。終於盼到了這一天，上帝慷慨地賜予他一個兒子！他的興奮無法形容，衝出去大喊：「迪羅克[8]，我有兒子了！」

* * *

此後的一天，喧鬧的舞廳裡，燈火輝煌，這裡有波蘭最美麗的婦女，還有她們佩帶的最珍貴的寶石，這是値得紀念的一個夜晚。這裡，是華沙歷代君主的王宮，遍體鱗傷的國家，向法國帝王展示著她的姿色。民族舞蹈、音樂，包括這些美女，會引起一代帝王的興趣嗎？他會因爲報紙上的頌詞而心慈手軟嗎？漸漸地客人散去，剛剛拿破崙還與他們中的許多人在談話。此刻，他站在大廳中不引人注目的地方，眼睛卻盯著跳舞的人，他在想念巴黎。

忽然，拿破崙的目光集中在一個人身上，甚至顧不上正在進行的談話。周圍的人不約而同地順著他的視線尋找，是誰？只見拿破崙走向賓客，面帶微笑，而且極有禮貌地把一位女孩從人群中請了出來。這個女孩小巧玲瓏，金髮碧眼，看上去溫柔賢慧，剛剛十八歲。她雖然衣著樸素，卻超凡脫俗，舉止優雅。拿破崙邀請她做舞伴，她的風度，再加上柔美的嗓音，尤其是那並不流利的法語，深深地吸引了皇帝。女孩有些緊張，她的名字瞬間傳遍宮中：瓦洛斯卡伯爵夫人。

拿破崙後來才從好友迪羅克那裡知道，瓦洛斯卡伯爵夫人出身於波蘭名門貴族，只是家道早已沒落，生活貧困，無奈之下，嫁給年老卻富有的伯爵。她比伯爵最小的孫子還年輕十歲。

第二天，拿破崙就給這位伯爵夫人寫信：「我的眼裡只有你，只有你讓我無法忘記。我想和你單獨在一起，趕快答應我吧！因爲我已經激情似火，難以控制自己。拿」但是，瓦洛斯卡伯爵夫人卻沒有回信，拿破崙爲此非常苦惱。他只有在身爲波拿巴時，有過被人拒絕的經歷，功成名就後，還沒有被人冷落過。身爲一代帝王，什麼時候不是一呼百應？所有的女人，都會爭著向他獻媚。如今，他如此坦白地追求，竟然有人不予理睬？這反而更激起了他的興趣。

他再次給伯爵夫人寫信：「難道你對我不滿意嗎？我希望沒有讓你感到不高興。難道，你不喜歡我？可是，我已經無法控制自己對你的感情，你帶走了我的心。求你可憐可憐這個爲你神魂顛倒的人吧！給他一點點快樂和安慰！不要不理睬我，我已經連續給你寫兩封信了。」第二封信，拿破崙沒有簽名。有誰會相信，要稱霸世界的拿破崙，會寫出這樣浪漫而且毫無專橫語氣的信來？但是，事情並沒有向他希望的方向發展，仍然沒有回音，送信的副官因此而不知所措。

這樣的結果，完全出乎拿破崙的意料，他忍不住寫道：「我這樣的祈求，我那不可一世的地位，都不能使這個小女子有所反應。看來，我必須另想辦法。也許，身居高位卻成了我和她之間的障礙，阻隔了我們的來往。迪羅克，快幫我剷除這擋在中間的高牆吧！只要你能幫我達成此願，我將滿足你的一切願望。」

君臨天下的皇帝，竟然爲了一個沒落貴族的小女子心神不定。他雖然處在萬人之上，卻只知道征服，統治世界的慾望讓他沒有更多的時間與精力去享受幸福。因此，他現在感到了孤獨。幾個月以來，他都沒有與女人接觸，此刻，卻陷入了無法自拔的情網。他不再關心軍事，拒絕討論軍務，不接見代表，甚至連門也不出。什麼宮殿、軍隊、巴黎，都靠邊站吧！妻子已經年過四十，失去了當初對他的吸引力。而他，才三十七歲，終於再次被一個女孩點燃了激情，可是，卻遭到無情的拒絕。他要不惜一切得到她！嗯，幫助她的祖國恢復自由！這位皇帝要不顧一切地找回自己已經沉寂了十年的感情。

瓦洛斯卡伯爵夫人，沒想到拿破崙會對自己鍥而不捨地追求。那個下午，朋友們坐在她旁邊，勸她爲了波蘭，做出自己的犧牲。萬般無奈之下，她答應與拿破崙會面。但是，委屈讓她整個晚上眼中都充滿了淚水，拿破崙以他的萬般柔情，使這個小女子平靜下來。伯爵夫人完全沒有想到，這個被千百萬人懼怕的統治者，竟然情意纏綿。

過了一天，她接到了拿破崙的信：「溫柔的瑪麗，你知不知道我無時無刻不在想你！晚餐時，你會再次見到我。到時候，請把這束鑽石花戴上，它將爲你我傳遞資訊。當你看到我把手放在胸口，應該明白，我的心已經屬於你。你撫摸這束鑽石花，我會知道你也愛我！迷人的瑪麗，眞希望你的手永遠停在寶石花上。」

直到三天以後，伯爵夫人才眞正地委身於皇帝。此後，每個晚上，她都會來到拿破崙這裡。她在拿破崙心裡是什麼位置呢？嗯，她是世界上第二個心甘情願爲他付出的人，母親是第一個。拿破崙再也找不到別的女人，對他的財富、宮殿、王冠毫無興趣。她一無所求，卻給了他一切。拿破崙躁動不安的心，從瓦洛斯卡伯爵夫人那裡獲得了安詳與寧靜，他形容說：「她的溫柔美麗，如同天使。」

忽然，他想到了約瑟芬，忍不住笑了。從遠征埃及開始，拿破崙從來沒有在軍中帶過女人；他的將軍們大都樂此不疲。如今的華沙之戀，一定會在軍中傳得沸沸揚揚，甚至會有人添油加醋，想必會傳到巴黎，約瑟芬當然會知道此事。她正在那裡等候帝王的召見呢！他現在開始欺騙妻子，一如當初妻子多年來對他的欺騙。因爲天氣的原因，道路泥濘難行，約瑟芬根本不可能來波蘭。拿破崙給妻子寫信，第一次欺騙她說：「我多麼希望此刻你在我身邊，讓我們相互依偎，共同度過這漫長的冬夜。不要因爲天氣不好而傷心，我知道你是很堅強的。」

如今，拿破崙背叛了約瑟芬，他寫道：「女人嫁給丈夫，是爲了跟他終生相守嗎？我卻認爲妻子是爲丈夫而生的，而丈夫是爲祖國、家族和榮譽而生。不過，漂亮夫人總能夠讓人學到更多的東西。」設想如果沒有革命，他可能是個多情的種子呢！

幾個星期後，他離開瓦洛斯卡伯爵夫人時，依依不捨，情深意濃。

* * *

不久，拿破崙第一次如此近距離地凝視著俄國，一望無垠的大草原，遍地積雪；沒有山巒，更沒有道路。幾次並不算激烈的交鋒之後，沙皇的軍隊開始後撤。拿破崙有些猶豫不定：「要追擊嗎？我的軍隊將陷於什麼樣的境地？這片土地上沒有糧食，軍隊吃什麼？」要不是有一些精明的波蘭猶太人，在這裡投機經商，他恐怕在一八〇七年自己就要撤出俄國了。

拿破崙在向普爾塔斯克行進途中，聽到了軍隊中有人發牢騷。他已經很久沒聽到將士們對自己的不滿了。那是八年前在非洲阿克，他第一次也是最後一次聽到。有人彙報，軍中有人自殺，有更多的士兵因爲饑餓難耐，開始搶劫。拿破崙非常震驚，卻毫無辦法。他說：「我了解法蘭西人，長途行軍，對他們是非常困難的，法國的條件太優越了。」在這種狀況下，他與俄軍交戰，第一次在戰場上遭受重創。艾務戰役，拿破崙失敗；不過，對方也損失慘重。戰爭的結果：士兵哄搶馬鈴薯，戰馬竟會去扯茅屋頂上的草充饑。傷患遍地，軍官們都不知道自己手下還有多少士兵。

面對這種情況，拿破崙說：「我們要再堅持兩天，隨後撤退。我們一定要守住維斯杜拉河，不能讓一個人過河。對於掉隊者，不要懲罰他們。」可是，軍心渙散，局勢十分不妙。拿破崙的胃病開始頻繁發作：「我知道自己將會早死，而且會與父親死於同一疾病。」癌症是遺傳下來的，祖父、父親、伯父，以及後來的呂西安和卡羅利娜，都死於癌症。

拿破崙寫信給哥哥：「我們現在處境艱難，生活在冰天雪地之中，沒有酒，甚至連麵包也沒有。」他在家信中發著牢騷。在奧斯特洛特，他和士兵們一起住在穀倉裡，與大家同甘共苦。不過，他卻向巴黎發出公報，謊稱自己大獲全勝，把法軍的傷亡隱瞞了三分之二，說法軍士氣良好，還能夠在俄國駐守一年。

不過，最後他也發現，像在埃及時一樣，如果長期留在這裡，對自己毫無好處。十五年南征北戰，他幾乎沒有在遠離巴黎之處停留過三個月。

芬克斯坦這是個普魯士的防禦城堡，拿破崙此刻住在這裡。他在等待，等冰雪融化之時，他將靠持久戰拖垮敵人。有兩個多月，他在這裡向外發布命令，維護自己的統治。

沒有人知道，波蘭的伯爵夫人就住在他的隔壁，只有男僕貢斯當和馬穆魯克盧斯塔知道。瓦洛斯卡伯爵夫人很少露面，每天在房中以刺繡、閱讀消磨時間，只有拿破崙進來時，可以暫時緩解她的孤獨。他們兩人單獨用餐，這裡是司令的大本營。有誰知道，一代帝王，在這裡金屋藏嬌。十八歲的瓦洛斯卡伯爵夫人，終於愛上了他。拿破崙對她說：「我知道。你不喜歡我，是的，你不要辯解。你溫柔體貼，心地善良。你會答應每天給我幾個小時的幸福，對吧？在別人眼裡，我是世界上最幸福的人呢！」

幾天後，巴黎傳消息，路易的兒子夭折，他的侄子將成爲繼承人。約瑟芬爲此傷心不已，拿破崙不會將現在的事情告訴妻子。其實，他愛上這位金髮女郎，更希望她能爲自己生個兒子。這樣，他不是就有了貴族的子嗣嗎？也許，到時候，會封這位瓦洛斯卡伯爵夫人爲皇后呢！但是，他從沒有和這個女孩透露過心中的希望。

巴黎的狀況如何？不斷傳來令人不滿的消息，人們在嘲諷：「那個不可一世的小夥子跑到哪裡去了？」暴風雨即將到來，可是能夠控制局勢的人卻遠在異國他鄉。拿破崙提出與普魯士人談判，但普魯士王后執意與沙皇結盟，奧地利竟然也沒有反應。雖然局勢不妙，拿破崙的亞歷山大之夢仍然未醒。

波斯使臣不遠萬里來到北國總部，向衆王之王行禮問候。第二天，拿破崙與波斯使者達成協定：法蘭西將幫助波斯奪回沙皇手中的喬治亞，而波斯將鼓動阿富汗和坎達哈部落襲擊印度的英國人。如果拿破崙的部隊要攻打印度，波斯願意讓法軍借道通過。

波斯使者前腳離開，身著奇裝異服的土耳其人後腳就冒失地闖進宮來，向拿破崙獻上黃金和信函。拿破崙看後，命祕書記錄他的回信：「我很遺憾即使我願意提供上千人的協助，你卻堅持不要超過五百人。提出你的要求，一切都馬上可以辦好。請與波斯王聯繫，他和我一樣要對付俄國人……我已經請使者轉告您，可以派炮兵及其他兵種增援您，可是您的使者不同意，說擔心可能會傷害穆斯林的感情。我的力量如此強大，而且非常希望可以幫助你。不只是因為政治考量，更因為我們之間的友情。如此，我必定會盡力協助你任何事。」

與此同時，路易也向拿破崙發來求助信號，拿破崙連忙給他回信。這封信中，他對幾個國王發布了命令，長達五頁。信中包括他給約瑟夫下達的命令，還有給布雷斯勞的熱羅姆的命令。這個小弟，不思進取，整天與女演員廝混。拿破崙指責他從來沒有寫過完整的報告，而且毫無理由的在斯威尼茲派駐六百名士兵，卻只派四百人駐守布拉格。為此，他訓斥這位小弟說：「把你的計畫清楚地告訴我，這樣我才能掌握準確的消息！」

接下來，拿破崙對全國的神父發布命令，要求他們做好慶祝勝利的彌撒準備工作。他這麼做，是想控制教會人士，因為他知道，他與教皇的矛盾，使得教會的人心神不定。他也給富歇下了衆多命令，甚至連巴黎兩大劇院的情況也要過問。他在另一封信中問：「我的圖書管理員在做什麼？他跑到哪去了？讓他把所有新出的書都給我寄來！前些天，我讓他寄來出版新書的目錄，他竟然一點反應也沒有！」他在給內政大臣的信中說：「要大力扶持文學。你對此有什麼建議，儘快讓我知道。」

拿破崙不停地忙碌著，發現瓦洛斯卡伯爵夫人正看著自己，忍不住笑了，說道：「是不是奇怪我為什麼會有這麼多的事情？不用為此大驚小怪，這對我來說是很平常的。從前，我一文不名，也就無所事事。現在，我統治著衆多的國家，當然會處於百忙之中。所有的人都在看著我呢！因為我處於萬衆矚目的位置。在其位，謀其政，不能撒手不管啊！但是，在你面前，我情願做最普通的人。」

第二天，拿破崙再次披掛上陣。已經是五月了，漫長的冬季終於過去，芬克斯坦壁爐的爐火熄滅了。他撫摸著瓦洛斯卡伯爵夫人贈給他的圍巾，上面有這樣一句話：「有一天你不再愛我，請記住，我永遠愛你。」

法俄結盟

涅曼河與提爾西特的交界處，河中心停泊著一個巨大的木筏，上面鋪著地毯。六月的陽光照耀著木筏中央的帳篷，法蘭西和俄國的國旗同時迎風飄揚。因爲，河的兩岸，分別駐有法俄兩國的軍隊。兩艘小船同時駛出，拿破崙與沙皇要在這裡舉行會談。十天前，兩國士兵還正戰得兇，眼下，激動得高呼萬歲，因爲和平在望。士兵翹首企盼，迫不及待地等候著談判的消息。

拿破崙在弗里德蘭大捷後，按照以往的做法，要求與戰敗的俄國談判。最初，因爲蘇丹沒有及時答覆，拿破崙暗示，沙皇或許哪天可以把十字架再次放在聖蘇菲亞[9]大教堂的圓頂上。這句話的分量非比尋常，拿破崙很有把握，因爲他知道沙皇是個浪漫主義者，同時又崇尚宗教，這句話會在他身上有反應。於是，亞歷山大很快表示了對法蘭西的友好。此刻，奧斯特里茨與弗里德蘭戰役中的對手們，正在親切地交談。拿破崙冷靜地觀察著面前的人，這個人看上去像女人一樣柔弱，而且視力、聽力都不好，他感到，沙皇是能夠爭取過來的。

半個月後，兩個宿敵不可思議地成了朋友。拿破崙這樣評價曾經的對手：「他是個很平和的人，像小說裡的英雄。這個英俊的青年，其實是非常聰明的。」後來，拿破崙對亞歷山大有了更爲深刻的認識：「這個沙皇具有很強的魅力，和他接觸的人，會逐漸被他的魅力所吸引。如果不是我的頭腦保持冷靜，恐怕要被他征服了。不過，我總覺得他的言談舉止中缺了點什麼。更奇怪的是，我又說不出他到底缺的是什麼，眞是令人費解。他是個非常看重友誼的人。」最後，拿破崙竟然說：「如果亞歷山大是個女子，我肯定會愛上她。」

英雄惜英雄，所以不可一世的拿破崙如此敬慕亞力山大，也是很正常的了。不過，沙皇最終與拿破崙決裂的結局，也並不爲怪，這不正是女性多變的特點嗎？對於亞歷山大，梅特涅分析得最爲透徹：「他屬於綜合了男女兩性缺點的人。因此，他常常會因爲衝動而決定什麼，結果當然是懊惱和尷尬。他很容易就作出承諾，但很難信守承諾。他既沒有偉大的抱負，又不能淡泊名利。雖然他天資不錯，卻不是做帝王的材料。他總處於變化的狀態裡，包括他的思想。最初，他崇尚自由，後來又與法國爲敵，然後再聽命於法蘭西。」

也許，拿破崙對於五年後兩人的再次交鋒，早在此時就預料到了。兩個人在華麗的帳篷裡，關於國際問題，討論了兩個小時。進餐之後，兩位統治者並轡而行。拿破崙的高明之處在於，他先對俄國人的英勇大加讚嘆，說道要請衛隊來保護自己，以免被沙皇征服。吃飯時，拿破崙爲了拉攏亞歷山大，給他講了從不爲人所知的一件往事。那是在埃及的時候，有一次，他在一堵古牆下睡著了，牆體突然崩塌，他卻沒有受傷。醒來後，發現手上有個東西，仔細一瞧，竟然是一個精美絕倫的奧古斯都雕像！有誰能不佩服拿破崙杜撰的手段？他信口拈來的故事，目的不過是勾起亞歷山大的想像，以滿足他嚮往神祕的需要。

果然，沙皇上當了，癡癡地聽著，非常入迷。兩個人在野外散步時，沙皇像個孩子似的問：「如果是這裡？你會如何防守，要是進攻應該如何？」拿破崙後來說道：「我對他的問題一一作答。我說，不如等我再次與奧地利交戰時，讓他去實地參觀學習。」很快，兩國結成同盟。

雙方在簽定協議時，都做了一定的讓步：「易北河與涅曼河之間的土地，作爲緩衝地帶，以此減少產生摩擦的可能性。」這一條約，普魯士成了犧牲品；而法國，則出賣了波蘭。可笑的是，兩個人都曾發誓，要保證波蘭主權的完整。

波羅的海岸一個偏僻小城裡，兩位皇帝友好地坐在一起，指著攤開的地圖，劃分著別人的土地。當時的情景，讓人想起劇中的霍茨波[10]與奧恩・格蘭道爾[11]。拿破崙答應放棄奧耳登堡公國的考堡，以此換得愛奧尼亞群島和加答羅。沙皇想要博斯普魯斯，拿破崙有些捨不得：「君士坦丁堡嗎？擁有它就將統治全世界！」因此，談判的進程中，兩個皇帝常會發生分歧，這預示著他們最終將再次刀兵相見。

談判過程中，普魯士國王偶爾也參加進來，只是拿破崙與沙皇都不在意他，因爲他的威望不夠，人也不夠聰明。拿破崙甚至覺得普魯士國王太過愚蠢，無才無德，連普魯士的服裝，他都看著不順眼。普魯士王因爲是敗兵之君，因此想方設法要維護國家主權，爲此，他把王后召到提爾西特。拿破崙早就聽說王后是個美人，表示願意接見。不過，他藉口自己親自過去不太方便，就準備好一處別墅，作爲會面地點。

普魯士王后站在樓梯口迎接，她穿著白色絲質衣服，佩著古典風格的珠寶，確實是位絕代佳人，只是神色憂鬱。看到拿破崙後，王后路易莎強打精神，主動問候：

「陛下，樓梯狹窄，希望您不要介意。」

「只要能見到您，樓梯狹窄算得了什麼呢！」他回答。但當他不停地說著動人的話時，王后嚴肅地提醒他：

「陛下，請您不要忘記此行的目的！」她請求法蘭西放過普魯士。

「你們想回柏林是嗎？」拿破崙問道

「是，但能否無憂無慮地回去，全看您了。」王后回答。

「可是，夫人，普魯士爲什麼要不顧一切混到這場戰爭中呢？」

「那是因爲我們被腓特烈大帝的盛名沖昏了頭腦。」

「你是否記得，我曾多次提出和平？是你們自己頑固不化啊！」

「您見多識廣，不要和我們一般見識。」拿破崙頗有興致地聽著她說。

王后看到拿破崙的嘴角上露出微笑時，知道自己有希望了。這時，普魯士國王進來了。雖然談話最終沒有實質性結果，但拿破崙還算滿意。事後，他詭笑著對沙皇說：「關鍵的時候，國王竟然出現了。我本來打算答應她的請求的……她是個出色的女人。我不想傷害她，甚至想送她一頂王冠呢。」他給約瑟芬的信中提到王后說：「她是個非常有魅力的女子，我對她很有興趣；不過，你別妒忌，我可不敢招惹她，做她情人，恐怕要犧牲很多呢！……她生性好高騖遠，現在的結局，不就是最好的證明嗎？但她確實是勇敢的。」

不過，王后對拿破崙的表現並不滿意。因爲，她已經委曲求全，甚至低聲下氣懇求，他竟然絲毫沒有緩和的餘地。很快，拿破崙也開始反感王后，兩人最終不歡而散。不過，事情的結局還算圓滿，拿破崙考慮到沙皇的反應，答應普魯士保持政權獨立，但必須割讓大片領土作代價。王后想再次努力，但拿破崙沒有同意。

＊　　＊　　＊

此時，拿破崙離開法國已經快一年了。「就算我身在異國他鄉，也不能容忍搗亂份子在巴黎滋事！」爲此，他對國內加強控制，因爲他知道，巴黎人是不好對付的；統治巴黎人，需要使用「戴著絨布手套的鐵拳」才行。

巴黎，向來以喜好諷刺而著稱，街頭巷尾的打油詩、歌謠、順口溜不絕於耳。人們對拿破崙的遠征感到不可理解，甚至覺得荒唐。因此，拿破崙必須以強有力的手段來統治巴黎。

拿破崙要求新聞必須接受嚴格的檢查，至於歷史劇，內容只能涉及遠古時代，就連他所崇敬的高乃依劇本也要進行刪節。宗教內容一律禁演，但神話可以自由些。夏多布里昂的《法蘭西信使》被嚴禁發行，因爲書中有指點拿破崙的語言。接下來，拿破崙仿照耶穌會[12]（雖然他並不喜歡這一形式），創辦大學，投資很大。

德·斯塔埃爾夫人，再次要求回到巴黎，拿破崙不同意：「因爲，她會鼓動人們的思想，這對我是極大的威脅。」隨後，拿破崙指責富歇說：「巴黎的員警根本不合格，竟然讓街上謠言橫行。要密切關注西第尼大飯店及富瓦咖啡店的動向。」同時，他要求法國的兒童朗誦：「拿破崙一世，威力無窮，是我們敬重和愛戴的人。我們要對他忠心不二……他是上帝的使者，具有超人的能量，永遠不可戰勝。」

拿破崙的這一做法有些不切實際。也許，那些王朝的繼承人會把這些當眞，但不是所有的人都對他死心塌地地服從。他自己在三年前加冕那天，不是也說過嗎？如果他自稱是上帝之子，恐怕賣魚的都會嘲笑他。

不過，唯一沒變的是，拿破崙固守著節儉的作風。書房裡一張大寫字桌，一張木床，兩個大書櫃，兩個燭臺，再加上腓特烈大帝的半身像，這就是全部家當。另一間書房，同樣陳設簡單，只放著凱撒的銅像。雷穆撒負責爲皇帝做衣服，只是因爲多用了兩萬法郎，就被辭退；新來的裁縫收到拿破崙親自開具的清單：「也許，我們應該可以用得比這個更少。不要浪費，衣服做好後，我要親自過目，如果沒問題，馬上放入衣櫥。」按照慣例，每季度要做一套軍大衣，拿破崙心疼地說：「這衣服穿三年也沒問題的……四十八套短褲和馬甲，如果每套花八十個法郎，那就是三千八百四十法郎……二十四雙鞋，就是三百一十二個法郎。天哪，這也太多了。」不過，他唯一不反對的是，大量訂制襯衣。

雖然拿破崙已經稱帝，但在個人生活上，和當年沒有什麼兩樣，他很少休閒，好像不會享受。可是，宮廷慶典時，他會揮金如土，連同他那寶貴的時間。其實，在這上面，他眞正浪費的是尊嚴和自由。

貴族們再次進宮時，拿破崙已經不再譏諷，反而歡迎他們了。這眞是不可思議。當初，他在軍官學校時，對那些貴族同學不屑一顧，如今，卻允許這樣的人湧入科西嘉人的宮廷。曾經與拿破崙誓不兩立，看不起這小個子將軍的蒙莫勒內家族、孟德斯鳩家族、拉賽維爾家族等有身分、有地位的家族，如今都來到杜樂麗宮。萊茵聯邦的君主們，穿著德意志服裝出進自由，梅克倫堡人也來大獻殷勤。或許對拿破崙來說，這是一個政治動作，他必須要拉攏舊貴族來支持他。

然而拿破崙，那個珍惜衣裳如珍惜士兵一般的人，那個晉升將官只憑能力而不分背景的人，那個願意與士兵們坐在營火邊的人，那個把貴族血統的特權從法律中剔除掉的人，那個把獨立思考的新意見放在陳腐的舊觀點之前的人，完全變了個樣。竟然在一八〇七年做出了一個荒唐的決定：冊封新貴族。他的目的是想把榮譽世代相傳，認爲「這是符合常理的事」。最初，只有勇敢的元帥，能幹的參議員和大臣才能被封爲親王、侯爵，這是最高榮譽。可是現在，這些新貴族的子孫們，其中不乏遊手好閒、無所事事、一無所長的人，也都在大顏不慚地享受著先人的榮譽，過著奢糜腐爛的生活。

連榮譽軍團也失去了原有的純潔。開始，只有對國家有極大貢獻的人，才能有資格成爲榮譽軍團成員；現在，無德無功的人，只要他們是榮譽軍團的後代，就可以繼承這一稱號及其財產。這顯然與《拿破崙法典》自相矛盾。新法令頒布時，拿破崙竟然在私人信件中寫道：「只有才能出衆的人，才有享受自由的權力。我冊封爵位並不限制門第出身，保護了多數人的感情；我頒布的平民王冠，誰都有可能得到；積極進取的人，才會受到我的器重。我知道，封官賜侯，會使他們具有一定的權力。不過，我比他們都要出色，很快就能重新主宰他們。」

幾個月前，拿破崙還指責弟弟在荷蘭建立貴族制度，現在，他給自己找藉口說：「荷蘭人擅長的是經商；而法蘭西是軍事帝國，自然要另當別論。」但是，拿破崙在法國實行軍國主義，無異於爲自己埋下了定時炸彈。恢復帝制，同樣是個錯誤。

這樣，一個世代裡將有數千名貴族產生，到了第三個世代，則達到兩萬名。這些人於國家無功，自己也沒有眞正的實力，只會高高在上看不起別人。而這，勢必激起民衆的強烈不滿。到時候，積怨甚深，拿破崙將親眼看到自己鑄成的大錯，正是他自己製造了自己的敵人。

拿破崙曾對一個擁護民主的人說：「你們追求民主平等，但人生下來就是不同的，每個人都會爲了自己的利益而奮鬥，甚至會不惜一切。馬塞那已經大名鼎鼎，仍然要冊封親王，繆拉和貝爾納多特也是如此。他們會爲了榮譽奮不顧身。這就是法國人的野心和抱負！」

可是沒過多久，拿破崙對一切都提不起精神，連兄弟們也不能隨便找他談話。對於工作，彷彿也亂了手腳，無關輕重的會可能開個沒完沒了。在楓丹白露宮，他只允許上演悲劇。這一段時間，他常常半夜起床發布命令，神經總處於緊張狀態，只有熱水浴能讓他得到暫時的放鬆。胃痙攣發作得愈來愈頻繁，而且病情愈來愈重。

青年時代的憂鬱症，在他身上再次重現。大海的怒吼，風的悲鳴，是他經常談到的事物。他的手下們對此難以理解，不知道他為什麼突然變得心神不定。他們怎麼可能理解呢？如今，他的夢想成眞，卻感到失望，因爲他對此並不滿意，而且覺得這一切來得太晚。爲此，他情緒暴躁，沒好氣地對前來祝賀的人說：「不簽訂君士坦丁堡和約，我怎麼能高興得起來！」

稱霸世界！這才是他的理想！拿破崙對古代英雄非常崇拜，就是要以他們爲榜樣。於是，他更加頻繁地在歐洲製造事端，挑起戰爭。過了一段日子，拿破崙的情緒穩定下來，頭腦也一如既往地聰明。他在給沙皇的信中，談到了自己的計畫：「只要率領五萬法、俄聯軍，再加上一些奧地利軍隊，便可以主宰君士坦丁堡，從那裡可以直逼亞洲。當大軍抵達幼發拉底河時，英國只有俯首稱臣……如果我們達成共識，用不了一個月，我的軍隊就可以到達博斯普魯斯。當然，這些能否成爲現實，需要與陛下您當面協商……。」

寫這封信前不久，拿破崙接見了一位去過印度的將軍。這位將軍認爲帝王的計畫無懈可擊，根本不需要再考慮。拿破崙聽了這話，雙手托起將軍的臉，高興得像孩子般咯咯地笑。

又一次，他又陷入仿效查理曼大帝的迷思中。在一年前，拿破崙就曾想到羅馬加冕，自封「西方帝王」。那樣，教皇將變得一文不名，只能靠政府養活。當然，大主教們不同意這一計畫。拿破崙爲此氣憤地說：「難道你沒有看見？是我主宰著義大利。只要聖父不干擾我的行動，我可以允許聖父在羅馬獨立自主，不過，羅馬，我還是羅馬的皇帝！」

事實表明，拿破崙的夢想開始不切實際。如果他的頭腦清醒，應該看到自己最終失敗的結局。雖然，他現在在羅馬還可以發號施令，可是，這將會導致他的慘敗結局。

教皇不再對拿破崙唯命是從，竟然同意英國船隻停留在港口。爲此，拿破崙攻占了安可納，他寫信給教皇：「上帝恩賜於我，如果聖父妄想把我的使者驅逐出境，悉聽尊便。對於您接待英國人，與我毫無關係。我會替您向上帝祈求，保佑您權力永駐。」他在威脅教皇的同時，還讓舅父費什傳話，說自己要當羅馬的康斯坦丁皇帝，他說：「我就是查理曼，法國和倫巴底都已經被我統治……如果您識時務，我不會與您爲難。不然的話，您將被貶爲羅馬主教……。」

他把自己當成了馬丁•路德嗎？其實，拿破崙始終傾向於路德的新教，只是出於自身利益的考慮，沒有讓新教在法蘭西盛行。與教皇徹底決裂後，拿破崙決定自封義大利國王。他以命令屬下的口氣給義大利總督歐仁寫信：「教皇擁有了不該擁有的權力，那些僧侶們無德無能，爲什麼要霸占著權力不放？不久，我將越過教皇，舉行法國、德意志、義大利和波蘭的教會會議。」教皇得知這一情況後，表示願意在金錢問題上協商；拿破崙乘機勒索說：「立即把所有領地併入法蘭西，這一切無可商量。」也許，他的獅子大開口，激怒了教皇：教皇拒絕了一切談判。爲此，拿破崙占領羅馬。四月，教皇領地淪陷，只成爲一個行政省。

拿破崙擁有輝煌的戰績，曾經從開羅打到維也納。如今，他再度占領夢中的羅馬。只有其母萊蒂齊婭對此持反對意見，爲此，她寢食難安，身體大受影響。過去，她對兒子的所作所爲雖然不滿，也不至於反對，此刻，她已經預感到兒子在走向滅亡，不安地說：「我有種不祥的預感，他將給自己和全家帶來災禍。他想得到的太多了，最終會滿盤皆輸！」

後顧之憂

拿破崙在一封家信中說：「德意志人民崇拜的偶像，一定是能力非凡的人，但不一定出身貴族。他要對民衆公正無私，能夠聯繫帝王與百姓的情感。《拿破崙法典》的好處在於審判公開。說實話，爲了興旺帝國，我爲此付出了全部精力。由此，民衆將擁有從未有過的自由、平等的權利。人們在享受到政府帶來的好處後，還有誰願意再甘心受普魯士人擺布？」

在荷蘭與義大利，人們對自治已經不新鮮。但萊茵聯邦的君主們，一時還難以接受。於是，拿破崙把這一重大任務交給家族中最年輕的成員熱羅姆來完成。但是，熱羅姆才二十三歲，從小過著衣食無憂的生活，哪裡知道一國之主的分量？整日想著如何花錢享受，甚至遺棄了符騰堡的妻子，另尋新歡。他的情婦到處都是，子女衆多。很快地，便四處欠債，醜聞不斷，但他卻不思悔改。

拿破崙最偏愛小弟，有些像父母溺愛幼子。一次，熱羅姆要求二哥任命他爲總司令，拿破崙回答：「你眞想當總司令嗎？那好，等你打過六次戰役，戰死六匹坐騎之後，再來找我吧！」不過，熱羅姆一點也不把這樣的拒絕放在心上。他每次帶兵打仗時，會讓整個後宮隨軍。只是，王后並不在內，最美貌的宮女們才會受寵。他的揮霍無度，使得自己的封地很快變得一貧如洗。

拿破崙曾給熱羅姆寫信：「你下達的命令，讓人覺得荒唐可笑。你身爲一國之君，應該具備戰場上衝鋒陷陣的本領。我在軍營時，從不講究吃穿住，你必須與將士們同吃同住。這樣，才能更好地指揮戰鬥。如果你對帶兵打仗沒有興趣，不如留在宮中！你怎麼會變成這個樣子？難道是我教你的嗎？其實，你是有才幹的，可惜被你的愚蠢葬送了。」年輕的熱羅姆對拿破崙的指責不屑一顧。拿破崙對待家族問題上是不明智的，但又無能爲力。雖然，他會對兄弟們提出種種要求，但最終往往不了了之。

一代帝王，已經人過中年。由於超負荷的工作，他處理事物的態度逐漸變得生硬。十二年前，他越過阿爾卑斯山時，威名遠揚。他的青春全部交給了戰場，令同輩人讚嘆不已。如今，當年的溪流已經匯成大河，各地的船隻往來其中，江河最終要流向海洋。歷史，在他的臉上留下印痕。

不久，拿破崙把波蘭伯爵夫人接到巴黎，讓她住在當年約瑟芬住的那條街上。這是一種什麼心理呢？他總會把情人安置在那裡。在這裡，伯爵夫人衣食無憂，御醫每天去看望她，雖然大家都知道此事，但她仍然深居簡出，更不會去什麼專門為她準備的劇院包廂。只是，她來到巴黎後，見到拿破崙的機會卻少了。

現在，拿破崙已經有了一個兒子，就是前不久他在柏林時出生的那一個。可是，那個孩子的母親不大懂事，拿破崙不想再見到她。回到巴黎後，那女子主動找上門來，拿破崙送了訊息告訴她皇帝只見他召見的人。他願意只是送給她一幢房子，按時給生活費。不過，父親的天性，使他有時會把孩子接過來，甚至一度想認領這個孩子。只是，他不能這麼做，他是皇帝，怎麼能夠站出來承認自己有個私生子！他只能把自己名字的一半賜給這個孩子，取名里昂。也許他有著先知的預感，這個擁有拿破崙半個名字的里昂，最終成了罪犯。

隨著年齡的增長，拿破崙愈來愈迫切地要求離婚，兩個人為此不知談判了多少次。此後，僕人常常會看到約瑟芬面帶淚痕。「無後」困擾著一代帝王。不過，他對約瑟芬的感情是很深的。塔列朗勸他離婚，他說：「要是我拋棄了她，再去哪裡找這樣迷人的女性？我得重新去適應一個女人，皇后與我多年相伴，我們已經融成了一體，難以分割。如果我不要她了，是不是有些忘恩負義？」可是，時間不等人，必須採取果斷措施。拿破崙知道，如果與妻子離婚，將會引起多麼大的反響。

最後，他終於想出了可以兩全的辦法。在巡查義大利時，他召見了呂西安。兄弟倆的這次談話與衆不同，爲此，呂西安把這段談話詳細地記錄下來。

此時的呂西安，已經三十二歲。

十二月的一個晚上，呂西安應召來到曼圖亞宮。在路上，他的心七上八下地跳，不知道哥哥的召見爲了什麼。走進屋內，耀眼的燭光，使他一時什麼也看不清楚。只聽到盧斯塔姆喊道：「陛下，您的弟弟呂西安到了。」

拿破崙平靜地坐在圓桌前，上面鋪著歐洲地圖。他左手托腮，右手正在地圖上插彩色大頭針。兄弟倆已經有好幾年沒見了，呂西安簡直認不出來，眼前的就是拿破崙？這就是法蘭西皇帝嗎？停了一下，呂西安才走上前去說：「陛下，呂西安應召前來。」

忽然，拿破崙從椅子上跳起來，叫衆人退下，親熱地迎上前來拉著弟弟，雖然表情有些不大自然。呂西安與哥哥擁抱，拿破崙好像並沒有這麼熱情，拉著呂西安的手，但與他保持一定的距離，久久地打量著弟弟。

「是你嗎？你過得好嗎？家裡都好吧！教皇呢？他好嗎？他對你怎麼樣？」

呂西安一一作答，只是覺得哥哥有哪裡不對勁，同時回問哥哥好。

「我很好。」拿破崙說，「你沒發現我已經長胖了嗎？也許還會更胖呢！嗯，你比以前更精神了，只是有點瘦。你現在是家裡最帥的男子了。」

「陛下別取笑我了。」呂西安恭敬地回答。

「不，不，我是說眞的。坐下聊聊吧！」

他們兩人坐在一張大地圖前面。可是，拿破崙卻半天沒出聲。呂西安不安地叫道：「陛下……」

拿破崙忽然抬起頭，說道：「你說，有什麼事？」

呂西安請求哥哥不再與他計較過去的往事。拿破崙說：「我可以馬上原諒你，只要你答應我的要求。」

呂西安回答在不傷及他的自尊的前提下，願意答應任何要求。

「很好，但你說什麼事情會傷害你的尊嚴呢？」呂西安回答是本性與宗教。

「那麼，政治呢？你已經不關心了？」呂西安搪塞說他已經決心隱退，不想再過問政治。拿破崙說：「前途如何，關鍵看你怎麼做。你可以和其他兄弟們一樣，被封爲國君。」

「陛下，我的妻子，還有我的孩子……」

「她不是你妻子。我永遠不會承認她。」

「陛下！」

「無論如何，我也不會承認她！你是我弟弟，我可以原諒你。對她，我只有詛咒！」呂西安苦笑著說：「請您注意形象，陛下。」拿破崙仍然在數落著弟妹，呂西安開始露出被冒犯的神情。拿破崙卻轉過來安慰他，但就是不答應承認這個弟媳。當時，法律規定，沒有徵得皇帝同意的皇族婚姻，是無效的。呂西安辯解說，他結婚的日期在他稱帝以前。拿破崙答道：「就是因爲你，才有的這項法律！」呂西安被他的強詞奪理逗笑了。

拿破崙卻氣憤地說：「有什麼好笑的？我知道你們是怎麼想的。你竟然在敵人中結交朋友，哪個有良心的法國人會贊同你的行爲呢？現在，你唯一的選擇就是，全心全意地支持我，就像熱羅姆那樣。」

呂西安難以接受這樣的事實，終於憤怒地站了起來：「陛下，您有沒有想過？那些人之所以站在您一邊來譴責我，都是爲了他們個人的利益。而我，就連我的僕人也支持我的選擇！」拿破崙被激怒了：「我已經忍無可忍了！」呂西安並不管這一套，繼續說著：「我對國家做出了多少貢獻？它應該感激我才對！……熱羅姆，怎麼配和我相提並論？陛下，不要聽信讒言，聽聽民衆是怎麼說的吧！」

這段話讓拿破崙漸漸平靜下來。他停了一會，儘量調節自己的語氣，說道：「看來，塔列朗說得沒錯。你是個對政治非常敏感的人，情緒易激動。可是，我們並不需要這些。我沒有忘記，霧月十九日，是你幫了我，但要說你救了我的命，未免言過其實。爲了復興法國，我需要權力。而你，處處與我作對，爲此，我與約瑟夫對你可謂苦口婆心，仁至義盡……可是，當取得最後的勝利時，你卻反對我，這就抵消了我對你感恩圖報的心情。難道你忘了嗎？在聖克盧宮時，你身處險境，是我，派士兵把你救出來。」接下來，拿破崙情緒激動地說起一件又一件往事。忽然，氣氛又緩和了起來，談到了他的將領，個個忠心耿耿，又談到兄弟們如何不團結。接著，他改變話題說：「過去的就不要再提了，我叫你來，不是爲了和你鬥氣。」

很長一段時間，兩個人都沒有說話。之後，拿破崙首先打破沉寂：「呂西安，你好好想想我的話。我們都不要激動。謝謝你對我的信任，來到我這裡，我身爲法國皇帝，絕不會忘記科西嘉人是如何對待客人的。」他邊說邊在屋裡來回地走，忽然抓住弟弟的手，緊緊地握著，說道：

「現在，就你我兩個人。沒有人會知道我們的講話內容。我承認，關於你的婚姻，我錯了。我應該想到你的執著。好了，我不應該干涉你的婚姻。其實，媽媽是非常喜歡你妻子的，她希望你幸福……勒布倫也對你妻子讚不絕口。你是知道的，約瑟芬的脾氣不好，不過，她倒沒有向我發作過。我對你的妻子之所以生氣，是因爲她占有了我最能幹的一個兄弟。但是，你有沒有想過，她的美貌總有逝去的一天，到時候，你會失望的。」

「你在取笑我。」

「沒有，我是認眞的！今天，你要做出決定。對於你的女兒，我原來是不打算承認的，但是現在，我會考慮。告訴我，如果你是我，會怎麼辦！」

呂西安提議，通過一項草案，讓孩子們擁有繼承權。拿破崙回答：「我當然能夠做到。可是，我不會做。你說過了，輿論的力量很大。法蘭西民衆會對此有什麼反應呢？我們的一言一行，他們都在看著啊！如果自食其言，不是對我的損害嗎？」

呂西安再次表明自己的觀點，不會讓哥哥介入一樁他還沒稱帝之前就已經定下的感情：「陛下，如果您答應我的要求，我將死心踏地地效忠您，對您一輩子感恩戴德。」

他接著又說了很多，拿破崙愈聽愈慌亂，最後終於嚷了起來：「你不要再逼我好不好？不管怎麼樣，我也不會承認你的妻子！」

呂西安已經控制不了自己的情緒，喊道：「那好，陛下，您明說，到底要我怎麼樣！」

「很簡單，」拿破崙馬上說，「和你妻子離婚。」

「您不是總說我們的婚姻不合法嗎，離婚從何談起？」

「我知道你會如此說。我爲什麼要你離婚？這很簡單，如此，我就承認你的婚姻，離婚，將給你的子女帶來無數的好處。別再猶豫了，和她離婚。」「這對我的孩子不是榮耀，是恥辱，我決不會答應！」

「到現在你還不明白我的良苦用心嗎？如果我宣布你的婚姻無效，你的孩子將成爲私生子。」

呂西安則說：「陛下，您有權力分地封王，因爲，這是您贏得的財富。但是，沒有人能夠搶走我的孩子。不論按教會還是民法，我的孩子與其他人同樣合法，教皇甚至用我妻子的名字，給我的一個女兒命名！」

「別激動！……我提議離婚，其實是承認了你的婚姻。當然，你可以不與妻子分離。如果她能顧全大局，爲法蘭西的利益做出犧牲，我會補償她的，甚至，我可以親自登門去看望她。但是，如果她拒絕，你們全家都將受到譴責。你們自私，不顧及孩子的大好前程。你的孩子們也不會原諒你們！」

呂西安痛苦地搖著頭。

拿破崙繼續說：「你怎麼就是不明白呢？別垂頭喪氣的，我可不想看到你這個樣子。再好好考慮考慮吧！」

呂西安有好幾次忍不住想告辭。拿破崙再次提到王位問題。他說分封的幾個國君都不能令他滿意。呂西安聽著他在發牢騷，拿破崙不停地說著，有些語無倫次：「你知道嗎？約瑟芬現在動不動就哭，她認爲有人在勸我和她離婚另娶。可是，最終我還是要離婚。也許，早該如此，那樣可能我也有很大的孩子了。不過，我可以告訴你，我現在有孩子了，他們肯定是我的後代。」他提到了波蘭伯爵夫人：「她眞的溫柔又可愛，像個天使……你別笑話我，是的，我很愛她。但是，我沒有被感情沖昏頭腦。因此，在你與妻子的事情上，你也應該注意政治影響。」

呂西安回答：「陛下，如果她不是我妻子，而是我的情人，我就會照你的意思辦。」

拿破崙愈說愈動情，說自己後悔讓歐仁娶了巴伐利亞的公主，又說到早該讓呂西安的女兒嫁給奧地利王公。接著他說：「現在，你必須在我之前離婚，或者，我們同時離婚。這樣，人們對我離婚的議論會少一些。你想想看，長期以來，你一直固執地堅持婚姻，人們會對你的離婚更爲關注；因此，你就等於在幫我。難道你不願意嗎？我想你會同意的。」

呂西安盯著哥哥不說話。拿破崙不解地打量著弟弟，問：「你爲什麼不答應我呢？」呂西安只是對著他這個不合理的要求微笑。拿破崙有些尷尬，但並沒有放棄。忽然，他對弟弟說：「令人尊敬的議長。咱們好好商量一下，你我都會從中得到好處。我會記住你的恩德的！」

呂西安被打動了，陷入了沉思。他終於明白了，哥哥爲什麼執意地堅持要他離婚。這一切不過是爲了減少輿論對皇帝離婚的反彈。呂西安想通後，委婉提出他的要求，說妻子仍然年輕。拿破崙說道：「至於她，你的妻子，我告訴你！她將成爲帕馬女公爵，你的長子將繼承這一爵位，只是不能繼承你法國親王的爵位。因爲，以後，我將給你獨立的王國。」呂西安聽到「獨立」，忍不住笑了，他想到了另外的幾個兄弟。

拿破崙看到弟弟臉上的變化，抓住時機說：「獨立，我相信你有能力治理好一個國家……趕快決定吧！我是言而有信的人。如果你喜歡那不勒斯，我會把它從約瑟夫手中拿過來……歐仁不過是個總督，我知道他想繼承我的帝位。不過，我不會讓他得逞的。如果我和約瑟芬離婚，他就不適合在義大利了。西班牙怎麼樣？難道你沒發現，它很快就成了我的領土了。你不是想擁有西班牙嗎？告訴我，你想得到哪？只要你開口，只要你答應在我之前離婚，我會滿足你的一切要求！」

呂西安簡直被拿破崙的慷慨嚇住了，半天才說：「陛下，您的權力大無邊。可是，我卻不會離婚，而且……」他猶豫著沒往下說，拿破崙明白了他的心思，說道：「別再執迷不悟了，別以爲你的教皇朋友能夠保護你。如果我動眞格的，他有什麼辦法？請你想清楚：離婚，你將應有盡有；不離，一無所有！」

呂西安看著房門，表明他想告退。但是拿破崙怎麼會放他走，拉著他的手說：「不會只是你我離婚。朱莉夫人一直沒有生男孩，女孩的唯一用處，就是等她們長大後嫁出去，以便結盟。你的大女兒快十四歲了吧！願意讓媽媽來照顧她嗎？要是你答應我的要求，我將請媽媽爲她安排好前程。你不會懷疑我和媽媽會傷害你的寶貝女兒吧？離婚後，約瑟芬，奧坦絲，都將成爲我合法孩子包括認領孩子的敵人。奧坦絲子女的勢力愈來愈大，對我是個威脅。」接著，他又說到自己的私生子，說自己想認領他們。說到激動處，他嚷道：「誰說我無權將私生子合法化？路易十四就宣布過他的私生子們有繼承王位的權利。」

拿破崙又說到約瑟夫也想離婚。呂西安對此半信半疑，拿破崙強調著：「沒錯！約瑟夫也會離婚！我們兄弟三人離婚後都將再娶。而且在同一天結婚！你爲什麼還想不通呢？難道想讓人們給你個聖賢的名聲？你別急著走，在我這裡住幾天。我已經在寢室隔壁爲你準備好了床！」

呂西安找藉口，說有個孩子病了。他說，擔心妻子會受不了這種打擊。拿破崙說道：

「我很同情你。你要好好照顧她！沒離婚前，她是不能死的，不然，她的孩子就沒機會合法化了！」呂西安假裝答應考慮此事。拿破崙高興地說：「太好了。如果你非要走，那就請回吧！不過，記住你說過的話！」呂西安終於可以走了。

走到前廳時，聽見拿破崙在喊：「梅內瓦！」他連忙加快腳步，恐怕被再次叫回去。

拿破崙爲了達到自己離婚的目的，爲了減輕公衆輿論對自己的影響，可謂費盡心機。每個步驟，甚至每句話，都經過周密考慮，他對呂西安動之以情，曉之以理，時而威逼，時而誘惑，極盡其所能。他提到媽媽和波利娜，提到兄弟姐妹，爲的是在呂西安這裡以情取勝。

雖然拿破崙把呂西安當作自己的對手，但畢竟是自己的弟弟。家族觀念使他很想把弟弟留下來好好談談，這樣也利於更好地解決問題。可是，呂西安堅持要走。很明顯，兄弟之間在暗暗地較量，不只爲了愛情或離婚，也不單單是爲了榮譽。呂西安一直認爲：他處理事情的能力比拿破崙要強。

身爲皇帝，拿破崙有他自己的無奈。出於政治原因，他不可能與弟弟眞正和解，也不能承認自己的兒子，甚至無法娶心愛的女人。他稱自己有權做任何事情，但想做的事卻不敢做。兄弟離別多年後重逢，應該是多麼高興的事啊！要是弟弟答應合作，在這裡住上三天，那該有多好！

結識歌德

西班牙王朝已經形同朽木。拿破崙與呂西安的談話結束後，即將對其宣戰。他認為，西班牙是個墮落的國家。國王要為妻子的醜行做保護，那個王后可以與梅莎琳娜[13]齊名。大臣們不忠不義，父子間互相猜忌；官場上貪污受賄，腐敗成風，這就是西班牙的波旁王朝。以惡制惡，以其人之道還治其人之身，否則難以徹底摧毀這一王朝！有史以來，拿破崙還沒有如此不擇手段過，竟然利用對手的墮落取得成功。他甚至連蒙帶詐（這正是西班牙王室擅長的手段），只是他忽略了西班牙的人民，王室的腐敗，並不是他們的過錯。不久的將來，拿破崙將會為自己現在的墮落手段付出代價。

拿破崙把所有支持英國的人，都看作自己的敵人！於是，他決定將葡萄牙國王拉下王位。現在，西班牙竟然與與英國結盟，怎能放任自流！經過長期策劃，拿破崙決定挑起西班牙國王與王儲之間的矛盾，從而坐收漁翁之利。最後，他將有關人士都聚集在貝榮納，透過威逼利誘，奪取王位。隨後，再占領地中海，這樣才能進行下一步，對英宣戰。

戰爭初期，一切順利。拿破崙問梅特涅：「知道我為什麼要攻打西班牙嗎？因為我有著堅實的後盾。」他的話說得太早了，後院已經危機四伏！

這一天，拿破崙與西班牙高官談判結束後，打算把他們軟禁起來。他為此洋洋自得，勝利帶給了他新的衝動，西班牙已經不算什麼，它遍布全球的殖民地更有吸引力。

可是，呂西安並沒有與拿破崙達成協定，西班牙王座無人去坐。如何解決這一問題呢？於是，拿破崙把荷蘭降爲行政省。路易對此非常不滿：「爲什麼要降級？一個國王必須有神授的王權才能取信於人民，如果我連自己的王座都保不住，要怎麼治理領地呢？」拿破崙大爲惱火。約瑟夫還比較通情達理，應命來到西班牙首都，只是，迎接他的不是人民的擁戴，只有禮炮和儀仗。繆拉的妻子總想讓丈夫當國王，繆拉如願以償地成了那不勒斯國君。這對夫婦的野心卻沒有因此而滿足！時機一到，他們就倒向了另一方。

關於西班牙事件，不僅朝中有衆多人不滿，要知道，西班牙人的特點是擁有自尊和驕傲，他們怎麼會俯首就擒？戰場上，萊茵河邊，普魯士人、奧地利人，都對拿破崙心存不滿。現在，他們更加擔心，怕自己遭受和西班牙同樣的命運，因而決定奮起反抗。拿破崙在柏林稱自己征服了恒河，卻沒有發現，由於他在西班牙塔古斯河的所作所爲，已經爲自己在多瑙河上招來了敵人。他清楚地知道，沙皇若能牽制住奧地利，他才能在西班牙所向無敵。可是，沙皇是個優柔寡斷之人，不對他進行點撥是不行的，於是，拿破崙決定再次會見亞歷山大。地點在德國中部，處於兩國中間。爲了避免引起誤會，拿破崙特意在埃爾富特準備了會議桌。

爲了這次談判，拿破崙做了充分的準備，其精力不亞於對付一個久攻不下的堡壘。他說：「這次旅行事關重大。我要以無可挑剔的豪華富麗來威懾德意志。」不過，除沙皇以外，還有許多人要參加這次會議。兩個帝王吸引著衆多的觀望者。拿破崙對會面地點精心布置，謹慎地安排演出，連台詞也反覆修改，他甚至指點塔爾瑪如何注意聲調。

劇院的演出，成了埃爾富特會議的高潮。有四位國王，三十四位王公，觀看了演出。塔爾瑪扮演奧瑞斯特[14]，他高聲朗誦道：「我們的時代被衆神統治，他們的英名建立在我們的成就之上。爲什麼我們要懼怕上天的恫嚇？能夠流芳千古的人，就是人世間的神！」

第二天晚上，上演伏爾泰的《穆罕默德》，拿破崙非常喜歡此劇。人們在這裡不敢肆意妄爲，那個穿綠色舊軍裝的人，不怒自威。此時，穆罕默德說出的台詞令人大驚：「看，羅馬已經變成廢墟，破碎的軀體，散亂的四肢，臥倒在地上，榮譽盡失，在這廢墟上，我們將重建帝國！」所有人的視線忽然集中在拿破崙身上，他輕輕動了下身子，表明演員所說正合他的心意。接下來演出《奧狄普斯》，其中有這麼一句話：「與傑出之人交往，是莫大的榮幸！」兩位帝王起立，握手示意。

拿破崙了解亞歷山大的性格，因此用戲劇來啓發和暗示對方，以爭取得到對方的支援。拿破崙幾乎不給沙皇留有思考的餘地，像追求女人一樣去對待他，並最終支配他的意志。塔列朗負責協助拿破崙完成此事，他一瘸一拐地跟在帝王的身後。

沒人能夠比塔列朗更狡猾更詭詐，他甚至超過了拿破崙，並且已經看出了拿破崙的危機。早在一年前，艾勞戰役中，法、俄雙方損失慘重，塔列朗已經預見到拿破崙將在俄國吃敗仗。拿破崙與亞歷山大間已經私下達成了協定，對此塔列朗並不知情。可是，拿破崙想要稱霸世界的計畫，確實有些不切實際，塔列朗對此不敢苟同。但是，他沒有公開反對，找個藉口辭去外交大臣的職務，轉而擔任宮廷侍從首領，這可是個肥缺。拿破崙以爲，這樣一來，便於監視塔列朗的行蹤，而塔列朗也滿意於此職，因爲這爲他窺探主子的心理提供了方便。儘管如此，拿破崙仍然器重他，這使他有了更大的權力。

西班牙的局勢，驗證了塔列朗的預言。他早就意識到此舉會招來禍端，卻竭力鼓勵拿破崙去冒險。他慫恿拿破崙說，西班牙就應該屬於法蘭西。拿破崙聽得得意忘形，失去了理智，下令攻占加泰隆尼亞。如今，陰險的塔列朗心懷鬼胎，當拿破崙派他接待被軟禁的西班牙王儲時，暗自得意。他要求擁有自主權，聲稱為了更方便監視王子。實際上，他想從西班牙王子那裡得到英國情報，同時也向英國提供情報，這個可惡的小人！

從此，塔列朗不斷地向沙皇與奧地利的駐法大使提供情報。他可是皇帝寵信的親信大臣！有這樣一件事表現了他與拿破崙之間的關係。

拿破崙從西班牙回來後說：「一個也沒落，都進了我的天羅地網！」

「陛下，您不覺得在貝榮納的會談得不償失嗎？」

「什麼意思？」

「您想想，如果一個人地位高貴，卻與女人糾纏不清，不能善待妻子與朋友，勢必遭到世人唾棄；不過只要他有權有勢，他的錢財與權力能讓他重新得到友情與愛情。但如果一個人打牌時出老千，不論他多有權勢，肯定會被逐出牌桌，人們也不會寬恕他。」

拿破崙聽了臉色大變。接下來，他一天都沒有再和塔列朗說話。可是，他為什麼不把這個傢伙踢出宮廷呢？丟去西印度群島呢？拿破崙說：「只有他能夠理解我。」問題就在於此。塔列朗無所顧忌，他不在乎道德譴責，知道自己沒有拿破崙的頭腦，不能創立自己的王國，因此，轉而去追求金錢，這就是他的愛好。

在埃爾富特，塔列朗抓住時機，出賣自己的主子。那些德意志君主們圍在他身旁，聽他談論拿破崙，不過，他根本沒把眼前這些人放在心上。他知道，會有更大的人物，不惜重金來換取他的情報。

亞歷山大就不肯放過這個機會！他已經獲得大量情報，對塔列朗的關注並不亞於對拿破崙的注意。很快，塔列朗在德意志圖恩公主的會客室見到了沙皇。塔列朗在後來的回憶錄中寫道：「我準備好的那些手法，在沙皇面前根本沒有用上。不用我開口，他就知道我要說什麼。」

塔列朗對沙皇說：「尊敬的陛下，您爲什麼要來這裡？您的使命是拯救歐洲。要想成功，必須抵制拿破崙。法國人講文明，可帝王不講；沙皇是文明的，但俄國人不講文明。所以，您應該與法國人民聯合起來。……陛下不應該與奧地利爲敵，讓我的主子自己去承擔好了。」

不用懷疑，塔列朗與拿破崙一樣，擅長蠱惑人心。漫漫黑夜，他與沙皇長談，想盡辦法讓沙皇相信自己的話。沙皇倒是很在意這位皇帝的親信，兩人不謀而合，私下進行著難見天日的交易。他甚至同意把一位俄羅斯公主嫁給塔列朗的侄子，那可是東方最富有的公主。

在埃爾富特會面之前，亞歷山大就對拿破崙有了戒心。現在，更難與拿破崙達成協議了。拿破崙對沙皇的反應頗感奇怪。他本來事先命塔列朗擬好了聯盟條約，只好再次親自修改，還補充了很多內容，之後派人給亞歷山大送去；要求不許被第三個人知道。沙皇當衆承諾保密，可是當天晚上，塔列朗就看到了修改過的條約。當然，雙方未能簽定協議。

晚些時候，拿破崙召見塔列朗。塔列朗把雙面人的角色扮演得非常精采，毫不亞於伊亞哥[15]。拿破崙仍然被蒙在鼓裡，還對他說：「那個沒有遠見的沙皇，眞是不知好歹。」

「不過，他對陛下倒是非常佩服呢！」

「你被他騙了。如果他眞的這麼想，怎麼會不簽字呢？」

「我看，他是個可以信任的人。如果答應，必然會信守承諾。他的性格就是如此。」

「以後，我不會再提起此事，不然，會讓他以爲我對此非常在意。這次會談，已經可以讓奧地利相信我們之間有約定了……爲什麼你那麼喜歡奧地利呢？那個國家讓人聯想到的是過去的舊時代！」

塔列朗興致勃勃地說著：「我倒是很欣賞奧地利的政策，覺得挺有新意呢！微臣斗膽說一句，陛下要是能那麼做就好了。人們會更加敬重您，因爲您在保護文明。」

「文明啊！……」拿破崙看著爐火，語氣緩和了下來，「為什麼沒有人向我敞開心扉？他們為什麼不與我真誠地談判？關鍵是因為我沒有孩子。他們懼怕我，只不過想方設法要從我這裡撈到好處。顯然這是錯誤的，不會對任何人有利，因此必須加以防備。」

過了幾天。兩位皇帝已經相處得十分融洽了，就像兩位朋友。拿破崙早已精心布好局，只等沙皇上鉤。他對沙皇說：「或者，我該休息了。我多麼渴望有個家，可是，一個沒有子女的人要怎麼休息呢？家庭又從何談起呢？你是知道的，妻子比我大十歲。」拿破崙把妻子的年齡增加四歲，「噢，對不起，剛才我有些失態了，但這正說明我對您的真誠和信任。」沙皇沒有說話。過了一會兒，拿破崙說：「就要吃晚餐了，可是我和文森男爵約好要出去呢！」

那些客廳裡的達官貴人，說拿破崙屬於沒有頭腦的軍人。但是，這個沒頭腦的軍人，卻能夠飯前提出一個大家都非常感興趣的話題，在眾人爭論不休的時候，悄然撤出局外。最終，討論也不會有結果，但拿破崙卻不停地在發布新命令。

有一次，拿破崙談到了自己的婚姻，他對塔列朗說：「命中註定，我不得不這樣做，這關係到法蘭西的將來，而我，沒有子嗣。約瑟夫更別提，生了一幫丫頭。恢復帝制是不可扭轉的趨勢，世襲統治才會壯大我們的法國。皇后，應該有高貴的出身。我知道，亞歷山大有幾個妹妹，正好有一位待嫁。你去和那個俄國使臣魯緬佐夫談談此事。等我把西班牙問題解決後，就會討論土耳其的事，把這些告訴他。我知道，對於離婚這個問題，你是贊成我的。」

第二天，塔列朗就把這件事一字不差地告訴了沙皇。沙皇還沉浸在前一晚的情緒中不能自拔呢！有些悲傷地說道：「大概很難有人能夠真正了解這個人。他把整個歐洲攪得天翻地覆，這充分顯示了他的個人才能，同時也暴露了他的野心。幾乎沒人看得到他善良的一面。你對他了解得多些，說說你的看法。」

塔列朗對此避重就輕，不想眞誠地發表意見，不過，他覺得沙皇應該知道拿破崙想娶俄國公主這件事。亞歷山大聽了，說：「我個人是贊同的。不過，這要徵得我母親的同意才行，她才有權決定妹妹們的婚事。」

此後，兩位皇帝又舉行了長時間的會談，關係更爲親密。同樣，亞歷山大和塔列朗私下交往不斷，幾個晚上都在密謀，只是還沒有什麼結論。但是最終，兩位帝王也沒能在埃爾富特簽定盟約；與俄國公主的親事，也沒有定下來。雖然，拿破崙聽到了無數的奉承，可他對結局很不滿意，一無所獲地回到法國。相反地，塔列朗此行可謂收穫甚多，新侄媳的財產有數百萬之多。

同期參加會談的三十八個君主與高官，遭遇各不相同。有被帝王及其隨從籠絡的，當然也有受到威脅的。塔列朗後來記錄道：「在埃爾富特，有誰敢正面與拿破崙交鋒呢？……最後一天，他仍然是人們的核心，大家圍著他轉……那些王公們的軍隊，被他打敗或殲滅，有的國家主權被他剝奪；即便如此，也沒有一個人敢向他提任何要求。他們的最大願望就是，引起拿破崙的注意。」

不過，拿破崙很肯定地猜測：維也納那邊，必定會認爲埃爾富特會談簽定了盟約。其實並無任何盟約簽定，但是拿破崙帶給他們的恐懼，將會把沒有簽約的遺憾彌補過來。但他哪裡知道，塔列朗已經把他的一切密報給了梅特涅：「俄、奧關係是否能夠恢復，關鍵在您了；俄奧聯盟才能使歐洲不被拿破崙玩於股掌之間。」這位奧地利外交家聽後喜出望外，連忙寫報告說：「最終，我們將改變局勢。沒想到，我們可以打探到法蘭西的內政了。」

會談結束時，拿破崙與亞歷山大當衆告別。兩個人像兄弟一樣，互相親吻。在場的人，無不被巨人間的友誼深深打動。只有塔列朗，手持禮帽，站在一旁暗自發笑。因爲，他早就把這看起來深厚的友誼破壞得一文不值。四年後，他今天的行動將會引起轟動反響，拿破崙要爲此付出高昂的代價。

在埃爾富特受夠了無趣的日耳曼貴族的拿破崙，到了魏瑪見到日耳曼精神的耀眼光芒。這些德意志的英才們與拿破崙共同度過了幾個愉快的夜晚。分手時，拿破崙對魏瑪的知識界人士說：「在這裡，我得到了一樣珍貴的東西，我將把它帶回法蘭西。即你們對我深深地懷念。」

他們都是知識的巨人，有的是天份，只是沒有王室的顯耀地位。拿破崙自己不也沒有王室血統嗎？和這些人在一起，他才感到充實和自在。這兩個星期，他經歷了太多的事，對人們的蔑視更強了，不過，對日爾曼精神卻更加敬佩。拿破崙對德意志文學了解不多，那些大師們的作品，他讀之甚少。但這些人的盛名，他早有耳聞，所以，他要與這些人會面。

兩年前在波茨坦的時候，拿破崙曾經與米勒會談。米勒具有普魯士國籍，但身爲瑞士人，對歷史的研究頗爲深遠，現在普魯士爲官。拿破崙才思敏捷，對各個學科都略知一二。因此，他直截了當地提出了有價值的的問題。面前的歷史學家對此很感興趣，兩個人很快就討論到了深層次的歷史問題。

拿破崙提起塔西陀。然後他談起人類文化生活發展的主要時代，他熱情的說著美好的希臘文化，希臘被羅馬人征服，是如何在羅馬文化衰滅後藉由基督教徒又再豐富這世界人類的精神生活。他愈說興致愈高。此時的他平易近人，態度和藹，甚至給米勒提議，記錄自己的豐功偉績；這是他第一次向人提出如此的要求。後來，談到宗教的起源，宗教的需要。米勒對此進行了記錄，他說：「我們談了好長時間，內容涉及所有國家和地區……他的興致很高，不過並不是很激動。最後，我差不多是貼到他身邊，因爲周圍的人誰也聽不清楚他的話。至於談話內容，我有資格保密。」

現在，身居魏瑪，拿破崙關心的是年老的維蘭德，把他看得和伏爾泰一樣偉大。不過，當維蘭德把小說與歷史混在一起時，拿破崙直言不諱地批評道：「您博才多學，怎麼人會分不清小說與歷史呢?」後來,他們談到了比文學批評更嚴肅的內容。拿破崙直率地提出自己的見解:「你要清楚,那些在傳說、寓言中大講美德的人,最後結局如何?他們還不是承認美德只是傳說、寓言而已。」

接著,又回到塔西陀話題,拿破崙覺得這位羅馬史學家,和當今的德•斯塔埃爾夫人有些相像。

一間現代的會客室裡,拿破崙不停地發表著人類是如何活動的演說:「塔西陀從未對事物的原因和動機作充分的分析。人類行爲有神祕性,人的心態瞬間變化,這些,他都不了解。作爲歷史學家,應該眞實地反映人類社會的每個階段,恰如其分地進行評價。哦,我們到這裡並不是爲了談論塔西陀的。看,沙皇的舞姿多麼瀟灑!」

爲了與拿破崙辯論,維蘭德已經精心準備多時。他要爲古羅馬人與面前的新羅馬人辯護。最後,旁邊的聽衆們都聽得津津有味。拿破崙全神貫注地聽著,在場的人都在期待著他說些什麼;拿破崙像對待一場戰鬥似的,考慮著如何回擊對手。顯然,維蘭德的講話有備而來。爲什麼老先生要在這個話題上抓住不放?忽然,拿破崙想到了兩年前與米勒的談話。

最後,皇帝由衷地說:「這次,我遇到了眞正的對手。你是不是爲此做了大量的準備?我想,你與米勒先生是有聯繫的,對吧?」旁邊的人都笑了,維蘭德也笑著承認:「沒錯,陛下說得很對,正是米勒告訴我的,說您討厭塔西陀。」拿破崙說:「那對我可不公平。」說完,他開始大談希臘與基督教,他知道眼前的老維蘭德是個懷疑派。於是,湊近老先生的耳朵說:「到底有沒有耶穌,我不敢確定。」

征服者與詩人,一個年富力強,另一位德高望重。拿破崙輕聲說,也許世界根本沒有耶穌;老先生則認爲,日爾曼人的學識絲毫不比法國人差,並且針鋒相對地答道:「神志不清的人,才會懷疑是否有耶穌,這和懷疑凱撒是否存在過同樣可笑。難道有人會懷疑陛下還活著嗎?」維蘭德用自己的才智，禮貌地回擊了眼前的帝王，同時維護了耶穌的尊嚴。拿破崙岔開話題，拍著老詩人的肩膀道：「高明，我眞的佩服您，維蘭德先生！」然後，他大聲對在場的人談起基督教的價値，認爲這是國家的屏障。他的談興正濃，可是維蘭德說自己太累了，結束了與帝王的交談。

歌德[16]，當時就在旁邊聽著他們的談話。幾天以前，拿破崙與他在埃爾富特曾經交談了一小時。兩人在一間屋子裡會面，這裡是拿破崙旅行中接見、指揮或者發布命令的地方。談話的過程，彷彿是兩位天才的較量。兩位不同領域的偉人，探討著世界的過去與未來，彼此都對對方充滿敬意。歌德崇尚大自然，把自己與拿破崙的談話看作人生的一件大事；拿破崙對此好像沒有相應的評價。

十年來，拿破崙的豐功偉績，歌德非常欽佩。在他垂暮之年，曾對拿破崙說了許多意味深長的話。就是一百多年之後，也沒有人比歌德說得更透徹。可是，拿破崙對歌德的了解並不算多，甚至不知道歌德對自己的敬佩之情，因爲詩人沒有向他透露過這種感情。《少年維特的煩惱》拿破崙讀過幾次，但他認爲不過是少年的無病呻吟。德意志境內也許知道歌德的人並不很多，法國知道他的人更少。當時，歌德並不出名。拿破崙只知道他寫了幾本書，而且是從朋友們那裡聽說的。耶拿戰爭時，歌德曾任薩克森大公手下的部長，可是拿破崙對此公並無好感。所以，他對歌德的期望値也不高，當然比不了米勒、維蘭德。

與歌德見面那天，拿破崙正在吃早餐，塔列朗在右，達律在左。忽然，拿破崙看見歌德正從過道經過，就把他邀請進來。當歌德站到面前時，拿破崙非常吃驚：這是一位年過六十，卻極爲瀟灑，精神矍鑠的老人。一時間，拿破崙不知道說什麼，只是情不自禁地叫道：「果眞是個天才！」

這是多麼精闢的評價！拿破崙以前而且今後，也沒有再對誰如此評價過。這是英雄惜英雄，如同兩種不可抵禦的力量，突然相撞，互相吸引，可惜，時間把他們很快地分開了。

歌德做事謹愼，因此當時並沒有把會談的內容記下來。後來，也只記錄了其中的一部分。

當時，拿破崙對《少年維特的煩惱》發表了自己的見解，最後說：

「小說的結局有些不盡人意。」

歌德回答：「我早猜想您會不喜歡。您大概會希望這樣的愛情故事沒有結局吧？」

對於這種回擊，拿破崙冷靜地接受了。不過，他繼續說著此書的不足之處，認爲維特會有這樣的悲劇結局不只是因爲他的愛，亦因爲他的野心使然。歌德聽後笑了，接受了這個批評（後來歌德的兩封信中提到與拿破崙的這番對話——他說或許當皇帝在旁邊時，文學創作亦不得自由吧！）不過，他說這是藝術家使用的一點技巧，如果只有少數有水準的讀者看得出來的話，那也不傷大雅。拿破崙爲自己在文學領域裡取得的小勝利喜形於色。他把話題轉到戲劇，說自己不喜歡描寫命運的戲劇。「何必管什麼命運！政治就是命運！」拿破崙說這些話時，彷彿在演講。

隨後，他轉身與達律討論軍事，又和剛進來的蘇爾特聊了幾句，接著才與歌德繼續交談。他想要拉攏眼前的詩人，問道：

「歌德先生，您對這裡還滿意嗎？」

「陛下，我很高興。希望目前正在進行的會議能夠對我們這個小國家有幫助。」

「您覺得人民生活得如何？」其實，問這句話的時候，他已經沒有興趣待在這裡了，心裡只是在想：「怎麼樣才能讓眼前的天才服從於我呢？太可惜了，他不是歷史學家。不過，他可以把這次會議寫成小說或者劇本。我想，無論如何會比法國人寫得好。而且，透過一個外國人來寫，更有價值。」想到這，他說：「我歡迎您留在這裡，參加整個會議，不妨寫寫您對上演的戲劇有什麼感受。您對此有什麼建議呢？」歌德答道：

「遺憾的是，我沒有正統作家的天份。」

拿破崙心中暗想，這話或許已經談到政治了。但是，他仍繼續說：

「我應你們公爵之邀來到魏瑪。可是，他有些不高興，還好，現在沒事了。」

「陛下，他不高興大概是因爲所受的懲罰太重。或許我不應該對政治發表言論。但不管怎麼說，我們都該對他尊重點。」

「說得對！」拿破崙心中暗想，「他遠比那些官僚們清醒得多。我要讓他爲我的『凱撒』作傳！一本書在法國造成的迴響一定比打一場勝仗還有大！」他說：

「悲劇，可以讓人從中學到很多，寫詩很難贏得更高的桂冠。我建議您寫『凱撒之死』，相信您能比伏爾泰寫得更好，難道不是嗎？也許，這將成爲您最傑出的作品。這個悲劇是說，凱撒如果有足夠的時間，是能夠將他的偉大抱負變成現實的，他可以帶給人類幸福。我歡迎您來巴黎，那裡會擴大您的視野，而且有豐富的資料供您從事創作。」

歌德對帝王的邀請表示感謝，並說如果眞能如此，將是一件很快樂的事。拿破崙對詩人的反應並不滿意，心想：「這表明他不希望再和我交談下去。如果我再次邀請，會讓人覺得我太在意這件事。奇怪！他竟然對我無所求。我怎麼才能征服他呢？難道他是不可戰勝的？我要想辦法讓他來觀看我們的劇本，這樣，他就會寫出更好的東西。」

拿破崙提高嗓門說：「先生，我希望您今晚來看我們的戲劇。到時候，會有很多王公貴族在場。您認識主教親王嗎？他常常坐在包廂裡睡覺。嗯，您認識沙皇嗎？你一定能爲他在埃爾富特的成就寫點什麼吧？」這是他第三次暗示了，可是歌德只是禮貌地笑了笑，說道：

「陛下，我沒做過這樣的事，而且今後也不打算做。」一代帝王終於領教了歌德的厲害！

歌德竟然讓拿破崙這個革命之子拿出「太陽王」路易十四來爲自己辯護：「路易十四統治時期，那些知名的大作家們可不這麼想。」

「沒錯，陛下；可是，我們並不知道他們事後有沒有後悔啊！」

「說得好！」拿破崙不得不由衷地佩服眼前的詩人。彷彿這個德意志人拿了彎刀朝自己揮了一刀。因此，歌德表示要走時，拿破崙沒有再挽留。

這一次會談與衆不同，一代帝王對此充滿期望，想要征服詩人爲己所用，卻沒有成功。歌德也把這次談話看做人生中最偉大的一次。一句話可以概括：帝王有求於詩人，詩人卻無求於帝王。

背叛、遇刺

兩個月後，拿破崙到達馬德里，面前是菲利浦二世[17]的畫像。此刻，宮中各處他都已經去過，最後又回到畫廊。面對這個征服者，拿破崙久久站立，不肯離開。隨從們對此感到驚訝，他們看到帝王彷彿在與畫中的國王對話。拿破崙看著畫像，凝神沉思，他多麼渴望「我的疆域，太陽永照！」他統治下的西班牙怎麼會變成這樣？或許這個日不落帝國沒有宗教審判法庭就難以運作——自從占領西班牙後，他就取消了宗教審判法庭。這個動作是因爲他心地善良？還是講求民主？仍然，在另外的十幾個國家裡，他並沒有開放太多的自由。還是因爲他說了太多、寫了太多，讓西班牙人不喜歡？菲利浦的眼神令人不可捉摸，而且，看上去並不幸福。「我是幸福的嗎？」拿破崙自問。

這是一場難以讓人興奮的戰爭，皇帝來到這個南歐國家的首都。如今，充滿陰謀的西班牙事件，終於得到了報應。當然，拿破崙在去年嚴懲的那些國王和親王，沒有好下場。但是，他忽略了西班牙人民的性格。這些人已經拿起武器，開始捍衛自己的尊嚴，拿破崙沒有對起義者充分重視，把他們看得不堪一擊。他說：「那幫人不過是唐吉訶德的同胞。他們愚昧、傲慢、殘忍而且怯懦。西班牙人的頭腦被僧侶們控制……士兵跟阿拉伯人一樣，哪有什麼戰鬥力可言？他們的農民，並不比埃及、敘利亞等地的貧農高明；僧侶們無德無能，王公貴族更是腐敗不堪。」

錯誤的判斷，讓拿破崙難以清醒地看到：今天，他們暫時屈服。很快，西班牙人民會在英國的支持下，勇敢地反擊侵略者。那時，還有誰能戰勝他們？後來，拿破崙向身邊的親信文森說：

「那是我做過最蠢的事！你有辦法擺脫困境嗎？」

文森回答：「陛下，命令撤退吧！不要再干涉這個國家。」

「你說得容易！我為了實現理想，必須擁有歐洲最好的人才和最鋒利的劍。我的能力和威信，決不容許有人損害。我怎麼能在眾目睽睽之下，承認自己的嚴重失誤？你知道，這樣的事我做不到！」

知道錯了卻不肯承認，雖然向老戰友徵求意見，卻又不肯接受。這是個什麼樣的人？一周內，他曾讓腓特烈大帝的部隊狼狽而逃。可是，西班牙戰爭已經持續八個月，卻仍然沒有取得最後的勝利。

戰局已經不利，他那當國王的哥哥約瑟夫，不但不能給予幫助，反倒給他添麻煩。約瑟夫想要當個仁君，為此，兄弟倆吵了好幾次，都沒有結果。新國王為了保命而跑，連他自己都覺得可笑；約瑟夫只有在皇帝的支持下才能回到西班牙，顯得很沒本事。因此，拿破崙向老友羅德雷埋怨他說：「我搞不懂，約瑟夫怎麼想要以仁慈得到西班牙人的擁護？仁慈不是統治者該具備的；一國之主，應該讓人敬畏……他告訴我說要退隱到茉芳丹[18]。當前，軍務繁忙，時局動盪，他竟要棄我而去，說什麼寧願終老山林，也不願意看到不仁的戰爭……那是法蘭西敵人的血！他可以留在那不勒斯的。好吧！我不指望誰來支持我……荷蘭國王竟然也要退位。我看，不如我隱居到茉芳丹！」

拿破崙爲什麼要維護與約瑟夫的情意？蘇爾特元帥，法軍駐西班牙總司令，就在眼前，而且深得拿破崙的器重。爲什麼不封蘇爾特爲王？拿破崙自己說：「約瑟夫叫我找個比他強的人封爲國王。我讓約瑟夫當國王，並不是他眞的有才能。如果論功行賞，他不可能被封爲王！只是，我需要家人的支援。」

在馬德里，拿破崙發表了建立新秩序的命令，沒有受到民衆的歡迎，西班牙人民因此對他更加不滿。前有英軍的威脅，後有西班牙人民的反抗。可是，拿破崙不會因此而退縮。十月，他在魏瑪寫給妻子的信中，提到了沙皇跳舞的事，他說自己老了，不想跳。還說自己又胖了。

事實上，耶誕節前夕，拿破崙在暴風雪中行走，他翻越了瓜達拉瑪山，並沒有落在青年將士的後面呢！此後，他打敗了英軍，卻因爲道路泥濘，積雪太深，無法乘勝追擊，眼睜睜看著英軍逃上軍艦。沒辦法，他只得在馬德里北方的卡斯蒂爾地區等候消息。巴黎會對此有什麼反應呢？

信使把消息帶到了位在阿斯托加的軍營。拿破崙看過消息後，頓時暴怒，氣得臉色鐵青，一句話也說不出來。他在軍營中踱來踱去，整整一個小時，一個字也不說。忽然，他命令參謀部馬上回國，同時，派手下將領掌管軍隊，自己則匆忙趕往瓦拉多利，從那裡進入法國。

坐在北上的車廂裡，拿破崙心中暗想：「菲利浦國王的眼神似乎預示著什麼！看來，不該取消西班牙的異端宗教審判法庭，而且，應該在法蘭西也建立這樣的法庭。巴黎正醞釀著陰謀，卻不是敵人發動的！過去，重用富歇和塔列朗，是爲了讓他們兩人相互制衡，沒想到，他們竟然聯手，勾結在一起，連繆拉也捲入其中！」

爲什麼拿破崙會突然回國？因爲歐仁和萊蒂齊婭同時來信了。萊蒂齊婭雖然老了，但仍然時刻保持警惕，一旦有危機來臨，她就馬上振奮起來。就算她不參加那些慶典活動，但她是一位科西嘉母親，無時無刻不在關注著自己的孩子們。

塔列朗的陰謀叛亂，已經籌畫多日。爲此，他勸奧地利駐法大使，抓住拿破崙不在的時機，進攻法國。如今，拿破崙得知這一消息後，簡直是怒不可遏！可是，要逮捕兩名身居高位的大臣，他做得到嗎？這些人的權力已經愈來愈大，竟然敢玩陰謀算計主子了！在返回巴黎的途中，整整兩個星期，拿破崙只要想到此事就會暴怒。

回到巴黎後，拿破崙召開國務會議，這樣，凡是參加會議的人，都可以親眼目睹他將如何處置這兩個叛徒。拿破崙首先向塔列朗開火：「你，簡直就是個賊！不只是家賊，更是國賊，目無國法，連流氓也不如，連自己的親生父親都可以出賣！我對你恩重如山，你卻不擇手段，厚顏無恥地背叛我！如果不是你唆使我去西班牙冒險，怎麼會有今天的下場！如今，你又爲此來指責我。當初處決昂吉安公爵，也是你蠱惑我！唆使我要嚴懲他……現在把辦公室的全部鑰匙交出來……我本可以把你處以極刑，我有這個能力！但是，你的可鄙，讓我不屑做出此舉！……」咒罵足足持續了半個小時，在場的人坐在那裡，大氣都不敢出。塔列朗一聲不吭地聽著，最後鞠躬告退。出來後，他竟然笑著對人說：「眞沒有修養，身居高位竟然像個潑婦！」

國務會議廳裡，拿破崙已經開始責罵富歇，指責他爲什麼不利用公衆輿論維護帝王的威嚴？卻倒戈叛變……富歇無言以對，深深地鞠躬表示歉意，拿破崙把他留了下來。全巴黎的人都以爲，這兩個內奸，不是被放逐就是被監禁。出人意料的是，兩個人竟然繼續任職！富歇仍然掌管警務，拿破崙找不到比他更適合的人選。塔列朗呢？照樣沒事人似的自由出入宮廷。拿破崙沒有免除他的公職，星期日的宮廷招待會，塔列朗就在其中，帝王向他旁邊的人提問時，他卻搶著回答。拉納這樣評價塔列朗：「假如你在與他說話，此時如果有人從後面踢他一腳，你卻看不到他臉上有任何異樣的表情！」

沒過多久，人們就看到這個小人踮著腳，繼續參加杜樂麗宮的慶祝活動。

* * *

時局千變萬化。德意志已經不安定，人們在關注著奧地利的反應。普魯士國王顯然舉棋不定；馬德里傳來消息，施泰因男爵已被逐出普魯士。奧地利的提羅爾省同西班牙，同時發生兵變，民衆的反抗情緒很高。奧地利與英國聯盟，而且還與土耳其勾結在一起，準備發動第五次戰爭。法國與西班牙交界的薩拉戈薩省在兵變之下雖然頑強抵抗，最終仍然陷落。如此一來，法軍無法從西班牙撤離。二十五萬大軍，困在西班牙，哪裡還有精力對其他國家宣戰？也正是由於如此，奧地利才敢拿起武器與一代帝王開戰。

拿破崙把最後的希望寄託在俄羅斯身上。因此，俄國使者羅曼佐夫返回聖彼德堡時，拿破崙饋贈了豐厚的禮物，還許諾了很多好處。他說要從普魯士撤軍，同時要求亞歷山大向中歐宣布：俄法結盟。

可是，沙皇亞歷山大對此猶豫不決。維也納、柏林和倫敦對他的許諾，讓他一時難以下定決心與法國聯盟。他生性多疑，不敢公開壓制大臣們對拿破崙的不滿。但又不能完全同意大臣們的建議，於是，他決定站到中立的位置上。

拿破崙看到最信任的夥伴也會背叛自己，不免心存失望。萬般無奈的情況下，開始徵兵！再說，來年要召預備兵的軍費，是個比較棘手的問題，要想辦法籌措。西班牙事件，使得公債暴跌，奧地利此時也蠢蠢欲動。

這一年四月，有消息傳來，敵人開始行動了。拿破崙是晚上十點得到了這一情報的，立即下令，午夜動員，馬上出發！可是，四個小時後才準備妥當；爲此，拿破崙十分惱怒。

皇帝的軍隊到達巴伐利亞時，意外地發現了奧地利軍的失誤。眞是天助拿破崙。他的眼睛熠熠放光，興奮不已，嚷道：「逮到他們了！他們的軍隊完了！勝利是我們的。一個月內，我將進軍維也納！」事實比他預料的還要好，只用了三個星期，他就再次踏進奧地利首都！士兵們在他的鼓動下，兩天內行軍六十五英里，取得了五次戰役的勝利。後來，他說，這五天輝煌的成就無與倫比。

最後一天，拿破崙腳踝受傷，一顆子彈擊中了阿基里斯腱。但這並沒有影響軍事計畫，他很快率軍穿越德意志。皇帝的車看起來很普通，但裡面很舒適，白天，拿破崙在車裡辦公，指揮戰鬥，如同在杜樂麗宮裡一般。他想辦法減少磨擦，提高車速。從德雷斯頓到巴黎，只用了五天。馬車裡，有許多上了鎖的抽屜，裡面存放著報告、信函等，車廂裡備有路程表，必須經過的地名在上面標得清清楚，連何時需要更換馬匹也註在上面。

車子的另一坐廂，坐著忠心耿耿的馬穆魯克人。兩名車夫駕著六匹快馬，車子飛速前進。車子周圍，侍從們騎快馬跟隨。道路顯得有些狹窄，塵土飛揚，正値夏季，酷暑難耐。晚上，霧氣濃重，人們擠在道旁，吃驚地望著大隊人馬疾馳而過，以爲有魔鬼附身，否則他們怎麼可以如此神速！馬車後面，常常留下一路碎紙，這是拿破崙扔出來的信封和廢紙，那些沒必要入檔的報告也在其中。讀過的報紙，書籍，因爲車內無處存放，也被扔到車外。

拿破崙每離開馬車休息，總會提前命人備好熱水浴。凌晨兩點，他開始口授命令，或者發信，兩個小時後，睡到早上七點，再次踏上征途。中途休息時，四名騎兵會把守在車的四角，寸步不離。如果要觀察地形，用到高倍望遠鏡，侍從就用肩膀頂住望遠鏡，以免望遠鏡晃動。地圖，隨時隨地不離手，不管是在車裡、軍營或篝火旁。如果將領不能在地圖上找出準確的位置，馬上會遭到責備，連納夏泰爾親王貝爾蒂埃也不例外。地圖上插滿了彩頭針，這是皇帝的希望所在。

此刻，拿破崙不費一槍一炮，再次占領維也納，同上次一樣，住在蕭恩布魯恩宮，連房間也沒有換。戰鬥並未結束。由於民心躁動，敵人更加囂張。西班牙的情況更糟，義大利北部，歐仁連連失利。如果繆拉再不從那不勒斯派兵增援，拿破崙將馬上中止與教皇的關係，如同幾百年前，霍亨斯陶芬王朝[19]那樣。四年前，拿破崙在同一張桌子上，下令廢除那不勒斯王朝。如今，他要以同樣的手段對待教皇，他已經顧及不了道義或者政治影響了。要打通與義大利軍的聯絡通道，必須冒此風險。

之所以這麼做，與拿破崙當時正在氣頭上有關。此前，他就在西班牙表示過對羅馬的不滿：「去年，教皇給各國君主送聖燭，唯獨沒有送給我；派人告訴羅馬，我們不需要聖燭。告訴他：耶誕節，我們自己的神職人員會分發聖燭。陰曹地府裡，神父多的是，哪個也不比教皇遜色！他的聖燭有什麼了不起？我們的任何國王都不許接受他的聖燭。」

拿破崙像基督徒那樣抵制教皇。在蕭恩布魯恩宮，他廢除了教皇的權力，把他軟禁在梵蒂岡，每年給二百萬法朗，僅此而已。拿破崙軍中的許多將士對此非常震驚，因爲他們是虔誠的天主教徒，此時，距五旬節只有五天！難道，拿破崙要向上帝挑戰？五天後的五旬節，拿破崙將遭遇生平第一次慘敗。

或許有人認爲阿斯佩恩—埃斯林戰役很難說誰勝誰負，但可以確定的是，那肯定不是拿破崙的勝利。多瑙河大橋被沖毀，被輿論說成是上帝的旨意；拉納元帥傷勢嚴重，拿破崙趕到時，已經奄奄一息。據說，這位皇帝的老戰友死前眼中流露著怨恨。那天晚上，拿破崙沒心情吃飯，默默地坐在餐桌前，誰也不見。

「征服？被征服？」他喃喃說道，面對著前途渺茫的未來。「難道阿基里斯腱[20]當眞被擊中了？

不，是我自己的疏忽造成此錯。在敵人眼皮底下渡河，太冒險了。拉納沒有錯，他已經渡過了一半。巴黎會對此有什麼反應呢？該怎麼向巴黎報導此事？」想到這些，拿破崙感到焦慮不安，憂鬱地回到蕭恩布魯恩宮。要是可愛的瓦洛斯卡此刻在這裡多好啊！此刻，她正獨自坐在波蘭古堡中，思念著他，恨不得飛到他身邊。

他要把她召來。

從羅馬傳來了令人震驚的消息！教皇下令把拿破崙逐出教會。拿破崙對此一笑置之，他嘲笑中世紀的騎士思想和那些信仰教皇的人。心中暗想：「這是他對當年聖母院加冕事件的報復？按理，就一定得由他把王冠放在我頭上？什麼是神聖的？世界上到底有沒有耶穌還是個疑問呢！唯一可以肯定的是大家都要利用耶穌之名來哄騙民衆，孩子和婦女才會聽話。我曾兩次被法律宣布不受保護：霧月十九，還有科西嘉，但是，結果呢？卻給我帶來了好運！」想到這些，他精神振奮，開始準備反攻馬齊費爾德，他要再次戰勝瓦格蘭姆。兩天後，戰鬥結束，一切如預料中的一樣，拿破崙取得勝利。不過，他此時已經疲憊不堪，盧斯塔姆只得在戰場上爲他鋪好熊皮，他要睡上二十分鐘。醒來後，又是鬥志昂揚！戰爭已告一段落，只差停戰協定沒有簽字。

第二天，拿破崙給妻子發捷報，信中說道：「太陽把我曬得黑黑的。」此刻，他已經消除疲勞，心情也不錯。回到蕭恩布魯恩宮時，瓦洛斯卡已經在等他。曾經有多少美女祕密來到宮廷爲哈布斯堡皇室享用？如今，伯爵夫人每晚都被接到這裡。兩個人在這裡共同生活了三個月。在芬克斯坦分開時，他答應要接她團圓，只是時間和地點要看情況而定。

過了幾個月，瓦洛斯卡懷孕了。他現在只有一個里昂。八月十五日，已經夜深人靜，拿破崙倒在伯爵夫人的懷裡，天明之後，將迎來他四十歲的生日。拿破崙設想著：明天一早，整個法蘭西，不，他統轄的各國境內，都將鐘炮齊鳴，爲他慶祝華誕，這一天，將被定爲聖拿破崙節！第一個爲他慶祝生日的，是眼前二十歲的美人，雖然她的法語很差，但眉目傳情，更令人陶醉。

此時，與兩年前在芬克斯坦當然不同。那時，他締造了新的帝國，東、西各國君主爭相向他獻媚！如今，帝國處於守勢，不能過於樂觀。很快，他得知，瓦格蘭姆勝利的那天，他的手下在羅馬做了蠢事。他說：「他們竟然抓了教皇！要抓的是主教，你絕對不能去碰羅馬教皇！實在是太愚蠢了。」作爲統治者，他意識到囚禁聖父，是件非常嚴重的事，這將使事態難以控制。魯莽的舉動，將使他處於道義的對立位置。

另外來自西班牙的消息，說英國現在已經恢復了元氣。西班牙與英國聯合，正嚴陣以待，準備堅守陣地。巴黎傳來的消息，富歇擅自做主，組建國民自衛隊，顯然想鼓動懼怕英國的情緒，煽動新兵暴動。

局勢愈來愈嚴重，處處危機四伏。羅馬與巴黎的信件寫於一周以前，西班牙的信卻是放了長達兩周了。情況緊迫，他必須火速發布命令，扭轉乾坤。談判迫在眉睫；可是，奧地利因爲有英國和匈牙利撐腰，已經故意拖延了好幾個星期。拿破崙要求奧地利割讓三分之一國土，九百萬人口，對方不同意。拿破崙只得改變戰略，與奧地利的巴布納伯爵進行長談，達七小時之久。拿破崙首先發言：「對於阿斯佩恩—埃斯林的失敗，我負有不可推卸的責任。由於我的錯誤，使部隊受到重創。不過，現在軍心已經穩定了。我要告訴你，你們犯的錯誤更多……戰役前一天你們就制訂作戰計畫，但那時你們對對手還一無所知呢。我的命令都是及時下達，戰鬥前會更爲謹慎。天亮前，派人偵察陣地，一定要集中兵力……只要地形有利，我會率將士猛攻。你說大炮用得太多，造成傷亡過重，可是，我沒有比這更好的辦法！將士們已經疲憊，渴望早日和平。因此，就要更多地使用炮火，以便快些結束戰爭。」

接下來，拿破崙談到盟國：「雖然沙皇現在與我是朋友，但我無法保證，這友誼能持續多久？普魯士，更是優柔寡斷，在俄、法兩國之間搖擺不定。」不過，拿破崙同意將要求降低，建議法奧結盟。這麼做也實屬無奈，他必須返回巴黎，穩住後方！幾個星期後，談判才有了結果。幸好，瓦洛斯卡陪在他身邊，緩解了他的不安與疲憊。

十月，蕭恩布魯恩舉行大規模閱兵典禮，拿破崙親自檢閱。忽然。有個年輕人衝進宮來，很快被逮捕。從他身上搜出長刀和一張女人的畫像。審訊室裡，青年不回答任何問題，要求面見拿破崙。不久，十八歲的青年站到拿破崙面前，鎮定自若，勇敢而不乏禮貌。他自報家門，叫弗雷德里希•斯塔普斯，父親是提羅爾的一個牧師。

拿破崙用法語提問，拉普在一旁翻譯。

「是的，我是要來殺你。」

「你一定是瘋了，年輕人，或是病了。」

「我沒瘋也沒病。我完完全全能自主自己的意識。」

「那你為什麼要殺我？」拿破崙問。

「因為你踐踏了我的祖國。」

「你的祖國？」

「是的，她是所有善良的德意志人的祖國。」

「誰派你來的？」

「沒有其他人。我的良心告訴我：殺了你，是祖國，是全歐洲的功臣。」

「你認識我嗎？」

「是的，我在埃爾富特見過你。我本以爲你不會再打仗了，以爲你會維持和平。我曾經是你的崇拜者。」弗雷德里希·斯塔普斯回答。

拿破崙派人召來御醫，希望可以鑑定出這青年的精神有異常。可是，醫生在檢查後，認爲斯塔普斯一切正常。

「我早跟你說了。」弗雷德里希說。

皇帝十分爲難。他不願意殺掉這麼勇敢又坦率的年輕人。他已經厭煩於那些成群結黨的傢伙，對於能堅持自己原則的人十分讚賞。但他是個理想家，可不是個婦人之仁的空想家；德國人已經派出太多布魯圖來殺凱撒了。

「你承認自己精神錯亂。向我請求寬恕，我就饒你不死。」

他從來沒有對謀殺犯說過這樣的話。可是，但那年輕人斷然拒絕：

「我才不稀罕你的寬恕，我也沒有做錯任何事情。唯一的遺憾是我沒有殺了你。」

拿破崙大怒：「你覺得你試圖行刺不是犯罪？」

「殺了你不是罪惡，而是爲歐洲人造福。」斯塔普斯不失禮貌、冷靜地回答。

「這是誰？」拿破崙拿著從年輕人身上搜到的畫像問。

「是我愛的女孩。」

「她會贊成你去殺人？」

「她會爲了我的失手難過，她就如我一般痛恨你。」

拿破崙心中暗想：「多麼可愛的女孩！難道，我對這個年輕人束手無策了？不，我要饒恕他，並征服他。」於是，他對斯塔普斯說：「要是我放了你，這姑娘一定會很高興的！」弗雷德里希看了他一眼，目光堅定地說：

「那我會再次來殺你！」

拿破崙轉身離開，聽憑屬下來處置這個青年。他來到香帕尼面前，兩人談起了光明會[21]；忽然，拿破崙說道：「不能再用武力解決問題。我要接見奧地利人。其實，我們在關鍵問題上已經取得共識，分歧只是戰爭賠款這一項。我會降低要求，以求得和平。你去處理這件事吧！」

隨後，拿破崙再次審訊斯塔普斯，這個年輕人寧死不屈。第二天早晨六點，傳來消息，和約順利簽定，拿破崙很滿意。同一個時間，斯塔普斯被處死。拿破崙對此耿耿於懷：「怎麼會發生這樣的事？這個年輕的德意志人，信奉基督，受過良好的教育，竟然要去殺人！他死前有什麼表現？」手下回答：「斯塔普斯視死如歸，高喊：『自由萬歲！殺死暴君！』」拿破崙沒有說話，命人把青年的長刀帶回巴黎。

喜獲太子

法國皇后約瑟芬昏倒在地上。拿破崙派人把她抬到她的房間。樓梯很窄，拿破崙親自動手幫忙僕人抬著約瑟芬。把她放到床上後，拿破崙走了出去。他剛走，約瑟芬就睜開了雙眼。眼淚、昏倒，都是她的把戲！事後，抬著她的博塞說，下樓梯時，皇后低聲說：「鬆點，我喘不過氣來了。」

儘管如此，她的悲傷卻是眞的。十多年來，她是一國之后，主持宮內事務。當她聽到皇帝要求她離開杜樂麗宮時，她怎麼能接受得了？但是，拿破崙想：不能再拖下去了，有人在盼著他死。國外，有帶長刀的德意志人，國內，有吃裡扒外的富歇。他迫不及待地要有個繼承人，而且這孩子必須出身高貴。

剛才的場面，發生在拿破崙離開蕭恩布魯恩宮後不久。他的內心矛盾而痛苦，心愛的波蘭女孩，已經懷了他的孩子，卻不能被封爲皇后。他自己也不知道，誰將成爲他的新娘。

全家人默默地圍著桌子坐好，母親、妹妹、兄弟們，大家誰也不出聲。約瑟芬也坐在桌子旁，她可以感覺到衆人壓抑不住的喜悅。她們終於如願以償，約瑟芬要離開了！拿破崙心情複雜地宣布：皇后生子無望，他必須與她離婚。他說：「也許上帝能夠知道我此時的心情，萬般無奈……但是，爲了法蘭西，個人的一切都算不了什麼。……十五年來，皇后已經成爲我的生活中不可缺少的一部分，我爲她親自戴上王冠。她將終生擁有皇后的身分，我會把她當做終生的朋友。」約瑟芬雖然努力克制，仍然淚流滿面，只好請人代她宣讀同意離婚。

雙方在離婚書上簽名，拿破崙在自己的名字底下用力畫了長長的一道線，終於結束了一件嚴肅而異常艱難的事。約瑟芬簽字時手直發抖，同樣在名字底下畫一道線。這天晚上，約瑟芬出人意料地來到拿破崙的房間，走到他床邊，滿面淚痕，披散著頭髮。第二天，在拿破崙的攙扶下，她悲痛得像尼俄伯[22]一樣，無奈地離開了杜樂麗宮。臨行前，她請求梅內瓦經常在帝王面前提及她。

拿破崙獨自去了特里亞農宮，一個人在那裡住了三天，不見任何人，不做任何事，一個命令也不發。三天後，他去馬爾梅松宮看望約瑟芬，回來後寫道：「雖然我做了太多的思想準備，可是，你比我預想的糟糕得多，我們仍然是朋友，你要保重身體。我和以前一樣地關心你，愛護你。如果你還愛我，勇敢些吧！不要懷疑我對你的感情。你不快樂，我怎麼會幸福？杜樂麗宮，是如此地空寂，我感到寂寞……再見，我的朋友，注意休息，記住，我希望你開心……」

接下來，拿破崙決定每年給約瑟芬三百萬法郎，再加一副紅寶石。他說：「我要拿出四百萬法郎，我會找人鑒定寶石的眞僞，以免上當……馬爾梅松宮的錢庫裡，應該還有五、六十萬法郎，你拿來當零用錢吧！我已經爲你訂製了高級餐具……上午，侍從說你又哭了，我很傷心，現在，我一個人孤單地吃飯。我對你的感情永遠不會變……我很想天天去看望你，但是又怕面對你的眼淚。我也很脆弱，不忍看到你傷心，再見。約瑟芬，晚安。」

過了一些日子，首相舉辦了一次化裝舞會，梅特涅夫人[23]也來參加，她的丈夫是前奧地利駐法大使。忽然，有個戴面具的人抓住她的胳臂，拉著她來到一邊，大家都知道他是誰。也許，不戴面具的拿破崙沒人能眞正了解，但人人都能了解戴著面具的拿破崙。兩個人開了幾句玩笑，接著，拿破崙問她奧地利的公主是否會接受他的求婚。

夫人回答：「陛下，我說不好。」

「如果你是公主，會答應嗎？」

「我當然會拒絕。」夫人笑著回答。

「你怎麼如此狠心啊！替我給你丈夫寫信，看看他怎麼說！」

「您最好親自和施瓦岑貝格親王要求，陛下，他現在是大使。」

於是，拿破崙開始了求婚。當天晚上，他吩咐歐仁第二天早晨去求見奧地利大使。哈布斯堡家族的人大概很難理解這樣的作風，但這對拿破崙來說卻是非常正常的事。既然沙皇沒有任何表示，那麼，維也納已經連續四次被擊敗，最終將答應此事。

科西嘉的家族觀念再次在拿破崙身上顯現出來。他幾乎沒有召開過軍事會議，但爲了離婚和再婚，數次舉行家庭會議！一切和六個星期前那樣，大家圍著桌子坐好。這次，皇親國戚、達官貴人也來了。當時，人們都覺得有些尷尬。拿破崙宣布，他想要個孩子：「如果按照我的想法，可以從榮譽軍團成員的家族中，或者在法國英雄的女兒中選擇新娘，法國最好的女子應該成爲皇后。可是，出於政治上的考慮，許多國王願意與我聯姻，我認爲現在有三個國家可以考慮：奧地利、俄國和薩克森。從哪個國家選皇后，你們有什麼建議？」

爲什麼，瓦洛斯卡伯爵夫人不能成爲王后？儘管拿破崙是如此地愛她。他曾將兩頂皇冠戴在自己頭上，對那些世襲的君主們不屑一顧，曾廢除過世襲王朝，讓旅館老闆的兒子成爲統治者。爲什麼現在卻不敢對心愛的女人封后？

結果，大家一致反對拿破崙娶法國女人。歐仁和塔列朗支持奧地利，繆拉對此表示反對，他說前法國國王路易十六的王后，亦是來自奧地利的瑪麗•安托瓦內特爲法國帶來壞運氣。也有人贊同與俄羅斯聯姻，贊成薩克森的也有。晚上，拿破崙給維也納去信。其實，當時只有一個大臣看出拿破崙想與俄國聯姻，卻沒敢當衆說出來。事後，他悄悄地說：「看著吧，兩年之內，沒有聯姻的兩個王國肯定會交戰，而奧地利是三個國家中最弱的！」

於是，拿破崙給聖彼德堡去信，說杜樂麗宮安置俄國東正教的神父有些不妥。最後又說：「公主安娜剛剛十五歲，尚未成年。而皇帝已經沒有時間再等下去。」這樣，與俄國聯姻的可能徹底結束。

對於哈布斯堡家族，拿破崙非常放心，堅信奧地利公主會給他生出兒子。拿破崙選中的新娘，其母親生過十三個子女，上一代則生了十七個，他聽說後讚嘆道：「我就是要娶這樣的女子！」求婚的結果自然順利，法蘭西斯答應婚事，他的女兒自然不會反對。拿破崙對自己的求婚胸有成竹。他親筆寫信，但有些字句不夠清楚，由梅內瓦爲他補充，不過，這封信有點像小學生的風格：「親愛的表妹，我知道您才貌雙全，有著傾國傾城的美貌，我想與您終生相伴。此前，我已經向令皇陛下致信，請他答應我的求婚，將您下嫁於我。希望您能答應此良緣。我將全心全意地對待您，讓您過著幸福快樂的日子。」

這封信看上去有些可笑，他明知道公主只得順從父母之命，怎麼可能對他有感情呢？還在公主的童年時代，他就從她父親手中不斷地瓜分土地，以至於聽到他的名字，她都要求上帝保佑父皇。

拿破崙其實很明白，有很多更重要的事情等著他去做。他沒精力去討好這位公主，她只不過有哈布斯堡家族的身分，其他一無是處，不漂亮，不聰明，更沒有勇敢和熱情。但是，出於政治考慮，他違背良心寫了上面那封求婚信。

接下來，拿破崙請貝爾蒂埃帶去他給新娘的愛情：鑲在鑽石裡的拿破崙畫像，同時另加一百五十萬法郎的珠寶。訂婚儀式在霍夫堡舉行，新娘的叔父查理大公代表拿破崙參加，他曾被拿破崙擊敗過十二次。

拿破崙呢？對服裝、傢俱開始感興趣，卻荒廢了國事。他給瑪麗•路易絲的聘禮價值五百萬，而新娘只帶來了五十萬的陪嫁。瑪麗•路易絲在來巴黎的路上，不停地接到拿破崙的情書，每封都難以看懂，只能看出他的簽名。途中，她休息的地方都布置了鮮花。公主將在貢比涅見到她要嫁的人。

不知爲什麼，拿破崙等不及新娘的到來，穿上舊制服，跳上馬車，親自驅車去迎接新娘。途中遭遇傾盆大雨，只好換了馬匹繼續趕路。他本來想給瑪麗•路易絲來個意外的驚喜，可是，公主的馬伕認出了他，喊道：「陛下駕到！」拿破崙忍不住鑽進公主的馬車，退下侍女，猛烈地吻她，大聲地笑著。他已經全身濕透，公主羞得不知所措，只說了句：「陛下，您跟畫像一樣英俊！」

拿破崙事後想道：「她根本就不漂亮，滿臉的痲子，雖然不太重；厚嘴唇，藍色的眼睛也不誘人；以她的年紀來說胸部也太豐滿了些，不過可取之處是非常年輕。」

典禮官對拿破崙的行爲頗爲不滿，卻又敢怒不敢言。因爲，排練了幾個星期的歡迎典禮都被打亂了。大家隨意行動，人們都被雨淋濕了，渾身發冷。晚餐也很簡單，臨時準備的，非常倉促。卡羅利娜陪著新婚夫婦，直到凌晨一點，大家才各自安息。拿破崙把舅父費什拉到身邊問，瑪麗・路易絲是否已經是他的合法妻子？神父回答：「陛下，按照民法，是的。」他似乎對今晚的事情早有預料。

第二天，拿破崙叫人把兩份早餐送到皇后床頭，很快地此事傳遍貢比涅。這一洞房花燭之舉，與突擊攻取哈布斯堡的閃電戰術有異曲同工之妙。

過了一天，拿破崙有些得意地寫信給岳父：「她非常可愛。我們相互愛慕，情投意合……感謝您給了我這麼可人的妻子。」新婚夫婦到了巴黎之後，費什才給予他們教會的祝福。當初的約瑟芬，八年後才補辦這個手續。這次，只不過拖後了兩個星期。此時，拿破崙覺得新娘嬌媚迷人，忍不住對大臣們說：「你們都應該娶日爾曼女子。她們的溫柔出乎我的意料。」讓他更滿意的是，新娘與全家人和睦相處。

半個月後，波蘭傳來消息，蕭恩布魯恩宮的伯爵夫人生下一個男孩。拿破崙難以表達自己心中的複雜感情。此時，他已經有了新娘，只是還沒有生子的預兆。他有些心神不定，最終，波蘭的伯爵夫人被接到巴黎。不久，瑪麗・路易絲也懷孕了。這次，拿破崙的喜悅非比尋常。很快，皇后懷孕的事情正式向參議院和全國公布，衆人決定爲此將舉行隆重的慶典活動。

瓦洛斯卡到達巴黎後，拿破崙竭盡所能，供給她需要的一切。他撫愛自己的孩子，把她封爲伯爵，命首相爲監護人。只是，他再也沒有與伯爵夫人來往，成了安分守己的模範丈夫。

一切都發生了微妙的變化。以前，約瑟芬對這位波蘭的伯爵夫人恨之入骨，現在，卻主動邀請她去馬爾梅松宮。瓦洛斯卡帶著自己的兒子來見約瑟芬。花園裡，出身於西印度群島的她已經頭髮花白，曾經是皇后；另一個則正值青春年少、出身於沒落的貴族家庭，被迫嫁給有錢的老伯爵，由於帝王在舞會上的偶然一瞥，從此改變了命運。孩子在她們兩個中間，孩子的父親先後愛過她們兩個人，如今卻拋棄了她們，只是爲了哈布斯堡王室的一個並不漂亮的女孩。

皇后即將臨盆，整個巴黎，全法蘭西都知道此事。大家都在等待，他的敵人在孩子未出世前已經開始恐懼。而民衆們由於忠君的思想，都在爲母子祈福。拿破崙日夜不離妻子左右，最後被迫走出產房。助產師出來說：「孩子胎位不正，母子都有生命危險！」忽然，他覺得皇朝在搖擺，醫生問他保大人還是保孩子，他會如何回答？保孩子？有成百萬人在等待著他的孩子！瑪麗•路易絲呢？只要她生下健康的男孩，還有什麼用處呢？也許，他已經別無選擇。可是，從拿破崙口裡說出這樣的話：「就按你平時的做吧，先保媽媽！」

兩小時後，母子平安。巴黎在傾聽著禮炮轟鳴。十九、二十、二十一……如果炮聲到此停止，就是女孩[24]，第二十二聲炮響傳出，巴黎沸騰了！市民們開始狂歡，圍著波旁王朝舊宮歡呼。親信看到了拿破崙冷峻、灰藍的眼睛裡噙滿了淚水。

注　釋

【1】阿波羅：希臘神話中的太陽神，後來成爲美男子的代稱。

【2】繆思：希臘神話中專司文藝美術的九女神，亦可被當作美女的代稱。

【3】塞居爾（一七八〇年至一八七三年）：法國將軍，歷史學家。著有《一八〇〇至一八一二，一個拿破崙隨軍官員的回憶錄》。

【4】富歇（一七五八年五月二十一日至一八二〇年十二月二十五日）：法國大革命中的風雲人物，鎮

壓過保王黨人，參加了熱越革命。拿破崙執政期間任警務大臣，始終玩弄陰謀。滑鐵盧失敗後，一腳踢開拿破崙。

【5】皮謝古（一七六一年二月十六日至一八〇四年四月五日）：法國大革命初期的名將，協助奧詩將軍把普奧聯軍逐出阿爾薩斯，被人稱爲「國家的救星」，後來倒向王黨。一八〇四年反動勢力合謀反對拿破崙而被捕。

【6】孔代（一六二一年至一六八六年）：法國波旁王室的一個主系。昂吉安公爵家族是最有名的血脈之一。

【7】霍亨索倫王朝：一四一五年至一九一八年，勃蘭登堡—普魯士的統治家族。

【8】迪羅克（一七七二年十月十五日至一八一三年五月二十三日）：法國將軍、拿破崙的好友、宮廷總監。對拿破崙忠心耿耿，敢於直言。一八一三年五月二十三日在法軍面對俄羅斯、奧地利聯軍的包岑戰役中遭砲擊身亡。

【9】聖蘇菲亞大教堂：君士坦丁堡的著名教堂，興建於羅馬查士丁尼大帝一世（四八三年至五六五年）時期。君士坦丁堡被回教徒攻陷後，被改建爲清眞寺。

【10】霍茨波：英國約克郡潘西家族成員。

【11】奧恩•格蘭道爾（一三五四年至一四一六年）：莎士比亞的歷史劇《亨利四世》第一場中，各國諸侯叛逆，霍茨波與格蘭道爾圈地瓜分尚未到手的國土。

【12】耶穌會：天主教修道會。一五三四年，西班牙人羅耀拉於巴黎創建。該修道會組織嚴密，以興建學校、醫院著稱。

【13】梅莎琳娜：西元前十七年或二十年生，死於西元前四十八年。羅馬皇帝克勞留斯的皇后，與另外

兩位羅馬皇帝尼洛與卡利古拉都有親戚關係。形象不佳，醜聞不斷。

【14】奧瑞斯特：希臘神話中阿迦門農與克莉坦納斯特拉的兒子。故事中阿迦門農的家族世世代代都有骨肉相殘的歷史，阿迦門農自己也被妻子克莉坦納斯特拉與情夫—阿迦門農的堂弟所殺，兒子奧瑞斯特後來只好遵從阿波羅的神諭，殺了自己母親來為父親報仇。奧瑞斯特成為一個默默承擔命運與衆神的玩弄，卻沒有去怪罪衆神或自己命運的悲劇英雄角色。

【15】伊亞哥：莎士比亞寫的一齣悲劇《奧塞羅》中的角色，是個挑撥黑人將軍奧塞羅與妻子之間感情的奸詐小人。

【16】歌德（一七四九年八月二十八日至一八三二年三月二十二日）：德國著名詩人與思想家。著有《少年維特的煩惱》、《浮士德》等著名作品。

【17】菲利浦二世（一五二七年五月二十一日至一五九八年九月）：西班牙國王。一五五六年至一五九八年在位。父親是神聖羅馬帝國皇帝查理五世，他繼承了西班牙及其海外帝國。疆域近至葡萄牙，遠抵巴西、東印度群島、西非、斯里蘭卡，人稱「日不落帝國」。但此人專制殘忍，剛愎自用。

【18】茉芳丹：歐洲最歐美的園林之一，位於法國的東北方。約瑟夫用巨資買下作為私人別墅。

【19】霍亨斯陶芬王朝：一一三八年至一二〇八年、一二一二年至一二五四年間統治神聖羅馬帝國。締造者是舍拉王朝亨利四世的外孫。亨利四世與教皇格列格里七世長期鬥爭。隨後的繼承君主，尤其是紅鬍子腓特烈一世與二世，都繼承這一政策，長期與教皇抗衡達一個多世紀之久。

【20】阿基里斯：希臘神話中的無敵勇士，因為從小被母親抓住腳踝倒吊泡在冥河水之中，除了腳踝之外全身刀槍不入。最後因為被箭射到腳後跟而死，該肌腱被後世稱為「阿基里斯腱」，亦指英雄

唯一的弱點。

【21】光明會：一七七六年在巴伐利亞創立的一個自然神論者與共和主義者的祕密團體。斯塔普斯供稱自己是光明會員。

【22】尼俄伯：希臘神話中坦塔羅斯的女兒，底比斯王安菲翁的妻子。以自己生有六子六女爲榮，嘲笑泰坦神勒托只有兩個孩子。勒托的兒子阿波羅與女兒阿特米斯爲了替母親復仇，殺死尼俄伯所有的子女，於是她終日以淚洗面，哀哭失去的孩子。

【23】梅特涅（一七七三年五月十五日至一八五九年六月十一日）奧地利政治家。他組織反法聯盟，擊敗拿破崙，使幾乎覆亡的奧地利又恢復大國地位。

【24】拿破崙沿襲王朝舊制，公主出生，鳴炮二十一響；王子出生則鳴禮炮一百零一響。教堂鐘聲也是如此。

第四章　失衡的征服者

這人將遭毀滅！……萬物都有其自生自滅的規律；眾魔必群起而攻之，拿破崙也將難逃厄運。

——歌德

雄心不滅

現在，拿破崙正處於事業的鼎盛時期，與哈布斯堡的聯姻，使得他的地位更加牢不可破。爲了政治目的，拿破崙與十多年的結髮之妻離婚；可喜的是，他與新的伴侶有了合法的子嗣。兒子的降臨，鞏固了他的王朝。如今，國內大局已定，他又可以像十一年前那樣放手去闖了。當初，馬倫哥戰役的勝利，爲法國的發展提供了安定的保障。雖然，還沒有征服英國，但與俄國相處得還算友好；西班牙當然不敢貿然行動，於是，拿破崙可以再次考慮自己的計畫。

拿破崙若只是個精於算計的傢伙，應該在查理曼帝國復興後罷手；他已經統治了歐洲衆多的國家了，何必非要去稱霸世界？但若他要滿足於自己夢想家的報復，勢必進軍恒河；英國，不過是他要占領印度的藉口而已。但是，拿破崙要魚和熊掌兼得！所以，他總在不斷地更新著自己的夢想。他無法精確地算出西班牙與德意志境內人民的敵對情緒有多少。但是，他應該能夠看到民心的向背。

孩子剛剛出生的這段日子裡，拿破崙一時還沒有決定，到底應該如何採取行動。幻想在警告他，衆怒不可違！他心裡數學家的那部分在提問：遠征東方，會有好結果嗎？如果兩方面都出了差錯，會落得什麼下場？前途，乃至整個帝國，都將毀於一旦。

拿破崙覺得自己的統治正趨於穩固，頭腦中漸漸生出了宿命論的想法。有時會說出從前根本不可能說的話：「有一種力量，驅使著我走向未知的目標。可是，目標實現後，我又開始覺得漫無目的，無所適從。目前爲止，世間還沒有誰能夠戰勝我。時間，已經不多了。」

拿破崙彷彿預感到了自己將要逐漸走向消亡，只是他還不知道如何退出。他自己都說不清對俄戰爭的意義。三十歲時，他在尼羅河畔說：「我已經走投無路。」現在，他年滿四十三歲，曾在參政院說：「現有的一切與我生死共存，或許我死後，這一切也將消失。那時候，我兒子每年能有四萬法郎就不錯。」

但是，他的熱情並沒有因此而衰退。埃及戰爭以來，他彷彿被一種信仰支配，認爲自己必將成爲亞歷山大第二。他覺得此刻已經時機成熟，怎麼能輕易地放棄？首相祝賀他新年快樂，拿破崙忽然雙眼發亮，說道：「我得變聰明些，三十年後，再聽你祝我新年好。」

也許，拿破崙並沒有變得更有智慧，但他依然聰明。發現商業戰爭給國家造成不利影響時，他能夠衝破自己的禁令，允許從英國進口原料和染料，這是法國工業急需的。爲此，歐洲大陸的國家，那些進口殖民地產品的人大發橫財，拿破崙怎麼能對此視而不見？這時候他又開始控制這些買賣，殖民地產品稅被提高了一半，收入歸國庫所有。同時下令，查獲的英國毛紡品必須燒掉；他不得不與這些商人展開遊擊戰，就如與西班牙人作戰一般，只是現在的敵人是商店老闆，武器則是錢財。

針對巴黎禁止進口英國商品的舉措，倫敦當然要採取對策報復，即提高中立國船隻進入港口的稅費。於是，巴黎宣布禁止一切前往倫敦或馬爾他港的船隻通行。倫敦讓出海的船懸掛別國的旗幟，避免被發現；而巴黎則不放過每一艘在地中海經商的船，全部進行檢查。美國政府明令禁止公民不許與歐洲有貿易往來，甚至連私人交往也不可以。拿破崙答應給美國一些特許政策，前提是美國人不去英國港口。

結果，英國貨幣開始貶値，銀行業蕭條，議會中的反對派要求停止戰爭。就是這樣，拿破崙的和平建議仍然遭到拒絕。不久，西班牙發生動亂，顯然是英國拒絕和談造成的後果。

雖然拿破崙在西班牙駐紮有二十五萬軍隊，但最終沒能戰勝威靈頓的三萬軍隊。那些軍官和僧侶聯合起來，支持當地的叛亂者襲擊法國軍隊。在庇里牛斯山北麓，法國兒童會說，拿破崙代表天主；而南麓的西班牙孩子則會說，法國皇帝是魔鬼。

拿破崙的將領們不知如何應對眼前的局勢，卻互相排擠。結果，馬塞那被派去對付葡萄牙。同時，拿破崙割去了約瑟夫的四個省。拿破崙給每個省派一名將軍，另外任命元帥有權統治四省。他果斷地採取措施，因爲，幾個被封王的兄弟，誰也不爭氣，封地被搞得亂七八糟。不久，馬塞那被迫撤軍，拿破崙憤怒地將他召回。

局勢表明，只有拿破崙親自到前線，才能扭轉乾坤。那些元帥、軍官，甚至是普通士兵，都急切地盼望著他。拿破崙對此看得非常明白，但並沒有去。他害怕被西班牙激進份子謀殺嗎？還是對巴黎難以放心？最終，他派得力戰將，也是自己的老戰友馬蒙去收拾殘局，結束戰爭。

諸兄弟之中，路易倒是有很好的理由辭職不幹。拿破崙收回他在萊茵河左岸的荷蘭國土，並取消所有荷蘭面對法國商品的關稅；而且（最糟糕的是），拿破崙的反英立場重傷了荷蘭商人與海員利益，令不滿情緒持續高漲。拿破崙的這些決定，刺傷了這些國家內的民族感情，他低估了人民的力量，約瑟夫與路易這兩個被迫爲王的人也覺得榮譽受到了損害。

路易對此極爲憤怒，於是把王位傳給次子，自己逃離荷蘭，不知所蹤。拿破崙派人尋遍歐洲各地，終於在奧地利找到了他。雖然一代帝王覺得尊嚴受損，但畢竟是同胞手足，因此沒有處分路易，還派人去照料他。他寫信給母親：「我已經找到路易，請勿掛念。您親愛的兒子拿破崙。」

逃亡在外的路易得知兄長的態度後，這才放心，後來定居格拉茲，專心自己的文學創作。著有《瑪麗》（又名《愛情之煩惱》），共三卷，內容是自己當年的戀情，以及拿破崙如何干涉的過程。約瑟夫也想效仿路易，讓位退隱。拿破崙沒有答應，他覺得與其讓兄長在巴黎無事生非，還不如讓他去當個名義上的國王更爲踏實。因此，約瑟夫被迫再次參與戰爭，覺得眞是受煎熬！

至於輕浮成性的熱羅姆和波利娜，仍然整天無所事事。繆拉和卡羅利娜則只顧忙著玩弄陰謀，大妹埃里茲，樂於閱兵狩獵。拿破崙對此雖然挑不出什麼毛病，但也不喜歡她的過分張揚，於是寫信提醒她：「托斯卡尼女大公，請注意自己的形象。」

家族成員中，已經沒有誰能夠對拿破崙構成威脅。瑞典老國王與英國關係不錯，拿破崙就想辦法迫使其退位。新國王對拿破崙忠心耿耿，想通過任命拿破崙某個姻親爲王的辦法，討好拿破崙。約瑟夫妻子的妹夫貝爾納多特，因爲對瑞典戰俘態度友善，出乎意料地被選爲瑞典王儲。其實，是富歇從中動了手腳。拿破崙沒有理由反對法國將軍在國外成爲王位繼承人。而且，他也沒能力干預。他說：「貝爾納多特是個好軍人，只是缺乏統帥的才能。是個老雅各賓黨，跟其他人一樣頑固，我看他很難保住王位……但是，我不會插手此事。」

拿破崙眞的如此放心？在這之前，那些不信任的人，他總會想辦法留在巴黎，以便他監視。

事實有些出乎拿破崙的預料，貝爾納多特最終戴上了王冠，而且，沒有借助拿破崙的幫忙。這位瑞典王儲，曾寫信給拿破崙，願意提供有償的軍隊與武器。拿破崙看過信笑了笑，他明白信中的含意，卻沒有直接回覆。他讓人轉告訴貝爾納多特，他沒有與王儲們通信的習慣；貝爾納多特將這番奚落牢記心中，沒過兩年，就抓住時機，開始報復！

拿破崙驚訝地發現，隱藏在暗處的危機已經開始竄出火苗，而這一切起源於他對家族的狂熱。他直言，家人以及那些貴族，令他非常失望。他曾在一封信中說：「封繆拉和我的兄弟爲王，確實是個失誤，我必須從中吸取教訓……把財產還給逃亡的貴族，此舉欠妥。應該把他們的土地沒收充公，那些地主們不應該得到太多的錢。舊制度下的人，簡直令人失望透頂。他們輕浮，而我是個生性嚴肅的人，怎麼能與他們混在一起呢？我從未繼承誰的財產，不過斂取了那些無人要的東西。現在想起來，也許任命些總督就可以了，這樣，也省得那些元帥們做什麼獨立之夢。」

拿破崙終於意識到，稱帝是極其危險的！要想保住皇朝，就要爲此付出代價。他的麻煩來源於一時心軟，當他處於強者的地位時，對自己能夠名垂青史深信不疑，還覺得他根本不需要什麼有名、血統高貴的祖先。他的家屬以及那些元帥們，從他那裡得到了數不清的好處，卻在不久的將來恩將仇報。當他走向衰亡時，歐洲被陰雲籠罩，那些得益於他的人們，卻在想著如何踏著他的身體得到更多的好處！

拿破崙的家庭觀念根深蒂固，要把自己的權勢、地位等一切傳給兒子，而且是這個光明正大，有皇族出身的兒子。孩子誕生後，舉行了盛況空前的慶祝儀式，社會名流、達官貴人，都前來祝賀。施瓦岑貝格夫婦親自前來參加慶祝會，奧地利駐法大使施瓦岑貝格親王，此次法奧聯姻中貢獻突出。拿破崙滿面笑容地來到親王夫人跟前，送給她一隻甲蟲形寶石別針[1]，說道：「這只別針，是我在古埃及法老墓中發現的，一直隨身攜帶作爲避邪之物。現在，我把它送給您；因爲，我有了兒子，已經不再需要它了。」

拿破崙認爲：兒子的誕生，會給他帶來好運，幫他逢凶化吉。因此，他不用再帶這護身符了！至於他的那些國王兄弟，怎麼能夠和自己的兒子相提並論呢？看著自己的親生兒子，拿破崙有些後悔，如果早些與約瑟芬離婚，也許這十多年可以少很多征戰之苦。多少青春年華，在戰場上度過。爲了留給後人更多的豐功偉業，拿破崙南征北戰，立志圖強，這一切，不都是爲了孩子嗎？等他來到人世時，已經擁有了至高無上的地位！可是，這個孩子來得太遲了！拿破崙一生步步登高，有誰能超越過他如此快的步伐？二十四歲只是個尉官，三十四歲時已經登上御座。在四十歲以前，他早就該得到兒子的。如今，法蘭西帝國還能興盛多久，不得而知；自己的兒子，能否順利地擁有這一切，長久不衰？

已經開始走向衰老的帝王，膝上企盼多年的孩子尚在牙牙學語。他試著把自己的帽子戴在孩子頭上；吃飯時看著孩子在地上爬行；再大些，親手扶著他在書房裡蹣跚學步。

拿破崙在用遊戲的方式考慮戰爭，小棒被當做士兵，散落在地上，他正琢磨著怎樣擊敗西班牙境內威靈頓的部隊。此時，孩子來到門口；宮中規定，保姆不可以跨越門檻。拿破崙親自走上前去，抱過兒子，讓他坐在木棒軍中，臉上洋溢著爺爺般滿足的笑容，他對孩子的寵愛可想而知。戰局大亂，他卻高興得哈哈大笑。如此高高在上的帝王，跑到鏡子前，給孩子做鬼臉，把他征服歐洲的劍，帶在兩歲孩子的身上。

拿破崙這樣評價自己的兒子：「他是個機敏、有志氣的孩子，與我的期望一致……我的兒子身體非常棒，長得壯壯的。他的嘴、眼睛，包括胸脯，都繼承了我的特點。在他身上，我有太多的希望。」

在給約瑟芬的信中，拿破崙也不停地在誇讚自己的兒子。他要約瑟芬像過去一樣，對他保持親密的語氣，責備她為什麼離婚後在信中稱自己為「陛下」。他在信中說：「你現在對我的態度大不如前。可是，我對你的感情沒有變，你要相信我。為此，我不去多做解釋，只要你把我的信拿出來比較一下，就可以看出，我們誰更友好。」不僅如此，更讓帝王感到不愉快的是，約瑟芬總是在不斷地欠債。拿破崙本來以為，她的年金三百萬法郎，應該可以有一半剩餘，「十年後，你就擁有一千五百萬法朗可以傳給子孫後代。讓我聽到你身體健康的消息吧！你要把身體調理得好好的。」可是，約瑟芬卻不管這些，依然花錢如流水；拿破崙於是吩咐管家，如果她不知道省吃儉用，不許再給她錢。

結婚以後，拿破崙就很少去見約瑟芬了，包括他以前的情人。他對待婚姻是非常嚴謹的，稱得上是位模範丈夫，這正是義大利人的特點。他如此做的另一個目的，是因為自己位居萬人之上，得為臣民做出榜樣。瑪麗・路易絲為人倒也隨和，沒有民族偏見，很快就把自己融入法蘭西中了，兩個人生活得也算美滿。拿破崙有時間的時候，盡可能多地來陪妻子。她學騎馬時，就不離左右地保護她，指導她。帝王是沒有等人的耐性的，可是，現在如果王后吃飯時來晚了，他會坐在那裡等她，為的是兩個人一起用餐。因此，王后對帝王並無懼怕，甚至跟奧地利大使說他有點怕她。這對拿破崙是非常重要的，必須讓奧地利皇帝對自己印象極佳，這也是他的一個政治策略。因為維也納方面若得知瑪麗・路易絲在這裡生活幸福美滿，會對他非常有好處。於是，拿破崙把梅特涅邀請到自己宮中，熱情地招待他，告訴他可以隨意地在這裡停留，直到有人來接他。之後，他帶上房門離開，給梅特涅和瑪麗・路易絲留下自由的空間。一小時後他再回來，狡黠地笑著，問梅特涅還有哪些不滿意之處；王后看上去十分開心。

這樣，拿破崙內心的重壓和緊張也得到了緩解。其實，幾年來，瑪麗・路易絲的作用是，用她的青春、活力，讓帝王得到一些快樂。事實還是有些差強人意，法奧聯姻並沒有像人們期望的那樣，從根本上緩解政治上的矛盾。

奧地利常常會利用與歐洲王室聯姻來爲自己謀得好處。他們寄望此次聯姻能夠得到拿破崙兩個省的聘禮，結果沒能如願。法蘭西斯皇帝對於這個科西嘉人曾經加在他身上的屈辱，念念不忘。爲此，瑪麗・路易絲嫁給拿破崙，他並不是心甘情願的。女兒前腳離開霍夫堡，這位皇帝就開始後悔，爲這一婚姻而感到委屈，認爲傷害了自己的尊嚴。爲了找回面子，法蘭西斯派人在托斯卡尼檔案中查找波拿巴的族譜，儘管這些檔案已經發黃變質，查啊查啊，一直追溯到十一世紀。兩人再次見面時，奧地利皇帝說：「沒想到，十一世紀時，波拿巴的祖上住在特雷維索。」拿破崙不無頑皮地答道：「謝皇上誇獎，我會成爲家族中的盧道夫[2]！」雖然他的回答很機智，但沒有想到這樣的狂妄自大之言，只會引起對方的反感！

此後，奧地利皇帝常常會想起這句話，並左右著他的思想，到底是反對還是支持這個女婿呢？拿破崙意識到自己這句話的後果時，已經爲時已晚。「如果當初我能夠對這個傢伙假意奉承，哄得他高興，那麼在萊比錫的戰場上，就可以少十萬敵軍！」

不過，對於奧地利帝王他倒是也有贊成之處，畢竟，這是個正統皇帝。一次，拿破崙看到妻子給父親的信中，對他父親的稱謂是：「尊敬的父皇陛下，神聖的皇帝。」他覺得這樣寫很好。也許，他想到了馬其頓的亞歷山大大帝，亞歷山大大帝曾宣稱自己是朱比特之子。

可是，這個受教皇祝福的奧地利皇帝，正是因爲教皇的緣故，對拿破崙非常不滿。其原因是拿破崙對教皇的限制愈來愈多，庇護七世此時還被他關在薩沃納呢！教皇對羅馬教法比較陌生，連顧問也不可以接近。拿破崙爲了挾制教皇，什麼文件都不給他看。教會內部開始分裂，連皇帝的結婚典禮，竟然有十三位紅衣主教不參加，因爲教皇不承認拿破崙與約瑟芬離婚了。拿破崙爲此把梵蒂岡教廷的檔案箱運到巴黎，他要讓人看到，自己準備把巴黎作爲基督教的首都，而且是極爲認眞的。

拿破崙召開會議，要求只要是聽命於法蘭西的歐洲大陸各國主教必須參加。會上，大家被迫通過協議：如果反抗皇帝，將被剝奪教皇的任命權[3]。最後，庇護也無奈地同意了這項命令。

此舉一出，歐洲譁然，反響極爲強烈，宗派分合不斷，全都重新布局。不過，俄國與波蘭看到教皇如此狼狽不堪，暗自高興。普魯士和英國當然也不例外，更令人不理解的是，連教皇統管下的民衆，竟然也擁護拿破崙的決定。那裡的人們，看到頭上的兩座大山，即教皇、國王全都倒台後，欣然接受《拿破崙法典》，連同現代教育的行政體系也完全接納。他們投鉅資修築道路，而且修建了朋當沼澤地的排水工程。古羅馬的精神被拿破崙以最快的速度傳到巴黎，如今，他又把巴黎的革命帶到羅馬。由此，在巴黎與羅馬兩大名城間架起了一座橋樑。

當初，拿破崙曾被教皇宣布逐出教會。如今，他正在變本加厲地讓教皇還債。在剛剛接手的荷蘭，拿破崙在新教徒面前，接見天主教神父，毫不留情地斥責那些主教：「難道，你們竟然信奉格列格里七世[4]的宗教？那有什麼値得信奉的啊？耶穌基督的宗教才是正統。耶穌說過『凱撒的就應該由凱撒擁有。』所以，我把屬於上帝的東西還給上帝。從上帝那裡，我得到權位之杖。不過，我佩帶的是人間的寶劍，並有能力使它光彩四射！上帝創建了國王這個寶座，不就是我要登上王位？這是上帝的意旨，我不過是順天意而行。你們這些愚蠢的傢伙，難道連上帝的旨意也敢違背？難道羅馬的神父能把我逐出教門？簡直是荒唐！如果以爲我會吻教皇的腳趾，不是白日做夢嗎？愚蠢的傢伙，你們有什麼權利，以爲自己是教皇就能把皇帝逐出教門嗎？安分守己地做好自己的事吧！聰明的話，老實地在《教務專約》上簽字。省長先生，對，就是你，我不管你用什麼手段，別讓我再知道有這樣的事情發生！」

竟然，拿破崙能夠如此地大顏不慚！說出如此狂妄自大而又荒唐無比的話。剛剛的訓斥，事後竟然他自己也不相信，怎麼會說出這些話？這不是他自己最討厭的方式嗎？不過，當初在羅馬教皇面前自己戴上的王冠，如今又加上了神權，顯得更爲沉重了。

* * *

這天，拿破崙滿面怒色地看著陸軍司令，問道：「麻煩你解釋一下，爲什麼史特拉斯堡一帶的鹽價竟然漲了一個蘇[5]？」說完，命令海軍司令務必在三年內建立起兩支裝備完善的艦隊，即大西洋艦隊、地中海艦隊。前者用來對付愛爾蘭，而後者是用來抵抗西西里和埃及。

西班牙局勢穩定後，一切都應該準備完畢，這樣才能在一八一二年的時候征討好望角。那時，應該有六到八萬人的軍隊，可能支配用來攻擊蘇里南和馬提尼克島。拿破崙考慮到，要繞開敵人的巡洋艦，此後，兵分兩路，分別占領東、西半球。這就是拿破崙現在的夢想：稱霸世界，獨領風騷！

他頭腦中自問：「你想知道我們的目的何在嗎？好，我告訴你：占有歐洲，然後，以其人之道還治其人之身，從殖民者英國人那裡，奪取印度……印度是個關鍵，絕對不能放棄。要想取勝英國，就要在他身後出其不意……設想一下，如果莫斯科歸我所有，沙皇成爲我的臣民，或者被處死，那麼，將形成一個新的朝廷，而且完全由我操縱。難道，你不相信，有梯弗利斯部隊作爲後盾的法蘭西軍隊會向恒河進軍嗎？接著，你就會看到，整個英國商業將毀於一旦……法蘭西將成爲西方的領袖，海上霸主！」有人證明，拿破崙在說上述這些話的時候，眼睛熠熠放光。停了一下，他又講了自己爲什麼要冒險，還對可能遇到的困難加以預測，連如何實施每一步計畫以及成功的前景都描述得非常仔細。

可是，眞的能控制沙皇嗎？他可能妥協或者被殺？拿破崙被這個問題困擾著。其實，他更願意與亞歷山大聯盟，而不是成爲對手。沙皇倒臺，對他毫無益處。如果有可能，拿破崙會盡最大可能避免與俄國交戰。他希望沙皇能夠信守諾言，這樣，兩大帝國成爲盟友，共進共退，才能最終實現他的偉大夢想。因此，拿破崙對沙皇的舉動十分關注，可是，他發現自己對沙皇的控制力日漸削弱。爲此，他曾給一個萊茵聯邦的君主寫過信：「看來，法俄之戰已經不可避免，雖然，亞歷山大和我都不希望看到戰爭，因爲，戰爭無疑會同時傷害到兩國的利益。」

此前，拿破崙從來沒有說過無法避免戰爭這類話。其實，他的心裡很明白，沒有充分的理由發動法俄戰爭，因此把這次戰爭宣稱是命中註定的，以此作爲自己的藉口。當初，早在涅曼河上的帳篷裡，兩個帝王握手的時候，戰爭的種子已經播下。他們在發展友誼的同時，戰爭的種子也在悄悄地生根發芽。塔列朗的卑鄙行徑，更是爲這棵戰爭的幼苗澆水施肥。兩位帝王在埃爾富特熱烈地擁抱時，已經感到了友好中的較量。法俄聯姻沒有成功，最根本的原因是沙皇的不信任。事實證明，他的做法是有根據的。都想稱霸世界的帝王，怎麼會甘心看到對手稱王稱帝呢？或許他們也曾想過聯合，但這本身就沒有實現的可能。

雙方正面交鋒已經成爲定局，這一天，終於到了。拿破崙說道：「目前，只有一個人能夠對我構成威脅，如同壓在我心口上的一塊巨石。他年富力強，日益健壯，而我卻在走向衰老。」

早些時候，拿破崙曾經要求沙皇支持自己的做法，禁止中立國船隻入港，這樣，對英國是個致命的打擊。可是，沙皇卻婉言拒絕了。因爲，那樣做無疑會在很大程度上損害俄國的海上貿易。於是，沙皇只答應沒收違禁商品，而且，他要從中立國進口殖民地產品。這樣，拿破崙就很難完全控制東方，只得對德意志海岸嚴加防範。所以，威瑟河與易北河河口被占領，漢撒同盟[6]各城市和漢諾威的一部分地區，都被拿破崙控制。「這是形勢所迫。」隨後，他吞併了奧耳登堡公國，雖然，他的王儲剛剛與沙皇的妹妹結婚，但拿破崙做事可不管這麼多。

拿破崙的所作所爲，終於激怒了亞歷山大。沙皇認爲，是拿破崙破壞了提爾西特條約，因爲條約規定，奧登堡擁有領土自治權。沙皇爲此通報天下，表達自己對拿破崙侮辱皇族的不滿，抗議書一出，形同宣戰。沙皇在抗議書中質問拿破崙，爲什麼不能嚴格遵守盟約中的各項條款？如果不遵守，當初簽定的盟約還有什麼意義？當然，此時的沙皇，仍然承認俄法兩國是同盟，並說希望永久友好下去；歐洲各國對此覺得好笑，卻又不敢表露。接下來，沙皇下令，開放俄國的港口，殖民地商品可以自由出入，同時對法國的工業產品，酒和絲綢等提高關稅。

大地圖被同時擺在聖彼德堡和巴黎。怎樣才能實現自己的統治夢想？沙皇提議聯合土耳其，而拿破崙則希望奧地利占領塞爾維亞，同時進軍摩爾達維亞和瓦拉納挺進，並保證自己不會參加；他想以此來牽制俄國。梅特涅假意應允，實際上卻按兵不動。此時，沙皇在考慮波蘭問題：「加里西亞已經被拿破崙併入華沙公國。誰能保證他不會重建波蘭？」法蘭西駐俄大使科蘭可[7]，傾向於沙皇，對他大加讚頌，一心想要法俄兩大帝國和平相處。爲此，他向沙皇做了很多許諾。可是，拿破崙只答應私下允諾，不同意公開保證。如果兩國交戰，拿破崙希望得到波蘭的支持，至少讓波蘭不要反對法國。因此，要給波蘭復國的希望；沙皇呢，強烈要求把盟約公開，這樣，波蘭人將復國無望。

西班牙傳來消息，馬塞那戰敗，拿破崙又有了新的煩惱。而科蘭可此時回國，使得拿破崙的疑慮又加一分。科蘭可說，沙皇希望與法國和平相處；他的言辭明顯地爲沙皇辯護。拿破崙認真地聽著他講，不時提些關於沙皇及其宮廷的問題，他想知道沙皇的態度，更想了解俄國貴族和民衆的心願。最後，拿破崙捏著科蘭可的耳朵，笑著說：

「我看你是愛上他了！」

「陛下，我愛的是和平。」

「我當然也希望和平，但不會因此受人擺布。想要我從旦澤撤退？是不是我要做什麼都得請示亞歷山大？你太老實了，科蘭可！我比你要精明得多，我了解亞歷山大……這個人和他的國家，是我的最大威脅，我不能總爲它提心吊膽。北上！重現歐洲昔日的輝煌！」

科蘭可把亞歷山大的原話記得一清二楚：「我會牢記他的教導，我相信，他是才華出衆的人，然而嚴寒對我們禦敵非常有好處；法國人可沒有我們這樣禁得起寒冬。如果拿破崙親自指揮戰鬥，或許能扭轉局勢，只可惜他沒有分身之術，不能出現在每一個地方。」拿破崙聽了這段話，感觸頗深，在室內來回踱步，談話持續了幾個小時。但最終，他也沒能說服科蘭可，只是含糊其辭的答覆。其實，在他內心深處，始終抱著自己的幻想不放。

他對科蘭可說：「只要我們取得勝利，亞歷山大的一切夢想都將破滅。他爲人不夠眞誠，野心勃勃卻勇敢欠佳。在他身上，希臘人的特點更多些。你要看清楚，發動這場戰爭的是他，不是我！是他圖謀不軌，他的妹妹沒能成爲法國王后，他不高興了。」科蘭可正想要反駁他說得不對，拿破崙卻緊接著說：「欸，我記不清細節了。」記不清楚！這對拿破崙來說可眞是個新詞。拿破崙幾乎沒有承認過自己的失誤，此刻只得將有些事抹去不提。

隨後，拿破崙派了一名強硬派人士出使俄國。當他聽說要用華沙交換奧登堡時，忍不住對著俄國大使高聲喊：「休想！我不會給他波蘭的一寸土地！」

他心念快轉，各種願望充斥著他的靈魂：他眞希望自己沒有把想法洩漏給危險的富歇，而眞正的朋友科蘭可對此卻毫不知情。或許，他無法擺脫富歇，只是因爲他是前雅各賓黨人，且他身爲教士。此前，他已經罷免了富歇警務司令的職務，那是因爲富歇與英國勾結在一起。但是，拿破崙對他，和上次從阿斯托加趕回巴黎一樣，依然採取寬容態度。非但沒有逮捕富歇，反而再次任命他爲參議員，甚至還給他寫信。人們對此難以理解，拿破崙卻說：「或者，我不該懷疑你的忠誠，但是，仍然有必要監督你的言行。這是項很頭痛的工作，我是不願意做的。」

富歇此時不再是警務司令，而且隨時受到監視，但是，拿破崙卻離不開他，甚至把自己的眞正意圖講給他聽：「人們可能以爲，結婚以後，我不再會有什麼行動。但我很快會讓他們看到，這頭雄獅是不是眞的在睡覺。我需要八十萬大軍，令人高興的是，現在已經如願已償。整個歐洲，將在我的統治之下。區區一個歐洲算什麼？像個老婦人似的，只能任我擺布……你不是也親口說過嗎？誰也無法限制天才的行動，因爲它無所不能。如果法蘭西能夠幫我實現統治全世界的夢想，難道要我放棄這個夢想？你，還有所有的人，都希望我以溫和的政策治理國家，想想你們當初是這樣的嗎？我的歷史使命尙未完成，只能義無反顧地繼續努力。我們需要制定歐洲法典，需要歐洲法院，貨幣要統一，度量衡也要統一。要在全歐洲使用同一部法典。歐洲不應該再四分五裂，必須得到統一……我親愛的公爵閣下，我會爲此不惜一切代價……」說完，他叫富歇退下。

面對富歇，一個並不值得信任的人，拿破崙卻明確地說出了自己心目中的計畫。後來，有人在回憶錄中描述過這個計畫，儘管此人並不能公正客觀地評價拿破崙，其實，這一計畫當然具有合理性，而且意識超前。

我們在這裡看到拿破崙心裡對於歐洲合衆國的概念，但歐洲已經不是過去的那個腐敗的樣子，那時，拿破崙還只是「波拿巴」，並有著無人能匹敵的天才。十五年後，歐洲的格局已經大變，波拿巴也成了皇帝，擁有立法和發號施令的權力。他要以自己超凡脫俗的能力，重塑歐洲。在他身後，他已經建立了現代版的查理曼帝國；而他眼前，要努力的是歐洲新格局，如凱撒一般創造歷史的新樣貌。他知道，精神的力量無窮。爲此，他曾說：「要用八十萬兵力建立統一的歐洲共合體。」

「公爵先生，這，才是唯一值得我高興的事情。」

法俄交鋒

拿破崙向富歇滔滔不絕地宣講著自己的夢想時，塔列朗的口袋已經被沙皇的金子裝滿了。塔列朗與富歇，兩個卑鄙小人，將再次聯手分贓。也許，銀行方面有義務向拿破崙彙報，我國駐法大使涅謝爾羅傑伯爵的錢財都到了誰的腰包。得到錢後，內奸塔列朗每月都會把法國備戰的情況通報給沙皇，所以亞歷山大很清楚法國何時組建了新軍。瘸腿的「梅菲斯特惡魔」，想盡各種辦法滿足自己對金錢的貪婪慾望，得手後躲在背地裡竊笑。

難道沙皇比拿破崙更富有？雖然俄法仍然是聯盟國家，可是，法國商品卻不能在俄國自由出售。一八一一年，法國著名的葡萄酒公司爲此損失慘重，英國和西班牙都不再買法國酒，法國工業迅速下滑。爲此，財政大臣提議和平，用以緩解法國財政赤字，但拿破崙生硬地打斷他的話：「不行，是的，我承認財政出現了危機，唯一的解決辦法是：戰爭！」

如果倒退幾年，拿破崙的這個提議還可以理解。那時，他曾從義大利給負債的督政府撈回了多少錢財！確實，他發過戰爭財。但是，此時再想以武力解決經濟問題，顯然是自欺欺人。他制定的封鎖政策，無疑是作繭自縛，最終連累了國內工商業。財政已經出現赤字，雖然沒有超過五千萬。即便如此，拿破崙也不允許發行公債，他說：「我不允許發行公債，那是不道德的，它將爲後代增加負擔。」可是，他開始增加稅收；這樣做更不妥當。拿破崙想透過對俄戰爭，改變眼前的局勢，穩定財政。由此看來，戰勝俄國就顯得至關重要了！

拿破崙爲自己的計畫而得意，興致勃勃地把計畫交給商會。「只有愚蠢的英國才會實行這些政策，它的封鎖只能引火焚身。不過，倒教會了我們如何抵制他們。兩年之內，歐洲大陸的人民就會有新的生活方式。不久，我們的甜菜將獲得豐收。每年，只需要從國稅中拿出九億就可以了，還可以把剩下的三億存入杜樂麗宮的地窖。那時，法蘭西白銀滿庫，英吉利銀行卻家徒四壁。從提爾西特和談到現在，我們已經獲得十億法郎的賠款，奧地利因此而破產，英國與俄國不久也將落得如此下場。只有我，擁有錢財！」

可是，有誰會相信他漫無邊際的大話呢？拿破崙要稱霸世界的慾望加速了徵兵的進程。他的觀點是：法蘭西要穩定，就要加強獨裁統治！實際上，法國民衆的情緒愈來愈消沉。拿破崙對此實行高壓政策，只要稍有不滿，哪怕是在最偏遠的角落，發一句牢騷，也會馬上遭到迫害，有幾千人沒有經過審訊就被關進監獄。他們因爲發布了仇恨帝王的言論，或者私自信奉某種宗教，或者在私人信件中說了政府的壞話……爲此，政府設立了專門的檢查機構，名字更是荒唐，叫公共輿論監督局，爲的是控制輿論導向。有家荷蘭報紙發表了一篇文章，說教皇有權將國王逐出教會，於是，報社被查封，作者被捕入獄。書中凡是支援英國憲法的文字，必須刪除；有本書原名《波拿巴史》，也根據監督局的意思，不得不改名爲《拿破崙大帝的豐功偉績》。

民衆的思想被壓制，當時的學者如蒙日、拉普拉斯、蓋蘭和熱拉爾等，倒是擁護帝王的統治，願意接受爵位。法譯本《強盜》不允許在漢堡發行，共和主義者們無奈地想起二十年前法國大革命時代，稱該書的德國作者[8]爲「法國公民」。

這些人的情緒，拿破崙當然不會放在心上。他所關注的是如何擴張自己的權勢，怎樣鞏固自己的政權，全部心思都放在了稱霸世界的夢想上。不過，他過高地估計了自己在民衆心目中的地位。以前，他是很在意民心向背的，不管採取什麼舉措，都會徵求民衆的意見。如今，他已經失去了清醒的理智：「我有什麼必要去聽那些無所事事之徒的意見？只有一種輿論可以影響我，那就是農民的意見！」不錯，農民一直以來支持拿破崙的決定，那是因爲他保留了農民的土地，農民的利益沒有受到革命的衝擊。

現在，西班牙戰爭使無數人失去了生命。爲了躲避兵役，農民要支付八千法郎，這樣才能保住兒子的性命，繼續在父輩的土地上種地。青年們想盡辦法躲避兵役，可是幾年前，很多人爭先恐後地要當兵。如今，不採取些強制措施，根本沒有人來服兵役。

拿破崙會在意這種變化嗎？當初，不是他自己將革命的思想傳播給普羅大衆的嗎？一代帝王，也曾經無數次親臨戰場，指揮作戰，就是登基之後，也指揮了三次戰鬥，而且擊敗了反對者的聯合進攻！

奧斯特里茨戰役、耶拿戰役和瓦格蘭姆戰役，拿破崙從敵人手中得到的大片領土，這不正是他天才的證明嗎？民衆爲此歡欣鼓舞，勇氣倍增；就連與英國爲敵，法國人民也是支持帝王的，祖先們不知道與英國打了多少年的仗了。可是，普羅旺斯的農民都能夠理解拿破崙對待西班牙和俄國的態度嗎？拿破崙很難向他們解釋清楚，讓他們理解歐洲共和國的計畫簡直是天方夜譚！安達盧西亞的一條河流，負載了多少士兵的鮮血與生命？對於西班牙，那些農民們能夠叫得出幾個地名？他們連音都發不準！無論如何，年老力衰的農民們，需要兒子幫忙幹農活。所以，他們寧願出錢，以使得兒子可以留在家中，不過，會因此而發牢騷。

德意志農民沒有退路，應召參軍，組成「分遣隊」，跟隨拿破崙遠征他鄉。他們是心甘情願的嗎？僅曼因山谷，就有數千農民參軍遠赴西班牙，熱羅姆同樣把三萬多威斯特伐利亞人輸送到奧得河上；薩克森人守衛著維斯杜拉河；符騰堡人和巴伐利亞人不斷擁向東方，爲什麼會這樣？因爲拿破崙說：「如果萊茵聯邦的君主不肯支持我的共同防禦政策，那麼，恕我直言，他們首先會遭到滅頂之災。我寧願與公開的敵人作戰，也不會容忍不可信賴的朋友。」對哈布斯堡家族，拿破崙態度還算溫和。如果一切順利，奧地利將有可能得到希里西亞，因爲它援助了法蘭西。

至於德意志，它早已四分五裂，這對於拿破崙的統治非常有利。他可以任意支配南部的三個州，並且把自己的兒子封爲羅馬王，歐仁因此失去王位，不過，隨後被封爲臨時拼湊成的「法蘭克福大公國」國君。

該如何對待普魯士？還要讓它繼續存在嗎？當初在提爾西特，留住它不過是爲了取得沙皇的支持。現在，拿破崙與沙皇已經反目成仇，還有必要再留著普魯士嗎？於是，拿破崙下令，出征俄國之前，將普魯士的一些地區分割。他當然清楚，普魯士與俄國一直關係密切。密約中，沙皇曾保證永遠支持腓特烈・威廉。在普魯士，拿破崙曾親耳聽到過反動歌曲，志願者軍團的存在，他也是知道的，大學裡也充滿著反抗情緒，還有個什麼「道德協會」。

記住在西班牙，輕易相信人性的教訓！誰說北德意志人具有寬容又冷漠的特點？他們可以同樣狂熱！拿破崙想，比較好的做法是，在沒有消滅普魯士軍隊前，要先對其加以利用。沙恩霍斯特向腓特烈・威廉保證說，必須要進行反擊了。梅特涅在維也納同樣戲耍了這位將軍。沙恩霍斯特支持普奧聯盟，梅特涅支持與俄國結盟，反對與哈布斯堡聯手。而哈登貝格一如既往，事事跟在維也納後面。普魯士國王爲人怯懦，不肯冒險，認爲拿破崙不會被誰擊敗，所以最終與法國結盟。只是，他答應得太遲了，並沒有因此得到什麼好處。希里西亞和波蘭被大軍駐滿，普魯士被包圍。它還有別的選擇嗎？只能容許法國大軍過境，還要順從地獻上糧食和錢財，東部的要塞也被迫由法軍駐守。爲此，梅特涅高興地寫道：「陛下，不必再爲普魯士擔心了。」

也許，此話爲時過早！一八一二年初，雖然歐洲絕大部分地區都在拿破崙的統治之下，雖然他的勢力已經擴展到布科維納，但是，拿破崙心中對於這場仗還是有疑慮的。就如塞居爾伯爵曾經表示，他一次看到拿破崙在反覆審閱無數的作戰計畫，忽然驚恐地嚷道：「我還沒有準備好去這麼遙遠的地方打仗！我還需要準備三年！」

可是，戰爭的車輪已經在轉動，有誰能阻止它前進嗎？拿破崙也被無名的動力支配著，前進！他，創造了多少港灣？當暴風雨來臨之時，一切搖搖欲墜，他必須挺身而出，奮不顧身地去爭取，保全他的豐功偉績！因此，他被迫在大海上顛簸，在驚濤駭浪中搏鬥。冒險家的勇敢和魯莽，充斥著他的頭腦；他憑藉多年來的經驗，小心謹慎地執掌方向。

「你怎麼會看不到？」拿破崙向弟弟嚷著，「我現在唯一能夠依靠的，就是九死一生換來的英名，不然，怎麼能坐在帝王之位上？我沒有顯赫的貴族家勢可以依靠，因此只能不停地奮鬥！我沒有退路，前進，前進，再前進！如果停止前進，將會有什麼樣的結局等待著我？」拿破崙的情緒過於激動，難以平靜下來思考，處於極度焦慮之中。他希望全身心地投入戰鬥，做最後一搏，同時又怕失敗給自己帶來毀滅的命運。

和以往一樣，拿破崙在交鋒前寫信給沙皇，而且態度很友好。同時，他告訴在巴黎探聽情報的俄國上校：「沙皇正值壯年，我現在的身體也不錯，大可不必計較過去。我眞誠地希望與沙皇永遠是朋友，共同維護歐洲和平。時至今日，我的信念沒有變。請轉告沙皇，如果天命難違，法俄交戰不可避免，雖然只是爲一些不值得一提的小事而引起爭端。我將以俠士的姿態出現在戰場上，對沙皇及俄國絕無惡意。或者，我們兩個人可以在兩軍陣前攜手言歡……最後，我要再次聲明，不要因爲我們兩個人在一點小事上的分歧而引發戰爭，讓無數將士爲此流血犧牲！」

其實，我們已經能從這裡看出，拿破崙對於法俄交戰，並沒有必勝的把握。他這麼說，是要盡可能地避免這場戰爭！兩個強國交戰，如同兩虎相爭，最後可能會兩敗俱傷！拿破崙爲了自己的夢想，已經奮鬥了二十年，如今，他怎麼能夠接受從天上墜落人間的結局？

沙皇亞歷山大此刻做何感想呢？用衆叛親離來形容也不爲過，貴族抵制他，母后斥罵他，想把十字架重新豎在聖・索菲亞教堂上已經不可能，波蘭眼看亦要脫離他的掌握。不管從哪一方面考慮，沙皇都難以繼續把拿破崙當朋友。

提爾西特會談之後，梅特涅曾說，沙皇要有所變化，至少得需要五年的時間。如今，五年已經過去，也許，沙皇對戰爭的內涵有了新的認識。其實，他並沒有遠大的目標和崇高的思想，更沒想過透過擊敗拿破崙來使自己威名遠揚。那麼，是什麼驅使他加入這場戰爭呢？只能用他崇拜的神祕主義來解釋了。正是他對神祕的嚮往，沖淡了對提爾西特魔術師的崇拜。

實際行動是，亞歷山大開始著手準備戰爭。與拿破崙相抗爭，首先要保證南北邊疆的安定。爲此，沙皇想辦法使土耳其蘇丹保持中立；接著，與貝爾納多特的瑞典結成聯盟；這實在是出人意料。沙皇與貝爾納多特在邊境會晤，第二次被法國革命者的魅力征服。挪威是站在法蘭西這邊的。沙皇保證幫助瑞典得到挪威，就這樣雙方達成共識。

貝爾納多特能夠與亞歷山大一拍即合，其目的不僅僅是爲了擴大疆域。因爲，當初拿破崙是反對貝爾納多特當瑞典國王的，因此，貝爾納多特對瑞典臣民感恩圖報。沙皇呢？彷彿已經看到了勝利的果實，甚至看到了拿破崙的失敗和毀滅的結局。拿破崙此時正率領有史以來人數最多的軍隊緩緩前進，想要呑併俄國，亞歷山大則向拿破崙年輕時的朋友貝爾納多特許諾，戰爭勝利後，法國的王位將是他的。

這是個不平凡的夏天，兩隻雄鷹嚴陣以待，戰爭一觸即發。

拿破崙在德雷斯頓召見各國君主，展示自己的軍隊，一切與四年前在埃爾富特大致相同。只是，君主中少了一位，即沙皇。不過，哈布斯堡的統治者代替了亞歷山大的位置。其實，拿破崙與法蘭西斯只有一面之緣，那是在奧斯特里茨戰役的第二天。此後，拿破崙兩次占領奧地利首都。奧法聯姻後，奧地利公主成了征服者的王后。

此刻，金碧輝煌的餐桌旁，瑪麗•路易絲坐在丈夫與父親中間，看上去，眞是幸福的一家人。法蘭西斯保證，時刻站在女婿這一方。按照習慣，拿破崙不允許妻子在這種場合穿著過於張揚，標準是不能超過繼母。王后爲此感到委屈，哭了起來。維也納的皇后（瑪麗•路易絲的繼母）因爲女兒的珍珠比自己的大，也非常不滿。兩國之間的恩怨，在家庭內部的小事上顯現出來，大臣們盡可能地調和勸解。大家舉杯，共同祝福那個關鍵的男孩，因爲他維繫著四個人的關係。兩對夫婦暫時裝出笑臉，儘管心中各懷鬼胎。

十二月，奧斯特里茨磨坊中翁婿再次相見，並在次年五月於薩克森宮殿中會面。此後，兩人再也沒有碰到面了。

同一時刻，哥尼斯堡與萊姆堡之間，五十萬大軍已經入駐。拿破崙宣布「第二次波蘭戰爭」開始；表面上，他要從沙皇那裡奪取波蘭。拿破崙說：「在那裡，或者在明斯克，戰爭很快就會有結果，我將在維爾納過冬，創建立陶宛國，俄國將給我提供食宿。如果那時還沒有停戰，明年，我將進入敵人的心臟地帶，直到沙皇聽命於我。」拿破崙按照這個計畫部署自己的部隊。在俄國進行補給？這可能嗎？

拿破崙在古比寧召見了一位普魯士校長。兩個人談到在德意志口岸徵集的穀物將運往科夫諾，拿破崙問：

「我想科夫諾應該有很多磨坊吧？」校長回答：

「不，陛下，那裡有的磨坊非常之少。」

這有些出乎拿破崙的意料，轉身看著貝爾蒂埃，不知道該怎麼辦。也許，這是他即將失敗的先兆。不僅如此，磨坊不夠也罷，問題是他對此毫不知情！爲這次大戰，他已經做了整整一年的準備。軍隊、軍火、後勤、一千四百門大炮等等。波羅的海沿岸的八個要塞都已用作倉庫，成百上千的船隻車輛裝載著米麥。車輛到達目的地後，拉車的牛被即刻宰殺，眞正的過河拆橋！徵兵不也一樣？青年們被送到前線上送死。

現在，拿破崙驚訝地發現，自己要進入的國家竟然缺少磨坊！當然，磨坊可以建，但那需要多少時間和人力？誰能保證這期間內不出意外？十五萬匹馬的飼料，如果不能就地解決，怎麼能從遙遠的法蘭西運來？所以，拿破崙只能將希望寄於六月，那時青草已綠。可是，如果草原讓他失望怎麼辦？士兵的士氣低落應該如何對待？

不斷從前線傳來壞消息。彙報說，新兵因爲年齡小，長途行軍，再加上天氣太熱，他們忍受不了。德雷斯頓、繆拉請求休假，當然不能夠批准！在日澤，拿破崙正與貝爾蒂埃和拉普一起吃飯，誰都不說話，氣氛沉悶。拿破崙在沉思之後忽然抬起頭來，問拉普：「這裡到卡迪茲有多遠？」拉普小心翼翼地回答：「太遠了，陛下。」

拿破崙不高興地說：「我知道，你們已經不喜歡打仗了。那不勒斯國王想回到他美麗的王國去休養；貝爾蒂埃也想回格羅柏，拉普更想回巴黎去享受生活，對吧！」元帥們都不出聲，因爲他們心裡確實是這麼想的，但又不敢承認。拿破崙原以爲他們會反駁自己，默許的結局是他沒有料到的。

拿破崙到達涅曼河這個象徵性的俄羅斯前線時，心裡又充滿了雄偉的夢想。他是第一個攻進俄羅斯的君王呢！跨過河，向東又馳騁了好幾英里，然後才緩緩地回到橋頭。他就如要越過盧比孔河[9]去擊敗龐培的凱撒一般！接著，三支大軍在他的率領下，進入波蘭腹地。拿破崙親自統率主力軍，第二支軍隊由歐仁統率；第三支熱羅姆爲總指揮。爲什麼？他竟然讓熱羅姆充當主帥？拿破崙以爲可以冒一次險，因爲俄軍不過三十萬人。

俄國軍隊此時情況如何？兩支軍隊分別由巴克萊將軍和巴格拉吉昂[10]率領。他們還在立陶宛，離拿破崙的軍隊很遠，共有十七萬人。拿破崙的失誤在於，把對手估計得過高，不然的話，自己的糧草壓力會小得多。爲什麼他現在把敵人看得如此強大？以前，他常常是以少勝多的啊！這次征俄戰，結集了如此衆多的兵力。顯然，他年事日高，不能以精神取勝了，只想以人力優勢奪取勝利。

也許，他看上去還有勝利的可能，大軍浩浩蕩蕩，耀武揚威地入侵。但是，俄國土地廣大，拿破崙難以發揮人數上的優勢。戰場一望無垠，他有多少兵力也難以面面俱到。而且，他手下的元帥和將領彼此獨立，互不聯繫，都完全地依賴主帥。拿破崙征戰多年，還沒有哪次因爲沒有便利的交通工具而苦惱，但這次情況大不相同。他指揮著千軍萬馬，命令能否迅速傳達至關重要。

俄國人的領軍亦沒有可以令人讚賞之處。兩個統帥，在入侵者面前一個比一個撤得快，彼此也沒有照應，無路可退時才想起相互聯繫。他們沒有鬥志，聽到敵人兵力多就嚇得抱頭鼠竄，甚至聽到拿破崙的名字也會害怕。

拿破崙命令軍隊停止前進。在維也納，他說：「如果巴克萊先生以爲我會追到伏爾加河，那他就太愚蠢了。我們只要追到斯摩棱斯克和德維納就可以，得勝之後在那裡宿營。如果窮追不捨，渡過德維納河，失敗的將是我們。我要回到維爾納過冬。別忘了叫法蘭西劇院派演員來，再派一個歌劇班。明年五月，我們將結束戰鬥，也許，今年冬天就會談判。」

好消息不斷傳來。美國已經對英宣戰，並且贏得了海上的勝利。英國內部，主和的勢力日漸增強。西班牙也一切良好，事情進展得不錯。前進！再打個勝仗！

可是，爲什麼看不到敵人？拿破崙親自出去偵察，只帶一名武官隨身陪伴。俄國人藏到哪裡去了？拿破崙開始感到不安。部隊行軍的速度太快了，天氣酷熱，再加上暴雨，道路十分泥濘，這樣很容易與兵站走失。可是，此次遠征俄國，將士的補給都靠兵站供給。在維爾納，拿破崙沒有發現沙皇的影子，雖然沙皇剛剛離開這裡不久。

有人彙報，糧草供應出現短缺；兵站的車輛被泥沼所困，有些甚至墜入河中，另外，有一萬匹馬因爲吃了毒草死亡。前線士兵們知道了補給短缺，他們開始在城中掠劫；後面的部隊到時，城中已經空空如也。不管拿破崙用什麼方法威逼利誘，當地居民就是不給他們一點東西！拿破崙不想硬搶，因爲那將引起騷亂。立陶宛人發現，直到目前，拿破崙也沒能解放波蘭。因此，他們拒絕提供任何幫助，也不肯接受法軍士兵手中的假盧布。

拿破崙感到進退兩難，怎麼辦？想辦法拉攏沙皇。他給沙皇寫信道：「我相信，陛下並不希望眼前的一切發生。其實，我們之間是存在友誼的……到達過涅曼河後，本想派個副官去拜訪您，這是我的習慣。」可是，沙皇拒絕接見他派去的使者，拿破崙又寫了一封信說：「看來，是上帝在主宰這一切，我們都沒有能力改變……那麼，只有請您相信，我對您的友誼是天長地久的。」

其實，信中沒有一句是眞話。拿破崙找到一個被俘的將軍，叫他把此信交給沙皇。他拿著這封信對將軍說：「我不明白，你們的沙皇到底想從這次戰爭中得到什麼？你沒有看到我不費吹灰之力就已占領了俄國最好的省份；我們兩個人本來是朋友，爲什麼要打仗呢？」接著，他花了一個多小時指責俄軍的愚蠢，說他們怎麼會守不住維爾納，令人想起他那些在西班牙也常弄丟據點的將領們。

不過，拿破崙對於他向來看不起的波蘭人，這次卻極爲溫和，甚至態度愈來愈友好而且熱情，極力稱讚波蘭人的勇敢。他對波蘭人說自己的兵力是沙皇的三倍，錢多得無法數清，因此，就是打上三年，他也不怕。當然，這些都是無稽之談。面前的俄國俘虜並不害怕，說他們在莫斯科已經做好充分準備，戰爭持續五年也沒問題。

於是，拿破崙裝出漫不經心的樣子又說了些話，目的是讓這個俘虜回去傳給主子聽。「你們應該知道，我是個極爲精細的人。在埃爾富特時，我就知道，法俄開戰遠不如結盟更好。我們什麼時候都可以成爲朋友……那時，俄國人想打仗，沙皇與我是朋友！如今，俄國人希望和平，他竟然要打仗！他本是個無比聰明的人，怎麼能聽信小人之言呢？我實在想不明白……堂堂一國之君，怎麼能夠聽命於軍事會議的決定呢？我向來以神速著稱，如果凌晨兩點，我想要做什麼，十五分鐘就會下達命令；半小時後，士兵已經在執行命令。你們呢，會如何？」接著，拿破崙把一封被法軍截獲的俄國信件交給被俘虜的將軍。「這個你在路上沒事的時候看看吧……轉告沙皇，我的五十五萬大軍很快將越過維斯杜拉河。不過，我不想意氣用事。我希望他能夠坐下來，透過談判解決問題，如果他能夠與我聯手，他的功績將更加輝煌！」

俄國將軍似乎被拿破崙的話震攝住了。可是到了晚上，他與拿破崙及三個元帥一起吃飯後，一切幻想都破滅了。拿破崙再也按捺不住，急切地想從他那邊獲得情資。

「你老實說，到底有沒有吉爾吉斯兵團？」

「沒有，但我們正在組建巴什吉爾和韃靼兵團，他們和吉爾吉斯人很像。」

「據說，沙皇在維爾納時，喝茶要一位美女相陪，可有此事？那女孩叫什麼名字？」

「沙皇對每位女子都很好的。」

「被奧地利驅逐的施泰因男爵眞的與沙皇共進晚餐嗎？」

「很多尊貴的人們與沙皇共進晚餐。」

「施泰因男爵那種人也上得了沙皇的餐桌？那種人怎麼能信任呢？……莫斯科有多少人？有多少間教堂？爲什麼這裡有這麼多教堂？」

「因爲我們的人民都很虔誠。」

「在這世道沒有人是眞正虔誠的！哪條路去莫斯科最近？」

「條條道路通羅馬，您想走哪條路都可以的，陛下。」

面對這些含糊其辭的答案，拿破崙覺得再問下去也沒有結果，於是改變了話題。被俘的將軍回去後，向沙皇彙報說看來拿破崙對此次戰爭並沒有必勝的把握。

拿破崙的軍隊漸漸深入俄境，但不祥之感與日俱增。他想要速戰速決，可是根本找不到俄國人的影子。巴克萊在毫無目的地撤退；巴格拉吉昂也在撤退。熱羅姆本來有機會大獲全勝的，可是他的行動太慢。達武奉命與熱羅姆會師，結果敵人從眼皮底下逃走了。拿破崙暴怒，撤銷了熱羅姆的職務，達武接管他的軍隊。爲時已晚！熱羅姆使他失去了天賜良機，困難愈來愈多，軍隊的補給已經難以供應。俄軍撤退時，燒掉了所有的糧倉，痢疾開始流行，戰馬大量死亡。行軍途中，沒有戰鬥，但每天要傷亡九百人。

巴黎的狀況如何？彷彿道路被中斷，一點消息也沒有，皇后也不來信。還好，從杜樂麗宮裡有信過來，內容是小羅馬王的家庭教師彙報孩子的狀況。拿破崙回信說：「我希望他已經長出四顆牙，要盡可能滿足保姆的要求，以便帶好孩子。」

此刻，拿破崙在大草原上，驕陽似火，前面的村莊，俄軍剛剛撤去，滾滾的濃煙不斷地升上天空，背後腐爛的屍體散發出臭氣。因爲水土不服，他的胃痙攣開始發作，甚至連馬都騎不了。道路崎嶇，坐在車上更是受罪，還不如自己走，全體將士陪著他下馬前進。

拿破崙不停地問自己：什麼時候能夠與敵人交鋒？後方的信愈來愈少，偶爾有些消息，也令人提不起興趣，目前的狀況實在令人擔憂。他在軍營裡來回踱步，祕書不再頻繁地發布行軍的命令，多半是在記錄帝王對千里之外幼子那四顆牙齒的關懷。

過了些日子，拿破崙到達維帖布斯克。

「這裡離巴黎有多遠？」

「太遠了，陛下。」拿破崙腦海裡迴盪起這場仗前將領們給他的諫言。。

終於，繆拉截住了巴萊克！他本來想第二天凌晨逃往斯摩棱斯克。但是，拿破崙卻在此時病了，他舉棋不定。目前，部隊已經疲憊不堪，再加上天氣炎熱，如果發動戰爭，勝負難料！他想，不如等大部隊集合後，再發動進攻，打一次奧斯特里茨戰爭。就這樣，一直拖到清晨。

俄國人得勝似的笑了。因爲，有晨霧的掩護，他們安全地撤退了。雲開霧散時，哪裡還有敵人的影子！連他們是從哪裡撤退的都不知道。中午，拿破崙偵察回來，氣得把劍扔到桌上，嚷道：「明明就在這裡，快集合部隊。一八一二年戰役已經結束。一八一三年我將抵達莫斯科。一八一四年占領聖彼德堡，戰爭要打上三年！」

到時候該整理一下混亂不堪的軍隊了，雖然還未交鋒，已經損失了三分之一的部隊，廣闊的大地吞噬了他們。那些增援部隊在哪裡？麥克唐納指揮下的普魯士軍，施瓦岑貝格帶領的奧地利軍隊，都跑到哪裡去了？沒有人知道。太遠了！根本無法取得聯繫！這叫什麼戰爭？看不見人，打不了仗，每天在做些什麼？

在開羅，拿破崙軍中有一百名科學家隨行。可是，拿破崙感到從未有過的無聊和鬱悶，他給巴黎的圖書館長說：「給我帶些有意思的書來，要是有好的小說，只要是沒看過的，都帶過來。這裡百無聊賴啊！」

此刻，拿破崙穿著舊軍裝，站在帳篷前，不停地吸著煙，從望遠鏡中觀察著情況。有個士兵送來一份文件，拿破崙讀後，沉著臉，祕書在旁邊等待命令。盧斯塔姆坐在一邊，只有他沒有被炎熱征服。一切都凝固了，進不能，退不得。拿破崙忽然向帳篷喊道：「梅內瓦！送幾本小說過來！」

*　　　*　　　*

終於傳來了消息：英國和沙皇、西班牙結成聯盟。拿破崙驚得一躍而起，這無異於形成了新的反法聯盟，法國已經被包圍！斯摩棱斯克就在眼前，也許，兩支俄軍早在那裡會師。那裡是眞正的俄羅斯領土！他們還會再撤退？應該不會像在波蘭、立陶宛那樣，焚燒自己的城堡吧！如果取得斯摩棱斯克的勝利，就可以進軍聖彼德堡！

拿破崙爲此徵求各位將軍的意見，很多人提出異議，但拿破崙一意孤行：「俄國人會犧牲自己的城市？我們只有打勝仗，亞歷山大才會同意談判。可是直到現在，還未曾交鋒，就算可以進軍莫斯科，我也要在這裡打它一仗！」

果然，兩支俄國軍隊會師，打算先抵抗，再撤退。疲憊的法軍如潮水般不斷湧來，直逼斯摩棱斯克。老兵們想起了十三年前攻打阿克的情景：勝利者只得到了廢墟。拿破崙再一次失誤了，他低估了人民的力量！俄國人反法情緒高漲，寧願把自己的家園付之一炬，也決不留給敵人。這支饑餓的軍隊馬上就要自取滅亡了。

拿破崙已經無計可施，如同衰老的李爾王[11]，上天無路，入地無門。再給沙皇帶個口信吧！不用寫信了，上次的信還沒有回音。拿破崙再次召見一位被俘的俄國將軍。他說：「你可以給沙皇寫信嗎？爲什麼不行？至少你可以給總司令寫信吧？如果你能把信帶到，無疑爲兩國人民立了大功。要讓沙皇知道，我最大的願望是和平。我們爲什麼要打仗呢？當然，對英國另當別論！可是，法俄兩國向來是朋友啊！你們需要咖啡與蔗糖？這很好辦。不過，你覺得你們俄國人能打敗我？那好，你們來挑選戰場，不然的話，我就要進攻莫斯科了。到時候，我恐怕難以控制軍隊以保護你們的首都。怎麼樣，好好考慮一下吧！如果沙皇願意談判，應該不會有人反對吧！」

拿破崙什麼時候以如此的態度向人求過情？即使面對其他國王，他也總是以指揮者的身分出現。最近十年中，他用過兩次「請」。一次是請教皇爲他塗聖油，另一次是向奧地利皇帝求婚。可是，今天他竟然要委曲求全！竟然把佩劍退還給被俘的將軍，俘虜此刻會想些什麼？「難道，眼前的人就是稱霸歐洲的法國皇帝嗎？他怎麼會請求我呢？眞是難以置信！難道他已經毫無辦法了嗎？原來，咖啡和蔗糖引起了戰爭，幾十萬的大軍在我們的國家送命！」俄羅斯的大地在哭泣，眼睜睜地看著一座又一座城市化爲灰燼！

信已經寫好，貝爾蒂埃審閱後，送了出去。可是，音信全無！拿破崙怒不可遏。拉普問：「我們是進還是撤？」拿破崙答道：「開弓沒有回頭箭。向莫斯科進軍……也許，我稱帝太久了，應該再當一次將軍。」拉普大驚，他好像又看到了當年的波拿巴將軍！此時，正值九月初。

博羅迪諾附近的荒原上，巴克萊的繼任者庫圖佐夫，已經無路可退，決定在此一戰。夜裡，雙方誰也沒有睡覺，因爲，天亮後就要交手了。半夜，有消息從巴黎傳來。拿破崙正在研究地圖，問有什麼事。祕書悶不做聲，把文件遞給他。這是來自西班牙的公文，威靈頓在薩拉曼卡戰役中，徹底擊敗馬蒙。拿破崙看後，沒有反應，繼續研究地圖。他彷彿看到：幾個小時後，在歐洲的最東端，與亞洲荒原的交界處，俄軍慘敗。現在，他已經顧不得可惡的英國人。天馬上就要亮了。太陽升起後，軍隊在呼喊：「陛下萬歲！」

拿破崙把兒子的畫像給將士們看，這是剛剛從巴黎帶來的。這些士兵們哪裡會知道，法國軍隊在西班牙已經全軍覆沒。他們不停地讚嘆領袖的兒子如何可愛。拿破崙命人把畫像送回帳篷，說道：「好好收起來。孩子太小，不應該看到戰場上的廝殺。」

博羅迪諾戰爭，勝負無常，幾度易手。大家都在等著帝王的命令，拿破崙竟然一言不發。有史以來第一次，拿破崙竟然沒有反應。他在發燒，呼吸急促，不停地咳嗽，兩腿腫脹。他猶豫不定，下不了決心讓近衛軍參戰：「如果明天再戰，還有人可以派上沙場？」第二天，結果出來，損失慘重，七萬人或死或傷，這是從來沒有過的失敗！拿破崙喊道：「上帝爲什麼不再次將幸運之神降到我身邊？」還好，通向莫斯科的道路已經暢通。當初，五十萬大軍入侵俄國，現在，只剩下十萬人。拿破崙登踞高處，第一次俯瞰這座有一千個圓屋頂建築的城市，市中心山上的克里姆林宮巍然矗立。他凝神遠眺，卻感不到振奮，疲憊不斷地襲擊著他，只聽有個聲音說道：「莫斯科！是時候了！」

兵陷莫斯科

整整一個下午，拿破崙都在等待著城門鑰匙，「爲什麼還沒有人來交鑰匙？」他曾經在維也納、米蘭、馬德里和柏林，以勝利者的身分騎馬進城。遠處，庫圖佐夫的士兵正在從東城撤退，法國軍隊從城西擁入，兩軍幾乎首尾相連。莫斯科猶如一座死城，十室九空。精疲力竭的將士們暗想：「幸好還有房子，我們應該可以找到吃的，好好地睡個覺了。」

拿破崙與大軍緩步行走在街道上，周圍寂靜得可怕，彷彿預示著不祥之兆。目的地克里姆林宮就在眼前。不可思議的是，宮門大開，金碧輝煌的大廳，空空蕩蕩。衆人來到一間大房子前，只見窗子被木板封住，衛兵撬掉木板，原來，這裡是莫斯科沙皇加冕之處，寶座已經蓋上。

勝利了？怎麼沒有見到和平？眼前是一望無際的土地，卻讓人感到冰冷。當初爲什麼不解放立陶宛的農奴？那樣就有了大批的嚮導和新兵，就算他此時要解放農奴，可是，城中已經空無一人。對，郊外應該有農民，去召集他們！爲什麼不能與他們談判？

夜色降臨，拿破崙仍然精神亢奮，問旁邊的科蘭可：「有什麼事可以做呢？」他打開波蘭地圖：那裡已經不能再停留。一個多月後，大軍就可以入駐聖彼德堡。拿破崙看過官兵手冊後，忽然興奮起來：「過不了多久，會有二十五萬人在這裡集合，這裡的房屋足夠他們居住，可是，吃什麼呢？」

忽然，窗外冒起紅光，起火了！拿破崙並沒有對此大驚小怪，前一天晚上，已經有不少地方起火。但是，將領們匆匆趕到，上百名士兵前來報告，全城四處著火，不是偶然，是蓄意縱火。所有的滅火設備此時都找不到。難道他們瘋狂到連莫斯科也要燒掉？怎麼辦？

時刻追隨拿破崙的賽居爾後來在回憶錄中寫道：「陛下的心彷彿也在著火，他變得煩躁不安，在宮中走來走去，神情焦慮。看上去，他不知所措，把窗子開得大大的，嚷道：『多麼殘忍！他們竟然要燒掉這麼多的宮殿！簡直不可思議！有誰幹得出來這樣的事？簡直就是西徐亞人[12]！』」

「忽然，士兵報告，克里姆林宮發現炸藥！有些僕人聽了，嚇得腿開始發抖，衛兵站在那裡等待命令。拿破崙不相信，覺得有些荒唐，他在宮中走來走去，站到窗子前停下來，看著外面熊熊燃燒的大火，火舌已經竄到皇宮前的木橋和宮門。秋風助長了火勢，空中煙霧彌漫，火光沖天。」

「繆拉和歐仁急匆忙地衝進來，請求拿破崙趕快撤離。逃跑！皇帝此刻主宰著沙皇宮殿，依然十分冷靜。外面有人喊：『克里姆林宮著火了！』陛下此時意識到了事態的嚴重性。」

「有人在火藥庫的角樓上抓到一名俄國士兵，拿破崙命令帶上來。俘虜招供說，他是奉命來克里姆林宮放火的。皇帝十分憤怒的下令處死俘虜。」

「我們慌張地從北面的階梯下去，陛下命令我們保護他出城。大火封住了所有的通道，到處都是火海。終於，在兩座岩石中發現了一條通道，可以直通莫斯科。我們從這條小道逃出了克里姆林宮。可是，怎樣渡河？士兵們的眼睛被燒傷，耳朵被炸聾；街道被濃煙充斥，只有一條彎彎曲曲的街道通向外面，可是一排排的房屋也開始著火。陛下顧不得危險，沿著通道往前走，四周不斷傳來房屋倒塌的聲音。人們幾乎喘不過氣來。嚮導也辨不清方向，幸好，我們遇見了達武。他在莫斯科受了傷，仍然奮不顧身來找陛下。兩個人相見，激動地擁抱在一起，陛下盡力使自己保持鎮靜，眞的是處變不驚的大將風度。」

接下來，拿破崙在城外彼得羅夫斯基宮裡住下，等待大火熄滅。三天後，他回到克里姆林宮，看到宮殿被損的情況並不嚴重。到了第五天，他實在等不下去了，第三次給沙皇寫信。雖然他此時已經占領了俄國的首都，但並沒有感到勝利的喜悅。同樣，只能利用俄國俘虜與沙皇聯繫。這次的俘虜，只是個上尉軍官。

拿破崙坐在寶座上接見此人。多麼不可思議！一個小小的軍官，此刻竟然代表著俄羅斯與一代帝王談判！拿破崙與這個人不停地談著，彷彿又回到了提爾西特，面對的是沙皇亞歷山大。

拿破崙說：「事到如今，我仍然會信守諾言。如果我現在攻占倫敦，決不會輕易離開。但是，這裡是俄國，我準備撤軍。我相信，沙皇也是需要和平的，如果他有什麼要求，可以告訴我……我馬上放你回去，但你必須去聖彼德堡。沙皇會歡迎你的。你要告訴他這裡的一切。」

「沙皇不會見我的。」上尉回答。

「你去求內廷大臣托爾斯泰；他如果不幫你，再去找沙皇的貼身侍衛；或者，你可以在沙皇散步的時候，自報家門……」上尉愈來愈緊張，好像拿破崙在指使他謀殺沙皇，他嚇得說不出話來。

看到他這個樣子，拿破崙說：「這樣，你把我寫的信交給沙皇就可以了。」他寫道：

「尊敬的亞歷山大沙皇，難道你不知道？往日輝煌的莫斯科已經付之一炬。這是多麼可鄙可惡的行徑？你的目的是要切斷我的糧草，但是，你可知道，它們在地窖裡安然無恙。如此偉大的城市化爲灰燼，難道你毫無反應？我生性仁慈，主動爲陛下接管此城。其實，你大可放心地把官員及百姓留在城內。當年，蘇沃洛夫率軍進駐米蘭，米蘭應該就是如此……我相信你原本是善良的，不可能答應手下做出這等滅絕人道的事。我與陛下本來是朋友，往日無冤，近日無仇。上次戰役時，如果你願意，我就可以停止前進。也許，只要你開口，我可以不進入莫斯科……如果你還念及我們往日的友誼，應該好好考慮我的建議。」

眼前的局勢如何？法軍不斷深入，揚言繼續北上；莫斯科毀於大火之中，聖彼德堡人感到了恐懼。宮中一片求和之聲，力主和平的當爲康斯坦丁大公。可是，沙皇的母親對此人印象極差，當初法俄聯姻失敗就是因爲皇太后不同意，提爾西特會談後，皇后對兒子罵不絕口。沒想到，現在連皇太后也願意與拿破崙和談！

出人意料的是，堅決主戰的竟然是沙皇。他之所以立場如此堅定，是因爲有法國人貝爾納多特的支持。兩個人前不久剛剛在芬蘭會晤，貝爾納多特對拿破崙的仇恨「冰凍三尺，非一日之寒」。不擊敗拿破崙，怎肯善罷甘休？另外，沙皇許諾的法國王冠，對他的吸引力也非常強大。

另一個主戰的是個德意志人，正所謂亂世出英雄。一八〇八年，拿破崙在馬德里宣布，施泰因男爵被逐出法蘭西。如今，四年已經過去，施泰因已經成了沙皇的得力大將。現在，他決定與拿破崙一決高下。

縱觀時局，十七年中，有能力與一代帝王相抗衡的人，只有塔列朗與施泰因。塔列朗爲人陰險惡毒、狡詐多變，是拿破崙的剋星；施泰因，身上具有德意志人的特點，以自己的人格力量與拿破崙鬥爭。如果施泰因是法國人，則很有可能與拿破崙成爲朋友，兩人聯手，稱霸天下。因爲，他們都具有極強的榮譽感、自尊心，那樣的話，法國皇帝將如虎添翼。可惜的是，這一切都是假設。

拿破崙的頭腦中，沒有祖國的概念，只要條件合適，也可能在別的國家稱王稱侯。現在，只不過因爲他當上了法國君主，才認法蘭西爲自己的祖國。而施泰因，心中最高尚的就是祖國，爲祖國生，爲祖國死，他具有堅忍不拔的性格，而且精神充沛，正好與拿破崙的機敏、活潑相對抗。施泰因不愧爲家族中的脊樑，多年背井離鄉，心中只有一個信念：精忠報國。在他眼裡，那些德意志君主，沒有骨氣可言，只會以領土和臣民的自由，去討好拿破崙。而拿破崙出身於沒落的貴族之家，同樣地，對阿諛奉承的人不屑一顧，因此，他其實很佩服施泰因的剛直不阿。

對於歐洲那些君主的腐化墮落，軟弱無能，拿破崙蔑視之餘，則任意戲耍他們；施泰因對於這些傢伙，有的只是憎恨。德意志君主們的無能，更激發了他的自信。科西嘉人以自己的奮鬥，開闢了一個新的輝煌時代；這個德意志人則認定他的君主將成爲舊秩序的殉葬品。因此，他對普魯士國王的蔑視，一如對法蘭西皇帝的仇恨。

拿破崙與施泰因，國籍不同，觀念和信仰也各不相同。如果施泰因是位國王，肯定要比哈布斯堡家族、霍亨佐倫家族，或其他君主出色得多。當初，也只有布勞恩斯魏克公爵以及其他一兩位君主，敢於和施泰因一起與拿破崙抗爭，努力地維護德意志的尊嚴。

終於，復仇的時候到了。拿破崙要爲當初從馬德里發出的驅逐令付出慘重的代價。施泰因爲此將兩次進行報復，這不過剛剛開始。當年的驅逐令，使得施泰因與俄國沙皇走在一起。沙皇本是個性格軟弱的人，而這個德意志的流放者不屈不撓，時刻激勵著亞歷山大。前些日子，拿破崙在俄國被俘將軍面前，曾刻意詆毀施泰因，或許，他已經隱約感到施泰因將對自己構成威脅。他很明白，關鍵時刻，可能就是他起到決定作用。沙皇雖然有自己的理想，但意志中缺少堅強與果斷。而施泰因則精於世故，常常在沙皇面前談論拿破崙的獨裁與專橫，以道德準則來引導他。他使這個君主能夠振奮精神，懂得利用自己的權勢捍衛自己的統治。沙皇很清楚，施泰因的所作所爲，不是爲了求得一時的功利。他對自己的忠告或建議，決不是爲了一己私利。正因爲如此，沙皇對這位德意志男爵的信任度愈來愈高，甚至超過了自己宮中的許多大臣。當莫斯科大火的消息傳到這裡時，施泰因舉杯說道：「到目前爲止，我們不停地在拋棄包袱。那些沒有價值的東西，要捨得扔掉。如果人難免一死，不如勇敢地面對。」或者，沙皇聽了這話，會對施泰因的視死如歸大爲欽佩。

同理，拿破崙也下決心拋棄行囊，他要立即撤退。求和信已經發出去一個多月，聖彼德堡方面始終沒有音信。冬天，即將來臨！拿破崙等不及了，法軍沒辦法撐過俄國的寒冬！他想要的小說遲遲未到，只好在克里姆林宮裡找些東西來讀。但是，怎麼能安心讀書呢？反之，他現在吃飯的時間愈拖愈長，飯後，還要睡上幾小時。書在眼前，心卻不在書上。

一切都被大火燒個精光，在這樣的城市中，還能做什麼呢？無聊之餘，拿破崙讓撤退時留下的一些演員，演了幾出法國劇。這使他想起了法蘭西喜劇院的規定，於是開始思考如何加以修改。當然，有很多的時間要用來發布軍令。別以爲此時的命令可有可無，這些命令和過去一樣清晰明確。只是，形勢無所改變，糧草愈來愈少，而嚴寒馬上就要來臨！十月中旬，拿破崙召開軍事會議，其實他很明白，出路只有一條。

達武提議在當地過冬，同時向解放了的立陶宛請求援兵。這樣，春暖花開時，再進軍聖彼德堡。拿破崙聽後，沉思許久後說：「這是個勇敢的建議。但是，巴黎會有什麼反應？半年的時間，誰能保證巴黎的安全與穩定？我不在國內，如果德意志和奧地利乘虛而入將如何處理？」看來，已經別無它選，唯一能做的只有撤退。可是，從這裡帶些什麼回巴黎呢？於是，克里姆林宮內聖約翰教堂巨大的金十字架被拆了下來，拿破崙打算回去之後把它放在巴黎軍人退休院的屋頂上。那麼，給自己的朋友亞歷山大留下些什麼作爲紀念呢？拿破崙下令炸毀克里姆林宮。

此時，拿破崙勒馬站在莫斯科一英里之外，等待著爆炸。軍隊從他身旁走過，傷病人員跟在旁邊。人們都搜羅了自己的戰利品，精神還好，只是看上去有些渙散。消息傳來，爆炸失敗。拿破崙什麼也沒有說，憂心忡忡的拉普卻提到了冬天將至，皇帝瞪了他一眼說：「今天是十月十九日，你沒看到天氣多麼好嗎？」

這樣的話很少從拿破崙的嘴裡說出來，其實他心裡也焦慮不安。他已經意識到，行囊太多，大軍前進緩慢，可是，又不忍心命令士兵丟掉戰利品。此時，變成了俄國軍隊包抄堵截，緊追不捨，繆拉的軍隊被迫退回城裡。以前，向東進軍時，拿破崙總想著與敵人交鋒，現在大軍在撤退，他最怕的是與敵人相遇。趕快回到斯摩棱斯克，我們要在那裡過冬！

難道此次眞的將無功而返？行軍途中，中間是行李車。時常，俄軍會來騷擾法軍。有一次，幸虧副官機警，不然拿破崙可能已經成了俘虜。當時，拉普喊道：「哥薩克兵！快轉移！」可是拿破崙不聽勸告，旁邊的副官抓住韁繩，強行扭轉他的坐騎。「您必須轉過來！」還從來沒有人敢對他下過命令。怎麼辦？理智告訴他，要逃！

但拿破崙最終留在了原處，抽出佩劍，準備應戰。拉普、貝爾蒂埃、科蘭可也嚴陣以待。衆人閃到路的左邊，不遠處，就是哥薩克騎兵。隨從的將士們拼命保護拿破崙，貼身衛隊趕到，擊敗哥薩克兵，衆人得救。

此次遇險後，拿破崙不得不重新加以思考。如果被俘，亞歷山大會怎麼處置我？於是，他從醫生那裡要來一劑毒藥，繫在脖子上隨身攜帶，以備不時之需。俄國人現在的目標就是，決不能放虎歸山。俄國上下發布通緝令，上面繪有拿破崙畫像，軍團首領審訊戰俘時，對「每個身材矮小的人」都嚴加審訊！

當年，酷熱的氣候，導致埃及行軍途中無數的士兵喪命；如今俄國的嚴寒，使更多的士兵一命歸西。戰馬被凍死，騎兵只能步行，大炮凍在地上無法移動，凍死的官兵更是不計其數。

到達斯摩棱斯克時，還剩下五萬人，只有最初兵力的十分之一。軍隊的糧草已斷，怎麼挨過漫漫寒冬？饑寒交迫的法軍，繼續向西撤退。士兵們丟掉武器，連貼身衛隊此時也疲憊不堪。拿破崙來到衛隊中說道：「你們已經看到，那些沒用的傢伙，連槍都扔了。難道你們也如此地懦弱無能嗎？果眞如此，我們只能死在此處。現在，全軍的希望都在你們身上！」說完，他和衛隊一起前進。

這是一支死氣沉沉，喪失鬥志的隊伍；軍官們走在前頭，只有很少幾個人騎著馬。將士們衣冠不整，有的披著破毯子禦寒，有的裹在燒焦的外衣裡，個個面色灰白，鬍子拉碴，腳步沉重而緩慢。後面是神聖軍團，全部是軍官，但多數人拐著扶杖，腳上纏著破羊皮，無精打采地走著。再往後是騎兵衛隊。最後面，三個人徒步而行：右邊是那不勒斯國王，此刻他哪裡還有心情顧及自己的形象；左邊是義大利總督歐仁；一個小個子男人，穿著波蘭皮大衣，戴著紅狐皮帽，拄著木杖，走在中間。大軍灰溜溜地從俄羅斯街頭走過，準備退回巴黎。

敗退

拿破崙對此時巴黎的情況一無所知。他有些心神不定，彷彿出門的丈夫擔心家中的妻子能否忠貞。他在給維爾納的馬雷寫信說：「我已經有半個月沒得到巴黎的消息了，法國和西班牙現在怎麼樣了？我的軍隊損失慘重，要想重整軍威，至少得半個月。可是，哪有時間呢？維爾納現在安全嗎？但願沒有遭到襲擊。我們需要糧食！糧食！……當務之急，是驅走維爾納境內的外國使節或情報人員。軍隊的情況太糟，最好不要讓外人看見。」

終於，從巴黎來了個信使。爲什麼一代帝王的臉色如此難看？到底發生了什麼事情？難道比他現在的處境還要糟糕？

原來，巴黎透過英國報紙，或者私人信件，已經對法俄之戰的情況非常熟悉了。巴黎人本來就意志薄弱，他們甚至認爲拿破崙已經死了，街頭各種聳人聽聞的報導，惡意的嘲諷，充斥著人們的耳語。

什麼？竟然有人在策劃政變[13]，幸好已經被鎮壓。可是，民衆的不滿情緒已經顯而易見！馬萊是共和國時代的將軍，幾年前被捕入獄，後來被安頓到瘋人院裡。不知他從哪兒聽說拿破崙遭到挫敗和莫斯科大火的事，逃了出來，找到同黨，一起製造假消息，揚言拿破崙已經戰死。於是，同謀者綁架了警務司令，並成立了臨時政府，騙取了人們的信任。很快，騙局被揭穿，叛亂者入獄，政變告一段落。

寒冬已經到來，雪花紛飛，營帳被白雪覆蓋。拿破崙看著馬萊叛亂的消息，心情沮喪。這比西班牙薩拉曼卡的失敗還要可怕！雖然，一切已經過去，叛亂者已經被處死，但是，他們幾乎控制了巴黎警察局！這意味著他們將控制法蘭西！當時，誰還敢隨意出門？當有個老貴族在路上攔了個工人問道：「發生了什麼事？」那工人大笑，回答：「兄弟，陛下戰死在俄國了，中午將恢復共和！」拿破崙看著這些報導，震驚之餘，對手下說：「法蘭西帝國呢？怎麼沒有人保護我的家室？刻不容緩，立即回巴黎！」

拿破崙為此心煩意亂：「一個普通工人，竟然敢說出這樣的話！幾年來，為了法蘭西的榮譽，我日夜操勞；甚至犧牲了自己珍愛的女人，娶奧地利公主為妻，為的是什麼？我要使皇族的血脈不斷，可是，一個無名無勢的傢伙，隨便喊了聲『皇帝戰死了』，頓時就有人呼應！『共和』竟然再次從民衆口中冒了出來！那麼朝廷呢？王宮呢？都視而不見了？難道我如此辛勞，竟然和達奈家的女兒們[14]一樣，竹籃打水一場空！豈有此理，我要讓它有桶底。我要效仿卡佩王朝[15]，生前為皇儲加冕。」

鑒於政變造成的危機，拿破崙發誓要牢牢地抓住統治權不放。但是看上去，他神情鎮定，內心的波瀾深藏不露。漸漸地，拿破崙的身體恢復了健康，如今，大軍即將抵達貝列辛納河。有消息說，援軍要到了，但不知道是否可靠。拿破崙決定輕裝前進，命令拋棄一些輜重，騰出馬匹拖大炮。此時，他最關心的是橋還在不在！如果橋頭堡被敵人控制，或者橋已被毀，情況則大爲不妙，將士們將無法過河！

第二天，軍隊來到河邊。無橋又無船！對岸的兵力足足有法軍的兩倍，已經在此等候多時了。河面很寬，兩岸是淤泥沼澤。如何過河？拿破崙冥思苦想，必須要出奇制勝！就像當年他還是個將軍時那樣，把俄軍誘開陣地。於是，拿破崙把自己的貼身衛隊（此時還剩一千八百名無坐騎的騎兵，其中一千一百人配有武器裝備）編成兩隊。同時，下令燒毀所有的鷹旗，危急關頭，拿破崙仍然沒有忘掉榮譽，不願軍旗落入敵人之手。

夜深人靜，拿破崙和衣而臥。迪羅克與達律以爲拿破崙已經入睡，悄悄議論起來。談到回國無望，拿破崙聽到「政治犯」一詞，不由自主地用手摸了摸脖子上的那包毒藥。隨後，他坐起來問：

「你們覺得，他們有膽量這樣做嗎？」

「我不相信敵人有仁慈的心。」達律平靜地回答。

「你有沒有想過，法國會怎麼樣？」

達律沒有正面回答；拿破崙追問不停，他只得說：「陛下，您要盡快回國。您快回國，才有辦法救我們。」

「我在這裡反倒拖累了你們？」拿破崙問。

「是的，陛下。」

一陣沉默之後，拿破崙說：「那些軍事信件焚毀了嗎？」

「還沒有，因爲您沒下命令。」達律說。

「全部燒毀！我們現在處境危險！」這是拿破崙有史以來第一次承認處境危險。不過，他很快睡著了。

第二天，俄軍被騙到下游，很快被炮火擊敗。法軍士兵們，在冰水中匆忙築起兩座橋。整整兩天，大軍渡河完畢，清點人馬，還剩下不到三萬人。全部軍隊過河後的第三天，拿破崙才在衛隊的保護下，來到對岸。掉隊的士兵不斷地趕來，後來的幾天，很多人死於冰水或炮火裡。

過河後的一個星期，拿破崙兩次遇險。一次是遭遇哥薩克襲擊；另外一次是謀殺，其中還有個法國人。

十二月五日清晨，拉庇少校在營帳前等候普魯士榮譽衛隊的軍官。他們原計畫派衛隊長先砍死拿破崙的馬穆魯克人侍從，然後再動手。可是，普魯士人想叫法國人去做這件事，但拉庇對此不太放心。最後科蘭可發現了這些人形跡可疑，故意大拍其掌，大喊：「時間到了，出發吧！」

拿破崙對此事毫不知情，當天晚上，元帥們被召集到面前。拿破崙說：「如果我出生於帝王之家，擁有世襲的王位，那麼在治理國家時，會比現在做得更好。」說著，他把元帥們拉到一旁，逐個徵求意見。他對每個人都大加讚美和鼓勵。很顯然，他怕這些人叛變。

接下來，拿破崙叫歐仁把最新的公報讀給大家聽，他第一次公開承認了自己的失敗。軍隊很可能被嚴寒擊敗。不過，公報的最後一句話說：「陛下的身體恢復了健康。」這使得拿破崙又擁有了自信。當然，這句話也是爲了穩定軍心，同時安撫巴黎的百姓，因爲，他們對拿破崙的情況一無所知。隨後，拿破崙把軍隊的指揮權交給繆拉，負責帶領倖存者回國，這時，只有九千人還拿著武器。

拿破崙竟然擁抱了每一個將軍！簡直是不可思議。那一晚，每個將軍都感受到了帝王心臟的跳動。

拿破崙與達律和科蘭可三人登上雪橇，先行一步。爲了安全，這一次，拿破崙沒有用眞名，而是用祕書的名字：雷內瓦爾，這是他用過的第五個名字。

三個人來到波蘭平原時，拿破崙忽然下令在一個十字路口停下。這裡，靠近瓦洛斯卡伯爵夫人的莊園，拿破崙想去看看。從俄羅斯逃出的途中，他時刻想的是自己的政權與統治，所以棄軍先行，爲的是儘早回到巴黎，重整軍威。此刻，心中卻忽然升起柔情，環境引發了他對過去戀愛的回憶。可是，同伴提醒他，目前只有兩個雪橇，哥薩克正在四處搜尋他們，不能去冒險。於是，拿破崙把皮大衣裹緊，躺下睡了。

又過了五天，拿破崙讓雪橇停在華沙附近的橋邊。中午，他與科蘭可徒步進城。如果有人指認，他們堅決不會承認，會說對方見鬼了或者瘋了。科蘭可被派去法國大使館，他自己卻隱藏了身分，去了旅店。事也湊巧，旅店的名字叫「英國旅社」。房內很冷，樹枝是新採來的，怎麼也點不著。拿破崙只好穿著皮衣、戴著皮帽，拖動他的大靴子，在屋裡不停地走動。

不久，兩位波蘭貴族應召來到這裡。他們簡直難以相信，眼前的人就是皇帝？拿破崙被他們驚愕的樣子逗得大笑不止，說道：「我什麼時候到的華沙？一個星期？不對，才兩個小時。您是斯坦尼斯拉斯先生吧？……危險？我當然不怕。愈是困難，愈顯人的本色。那些無能的皇帝，才會在宮中吃喝玩樂，我是戰馬上的皇帝……什麼？你們很著急？別擔心，軍隊情況良好，我軍仍有十二萬！所向披靡，戰無不勝。俄國人從不敢與我交鋒。大軍將在維爾納過冬，我提前返回巴黎，目的是集結三十萬大軍！半年後，重返涅曼河！」

停了一下，拿破崙繼續說道：「在馬倫多，我曾經被打敗，但是，第二天，義大利就對我俯首稱臣。在阿斯佩恩—埃斯林，我戰敗了奧地利。如果不是多瑙河一夜之間陡漲十六尺，我早就摧毀了哈布斯堡王朝。也許，上帝決定把他們的公主嫁給我。可是，俄國的氣候惡劣，我對此無能爲力。頃刻間，戰馬倒地而亡。那些諾曼第馬匹比不了俄國馬耐寒，士兵也是如此……也許，你們會覺得我在莫斯科停留的時間太久！那是因爲當時天氣很好，我在準備談判。……有人能預料莫斯科的大火嗎？不過，我現在感覺很好！」

雖然事實是幾乎全軍覆沒，但是，拿破崙連續兩個小時，口若懸河地講出了上述宏論，讓人覺得兵敗猶榮。

拿破崙知道，自己所講的每個字，都會被迅速傳播。於是，他把法俄之間的這場戰爭說得像古代史，不停地強調：成功與失敗只有一線之差。但是，這兩個波蘭貴族關心的只是國家的債務，他們想要的，是從眼前這個人的手裡得到金錢。當拿破崙剛剛結束演講，他們急忙表白了自己的意圖；於是，得到了一張可以領取六百萬法郎的手諭。波蘭使者向他點頭稱謝，心中卻在嘲笑眼前帝王的寒酸，之後匆匆地離開了旅店。

拿破崙一行三人，日夜不停，向西前進，德意志境內，照樣白雪皚皚。拿破崙的大腦一刻也沒有停止：「難道，眞的沒有辦法擊敗英國？」現在，英國肆無忌憚地在波羅的海自由出入，英國貨物可以輸送到附近各國。他在心中盤算著：「必須停止征討印度的計畫。來年，要提前徵兵，當然，與亞歷山大要談判。必須保證後方穩定……」

星光閃爍。車輛更換馬匹，拿破崙把頭伸出窗外問：

「現在到哪了？」

「陛下，已經到了魏瑪。」

「哦。公爵夫人可好？歌德先生最近如何？」

* * *

此刻，拿破崙面前站著四十位官員，正卑躬屈膝地迎接皇帝的歸來。華麗的朝服，讓拿破崙感到噁心，暗想：你們這些傢伙除了會拍馬屁之外一無所長，個個又蠢又笨。其實，巴黎對他已經失去了原有的敬佩，甚至開始反感和厭惡。他已經不是當初的波拿巴，更不會承認自己的失敗，仍然趾高氣揚地責備氣候的罪過。其實，前不久他還稱自己可以改變歐洲的氣候。

華沙至巴黎的九天行程，拿破崙總感到心神不定。

雖然，俄國的冬天已經比往年來得晚，但是他卻說「軍隊之所以損失慘重，是因爲冬季過早地降臨！……那不勒斯國王沒有眞才實學，根本難以勝任最高統帥一職……還好，現在還有三百個營。」

其實，大家對戰局早有耳聞，聽到他這些不著邊際的話，暗地裡撇著嘴不屑一顧。不過，大臣們也會感到不安。因爲，畢竟發生了十月政變，他們沒有在最短的時間內平定叛亂。拿破崙指責衆人，爲什麼在關鍵時刻沒有想到保護王后和皇儲。

拿破崙回到巴黎，在杜樂麗宮首次露面中說：「那些鼓吹人權的傢伙，要對此次叛亂負責。竟然敢宣稱背叛是上帝的旨意。這不是在縱容民衆犯罪嗎？如果這樣，法律的尊嚴何在？歷史最有說服力，還是把我們的法典留待後人去評論吧……我不辭辛苦，努力要振興法蘭西，希望上帝給我更多的時間，因爲，要想重建被摧毀的東西，必須付出更多的時間。如果我的時間不夠，自然有後繼者完成。因此，帝王之家世代相襲。這是祖輩的遺訓。」

如果不夾雜歷史和人心的內容，也許奧地利皇帝會擁護上述講話。傳統與革命歷來是互相矛盾，現在，靠革命起家的人已經承認了帝制！出征俄國前，拿破崙曾向梅特涅坦白了自己的計畫：「我必須控制立法機構。法國人是不適宜實行民主的……得勝歸來時，我要建立上議院和下議院，議員將由我任命。這些才是眞正的人民代表機構，不歡迎那些空想家或理論家。這樣，法國會逐漸納入正軌，即使君主不夠聖明，也會平安無事。」

接著，拿破崙把兒子的畫像取出來展示給衆人看，有人獻媚說這個孩子是法國最可愛的孩子。拿破崙當然明白：帝國可以不朽，而天才不能長存。他早已研究過不少王室衰亡的歷史，清楚地知道自己的家族也不可能例外。爲了鞏固統治，必須清除異黨。

拿破崙的貼身衛隊，只有四百人回到哥尼斯堡，近衛軍騎兵中只回來了八百人。官兵們看上去灰頭土臉，從戰爭中倖存下來，這就是皇帝王殘餘的部隊。內伊元帥像希臘悲劇中的英雄一樣逃了回來，到達普魯士時，老友們簡直認不出他，內伊的回答更是絕無僅有：「我在爲大軍殿後。」

爲了重振軍威，拿破崙決定組織新軍，而且立即著手進行。可是，適齡青年只有十四萬，再向哪裡徵兵？帝王自有應對之法。於是通過一項法律，建立國民自衛隊，從國內徵兵八萬。同時，延長士兵的服役期，再提前服役的年齡。這樣，他又擁有了五十萬軍隊。面對普魯士使者，拿破崙說道：「法蘭西會對我唯命是從，必要時，婦女也會被動員起來。」

接下來，拿破崙又新建起衆多機構，一切都在爲戰爭做準備。可是，該怎麼樣向民衆解釋這些？敵人遠在千里之外呢！

*　*　*

時機到了！年底的時候，普魯士將軍約克竟然擅自與俄國鄰居達成協定，退出戰爭，保持中立。

戰局將有所變化！拿破崙抓住時機，利用此事激勵法國人的熱情。盟國背叛，他只不過損失兩萬兵力，卻給他提供了打仗的藉口。拿破崙在巴黎發表宣言，並向來因聯邦各國發出信件，說如果沒有約克的叛變，他可以不用他們的幫助。

拿破崙眞的很了解法國人，民衆應徵入伍，德意志的君主，包括哈布斯堡家族，再次爲他提供支援。竟然有人對拿破崙說：「很榮幸能夠擁有這樣的機會，能夠爲陛下贏得榮譽。」普魯士國王下令撤銷約克的職務，並保證仍然信守盟約。可是，普魯士人民揚言要推翻昏庸的君主，國王腓特烈・威廉無奈親自去布來斯勞，與沙皇會晤，在東西兩大帝國之間搖擺不定。施泰因代表普魯士與沙皇談判，在哥尼斯堡承擔起這項外交事務。

拿破崙第一次意識到，德意志人的民族熱情竟然像西班牙人一樣高漲。出征俄國前，他還說派一個守夜的人就可以叫德意志人保持安靜。他說：「德意志沒有美洲，又沒有海洋，境內又沒有英國人，絲毫不用擔心他們。德意志人是誠實的，他們擁有理智，處事冷靜，不急躁，而且追求和平與民主。戰爭爆發以來，沒有一個法國軍人在德意志遭到暗殺。這樣，還有什麼不放心的呢？」

也許，拿破崙對德意志人的判斷並沒有錯，但是，有一點被他忽略了。那就是，這個民族容易被鼓動，而且嚮往浪漫主義。當然，作爲義大利人，拿破崙是難以體會到那種遲緩、堅韌的特點的。他只是盲目地認爲，德意志人是忠君的，覺得自己身爲帝王，就牢牢控制了人民。

十年前，德意志最後一個皇帝被迫退位，國家已經名存實亡，它現在不就是個軀殼嗎？德意志人可能會宣告統一，但是一旦沒有人威脅，馬上又會四分五裂。五十年後，第二個拿破崙出現，才最終成爲一個國家，但也沒有完全統一。拿破崙讓自己陷入了民族意識的誤區，他認爲德意志很難統一。

歷史不會以個人的意志爲轉移。此時，人們對自由的嚮往，對和平的渴望，再次於心中萌發。當初，那個波拿巴就是高舉自由的旗幟，爲自己贏得了榮譽。如今，各國人民要再舉自由之旗，擊敗一代帝王拿破崙。不過，直至二十年後，才眞正地形成氣候，但不是爲了撲滅反叛精神。這些人中沒有一個偉大的，他們勾結在一起，不過是爲了對抗那個透過自身奮鬥而贏得統治權的科西嘉人。

危機四伏

萊蒂齊婭萬分焦慮地看著自己的兒子，他雙眉緊鎖，雖然在努力掩蓋著自己的心事。誰能來幫幫他呢？可是，萊蒂齊婭很清楚，有很多人正在出賣他。他現在需要兄弟的支援，哪怕他們並不出色。因此，萊蒂齊婭努力透過各種途徑，促使他們兄弟和解。

終於，這一天，十年的齟齬後，呂西安回信說，願意爲拿破崙效勞。可是，拿破崙難以接受，爲什麼自己會需要別人的幫助？難道我的能力不夠？儘管他知道呂西安是兄弟中最有才華的，但也只是假意敷衍了一下。他擺著自己皇帝的派頭，透過母親給弟弟回覆說：「請轉告他，我將冊封他爲托斯卡尼國王。他不是喜歡美術嗎？正好去統治佛羅倫斯，以便再現梅迪奇的輝煌。」呂西安仍然被排斥在政治核心之外！路易也表示願意運用自己在荷蘭的影響力爲法國作貢獻，還寄來了自己的詩集。拿破崙毫不留情地訓斥這位前荷蘭國王：「你給我的建議實在太可笑了。我有一百多萬武裝部隊，兩億法郎的軍費，荷蘭本來就屬於法國……不過，我對你仍然充滿了父親般的慈愛。」

拿破崙在發信前，給母親念了一遍，於是，萊蒂齊婭又寫了很長的一封信，來緩和兄弟的矛盾。她對路易說，孩子很可愛，無論如何也要回到巴黎。

第二天，萊蒂齊婭看到《通報》上有一篇十分尖銳的文章，說那不勒斯國王要召回駐在維也納的使臣。旁邊的朋友無奈地向他解釋，說這是繆拉受了卡羅利娜的慫恿，因此與哈布斯堡王朝相勾結。萊蒂齊婭大怒，去信嚴厲地斥責女兒耍花招。約瑟夫因爲拿破崙在西班牙戰爭中沒有盡力支持他，很不滿意，萊蒂齊婭想透過朱莉來勸他。同時，她又好言勸慰被拿破崙遣回法國的熱羅姆。接著，又開始安撫奧坦絲，因爲奧坦絲不希望路易回巴黎。

已經年過六旬的萊蒂齊婭，盡自己最大的努力使一家人和睦。也許，無數人會羡慕她的富貴與權勢；可是這些帶給她的是家庭失和，親人反目，因此她很懷念在島國的日子。那時，全家人相親相愛，共同對外。雖然，她年事日高，但視力很好，頭腦清醒，甚至預感到了波拿巴家族即將走向衰亡。

不過，拿破崙很少從個人角度去考慮這些事，他所做的一切，都是爲了政治服務。當然，他知道繆拉夫婦背叛了自己，但是仍要想方設法得到繆拉軍隊的支持。因此，他態度溫和地給妹妹卡羅利娜寫信，說她丈夫要參加戰鬥，需要部隊。繆拉最終沒有反對，因爲他們覺得拿破崙不會失敗；如果與他爲敵，很可能被廢黜。不過，背地裡，他們又與英國、前西西里國王簽訂和約，給自己留下後路。

至於貝爾納多特，拿破崙也不得不去拉攏；雖然他很明白，這個瑞典王儲陰險狡詐。爲此，他提出以波默倫尼爲禮物與瑞典結盟。可是，貝爾納多特並不買帳，他覺得得不償失。結果，他參加了反法聯盟。他的目的是要取拿破崙而代之。貝爾納多特與普魯士的關係密切，他在柏林會見了德•斯塔埃爾夫人。可悲嗎？拿破崙的法國同胞，要與被壓迫的普魯士人聯手反抗他。

還有一個人必須安撫好，那就是被囚的教皇。拿破崙把庇護七世接到楓丹白露，又請來對他沒有二心的主教們從中調解；最終教皇妥協，雙方締結了新的《教務專門條約》。因爲教皇的讓步，拿破崙可以在其所屬地區徵集新兵。一星期後，教皇想毀約，拿破崙笑著說：「聖上，身爲教皇，當然永遠正確！您的決定就是眞理！」

幾個星期以來，和平的呼聲愈來愈高。教皇呼籲維斯杜拉和平，梅特涅則站出來，要求倫敦和平。當初與拿破崙議和的布伯納伯爵再次來到巴黎，要求和平談判。二月的時候，如果拿破崙同意，是可以得到和平的。可是，爲什麼口口聲聲要和平的人，竟然沒有爲此去努力？

在這十年間，戰爭一場接一場的開打。此時當他陷入危機，仍握有大權的他心底再次萌生青年時代渴望作戰的念頭。現在，他需要新的勝利！雖然，法俄戰爭中幾乎全軍覆沒，正因爲如此，他要贏得新的勝利。他不肯承認自己被擊敗，他要贏回榮譽。他那好勝的人格特質正帶他走向一條擁有艱辛終點的道路。

戰爭已經不可避免，盟軍急著整軍備戰。英國與瑞典、普魯士已經簽有協定；沙皇爲了拉攏普魯士，也做了讓步；普魯士呼籲德意志人武裝起來，奧地利與俄國簽定停戰協議，準備與薩克森、巴伐利亞，包括熱羅姆和談。法蘭西斯的軍隊也從克拉科夫撤出。

拿破崙得知此事後，氣得大叫：「簡直是背信忘義的小人！」爲此，他只得把自己的軍隊從維斯杜拉河撤至奧德河。在維也納，拿破崙同意讓奧地利占有希里西亞，卻遭到拒絕，奧地利不願意繼續合作。全世界都在匆忙備戰。三月中旬，巴黎得到了普魯士宣戰的消息，塔列朗放肆地笑著說：「機會來了。」

事態發展得比人們預想的還要快，每個人都如臨大敵，決戰迫在眉睫。有能力阻止戰爭的人，卻不願意這樣做。他自己也身不由己，雖然已經疲憊不堪。

拿破崙要求一切從簡，說道：「以後，我出行的時候，不需要太多隨行人員，也不用帶僕人，有兩名負責我的食宿就可以，帳篷兩個就夠了……」同時，他下令修建一處小型宮邸，但不講求氣派，

「我的房間不遠處要有花園……房間要南北各一間，我將在那裡休息，頤養天年。」

一八〇五年，拿破崙正當不可一世之時曾說：「戰爭要速戰速決，我還有六年的精力，然後就該休息了。」可是，法俄戰爭剛剛結束四個月，他又將重返戰場。此次，拿破崙從聖克盧宮院內登上馬車時，看上去神態自若，其實內心顧慮重重，忍不住對科蘭可說出了心裡話：「剛剛和路易絲還有兒子團聚，卻這麼快就要分離。百姓們才是眞的幸福，當他們老了的時候，可以在家裡與妻兒老小生活在一起，共用天倫之樂。我雖然身爲皇帝，卻沒有如此的快樂，不得不三番五次地征戰沙場。」

與妻兒共用天倫之樂？一八〇五年時他想的可不是這個。七年，改變了他的人生理想！他的心態已經開始衰老，身體也漸漸多病，家庭觀念在他心中占據愈來愈多的地位，雖然他剛剛年過四十。他開始企盼能在家中平靜地生活；遺憾的是，他沒能像母親或兄弟們似的長壽到七、八十歲。

幾個月前，他不是還在日澤指責手下的將領，責備他們胸無大志，只想著過安逸的生活嗎？如今，他自己的觀念也發生了變化，開始嚮往鄉村的生活。他曾經擁有無比輝煌的榮譽，因此，也許很難擁有平淡如水的幸福了。

拿破崙在美因茲閱兵時才知道，只有十八萬人，並不是他當初預想的三十萬。而且，軍隊中騎兵很少，連裝備也不齊全，簡直是一支七拼八湊的軍隊。是啊，最好的大炮都丟在了俄羅斯，或者陷於西班牙。參謀部不成體統，救護設備極差。

如此糟糕的部隊，仍然使拿破崙想起了當年的崢嶸歲月，沉浸在幸福的回憶之中：十七年前在尼斯，他帶領著一支食不果腹，衣不蔽體的軍隊，翻山越嶺，最終取得勝利。往事湧上心頭，他振奮起精神，說道：「當年的波拿巴將再次指揮戰鬥！」

在盧岑，拿破崙以從來沒有過的英勇衝鋒陷陣。第一天的戰鬥中，他根本沒有休息。第二天，在馬蒙軍中，他累得倒下就睡著了。一小時後，有人叫醒他，戰爭取得了勝利，他跳起來說道：「你看看，好事總是在人們做夢時發生的！」

接下來，他向各方發出信函，以此控制戰局。他寫信給法蘭西斯皇帝：「目前爲止，我親自率軍作戰，但槍林彈雨卻對我毫髮未傷。」在包岑，他再次取得勝利，可是沒有抓到一個俘虜。

第二天，他冒著敵人的炮火，和科蘭可與迪羅克一起觀察地形。迪羅克是拿破崙戰場上生死與共的戰友，十年來不離他的左右。忽然，周圍有人倒下，拿破崙急忙奔向附近的高地，身後狼煙四起。有個年輕軍官跑過來，上氣不接下氣地彙報：

「迪羅克將軍陣亡！」

「不可能！他剛才還在我身邊！」

「陛下，炮彈擊中了迪羅克將軍。」軍官答道。拿破崙情緒低落，騎著馬慢慢向軍營而去，他問科蘭可：「爲什麼命運要這麼可惡？我取得了戰爭的勝利，卻失去了左膀右臂？」

迪羅克並沒有立即死亡，但已經奄奄一息。此刻，他躺在拿破崙的懷裡，互相道別，兩個人都流著淚。迪羅克無意識的說著：「在德雷斯頓我就說過，可是……給我點鴉片……」

這位戰士的遺言冷靜、安寧，顯現出不怕死的勇氣。拿破崙最後拖著沉重的腳步離開了營帳。

拿破崙來到朋友被擊中的地點，站在那裡不動；半天，才回到衛隊駐地。晚上，他身披灰大衣，一個人坐在凳子上，因失去了戰友而傷心。

第二天，拿破崙下令買下那塊地，在那裡立碑，寫道：「拿破崙同生共死的戰友，宮廷大臣迪羅克將軍，在此不幸中彈身亡，光榮地死於皇帝的懷抱之中。」

戰局不允許他沉湎於傷感之中。拿破崙將繼續前進。戰機就在眼前，如果他此時長驅直入希里西亞，那麼歷史必將改寫。可是，他後來自己也承認，沒能抓住戰機，是他此生最大的失誤。

* * *

六月，拿破崙決定在希里西亞停戰一個半月，正是這段時間，給了敵人機會，雷亨巴赫和布拉格達結成了同盟。

難道拿破崙沒有看出這些德意志小國君主的動搖？當然不是。「薩克森人與其他德意志人沒有什麼不同，都把普魯士人的榜樣作爲自己的偶像。國王對我忠心耿耿，可是他的軍隊難以信任。奧地利如同卑鄙無恥的小人，花言巧語想從我這裡要走達爾馬蒂亞和伊斯的利亞。維也納大概是虛僞的誕生地。要是我滿足了奧地利的要求，它轉眼就會向我要義大利和德意志。」

拿破崙看到哈布斯堡與敵人聯手時，意識到自己的婚姻是個錯誤。法奧聯姻，得不償失！他以爲奧地利皇帝也會像自己一樣，注重骨肉親情；但是，他錯了。他向親信們說出了自己的看法：「世襲爲王的人，大概不懂得什麼是親情，女兒和外孫的安全，也不會影響到法蘭西斯國王的決定。這些人沒有人性，簡直是冷血動物。是我的仁慈，造成了今天的失誤。在提爾西特，我完全有機會消滅他們，但是我太善良了。看來，腐敗墮落的王朝是不值得人信任的，更不應該去同情他們！他們已經被英國用金錢收買。我會證明我是個比那些靠血統當上王的人還要好的統治者！」

可是，情勢所迫，拿破崙不得不與那些既不敢反抗，又不願順從的君主來往。於是，叛徒倒成了親信。拿破崙召見富歇說：「你的朋友，卻是我的敵人。貝爾納多特和梅特涅與我不共戴天。」

此時，拿破崙已經顧及不到民衆的呼聲，眼睛只盯在各國內閣的活動上。英國開始給普魯士施捨，亞歷山大與法蘭西斯都看不起普魯士國王的懦弱；腓特烈•威廉害怕革命，而且忽略了最勇敢的沙恩霍斯特和能幹的施泰因。拿破崙交給富歇一項密旨，讓他去參加布拉格會議，實爲打探消息。

雖然拿破崙已經取得的勝利加強了他在北方的統治，可是在西班牙，約瑟夫的軍隊被英國的威靈頓打得落荒而逃，他本人也逃得無影無蹤。布拉格會議上，人們得知法國南線已經阻擋不了英國入侵時，抗法的信心頓時增強。拿破崙聽到約瑟夫慘敗的消息後，暴怒：「所有的後果都是他造成的！雖然，他不是軍人出身，但也推卸不了責任……告訴國王，我沒回去前不要見任何人……不然，他又會被引誘、製造出更大的陰謀；那樣，我將不得不逮捕他。」拿破崙承認，約瑟夫是他兄弟中最親近的人。不過，他認爲把約瑟夫留在巴黎的寓所，比在馬德里當國王還可怕！

拿破崙會因此得到教訓，別再讓兄弟們掌權嗎？事實證明太難了。小弟熱羅姆又得到了一支軍隊，且又一次的搞砸了；他給他的一位將軍進軍指令，並聲稱這命令有得到皇帝的認可。拿破崙也只能亡羊補牢的罵他：「我不會再教你要怎麼做事了，我受夠了要一直忍受你！如果你在胡亂擅自下指令，我會公開發表命令，要求從將軍到小兵都可以忽略你的任何意見……你的行爲會危害到整支軍隊的運行。」

下一個出問題的是跟隨拿破崙最久的老夥伴之一，朱諾。朱諾似乎在心理方面處於不穩定的狀態；他在他統治的伊利里亞打了敗仗，在被召回法國沒多久，自殺身亡。

另一個老夥伴布列昂，因被指控侵吞公款而被解職。拿破崙怒罵：「如果他敢再插手公衆事務，我會讓他下地獄並叫他吐出那些財富！」

當初，因被卡杜達爾陰謀案牽連而放逐美國的莫羅將軍，現在也加入反法同盟。目前的局勢對拿破崙來說，進退兩難。無奈之下，他把梅特涅請到德雷斯頓，想爭取這位奧地利外交家爲己所用。兩個人長談達九個小時，可是，拿破崙一無所獲。

拿破崙全副武裝，站在房間中央招待梅特涅。他先不失禮貌地問候了岳父的情況，隨後變臉說道：「看來，你們是非打不可了。別擔心，你們會有仗可打的。在盧岑，普魯士的進攻已經被粉碎。你們也想來湊熱鬧？看著吧，我將再次進軍維也納。他難道沒有記性嗎？我前後三次把法蘭西斯皇帝扶回皇座，並答應與他永遠和好，甚至娶了他的女兒。當初，我也曾猶豫過，覺得自己做得不夠明智。但我最終與奧地利聯姻，現在，眞是悔不當初！」

本來，拿破崙想借此機會緩和與岳父的關係，沒想到適得其反。梅特涅說如果要世界和平，拿破崙應該停止侵略行爲，例如，把華沙還給沙皇，讓伊利里亞重新屬於奧地利等等。

拿破崙大聲嚷道：「這些都是無理要求，我寧死也會不答應。你們的主子，生下來就是國王，即使被擊敗二十次仍然穩坐王位。我不同，也做不到你所說的。如果我不再強大，將被衆人欺負……如今，我擁有了新的軍隊，難道你沒有看到？當日的波拿巴將軍正站在你面前。」梅特涅說拿破崙的軍隊也會擁護和平，皇帝打斷他的話吼道：「錯！是我的將領們要和平！不過，我已經沒有了將領。莫斯科的嚴寒奪走了他們的勇猛。也許，半個月前，我還可以談判，但是現在，休想在我取得勝利之後再言和！」

梅特涅說道：「陛下，也許您和歐洲誓不兩立。其實，和平只是停戰這麼簡單。不管勝負，您都熱衷於戰爭。如今，全歐洲都將與您爲敵。」

拿破崙聽了大笑：「難道你們以爲聯合起來就能打敗我？你們究竟有多少人？來吧，愈多愈好！」接著，他提醒梅特涅別以爲那些德意志人會幫他們，他們是一盤散沙，不過是因爲害怕奧地利的威脅才團結在一起的。

拿破崙本來以爲，布拉格和談時，奧地利應該保持中立，放下武裝；可是梅特涅卻提出武裝調解。接下來，他們又花了一個小時來爭論。

拿破崙說：「我掌握著精確的軍隊名單，無數的諜報人員爲我工作，連你們隊伍裡有多少鼓手我都一清二楚。你要明白，人們不會擁有他本不該有的東西。」說著，他拿出奧地利軍隊的名冊給梅特涅看。

梅特涅說，拿破崙的軍隊都是些乳臭未乾的孩子，他問拿破崙：「如果這些孩子像您以前的士兵一樣成了炮灰，您有何感想呢？」拿破崙被激怒了，面無血色地吼道：「你不是軍人，不配知道士兵是怎麼想的。我在戰場出生入死，像我這樣的人，死成千上萬也不算什麼！」

戰爭，不就是以人命相拼嗎？勝利難道不是白骨堆積出來的？不過，奧地利這次占據了道義的上風，他倒希望全歐洲的人都聽到拿破崙剛剛說過的話！

「法國沒什麼好抱怨的。」過了一會，拿破崙平靜了些，說道：「爲了法國，我甚至犧牲了德意志和波蘭。在俄羅斯，傷亡了三十萬人。不過，只有十分之一是法國人！」說完，他做了件他已經十年沒做的事情：自己拿起了帽子，戴上；彷彿他還是年輕的波拿巴將軍。最後，他在梅特涅面前整了整儀容，說：

「娶奧地利公主實在是件愚蠢的舉動。我本以爲，這樣可以融合新與舊的貴族血統。可是，我錯了！或許我會因此失去帝位吧！但即使如此，我也會先毀去這個世界。」

拿破崙爲此有些惱羞成怒，做起事來也不再考慮後果。他竟然和兵力三倍於己的反法聯盟交戰。他的固執，促使他孤注一擲，破釜沉舟。

梅特涅走時，拿破崙已經恢復了平靜，說道：「你回國前，我們還有機會再見面嗎？」梅特涅回答：「當然有，陛下。不過，我知道自己沒有能力完成使命。」拿破崙被逗笑了，拍著他的肩膀說：「你知道事情會怎麼樣嗎？奧地利不會與我爲敵的！」

接下來，談判又持續了三天，梅特涅想要回國，拿破崙對此仍然不放心，再次召見梅特涅。這次，兩個人在花園見面，邊走邊談。十分鐘後，雙方商定停戰，並約好在布拉格進一步會談。其實，一切都沒有定論，拿破崙在和梅特涅簽字時，不得不承認岳父的中立地位，那就意味著他隨時會參戰。

隨後，拿破崙乘車來到美因茲，看望妻子，這位奧地利國君的女兒。他再次任命她爲巴黎攝政，但明確要求，警察局的公文不能讓她看見。如果這個哈布斯堡公主性格堅強，或許她應該去維也納，爲丈夫與父親的和好做出努力。可是，這個女人根本沒有這種能力，只會向娘家不斷地贈送禮品，炫耀自己的富有。

* * *

布拉格，與會各方都避重就輕，只有富歇不停地蹦來蹦去，其目的是想辦法謀害自己的主子。貝爾納多特與衆人結成同盟，關係密切。最後，沙皇聽到拿破崙可能讓步，非常吃驚，於是要求梅特涅提出更苛刻的條件，想借機大撈一筆。拿破崙一氣之下把大臣們轟出了會議室。結果，停戰結束，岳父發來戰書。拿破崙在這段時間裡得到了援軍，但他知道萊茵聯邦再也不能信任了，必須監視他們。

此後，拿破崙在薩克森與希里西亞抓緊準備，對手施瓦岑貝格就在對面嚴陣以待。施瓦岑貝格有一支部隊由布魯歇爾[16]率領，另一支是貝爾納多特的軍隊，正守在希里西亞及其北部。莫羅與施瓦岑貝格在一起，他剛從美國趕到。

八月底，拿破崙開始了第二次薩克森戰役。第三天，本該乘勝追擊，一舉消滅盟軍時，一代帝王忽然胃痙攣發作，整整一小時，疼痛難忍，這嚴重影響了他的鬥志，非但沒有追擊敵人，反而下令後撤；因此反倒損失了一個軍團。達律事後說正是這次錯失良機，「導致了一八一三年的失敗」。此次戰鬥中，莫羅中彈陣亡。拿破崙聽到此消息後，非常吃驚，心中暗想：「死得好，我馬上要時來運轉了！」

可是，帝王的另一支軍隊卻在卡茨巴赫被布魯歇爾打敗，拿破崙不得不想著如何才能瓦解敵人。考慮到奧地利，最好放棄進攻波希米亞的計畫，失敗在那裡已經引起混亂。他決定突襲柏林，把普魯士士兵引出希里西亞。

只是，拿破崙自己也曾說過，要他在戰場時，軍隊才能無往不勝。可是，皇帝沒有分身之術，沒辦法面面俱到。因此，他的計畫屢受挫折，官兵鬥志盡失，軍隊補給短缺，有的士兵開始逃跑，拿破崙只好頻頻視察部隊情況。軍隊的補給愈來愈困難，士兵只好就地解決，附近村莊被吃得一乾二淨。

拿破崙面臨的另一大威脅是：兵力短缺！一八一四年的適齡青年早已應徵入伍，只得徵集一八一五年的青年，這次連農民也在應徵之列。可是，援軍什麼時候才能到？有誰能去訓練他們？九月底，拿破崙派使者去見岳父，請求談判，爲此他準備作出犧牲，只要能夠和談。可是，法蘭西斯態度強硬地拒絕了，並且把巴伐利亞從萊茵聯邦中拉了出來。法蘭西危機四起，拿破崙向他的老戰友說出了他從未說過的話：

「馬蒙，局勢眞的是糟糕透了。」一代帝王的英才，即將隨風而逝。

大勢已去

杜本荒原矗立著一座薩克森古堡，這天清晨，拿破崙正面對著地圖，研究如何向柏林進軍，以一舉殲滅貝爾納多特和布魯歇爾。

有士兵進來通報，幾位將軍想求見帝王。拿破崙走出房門迎接，他已經知道了這些人此行的目的。因爲，親信們已向他彙報過，說將軍們的不滿情緒很嚴重，他們需要休息，想在萊茵河度過冬天。前些天，內伊元帥前曾報告說：「我感到非常疲憊，不再想擔當主帥一職。」

幾個來訪者吞吞吐吐，誰也不肯先說；最後，彼此點頭暗示，大家一起小心翼翼地表明來意，他們不希望帝王下令進軍柏林，不如攻打萊比錫。拿破崙安靜地等著他們說完，心中暗想：「難道，我的權力已經在削弱？」最後，他答覆衆人說：「巴伐利亞已經倒戈，如果我們改往萊比錫，無疑是後退，士兵會因此而失望。不過，你們的意見我會考慮的。」

將軍們走後，拿破崙一個人坐在房間裡，下令不許任何人進去打擾，專心研究作戰地圖。科蘭可在外面靜靜地等著，過了一會，他被傳令接見。進屋後，看到拿破崙正在來回踱步，自言自語地說著：「法軍承受不起這次的退兵。」說完，便又陷入了沉思。

第二天早晨，拿破崙下令進軍萊比錫。這一天是十月十五日，大家聽了都很高興。拿破崙與馬蒙討論了關於哈布斯堡的形勢，最後說：「我欣賞信守承諾的人，一個會盡量把事情做好的人……。法蘭西斯皇帝認爲他做得有理，但他不是一個守承諾的人。」

一天後，戰爭開始。拿破崙的兵力只有十八萬，而面對的敵人有三十萬。晚上的時候，皇帝的軍隊取得了局部勝利。

又過了一天，貝爾納多特帶來了援軍，局勢對拿破崙極爲不利，但他下不了撤退的決心，這樣會有損於法蘭西的尊嚴。他想與對方談判；正好，有奧地利的墨菲爾特將軍被俘，拿破崙要求他把停火協議交給法蘭西斯皇帝，在他保證完成任務後，發還了他的佩劍。

他對面前的俘虜說：「我決定撤軍到薩爾，但是俄國及普魯士則要撤到易北河對岸。奧地利得回到波希米亞，薩克森保持中立。」接著，他竟然把自己對歐洲的計畫也說了出來：「放棄漢諾威，開闢波羅的海沿岸爲自由區。誰都可以自由退出萊茵聯邦。波蘭、西班牙與荷蘭各自獨立，只有義大利除外。你走吧！如果你的主子拒絕談判，他會知道我們將如何做。」

墨菲爾特將軍滿面疑惑地走了出去。法蘭西斯皇帝簡直難以相信他帶回來的消息。拿破崙竟然願意放棄半個歐洲，而且讓俘虜來充當使者？

此時的拿破崙正焦急地等待著使者的回信。半夜時分，他的胃病突然發作，臉色發白，大滴大滴的汗珠落了下來，險些摔倒，副官嚇得要爲他叫醫生，拿破崙阻止道：「不行。大家都在看著我，必須讓他們知道我在工作，這樣才能穩定軍心。」

副官勸道：「陛下，躺下休息一會吧！」拿破崙倔強地回答：「不，死也得站著。我和你說過，不能叫醫生！我可以送生病的士兵去醫院，誰能送我？」過了一會兒，拿破崙感覺好些了，對副官說：「我沒事了。記住，不許讓任何人進來！」

半個小時後，拿破崙發布命令，但不是撤退，而是向萊比錫進軍。要知道，前方有兩倍於己的敵軍啊！

天就要亮了，拿破崙的指揮部就在一個磨坊裡，法軍面臨著三面被圍的威脅。看來，貝爾納多特已經說服了薩克森軍隊攻擊法軍。拿破崙憤怒地吼道：「可惡！」將士們同聲應和著：「卑鄙！無恥！」軍中的薩克森將士個個義憤塡膺。警衛隊中的一個騎兵喊道：「這群叛徒！一定要殺了他們，我們法國人還在這裡呢！陛下萬歲！」緊跟著，整個警衛隊隨他衝了出去。轉眼間，一個年輕軍官舉著奪來的薩克森鷹旗，疾馳而歸，並馬上因爲重傷而倒在地上。拿破崙輕聲說道：「這才是法蘭西的男兒！」

第二天，拿破崙的兵士傷亡了六萬。不過，即使是德意志人事後都說道：「反法聯盟取得的勝利一點也不值得驕傲，他們占有絕對的優勢卻只拿下這樣的戰果。」

拿破崙下令撤退，此時，他看上去極爲疲憊，將士們的情緒也很低落。一位當時在現場的人寫道：「他們拿來了一條木長凳，精疲力竭的皇帝馬上昏睡在上面，雙手放在大腿上。將領們沉默的圍在營火邊，身邊是來來往往的士兵們。」

又一個黎明降臨，追兵蜂擁而至，慌亂中，斷後的炸橋動作，有座橋炸掉得爲時過早，來不及過橋的部隊無奈投降。一位法國元帥泅水過河，另有一位元帥被淹死，很多將士成爲俘虜。雅各・麥當勞將軍還指望著與奧熱羅會師，可是，當奧熱羅看到他時卻說：「我會和你一樣傻？讓自己死在萊比錫？我才不會爲那個瘋子賠上性命！」

同一天，老戰友寫信給拿破崙，說皇帝在前一天的軍中日誌中忘記了他的功勞：他長時間地堅守陣地，卻記在別人的功勞簿上，「這是我參軍以來對您最忠心的時候……可是，陛下，您竟然視而不見，我實在難以接受。」信尾署名「馬蒙」。不久的將來，他與奧熱羅在關鍵時刻背叛了拿破崙。

*　*　*

離此五十英里，魏瑪家中，歌德把拿破崙的畫像拿了下來；詩人已經知道了法軍在萊比錫失利的消息。雖然，盟軍不敢確定拿破崙是否會東山再起；但是，歌德在幾個月前還宣稱拿破崙是不可戰勝的；現在，他認識到了這一慘敗的意義。爲此，寫了下面的詩句：

王者胸懷，
不知恐懼爲何物，總是從容，
明知長路難行，談笑踏上征途。

王冠沉重，
但他的剛毅令重擔在他身上輕若無物，
他將之戴在眉上，彷彿棕梠葉織成的冠冕。
如此成就了你。目標看來如此遙遠，
多少艱難在你面前，
你見著了它們，你思著它們，你懂它們。

你的得意時日來到，命運召喚著你，
你被召喚而來，直到屬於你的時日結束……
你無視你的仇敵，那些隨著戰爭與死亡前來
人們驚慌失措，他們說著的，他們想著的，總是無用的嘟囔——

他們在乎什麼，以爲這是遊戲？
這是個殘酷的世界，追求我們的財富，
追求我們的愛好，追求我們的尊嚴，
甚至我們的愛人，我們摯愛的自由平等。

愛不能滿足他，他要整個王國。
於是這就是此人的下場！
你會繼續往前，
即使代價是你的生命：
每個人，成爲了他宿命註定的人，
終有結束之時，終有結束之日。

與此同時，哲學家謝林寫道：「我無論如何也不敢相信，拿破崙即將走向毀滅。如果我的估計正確，他會逃出的；而且，即使他再怎麼孤立無援，他還是會活著閒坐飲酒，好好的羞辱那些混蛋一番。」

很快的，巴伐利亞人宣布倒戈。哲學家黑格爾寫道：「紐倫堡，群衆歡迎奧軍；那樣子讓人看了可憎……還有什麼比這更可恥的嗎？」

這就是萊比錫戰役後，三位傑出德意志人的反應！

是的，要拿破崙一敗塗地還早得很。在埃爾富特，繆拉想要回到他的王國那不勒斯；拿破崙並沒有反對，說道：「明年五月，你將在萊茵河看到二十五萬大軍！」這就是拿破崙！他的智慧還沒有放棄，仍然在十萬、十萬地籌畫著兵力。

美因茲，帝王的軍隊不幸染上流行性斑疹傷寒，拿破崙趕快讓其餘的部隊渡過萊茵河。撤退途中，他每天工作二十個小時以上。

盟軍總部，背叛拿破崙的君主們擠滿屋子，彷彿他們已經被原諒且遺忘了。只有一個誠實的人用強烈的字眼描述了發生的事：

「你覺得這些可鄙的傢伙怎樣？……他們過得比他們應得的好太多了……這些貴族都是廢物，跟他們比起來那個更有榮譽的人正在被他們評斷……他們的政權、享樂、利益聯盟，都是用臣民的鮮血換來的。」

這是施泰因男爵評論著他的主子們，那些德意志貴族。

＊　＊　＊

萊蒂齊婭坐在火爐邊，正在看來自美因茲的信。此前，她替路易向拿破崙求情，至於拿破崙怎麼答覆的她並不在意，此刻，她關心的是皇帝的命運。拿破崙的信中寫道：「現在，全歐洲對我群起而攻之，爲此，我憂心忡忡……」萊蒂齊婭從未和兒子提過危機，母子的共同點是自負。不過，她常在親信們面前提到自己的擔心：「但願他平安無事！」她從不憂慮自己的禍福，心中時刻掛念著孩子們：如果災難降臨，誰來幫助他們？

更讓萊蒂齊婭感到痛心的是：兒子的慘敗，竟然是由於同胞的陷害。繆拉對妻子的話言聽計從，已經與英國簽訂停火協定，同時與奧地利結盟。陰險的富歇給埃里茲出謀劃策，加速了拿破崙的垮臺。他對拿破崙的妹妹說：「只有他死了，我們才能安全。」埃里茲在給母親的信中對此事隻字不提；路易則不顧拿破崙的禁令，私自回到巴黎。拿破崙本打算把他流放到巴黎以外二百英里的地方，幸虧萊蒂齊婭從中調解；不過，兄弟見面後，關係更糟。至於那個熱羅姆，哪裡會考慮到百姓的死活？早偷偷地逃到了卡塞爾。約瑟夫不管拿破崙怎麼請求，也不答應承擔保衛巴黎的重擔；呂西安更是隔岸觀火，無動於衷。

這就是曾經從皇帝那裡不僅得到權勢，而且得到錢財的兄妹手足。

茉芳丹，此時卻笑聲不斷。約瑟夫已經沒有了國家的西班牙國王，還有熱羅姆一家；另外兩位殖民地的主教也在，西班牙和義大利的大臣們……鄉間別墅中的這群貴賓們，談笑風生。這些人中，貝爾納多特的妻子，約瑟夫的妻妹，也在其中。二十年前，拿破崙曾經放棄的女人。她知道丈夫身爲反法同盟的司令，而且已經率軍到達萊茵河，也許，她很快會在巴黎聖母院大教堂戴上約瑟芬的皇冠。

對於衆人針對拿破崙的陰謀，約瑟夫是個局外人。他不過在這裡湊個熱鬧罷了。可是，拿破崙意識到這些時，一切都太晚了。他對羅德雷說：「是我的錯誤。我本以爲，同胞兄弟最值得信賴。也許，他們才是我最大的敵人。只有母親對我一直關心備至……我沒有什麼愛好，除了兒子，現在對什麼也不再關心。」

拿破崙最終決定，恢復西班牙國王費迪南的王位；不過，這要西班牙議會的批准。這是塔列朗的主意，此刻他又出現在杜樂麗宮。是他堅持必須要通過西班牙議會批准，爲的是拖延時間。他的陰險也正在於此，這樣法軍會被牽制在南方，一切將對盟國有利。塔列朗已經死心踏地倒向反法聯盟。

在寫給約瑟夫的信中，拿破崙說：「我現在已經無暇顧及國外的領地，如果談判成功，能夠保住法蘭西舊日的疆界已經很不錯了。我已經失敗，軍隊被摧毀，荷蘭、義大利都不再屬於我……西班牙也被敵人控制……如此局勢，我哪還有精力考慮到國外的事情？」

此時的皇帝，腹背受敵，現在大概用絕望來形容他的心情比較貼切。家庭、盟友，親人，都有可能是自己的敵人，沒有誰可以信任。萊比錫戰役後，拿破崙像變了一個人，郵政局長拉瓦萊特伯爵對皇帝的忠心不變，經常去看望他。這天，他來到王宮，發現皇帝的情緒反常。當時，他正在臥室裡，站在爐火前，雙手伸在火苗上方取暖。拉瓦萊特伯爵並不是個膽小鬼，不過，他也勸皇帝求和。他說，法國人是靠不住的。拿破崙聽著他說話，躺在床上。一代帝王即將毀滅，拿破崙知道自己劫數難逃。當有人提到波旁王朝，那些被他拉下王座的傢伙，現在似乎如報應一般回來找他了。這話題讓他覺得很無聊，他很快就睡著了。

再次醒來時，皇帝的精神好了很多；他覺得，北方諸省同情波旁王室對自己是種危險。目前，公債暴跌，法蘭西銀行的境況也令人堪憂。還有，國民自衛軍的徵召沒有什麼進展；無奈之下，拿破崙接受盟國在法蘭克福會議上的建議。而那些盟國的君主們，個個心懷鬼胎。梅特涅以一個政治家的角度來看，不希望占領巴黎；沙皇這個浪漫主義者，想要炸毀杜樂麗宮，以報當年莫斯科被焚之仇。最終，大家一致通過了奧地利的提議。拿破崙面臨這樣的結局：法國保持原有疆域，周邊以萊茵河、阿爾卑斯山和庇里牛斯山爲界。帝王對這樣的結果感到慶幸，立刻接受法蘭克福的建議，事實上馬雷早已經擬好了回覆盟國的信件。

拿破崙很快的改變主意。爲什麼？也許，是由於議會的反對聲激怒了他。第一次，議員們敢對拿破崙說不。「我們不同意再增加軍事預算，除非政府保證軍費只用於防禦，皇帝無權干涉保障自由的法律。」此話贏得了喝采。有史以來頭一遭，拿破崙竟被議員批評。這怎麼能夠容忍？拿破崙怒不可遏，宣布會議結束，召來幾名議員，嚴厲地訓斥道：「王座算什麼？不過是覆蓋著緞子的木頭。我，我就是在說我本人，不是在說這王座或者王冠；我代表人民，我就是國家！如果法蘭西要更改憲法，連皇帝也換了吧！我出言狂妄？那是因爲我重建了法蘭西，我給她榮譽和驕傲。」元旦那天，拿破崙公開威脅議員，說他將監視議員們的言行。

同一天，布魯歇爾渡過萊茵河。

二十年，經歷過六次大戰後，歐洲諸國勉強團結在一起，普魯士將軍率將士渡過河流，捲土重來。此時，拿破崙卻在驅趕議員，甚至揚言要逮捕他們。聖母大教堂二十年來感恩和祝捷之詞沒有變過，現在，卻在爲法軍祈求勝利。多年來，都是法軍獲勝，解放被征服國家的民衆；如今，反法同盟卻在向法國人保證要來解放法蘭西人民。

盟國最初的要求過多，法國只被允許擁有一七九二年的疆界。拿破崙一怒之下拒絕談判，再次準備戰爭。雖然面臨各種困難，帝王的餘威猶在。有個伯爵向拿破崙建議，讓皇后帶領宮女去吻聖日內維耶[17]的遺骨，拿破崙笑道：「我才不會像你這麼迷信！我要依靠勝仗改變這一切！」

形勢危急，巴黎交給誰負責才能放心呢？約瑟夫，被任命爲法蘭西軍隊中將兼巴黎總督！看來，拿破崙目前缺乏信心，仍然迷信於家族感情。開往前線之前，拿破崙態度生冷地讓約瑟夫在兩者之中選擇：一、公開宣稱自己是攝政皇后之友；二、被逐出巴黎。拿破崙對兄長說：「只要我在，你就可以安心隱居。可是我死後，你不死也得被囚禁。在茉芳丹，你對家人，對法蘭西都毫無益處，不過，至少你不會害我。自己選吧！感情，在這裡是沒有用的。」

拿破崙預感到可能會失敗，下令焚毀檔案，同時留給兩個私生子大量財產。小里昂擁有了固定的收入，瓦洛斯卡的孩子擁有很多不動產。他的合法子嗣，已經三歲。拿破崙抱著孩子向國民自衛隊告別：「我把最珍貴的財富交給你們，你們要對他的一切負責！」之後，他再次任命妻子爲國家攝政皇后。

第二天早晨，拿破崙離開巴黎。這一去，歷經磨難，再回到這裡時，已經是一年之後。

* * *

出征幾個星期後，拿破崙就被擊敗了。

最初，皇帝取得了幾次戰鬥的勝利。在布里埃納，布魯歇爾被迫撤軍；拿破崙親自冒著炮火指揮戰鬥，曾經有一次抽出了佩劍自衛。戰爭中，他認出了當年的那棵樹，「十二歲的時候，我曾經坐在這棵樹下讀塔索的作品。故地重遊，勾起了我對往事的回憶。」

沒過多久，布魯歇爾在拉羅蒂埃獲勝。巴黎告急！拿破崙已經無力回天。科蘭可來信，奉勸他不要再堅持。馬雷也當面勸他，拿破崙對此不加理會，心不在焉地翻閱著孟德斯鳩的著作。過了一會，讓馬雷朗讀書中的一段話：「身爲皇帝，寧願葬身王座的廢墟之下，也不會受命於人，還有比這更崇高、更偉大的嗎？」

馬雷念完後忽然喊起來：「我知道有什麼更崇高！那就是，您應該以個人的榮耀爲代價，填平那廢墟，使法蘭西免受滅亡之辱！」這次，拿破崙沒有拒絕，答道：「好，講和。我將委託科蘭可在和約上簽字。我無法讓自己口授這一恥辱的答案！」馬雷聽後，馬上給夏特隆的科蘭可寫信，雙方再次談判。科蘭可決定確認一下帝王是否眞的已經決定了，果然拿破崙又改變了主意。他寫信給約瑟夫說：「做好一切防範，守住所有的城門，把大炮架好，國民自衛軍要時刻保持警惕狀態……每個城門要有五十名武裝隊員，同時配有一百名長矛兵，一百名長槍兵。保證每個城門有不少於二百五十名的國民自衛隊把守。

連克利薩斯[18]也成了乞丐！半年前，不，應該是三個月前，拿破崙能夠派出二十五萬人把守城門。現在，四面楚歌，只能靠二百五十人外加兩門大炮來守衛巴黎了，連帝王自己都覺得可笑。這天晚上，拿破崙的情緒跌落到谷底，馬雷勸他口授談判的條件。拿破崙猶豫了一下說第二天再簽字。簽字意味著他歷經百戰得到的土地，將付之東流，不禁讓人感到有些悲壯。

也許是上帝在拯救拿破崙。這天夜裡，兵士來報，敵人的處境愈來愈糟，這彷彿給拿破崙又注入了興奮劑。天亮時，馬雷帶來了擬好的信，準備請皇帝簽字，卻發現他正伏在地圖上，聚精會神地考慮著戰局，根本沒發覺有人進來。馬雷聽到他口氣急促地說：「事關重要！我將打敗布魯歇爾！」正說著，有人遞上約瑟夫的信，巴黎告急！拿破崙已經向軍隊發布命令，同時口授巴黎：「巴黎失守，你我都將死無葬身之地……我命令你想盡一切辦法保護皇后、羅馬王以及我們全家……但願我的家人能幫助我，過去，我給了他們多少好處！必要的話帶皇后逃出巴黎，再也不要相信塔列朗。十多年來，我自念對此人不薄，但是，目前我處境堪憂，他必將落井下石！記住我的話。如果我將戰死沙場，會派人及時通知你……你要把母親送到威斯特法利亞王后那裡避難。再次提醒你，不要讓皇后與羅馬王落在敵人手裡！否則的話，奧地利將把皇后劫持到維也納，那時，法蘭西要被迫聽從英國與俄羅斯的旨意，我們將徹底毀滅。也許，我會在日內瓦與他們談判……但是，我不會屈服於他們。我若不幸去世，我的兒子與皇后，無論如何不能成為敵人的俘虜。他們要躲避到鄉下，隱姓埋名。我寧願兒子被殺，也不讓他在維也納宮中長大。當初，我看《安朵羅瑪希》一劇時，總會為阿斯蒂安納克斯[19]的命運慨嘆不已，覺得他父親先死一步倒是件好事。」

拿破崙此時已經危在旦夕，死亡或垮臺，離自己如此之近。人們可以從這封信中，體會拿破崙面臨死亡時的胸襟。

雖然已經到了生死攸關之時，拿破崙仍不失爲一位偉大的軍事統帥。他把僅存的部隊分爲兩隊，指揮一隊奮勇殺敵，布魯歇爾根本抵擋不住，從尚波貝至蒙特羅，九天之內連勝六仗，波拿巴可謂雄風不減。可是，如今，是在法蘭西境內作戰，意義不比從前。在蒙特羅，拿破崙親自上陣，充任炮手，彷彿又回到了土倫，親手調節炮位，喊道：「衝！將士們！能打死我的炮彈還沒鑄出來呢！」

目前，布魯歇爾對拿破崙已經不再構成威脅。輪到施瓦岑貝格了！奧地利擔心他們的統帥難以招架，想要和談，給貝爾蒂埃寫信，提議在夏特隆停火。拿破崙得知後，頓時信心倍增，決心大戰一場，於是，親自給約瑟夫寫信，興奮的情緒躍然紙上：「你之前一直跟我妻子談波旁家族，我想你應該開始避開那些話題了。我不想借助妻子的保護……那樣，只能影響我們的關係……我沒想過要巴黎人爲我歡呼，更不想被人指使……熱烈地擁抱你！」拿破崙已經很久沒有在信尾寫這樣的話了。馬倫哥戰役後，任何人沒有受到過如此的禮遇，此刻，他心潮起伏。

第二天，拿破崙寫給薩瓦里的回信中，就沒有這麼熱情友好了。警察局長薩瓦里的來信中，說到有人給各國君王遞交請願書，還提到攝政和巴黎的惶恐等。拿破崙回覆說：「他們馬上就會看到，當年瓦格蘭姆和奧斯特里茨大捷時的波拿巴至今仍在！我絕對不會容忍國內有陰謀……讓他們知道，膽敢有人私自傳閱請願書，嚴懲不貸！……我不需要人民代表！我有能力保護他們！」

反法聯盟此時也是意見不一：沙皇想讓俄國總督接管巴黎，直到法國選擇出合適的新國王爲止；奧地利則希望波旁王朝復辟；施瓦岑貝格打算馬上談判，他並不想眞正開戰，不過是擺擺打仗的樣子而已。可是，已經恢復元氣的布魯歇爾使勁地叫喊著：進攻！最後，聯盟決定，同意法蘭西恢復舊時的邊界，拿破崙惱怒地說：「我已經無法忍受，這對我無異於侮辱。」大臣們小心地提醒帝王，敵人的兵力遠遠超過法國，拿破崙毫無懼色地回答：「我有五萬軍士。而我一人，就頂十萬！」

正値三月初，拿破崙準備再次與布魯歇爾交戰，並分出一半軍隊交給老戰友馬蒙統帥。可是，支持他的人愈來愈少。前一年秋天，在杜本古堡時，拿破崙就有過如此感受。進入冬季後，他的兄弟們不滿情緒日益高漲，現在，已經公開與他爲敵。奧布河上，烏迪諾[20]與麥克唐納[21]在巴爾戰爭中失利。馬蒙曾經是第一個效忠帝王的，但也是第一個背叛他的。他在拉昂擺出作戰的樣子，卻沒有眞正戰鬥，甚至大炮閒在城內也不管，而且影響到帝王的戰鬥，自己的部下在軍營中遭到奇襲，他卻視而不見。總參謀長貝爾蒂埃氣憤地說：「就是砍下馬蒙的腦袋也不爲過。可是，陛下太寵他了，訓斥之後，仍然讓他當統帥。」

這並不難理解，危難關頭，拿破崙仍然迷信於最早的夥伴也不奇怪。但是，不止一個馬蒙！他的兄弟奧熱羅竟然也開始背叛，私自與奧地利人勾結，擅離職守。可氣的是，拿破崙並沒有爲此而嚴厲地懲罰他，給他的信中說：「你覺得休息六小時還不夠？……奧熱羅，別再爲自己找藉口好不好！我命令，接信後十二小時內趕到戰場。要是你還把自己當成義大利卡斯蒂利翁時代的奧熱羅，就應該去統帥三軍。如果你覺得已經老得不中用了，那麼，把軍隊交給比你更老的將軍指揮。國家正在危急之秋！……我們必須全副武裝，鼓起勇氣，面對挑戰。將士們看到你，會義無反顧地追隨你奮勇殺敵。」

拿破崙彷彿回到了當年的波拿巴時代，但難免讓人感覺有些淒涼。馬蒙的不抵抗，使得拿破崙在奧布河上的阿爾西孤軍奮戰。以數千兵力對抗數倍於己的敵人，失敗的結局不可避免。危急之時，忽然有陣旋風刮過，上千名近衛軍驚慌失措，可謂兵敗如山倒，邊跑邊喊：「哥薩克兵！」拿破崙上前制止：「勇敢的將士們！回來作戰！不許逃，我會堅守在這裡！」說著，他拔劍衝向敵人，只有參謀人員和貼身衛隊跟隨，終於，六千名哥薩克騎兵被擊敗。拿破崙已經有許多年沒親自率騎兵攻擊了。這次，坐騎被擊斃，隨即換了一匹。貝爾蒂埃後來說，皇帝是想戰死沙場。

但死神並不會聽從人的願望，不論是凱撒、克倫威爾或是腓特烈大帝，都如拿破崙一般，得不到如此英雄式的死亡。這些人畢竟不只是軍事家，更是一國之君——即使他們正爲自己的國家浴血奮戰。

拿破崙在給妻子瑪麗・路易絲的信中，希望她可以寫信給她父親，她不大情願地做了。不過，她沒有祖輩瑪麗・德瑞莎[22]的能力，只是不冷不熱地寫過幾封信，沒有起應有的作用，反倒給奧地利提供了消息。此時，英軍已經登陸法國波爾多，波旁王朝的旗幟在天空飄揚。拿破崙寫給妻子的一封信被盟軍截獲，得知他準備撤軍到東線馬恩河。盟軍知道後，迅速乘虛而入，進軍巴黎。

無奈之下，拿破崙把農民武裝起來，以備後用。農民們是支持皇帝的，他們對入侵的軍隊恨之入骨。可是，馬蒙再次失利，正與莫迪埃[23]一起向巴黎撤退。後方告急！拿破崙急匆匆地把軍隊交給貝爾蒂埃，自己帶衛隊騎馬返回巴黎，與科蘭可馬不停蹄地疾馳，希望能奪回政權。曾經多少次，拿破崙凱旋歸來，也是這樣驅車穿過城門。腦海中總想的是：「巴黎會有什麼反應？」但是，這一次，他想的卻是：「他們三個能守住巴黎嗎？我把國家託付給他們——皇后，約瑟夫和馬蒙，他們能堅持到我回來？」

晝夜兼程，人歇馬不歇。忽然，有名軍官帶領一隊士兵走過來彙報：「奉元帥莫迪埃之命，爲撤退中的軍隊尋找宿營地。」拿破崙吃驚地問道：「誰在撤退？皇后在哪？約瑟夫呢？」軍官答道：「昨晚，皇后已經帶羅馬王逃往布盧瓦，約瑟夫今天也離開了巴黎。」拿破崙急著問馬蒙在哪，軍官回答說不知道。

這下，拿破崙驚得渾身冒汗，嘴唇開始發抖。隨後下令道：「前進！否則追兵馬上就到。我將與巴黎共存亡！」

科蘭可想盡辦法，才勸說拿破崙改變主意。拿破崙命令馬蒙的軍隊守衛在埃松河，然後，吩咐外交大臣：「火速趕往巴黎，商量談判之事。我已經被出賣。你有權代表我處理一切，我在這裡等你的消息。快去吧！」

拿破崙帶領隨從又向前行了一段，塞納河出現在眼前。敵人的烽火清晰可見，可以看到，軍營中，入侵者正在做飯，還有人在唱歌。而此時的皇帝，身邊只有兩輛驛車和幾個僕從。拿破崙下令改變方向，去楓丹白露。

被迫退位

這一天早晨，塔列朗安然地坐在臥室裡，僕人在伺候他穿衣吃飯。他依舊道貌岸然，戴著閃光的假髮。忽然，有人闖了進來，是俄國人涅謝爾羅傑，特意趕來問候老友。兩小時後，亞歷山大成了塔列朗府中的貴賓。他不敢去愛麗舍宮，擔心那裡會有炸藥。拿破崙共事六年的朝臣，終於如願以償，與沙皇共舉勝利之杯！二十二年之後，巴黎將城門大開，歡迎這些正統主義的君主。這是偉大的時刻，眾人騎馬進入巴黎。那些波旁王族的擁護者，把他們當作英雄來歡迎，聖日爾曼區的貴族也在其中。其他地區毫無反應，人們在靜靜地等候，想知道第二天是拿破崙，還是波旁家族來統治巴黎。

皇帝已經徹底失敗，約瑟夫像縮頭烏龜似的逃走了；雖然拿破崙多次警告他把塔列朗帶走，卻沒能如願，這個奸詐狡猾的敵人留在了巴黎。其實，最終擊敗拿破崙，使他走向滅亡的，是那群背信棄義的大臣與朋友，塔列朗則是罪魁禍首。十天後，他在沙皇的支持下，又變成了高高在上的人物。這個陰謀家，正爲自己的成功得意呢！

前一天，他又心懷鬼胎地接見了一個人。也許，塔列朗沒有仇恨拿破崙的理由，但是，他背叛主子，會使自己爬到更高的位置，那又何樂而不爲呢？於是，他不惜重金，收買了莫布勒伊。這是一個下三濫式的軍官，塔列朗讓他在楓丹白露的路上刺殺皇帝。還好，此人算不上萬惡不赦，最終沒有謀害拿破崙的性命，只是搶走了熱羅姆夫人的珠寶。其實，布魯歇爾也派人手去刺殺過拿破崙，只是沒有成功。

沙皇此時在和主教探討：「法國到底需要什麼？」塔列朗總夢想著恢復波旁王朝，不過，他還是先徵求了沙皇的意見。沙皇提出了貝爾納多特，塔列朗笑道：「法蘭西不歡迎軍人當權。如果那樣的話，何必要打倒拿破崙？有哪位軍人能與他相比？」

過了一天，塔列朗召開元老院會議，會上，立法院重申拿破崙必須退位。大家都不反對，只有科蘭可爲帝王說情，並想爭取沙皇支持。有一陣，性格不定的沙皇，差點被說服，他懷念起昔日的友誼，說道他將盡最大努力，保護小羅馬王的王冠。

科蘭可在力爭沙皇的支持，想盡辦法挽救波拿巴家族，與此同時，即四月三日，塔列朗召見馬蒙。這位統帥在塞納河彼岸還擁有一萬多名士兵，力量不可忽視，更何況，盟軍的大隊人馬還沒有進入巴黎。

拿破崙早年的戰友與三軍統帥，此刻正與塔列朗長談。塔列朗分析了眼前的形勢，其實，無須他動員，馬蒙早已經叛變。在西班牙時，他對拿破崙的忠心就沒有了。他想：「再跟著他去送死有什麼前途？他死了，自有新王繼位！當年，我們同在軍官學校，如今他失敗，是因爲波旁王朝有能力復辟。效忠誓言？早已經不在了。友誼？前些天他還為了一點小事罵我。」於是，在塔列朗的鼓動下，馬蒙給盟軍司令施瓦岑貝格寫信：「我已經根據元老院的旨意，不再聽從拿破崙的命令。我願為人民與軍隊達成和解貢獻力量，從而避免內戰。」皇帝最信任的元帥背叛了他。不久，奧熱羅和馬蒙一樣，倒戈叛變。

塔列朗在拉攏元帥的同時，楓丹白露的拿破崙在檢閱衛隊。他振奮精神喊道：「我們決不允許有人在巴黎佩戴白帽花……幾天後，我將出現在巴黎！」軍官們舉劍歡呼：「進軍巴黎！陛下萬歲！」拿破崙笑著揮揮手，在幾個身穿繡花上衣的大臣們簇擁下，走上臺階。不一會兒，庭院裡來了一輛馬車，科蘭可從車裡走了出來。他看上去很疲憊，面色蒼白，神色莊重地來到帝王跟前。貝爾蒂埃問：「老朋友，情況如何？」科蘭可沒有答話，他不喜歡貝爾蒂埃。

「他們提出了什麼要求？」拿破崙問。

「如果要保住皇儲的王位，必須做出重大犧牲。」

「你是說他們不想跟我談判！不過是想置我於死地，好讓後世不敢再有人與他們鬥爭！」

科蘭可向拿破崙詳細彙報了沙皇提出的要求，當然是他已經為此盡過最大努力。即拿破崙退位，羅馬王保住他的頭銜，然後再討論其他條件。而且，波旁王朝復辟的事，也讓拿破崙知道了。帝王聽到此處，暴跳起來：「我看他們是瘋了！波旁家族來法國？恐怕連一年也守不住，有誰能夠歡迎他們？我的士兵就不會聽命於他們。二十年來，他們只會靠外國人的施捨生存，哪裡值得人們尊敬？元老院的成員，個個都是陰險狡詐的小人，只會弒君奪權！我與他們無冤無仇，唯一的希望是強大法蘭西……毋庸置疑，我的退位會給他們帶來好處，他們將流放我全家；但休想讓波旁家族復辟！」

拿破崙情緒激動，以往的輝煌戰績在眼前閃過，波旁家族？他鄙視他們。軍人的尊嚴讓他說道：

「他們逼我退位。誰能相信，他們會保住我兒子的皇座？我還有五萬軍隊，他們發誓效忠於我。等我進軍巴黎後，不妨聽聽民衆的意見。如果法國人要我走，我絕無二話。」這就是他的矛盾。如果退位，可以保住兒子的王位；可是，軍人的性格引導著他要靠戰爭解決問題。

誠然，士兵們願意爲帝王衝鋒陷陣，可是，元帥們卻無意於此。雖然，他們還不知道馬蒙已經叛變，但是他們想的是自己的利益，只要不危及自己，他們願意離開拿破崙。也許，拿破崙稱帝後對他們加官晉爵，讓他們更喜歡享樂，現在只能自食其果。

第二天高官滿座，內伊、麥克唐納、烏迪諾和勒費弗爾，小心翼翼地向拿破崙說著退位的好處。拿破崙讓元帥們看地圖，那上面又被彩頭針插滿了。拿破崙竭盡其能向他們指出敵人的不利之處，列舉自己的優勢。但是，沒有用了！一年前在杜本古堡的想法，現在更加堅定，他們不打算退讓。拿破崙只得叫他們出去，他要自己想辦法，心中盤算著手中的兵力。對他來說，爭取時間非常重要。

幾個小時後，拿破崙命科蘭可進來，對他說：「我已經寫好退位書，你拿到巴黎去吧！」科蘭可打開後讀道：「既然同盟各國都宣稱拿破崙阻礙了歐洲的和平，現在拿破崙自動退位。爲了法蘭西的利益，拿破崙願意犧牲生命，退位又算得了什麼呢？不過，太子的權力，皇后攝政的權力以及帝國的法律是不可動搖的。」

事關重大，科蘭可請求派兩位元帥同去。拿破崙說：「叫馬蒙和內伊去，馬蒙是我最早的戰友。」有人告訴他馬蒙不在。拿破崙說：「那就讓麥克唐納去。」

這天夜裡，三位代表離開拿破崙三小時後，來到愛麗舍宮，與盟國君主談判。主要由沙皇與科蘭可負責。科蘭可明確表示，法國人不歡迎波旁家族，雙方一直談到深夜。忽然，有人用俄語宣讀通告，法國人沒有聽懂。沙皇說：「先生們，你們之所以堅持，是因爲有軍隊在支持帝制。不過，剛剛有消息傳來，貴國的第六軍團已經宣布與皇帝脫離關係，正式投奔我方。」

這樣一來，盟方的優勢很明顯了，他們要求拿破崙立即退位。拿破崙從楓丹白露給科蘭可發出旨意說：「如果他們不與我談判，哪裡有和約可談？……把我的退位詔帶回來，我不會在條約上簽字！」

第二天早晨六點，拿破崙正與貝爾蒂埃商量軍務，莫迪埃的副官求見。拿破崙問：

「有什麼消息？」

「第六軍團已經叛變，此刻正開向巴黎。」

帝王驚得抓住他的胳臂，猛烈搖晃。

「你說什麼？是馬蒙？你知道他現在在哪？」

「夜裡，他們已經被帶到奧地利軍營，他們說是奉命向敵人進軍。」

「他們想從我手裡拉走軍隊，竟然卑鄙到用騙術！你看到馬蒙了嗎？」

「沒有，陛下。」

「那麼，騎兵呢？」

「他們以密集形式出發。」

「莫迪埃呢？」

「是他派我來報告您，他和將士們對您忠心耿耿，他在等待您發布命令。青年近衛隊時刻準備著，爲您不惜犧牲生命。年輕的法蘭西勇士們都準備好了！」拿破崙頗受感動地走到青年軍官面前，親切地拍了拍他的肩膀說：「沒想到，大勢已去的拿破崙竟然得到了法蘭西青年的支持。」

科蘭可回來時，只有麥克唐納與他同行。拿破崙問：「內伊呢？」長時間的沉默。半天，科蘭可才把談判的條件告訴他。拿破崙受到了打擊，難道要放棄這一切？爲此，他付出了多少心血？甚至是生命也在所不惜！「難道我退位還不行？必須簽字，還不允許我的妻子兒子擁有繼承權？不行！別忘了，是我爲他們贏得了王位！」

拿破崙又開始計算自己的兵力。

「這裡有兩萬人，再從義大利迅速調來一萬八千名士兵，蘇爾特有四萬士兵。我要戰鬥……」這些士兵值得信賴，可是軍官們已經無心打仗。他何不自己領軍呢？但皇帝怎麼直接領導士兵呢？封建皇朝的習俗，阻礙了他與忠實的士兵之間的聯繫。那些元帥們又來了！連貝爾蒂埃此次也改變了立場，說楓丹白露已經很危險了。拿破崙神情凝重的聽著，突然問他們願不願意向盧阿爾河或義大利進軍？因爲，那裡有歐仁的軍隊。但是，這些法蘭西元帥們，固執地勸說帝王退位。他們說，那樣的話，帝王可以擁有厄爾巴島。他能接受嗎？元帥們被轟了出去！他氣憤地說：「這些沒良心的東西！戰爭沒能打敗我。是我的戰友們，背信忘義，眞是卑鄙。沒希望了！」

大臣們在廳外，靜靜地等著，彷彿皇帝面臨著死亡卻不肯立遺囑。拿破崙知道他們都等著自己簽字，他拒絕接見任何人。衆人整整等了一宿，拿破崙穿著睡衣坐在火爐前，一言不發。

有人遞上那晚在巴黎簽過字的文件。上面寫著拿破崙可以擁有厄爾巴島，每年有二百萬法郎，同時擁有皇帝的稱號，可以有四百名近衛兵。陰險的塔列朗竟然提醒盟國，把如此危險的人留在離法國太近的地方就像埋著定時炸彈，他說最好把拿破崙流放到科孚島，甚至是聖赫勒拿島。富歇倒沒有如此陰險，提議讓拿破崙去美國，還冠冕堂皇地說，皇帝在那裡，可以作爲自由公民，開始新的生活！

拿破崙對他們徹底地失望，甚至是絕望！在自己最危難的時候，認清了不同人的本質。麥克唐納忠心不二，那些忘恩負義的東西怎麼配與他相提並論！拿破崙甚至後悔當初沒有給麥克唐納足夠的封賞。他在簽字退位之際說道：「直到現在，我終於發現，你才是最忠誠的人。遺憾的是，在我有能力時，沒能很好地賞賜你，以後，我可能沒有機會報答你了。現在，我把塞利姆[24]蘇丹贈送我的劍轉贈給你，留作紀念吧！」

外面的人都在等著拿破崙簽字，他卻命人取來那把鑲金的彎刀，滿懷深情地擁抱了麥克唐納將軍。然後，簽署退位詔。「既然拿破崙已經成爲歐洲和平的障礙，其本人願意恪守誓言，宣告退位，其後嗣同時放棄法蘭西和義大利的王位；爲了法蘭西，他願意做出任何犧牲，甚至是生命。」

所有的人都鬆了一口氣，皇帝終於簽了字！隨後，將軍和大臣們離開了楓丹白露，只有馬雷一人留了下來。他們急匆匆地趕往巴黎，連貝爾蒂埃此次都放棄了拿破崙，倒向臨時政府那邊。此時，塔列朗和富歇盛氣凌人。

拿破崙繼續在宮中住了九天，他並非孤家寡人，有忠心耿耿的貼身衛隊守在身邊，仍有兩萬多人支持他。除此之外，還有誰與他在一起？兄弟們早都各奔東西。此時的約瑟芬有何感想？她一面痛哭流涕地發誓追隨帝王，轉眼間卻不請自到地接見拿破崙的敵人，還做出尼俄伯的慘狀，爲的是引起別人的同情。沙皇不懷好意地想要演一齣英雄救美，調戲一下被廢的前皇后。沒想到在她的女兒奧坦絲那裡，碰了一鼻子灰。沙皇離開後，奧坦絲趕往楓丹白露，決定陪伴拿破崙。

開始時，拿破崙的母親萊蒂齊婭也與他在一起。拿破崙考慮到她的安全，勸她跟熱羅姆一起離開。前些時候，王后瑪麗•路易絲離開萊蒂齊婭時，還假意說了些客套話，祝他們安好。萊蒂齊婭早看透了她，清楚她是個只關心自己的人，於是，對這個哈布斯堡的公主說：「我們是否安好，也是看妳之後要怎麼做事啊！」

拿破崙給妻子寫了很多信，不停地派出信使，卻杳無音信。皇帝此時已經不再考慮自己，土地、錢財都已經不再重要，他還在爲妻子和兒子著想。他覺得或許瑪麗•路易絲沒有機會得到托斯卡尼，但如果能夠留在靠近厄爾巴島的地方也很好，夫婦聯繫起來也方便。他給妻子寫信，告訴她途中應該在什麼地方休息，哪裡的礦泉會有益於她的健康，她可以隨意帶走她的珠寶。不過，他去信給宮廷總管說：「所有的鑽石，都必須交到國庫，因爲，它們屬於法蘭西。」

同一時刻，政府派人前往杜樂麗宮，搜索宮中的財寶。金銀連同證券，折合一億五千萬法郎，說是查封，其實是被竊走。這是拿破崙十四年中節省下來的。他所有的東西，被搜刮得一乾二淨。簽署搜查令的人中就有塔列朗。

此前，拿破崙還是歐洲最富有的人，現在，他只有三百萬法郎的家產，隨後被流放到厄爾巴島。拿破崙心灰意冷，還有什麼比這更令人沮喪的？

皇帝退位後第二天，呂西安就給教皇寫信，結果被封爲羅馬親王。最後的幾周時間裡，富歇挑唆繆拉進軍羅馬，軍隊開進托斯卡尼，侵入了埃里茲的領地。最終，導致英國占領托斯卡納。埃里茲仍然忠於拿破崙，妹夫的部隊入侵後，只得匆忙逃走。不久，她在山間的一個小酒店生下一個孩子，不幸的是，到達波倫亞時，被奧地利軍隊俘虜。

熱羅姆夫婦此次還說得過去。最後幾天裡，他們沒有什麼舉動，卻時刻提心吊膽。院子裡稍有響動，大家就會精神緊張。有人與拿破崙告別嗎？出發前不久，有個貴婦人頭戴面紗，深夜來到拿破崙宮外。沒有人認出她，她最後也沒能見到帝王。這就是瓦洛斯卡伯爵夫人，她整整等了一夜，清晨時才無奈地離開，留下了一封信。拿破崙知道後，派人去請時，她已走了。拿破崙無比後悔地寫道：「親愛的瑪麗！……只有你對我癡情不改，我深受感動。你像天使一樣，心地善良……我對妳的愛沒有改變！相信我！」

過了些日子，拿破崙的情緒平靜下來，信心在漸漸地恢復。不是還有個厄爾巴島嗎？一切尚不可知！當初的科西嘉，也只不過是地中海的一個小島！接著，拿破崙讓人找來資料，開始研究厄爾巴島的情況：「這裡四季如春，居民樸實厚道，也許，路易絲會喜歡這裡。」隨後，他挑選了四百名貼身衛兵。其實，整個近衛軍都想要隨他而去，忠心可嘉。這其中，有的二十二年前在土倫時就追隨他的士兵，從開羅到莫斯科，已經身經百戰。

此時，拿破崙的心情還算不錯，與宮廷總管閒談。提到最後幾次戰役，他說：「懦夫才會輕生。那是在躲避責任，這種人只能讓別人蔑視。」兩個人在陽臺上走了一會兒，拿破崙忽然笑著說：「說實話，好死不如賴活。」

* * *

一切都已經辦好，盟國派出四個人陪拿破崙去厄爾巴島。人已經到齊，決定中午出發。臨行前，拿破崙再次給妻子寫道：「再見，親愛的路易絲，你的丈夫永遠不會被打倒，你自己保重。代我吻可愛的小羅馬王！」

沒有送別儀式，大家默默地起程。但是，老近衛軍自發地在院中集合，列成方隊在等候他。拿破崙走下臺階，感到千萬隻眼睛在注視著自己。他能說什麼呢？二十年了，他無數次給他們講話，鼓勵或者感謝他們。此刻，已經沒有勝利，不過，還是應該去感謝他們。想到這，拿破崙走上前去，士兵們高喊：「陛下萬歲！」拿破崙來到士兵中間，說道：「可敬的老近衛軍士兵，我向你們告別。二十年來，你們爲法蘭西贏得了榮譽。就是在剛剛過去的幾個星期裡，你們個個大義凜然，始終勇敢和忠誠，這令我感動不已……爲了避免發生內戰，爲了國家的安全，我犧牲了自己，決定退位。我要走了……你們，我可愛的朋友們，請繼續爲法蘭西效勞。衷心祝福你們。不必爲我感到惋惜。爲了不玷污你們的榮譽，我會堅強地活下去。記住我們共同創造的光輝功績吧！再見，朋友們，此刻，我眞想和你們熱烈擁抱。最後，請允許我吻你們的鷹旗！」

一名將軍擎著鷹旗走過來，拿破崙動情地與他擁抱，親吻了鷹旗。「再見，戰友們！」說完，拿破崙登上馬車。他走了。這些戰場上笑對生死的老兵們，站在那裡像孩子般哭了起來。曾經不可一世的皇帝即將遠去！他的神色剛毅，講話率直而有分寸。吻鷹旗時，在場的人無不爲之感動。此後，這些人把偉大帝王的講話牢牢地記在心裡，一代代傳給後代子孫。

可是，拿破崙剛剛離開貼身衛隊，很快遇到了暴民。衛兵的哭聲還清晰可見，耳旁卻響起了叫喊和咒罵聲！車隊飛快地從普羅旺斯穿過，外面的叫罵聲此起彼伏：「打倒暴君！爲什麼不殺死他？」途中換馬時，婦女們圍著他的馬車，大喊大叫，向他丟石頭。還有個村莊，村民紮了個草人，這個穿著綠制服的稻草人上，塗滿污泥和血塊。人們高喊著：「殺死暴君！」馬車疾馳而過，旅行恰似逃亡，拿破崙有生以來從沒有這樣狼狽過。

耳旁的咒罵聲，這些人是他第一次凱旋進入巴黎時，爭先恐後的希望能讓他看一眼的歡呼民衆嗎？那時，他是征服者；不過，今天的情景不也在他的預料之中嗎？

拿破崙一聲不響地坐在車子的角落裡，臉色蒼白，毫無表情。休息時，盟國的專員跳下車來，站在車窗前，以免有人往裡丟東西。拿破崙對此眞的毫無反應？爲什麼不抽出佩劍？他已經連佩劍都沒有了。不如改換便服，那樣可以順利地離開法國，不能再穿這身綠軍裝了。

以前，僅有一次類似的經歷。那是霧月十九日，激進份子向他舉起了拳頭。當時，他也沒有拔劍。此刻，面對暴民，拿破崙有些不知所措，因爲他的勇猛是在戰場上，而不是對付這些變化無常的民衆。他沒有辦法平息民衆的情緒，因爲他是皇帝，不是人民代表，他所擅長的是指揮作戰。

來到一條寂靜的街上，拿破崙讓馬車停下來，卸下一匹馬。他在圓帽上紮了一朵白色帽花，然後騎上馬，跑在馬車前面，一直來到艾克斯。拿破崙在離城不遠處勒住馬，走進路邊的一個小旅館，說自己是坎貝爾，英國上校。這是他用過的第六個名字。

店中的普羅旺斯女孩嘴裡不停地說著：「在拿破崙到達海岸之前，就應該趕快殺掉他！」坎貝爾上校點頭答應：「是，當然！」接下來，他利用與僕人單獨在一起的機會，伏在僕人的肩上打了個盹；已經兩天沒有睡過了，很快就睡著了。醒來時，頭腦中又浮現出不久前民衆的斥罵聲。拿破崙不禁打了個寒顫，低聲說道：「我不會再回來！厄爾巴島比這裡要幸福得多。不如在那裡做學問，不再過問政事。我可不想再戴皇冠了，難道還沒看清民衆的眞面目嗎？人眞是個可鄙的東西！」

馬車再次停到一間旅舍前，爲了避免麻煩，拿破崙決定還是要換服裝。他匆忙地穿上奧地利軍服，戴上普魯士軍帽，披上俄羅斯斗篷。有些可笑的裝束吧！三個盟國的衣帽集於一身，簡直像個小丑。這樣，拿破崙才安全地離開他的國家。

好不容易，到達弗雷居斯！當初，拿破崙從埃及回國時就是從這裡登陸。那時，他打了敗仗，所有戰艦盡失，本應受到懲罰！可是，卻因爲法蘭西當時一片混亂，狂熱的群衆竟然對他熱烈歡迎，頭腦裡只記著他在義大利的輝煌戰績。一路上，多少個凱旋門？這一次，雖然走的是老路，卻充滿風險，要靠僞裝才得以逃生！這一切，僅僅過了十五年！

科西嘉的地域多麼廣大！山峰巍峨，熱鬧的巴巴斯提亞港口，從那裡可以看到炮臺。此刻，拿破崙騎馬登上厄爾巴島的山林，遠望故國。這裡，要小得多了，只有科西嘉的四十分之一，人也少得多。拿破崙對一切都掌握得很精細，比起來厄爾巴島就像個鼴鼠丘。

五月的一個早晨，陽光明媚。拿破崙登陸時，費拉約港的農民和市民代表熱烈歡迎。他們不大自然地向新統治者問好。可是，出人意料的是，新來的統治者沒有邀請他們赴宴，卻跳上馬去檢查炮臺。

第二天，小島上到處都是命令：在皮阿諾薩增築兩座炮臺，延長防堤坡，馬上改善道路狀況。四百名衛兵來到島上時，當地人都感到有些恐懼，把他們看成是外國人。很快，這裡組建成一支外籍部隊，一支國民近衛軍，軍事形勢大大改觀。拿破崙又有了一千多人的軍隊，接著，艦隊也誕生了。爲什麼要做這一切？他成立了參政院。陪同流放的將軍貝特朗[25]和德魯奧，再加上島上的十多位居民成爲議員，會議由拿破崙主持，大家討論著如何改進鐵礦和鹽井。「你們這裡爲什麼不種桑樹？在里昂，養蠶很賺錢的。如果法國政府要徵收絲稅，我們就賣給義大利。」

拿破崙對隨來的人說道：「節約！我們沒有錢，法國不會撥給我們所需要的經費。」在厄爾巴島上，他照樣精神抖擻，喜歡運動，每天不知疲倦地工作著。他不停地發布命令，要建設、影響這裡的人們。可是，人們畢竟不是建築用材料，有自己的思想，拿破崙的願望也有難以達到之時。因此，他有時不得不使用強制的命令來實施。總之，一切都不能少了他。他治理這個小島，如同治理法蘭西一樣兢兢業業。

*　　　*　　　*

過了一些日子，這個鐵人感到有些累了。於是，他必須重新整理自己的思想。「讓自己習慣於這樣的生活不該是件難事，如果自己能夠調節好的話。書房裡，我勤奮工作；外面的近衛軍讓人感到振奮……那些世襲的君王，失去王位就會焦躁不安，因爲他們離不開宮廷的豪華。而我，本就是個軍人，能夠登上帝位多少是因爲運氣。所以，宮中的規矩，華麗的器具，對我卻成了包袱；戰爭與軍營才是屬於我的。如今，輝煌已經成爲過去，我爲我那些失去戰場的勇敢士兵們感到遺憾。過去我有無數的寶物與皇冠，如今我最珍貴的寶物就剩那兩件他們讓我保留著的法國軍服了。」

厄爾巴島，本屬於義大利，因此拿破崙等於回到了自己的祖國，農民說的就是拿破崙當年在母親那裡學到的語言。他在這裡出生、成長，地中海的每一座島嶼，都會勾起他對童年的回憶。葡萄園、白色的房屋、帆船、漁網等等，童年的夢再次浮現在腦海裡。多年以後，經歷了無數次戰爭的洗禮，終於，有機會得到片刻的憩息。

拿破崙住在這小島上，生活得也算愜意。幾個月裡，回首往事前緣，人生如夢。陪同拿破崙來島的人寫道：「陛下在島上的生活很好，他的心情不錯。一切都已經過去。他精心地治理著小小的家業，時間過得很快。他正準備蓋一棟別墅；每天，我們跟著他去野外騎馬、駕車，在海邊划船，遊玩。」

這裡，拿破崙的時間充足，只不過要節約開支。每件事，他都親自過問，嚴格監督，直到辦好爲止。來到厄爾巴島後，他對貝特朗說：「我的衣物根本就都亂七八糟。有些都還沒被從行李拿出來，亦沒有做好記號。傳令下去，馬上派人把一切整理好，要領取屬於宮廷的東西都必須塡寫記錄……普通的椅子應該再多些，看看比薩的樣品，再做些，不過每張最多花五法郎。」

此事傳到歐洲，他們笑了。

有一次，我們聽到了嘆息。這天，拿破崙登上一座山峰，俯瞰全島，環視四周後，說道：「這個島眞的太小了。」這一感嘆，讓人看到了他藏於內心的遠大志向，只是，條件所迫，已經無能爲力。

夏天，拿破崙的母親萊蒂齊婭來到島上。她的情緒很好，因爲，再也不用擔心有人要暗殺他的兒子了；而且，總算遠離了戰爭。這裡，一切普通而又平靜，讓人感到生活的美好，她感覺厄爾巴島與科西嘉一樣可愛。母子朝夕相處，萊蒂齊婭感到非常快樂。她來得正是時候，帶來了自己節約下來的數百萬法郎，解了拿破崙的燃眉之急。當他接到母親的錢時，心中一定充滿了感激！

不久，萊蒂齊婭爲紀念兒子的命名日，舉辦了宴會。過去，她在巴黎參加過十多次聖•拿破崙日。那時，禮炮齊發，焰火沖天，元老院的議員們，宮中大臣們，以及外交使者們，雲集於杜樂麗宮的各個大廳。賓朋滿座，樂聲不斷，法蘭西名流來來往往，珠光寶氣的貴婦穿梭其間。八月的夜空，被焰火照亮。萊蒂齊婭被大大小小的國王（拿破崙的兄弟們）圍在中間，她只是靜靜地站著，頭腦中想著「但願這一切永遠存在」。不過，現在萊蒂齊婭發自內心地高興：「不管怎麼說，今天的一切都很不錯！」

不久，風流多情的波利娜，那位博爾蓋澤公主，來到小島，說是要陪伴哥哥。家裡人都很喜歡她的聰明，而且淡泊名利，不過，她的愛好是珠寶和情夫。她來到島上，帶來了新聞和逸事。

皇帝的其他兄弟們，極少有人會想起這個厄爾巴島上的同胞。呂西安倒是來過一封信，可是，他能對二哥提出什麼有用的建議呢？他是羅馬的親王，過著奢華的生活。爲什麼要給拿破崙寫信？原來，他現在經營鐵廠，厄爾巴島盛產鐵礦，正好可以供給他原料。過去，他拒絕了王冠和黃金，如今，想要利用二哥手中的鐵礦。

不久前，約瑟芬已經病故。那是在拿破崙離開巴黎後的幾個星期，死在馬爾梅松。沒有人知道她是否給帝王寫過信，她所留下的是高達三百萬法郎的債務，得由前夫償還。奧坦絲與丈夫已經分手，被封爲女公爵，極力討好波旁國王。那個小里昂呢？曾經和萊蒂齊婭住過一段時間。據說，他長得很像拿破崙，而且非常勇敢，只是有些淘氣。

過了些日子，一位貴婦搭乘英國輪船而來。是那位在楓丹白露等了一夜，卻沒有見到帝王的人。拿破崙在栗樹林的一座簡易房裡，接待了瓦洛斯卡伯爵夫人。兩人情深意濃，難捨難分。只有發布命令時，拿破崙才會離開她。他們的兒子已經四歲，穿著波蘭服裝，在草地上與士兵們玩耍。拿破崙很想把瓦洛斯卡留下來，但他不希望給皇后路易絲有藉口可以拒絕來到島上。爲了那個哈布斯堡大公主，拿破崙再次犧牲了自己的幸福。不得已，瓦洛斯卡必須離開。忽然聽說她乘的船遇上了風浪，拿破崙急得大驚失色，直到有消息說她已經安全抵達利沃諾才放下心來。

如今，拿破崙已經四十五歲，在地中海的小島上招待了心愛的女人。當年，他們一起住在蕭恩布魯恩宮，那時，他位高權重。那個出生在波蘭孤堡中的私生子，不遠萬里來到南國的栗樹叢，穿著波蘭的服裝。皇帝曾經許諾要解放波蘭的啊！僅僅五年，人事已非！千年以後，人們會說，曾經有個偉大的帝王被放逐到這裡。一位美麗的女子，千里迢迢地渡海而來，帶著兒子與他團聚。

那個奧地利公主，早已經拋棄了這位皇帝。這使得拿破崙心痛欲絕，他是個非常看重家庭的人。他曾經不斷地給瑪麗‧路易絲寫信，即使是在逃離法國的途中，也不忘給她寫信，還說要給她準備一套新居。可是，瑪麗‧路易絲從未給他回過隻言片語。

後來，拿破崙也曾寫信給她的叔父，那個托斯卡尼大公，信中說：「我相信大公殿下還是我的朋友，雖然世事千變萬化……請您不要增加小島的負擔，善待島上的百姓……」一個只擁有兩萬臣民的島主，竟然敢寫信給大公！大公對此不屑一顧。

大公的蔑視，激起了拿破崙的抗爭精神。如果不是爲了妻子，他才不會對人如此低聲下氣。受到冷落後，他氣憤地說道：「這些傢伙們，難道忘了嗎？曾經是誰點頭哈腰地向我問好，把他們的公主嫁給我爲妻？如今，變臉倒是很快，竟然敢對我的畫像吐口水！皇帝的稱號算什麼？後代記住我的，絕不僅僅是皇帝的稱號……」

拿破崙還不知道，那個可恥的日子裡，四歲的兒子堅決不離開父皇的寢宮。小羅馬王第一次見到外祖父時，天眞無邪地說：「我見到了奧地利國王，他一點也不漂亮。」這是拿破崙最不希望看到的。難道，他命中註定無法逃脫阿斯蒂安納克斯的命運？雖然沒有人欺負他，但孩子非常懂事，知道在這裡不能提到父皇的名字。雖然，他的名字叫拿破崙•法蘭西斯，但很快這個名字就沒人叫了。當他進入哈布斯堡的殿堂後，就被叫法蘭西斯。後來，王后的隨從梅內瓦[26]離開維也納時，孩子悄悄地把他拉到一邊，低聲說道：「告訴我父親，我永遠愛他！」

拿破崙聽到此話後會有何感想？據說，人們都在議論，有個叫奈伯克的奧地利軍官，頻繁地進入哈布斯堡公主的寢室。命運如此無情，拿破崙傷心地對著兒子的畫像哭泣，旁邊的人也跟著落淚。波利娜來了，活躍了氣氛。她依然風姿綽約，魅力無窮。她模仿島上人們的表情和動作，想盡辦法逗二哥高興。

每週，拿破崙會接見島上的名流仕女，詢問他們孩子的情況，是否要辦個醫院等。下半年時，從義大利來的人愈來愈多。有的還帶著非同一般的推薦信，他們都受到了很好的接待。拿破崙很有興趣地與他們談論，不過，多是回憶往事，從不討論將來。聽到有人咒罵奧地利，他會感到心情舒暢。不過，有些人他是堅決不予理睬的：那些人想請拿破崙帶領他們叛變。

* * *

此時的巴黎有什麼反應？

拿破崙仍然時刻關注著巴黎的局勢。每週兩次的報紙，他都仔細閱讀，同時從來訪者口中探聽消息，一個新的計畫在他的頭腦中開始醞釀。剛剛登陸厄爾巴島時，他想過：還有希望離開這個島嶼嗎？不過，事態總在變化，他的希望也愈來愈明確。他在時刻密切注意著巴黎和維也納的狀況。

拿破崙剛剛離開巴黎，波旁家族就以主人的身分回來了。他遠在小島上，透過報紙知道了當時的情況：四個人共坐一輛小馬車。這下，辛辣的巴黎人可找到了取笑的對象。看吧，國王坐在馬車上，穿著不合時宜的裝束，肩上綴著巨大的肩章。肥胖的身軀，不停地扭動著向周圍的群衆擠出笑容。身旁，是安古勒默女公爵，她大概觸景生情，想起了傷心事，不禁淚流滿面。對面的位置上，是孔代親王和波旁公爵。他們穿著舊朝服，年輕人因爲沒見過此種場面而比手畫腳。這輛馬車，讓歷史倒退了二十二年。拿破崙當初的近衛軍面無表情地爲他們開道，他們千瘡百孔的軍服，見證著二十二年的歷史。

當拿破崙得知路易十八沒有改動他的房間時，很高興。據說，新的國王沒有一點帝王氣派，「過於肥胖，甚至連走路都困難。腳上穿著黑色緞靴，行走時要架著雙拐，搖搖擺擺的。」拿破崙聽後忍不住又樂了半天。十多年來，英國就沒有中斷過對拿破崙的嘲諷，透過漫畫譏笑他在波旁王宮內的所作所爲。那麼，他們一手扶植起來的帝王，不是比漫畫還可笑嗎？

新登位的國王路易十八做了些什麼？尤爲明顯的是，森嚴的社會階級再度成爲時尚。貴族子弟不用服兵役，而平民百姓也無緣高位。新貴族遭到蔑視，路易十八雖然不算壞，但一切都由弟弟做主：那個陰沉的阿圖瓦伯爵操縱著大權。伯爵周圍的人，個個報仇心切，要求重新擁有革命中被沒收的財產。可是，那些財富現在的實際所有者依據法律仍然擁有所屬權。沒辦法，國王給這些流亡貴族封官加爵，賜以大量年金。

教會再度掌權！僧侶們與舊貴族串通一氣，恫嚇將死之人，逼迫他們說出當年分得了多少貴族的財產。星期日的時候，不許任何店家營業，否則就可能被處罰。不過，反對力量依然存在。有個非常受巴黎人民喜愛的女演員，她死之後，教會拒絕爲她舉行天主教葬禮；因此，引起復辟之後的第一次暴動。

人們逐漸看清了新國王一夥的嘴臉。拿破崙爲此特意設計出一幅漫畫，畫面上：路易十八騎著馬尾隨在哥薩克後面，腳上是法蘭西人的屍體。西班牙的威靈頓，身爲駐法大使。當他在巴黎街頭漫步時，法國人對其虎視眈眈。軍人從新國王那裡得到了什麼？只能領到半薪，如果不信奉天主教，立即免職。那些貴族子弟的皇家衛隊，待遇豐厚；貴族軍官學校重新開辦，而榮譽軍團的學校被封閉。整個法國感到了失望，反抗情緒日益高漲。復辟王室在法國的形象破滅得比拿破崙預想的還要快。

在厄爾巴島，拿破崙沒有改變原有體制，雖然他很清楚有些地方並不合適：「法國不能沒有貴族。但是，這需要時間。我曾經封王加爵，給了他們土地和錢財，但是，卑微的出身使他們難以成爲貴族。爲此，我想方設法讓他們與舊貴族聯姻，使兩者能夠結合。如果給我時間，我會做更多的事情。只是，天命難違。」

另方面，就如已經下完棋的棋手，他很坦白的大談自己失敗的原因。他甚至不太介意是誰在聽他說話。拿破崙告訴來訪的英國客人說在德雷斯頓時他就想要和談了。但當他被問到爲什麼在夏特隆時就不願意進行和談呢？他驕傲地答道：「我的和談不可以傷害法國的尊嚴。在我開始主宰法國時，比利時就已經是法國領土了。難道，我會放棄征服的領土，回到波旁王朝時的疆界？不可能！……我是天生的軍人。我身不由己的捲入革命的浪潮中。我登上王位，並努力保住王位。現在，我又回到了起點，重新成爲軍人……」

看來，拿破崙心中的信念仍然存在！不過，他現在很喜歡回憶。在厄爾巴島，他尊重歷史的眞實。只不過，剛到這裡時，他的情緒有些低沉。甚至不切實際地想過「如果我去英國，會怎麼樣？人們也會咒罵我嗎？倫敦的暴徒好像更危險。」有人向他保證，說英國人很紳士的，對人非常友好。拿破崙很認眞地記住了這個保證。

維也納會議使拿破崙改變了原來的想法。四國聯合，對付一個共和國，用了十年的時間終於如願以償。現在，五國結成同盟，準備重新瓜分歐洲，且現在沒有敵人可以阻止他們。很快，盟國內部失和。沙皇要占有整個波蘭，普魯士想得到薩克森，加里西亞也不甘示弱。諸多分歧，矛盾日益激烈。維也納會議開幕三個月後，正値新年，聯盟宣告破局。前不久還在一起慶祝勝利的大臣們，現在開始互相攻擊。哈布斯堡統治者聯合英、法，對抗俄、普，幾個月前，他們不是還一致對付拿破崙嗎？

梅特涅喜怒無常，他說：「我們取得了勝利，可是，善良的君王卻被人欺負。」有個薩克森貴族寫道：「普魯士國王只會發脾氣……丹麥國王善良又聰明……巴伐利亞國王則性情怪僻，像個馬車伕，巴登大公爲人陰險……」拿破崙在厄爾巴島看到這些消息，心中再起波瀾。「我的機會就要到了，只等著會議破裂！」

從此，拿破崙更加關注維也納的情況，忠實的馬雷，在那裡布下了情報網。同時，拿破崙的老對手塔列朗，也在祕密監視著曾經的帝王。他在義大利的利沃諾布下間諜，每一艘去厄爾巴島的船隻，都要仔細盤查。

兩個宿敵隔著群山和大海，互相監視。他們難道忘了？霧月十八日前夕，兩個人聚在一起策劃預謀政變時，被街上的馬蹄聲嚇得抱在一起。在維也納，塔列朗仍然是最有心計的人。他認爲繆拉對自己是個威脅，千方百計想要把他送到千里之外的亞速爾島。但是，他的貪婪打破了自己的計畫。維也納會議上，繆拉願意花鉅資買下塔列朗的封地本尼凡托，因此被免於流放。塔列朗又生一計：綁架拿破崙。但手下人告訴他，要想成功，必須先收買拿破崙手下的艦長。

拿破崙得到這些消息後，無比憤怒。他加強了厄爾巴島的防務，親自訓練炮兵如何作戰。他說：「我是軍人，隨時準備犧牲，想綁架我？做夢！」在維也納，各國在努力維持著談判。但是，在法蘭西，反對波旁王朝的浪潮已經不可阻止，這更增強了拿破崙的信心。他心想：「如果維也納會議能夠通過所有條款，我就得另謀他策。不過，他們之間難於以誠相待，聯盟本不牢固。法國對波旁王朝已經痛恨不已，而且，老近衛軍對我仍然忠心不二。波旁王室都是無能之輩，到時候只會逃命。如果我東山再起，我的兒子，就會回到我身邊。」

一切都還在湊合籌劃之中，拿破崙從來沒有如此冷靜地計畫過。最終，他決定：「要打對手一個迅雷不及掩耳，這樣勝算的把握更大些。我曾經帶給法國不幸，這次，要將功補過。」

二月底，拿破崙把宮廷總管召來：「現在我們有多少錢？一百萬法郎的黃金有多重？……找兩個箱子來，金幣放在最底下，上面放書，我會叫人把書送來。僕人一律辭退，注意，要保密。」

第二天，拿破崙下令所有船隻不許離港。一切都在暗中準備，如同當年遠征埃及，只是這次規模太小。

出發前，拿破崙若無其事地與仕女們玩牌。很快，他離開牌桌來到花園，走到母親面前，沉默了一會之後，對她說：

「我把自己的計畫告訴您，但不能讓任何人知道，包括波利娜。明天晚上，我將離開這裡。」

「你要去哪？」

「巴黎。」拿破崙頓了頓，「我想聽聽您有什麼建議。」拿破崙說。

萊蒂齊婭只覺得心忽地沉了下去。是啊，她剛剛享受半年的天倫之樂，多麼幸福的日子。寧靜與安全，馬上要結束了。但是，她不是個軟弱的女人，眞正地了解自己的兒子。如果他已經下定決心，將會不顧一切地去努力，勸阻也是徒勞。於是，萊蒂齊婭說：「聽天由命。也許，上帝想讓你戰死沙場，讓我們祈求聖母瑪麗亞賜福吧！」

出發前一晚，拿破崙把島上的頭領召集到一起，宣布自己將要離去：「非常感謝你們，我在這裡生活得很開心。我信任你們，把母親和妹妹留在這裡。還有，我全心經營的國家，也託付給諸位。」衆人對他的離開表示遺憾。時間已到，該回去了。

三月，拿破崙登上船，踏著晨曦，七艘小艦載著一千多士兵和幾門炮，飛一樣駛向法國海岸。他站在甲板上，回頭望著厄爾巴島，這裡，帶給了他平靜的生活。遠處的科西嘉島，漸漸地消失在天際。慢慢地，透過薄霧，法國海岸依稀可見。

拿破崙心潮起伏：「最壞的結果會怎樣？失敗與死亡。最大的勝利呢？歐洲？不！我再也不可能擁有一百萬法國軍隊。我將在法國創建憲法，讓兩院去治理國家。獨裁已經成爲過去。嗯，我們現在還沒到巴黎呢！軍隊會怎麼樣？」

此時，拿破崙已經沒有了當年稱霸世界的幻想，更實際地想到，他已經四十五歲，人生苦短，沒有機會再征服全世界了，但也不甘於庸庸碌碌地了此一生。

拿破崙再一次靠近法國海岸。

東山再起

他們在坎恩登陸，穿過無數個阿爾卑斯村莊。熱情的群衆夾道歡迎，人們再次看到了這個人：身材矮小，無名無位的將軍。當初，是他解除了他們的壓迫，率軍越過阿爾卑斯山，捷報頻傳。如今，天遂人願，他又來到了這裡！或者，這一千多人擁有魔力，不然怎麼能夠翻越阿爾卑斯山？

婦女兒童跟在隊伍後面，唱著反對國王的歌。小鎮裡，勇敢的人們強迫神父出來歡迎；這些都在拿破崙的意料之中。他想快些抵達多芬內，因爲那裡的人民曾分到大量的貴族土地，他們對新王朝恨得咬牙切齒。大革命不就是爲窮人發動的嗎？當初參加大革命的正是那些鄉間農民和城市工人啊！帝王並沒有要他們什麼東西，只不過徵走了他們的兒子。拿破崙知道，這些人是可以利用的。

鄉下人眞的是百變無常。十五年前，他們把拿破崙當做救星歡迎。可是，十個月前，他們肆無忌憚地咒罵此人。現在，熱情倍增地迎接他。這次，拿破崙從法國的另一個地區穿過。確實，老百姓咒罵他是暫時的，就像他爲數不多的幾次失敗；而對他的敬仰，則會長久。

拿破崙在想，最先遇到的軍隊會有什麼反應？離開這裡時，他曾囑咐他們爲祖國盡忠，可祖國就是國王！因此，他從坎恩進軍內地時，心中並無把握。左邊是昂蒂布炮臺，如果他不能重新吸引軍隊，波旁王朝就會把他關進這個炮樓！

在格勒諾布爾附近，離繆拉不遠的地方，拿破崙第一次遇到政府軍。他們奉命消滅他以及他的「同夥」，軍官不是發誓效忠國王嗎？命令已下，必須要流血嗎？拿破崙不想看到流血，他下了馬，走上前去喊道：「第五軍團的士兵們！看看我是誰？如果有人想殺死皇帝，那就上來吧！我，就在這裡！」說著，他敞開灰大衣。

沉默。結果會如何？

是他嗎？那個站在山頭上，或者坐在篝火旁，曾經冒著槍林彈雨面不改色的人！士兵們高喊：「陛下萬歲！」隨即一窩蜂似的跑了過來。兩邊的人抱到一起，一小時後，拿破崙身後的一千人變成了兩千人。

格勒諾布爾大道上，帝王的吶喊，他的神威，戰勝了一切。來到格勒諾布爾，拿破崙向人民喊道：「親愛的法蘭西人民！……巴黎陷落，我痛徹心扉，但我矢志不渝……我是屬於你們的，將不遺餘力地爲你們效勞！雖然我被流放，你們的呻吟與呼號刺痛著我。……不要責備我沉睡太久，現在，我衝破重重險阻，越洋過海，重新回到你們身邊，奪回屬於我們的權利。將士們！我們不可以屈服！……馬蒙貪生怕死，將首都拱手相讓……如今，我回來了，依照人民的意願，重新登上帝位。請集合在我周圍！……戴上三色帽，這是我們勝利的標誌！在烏爾姆、奧斯特里茨、耶拿、艾勞、斯摩棱斯克以及莫斯科……讓我們的鷹旗高高飄揚！……你們，最大的敵人，就是別人強加給你們的那個國王……讓我們並肩戰鬥，勝利的鷹旗則將懸掛在教堂尖塔，飄揚在巴黎聖母院！」

「陛下萬歲！」格勒諾布爾的駐軍，當地部隊很快的投到他的麾下，有七千人追到里昂，馬塞那也從馬賽趕來，向他致敬。拿破崙問內伊在哪，馬塞那不知如何回答。拿破崙說：「跟國王在一起吧？」

拿破崙從他們那裡知道了巴黎的情況。那個胖國王和他膽小的朝臣們，嚇得坐在一起發抖。大臣們商量對策時，老孔代伯爵進來，問王兄是否親自主持復活節的活動。國王正在寫告軍人書，內伊就坐在他旁邊。

當年，法國大軍從莫斯科撤退時，內伊和大軍走散，拿破崙不知他是生是死，著急地喊道：「內伊在哪裡？如果他能生還，我願意拿出兩億黃金！」此刻，他卻在路易十八這裡，信誓旦旦地要消滅當初的主子。可是，看到人們對拿破崙歡迎的熱情後，他動搖了。在貝桑松，內伊想向拿破崙爲自己辯解，拿破崙對此毫不在意地說：「不必了，我和從前一樣地愛你。」

這就是帝王的高瞻遠矚！他寬恕了內伊，卻讓他忐忑不安。內伊來到他面前，上句不接下句地說：「陛下，我愛你！只是……接受那胖子的十字勳章時，我是被迫的！您不來，我也會轟他下臺。」拿破崙聽了暗想：「看，他太容易叛變了！」

阿圖瓦伯爵聞風而逃，他逃的當天早晨，衛隊宣誓與他同生共死；中午時，衛隊已經都投奔了拿破崙。拿破崙並不喜歡這樣的人，也沒把他們安排在自己身邊。不過，有一個人對伯爵死心踏地，一直把他送到安全地點後才回到拿破崙這裡。拿破崙很讚賞他，給他頒發了榮譽軍團徽章！

局勢大變！拿破崙向巴黎進軍途中，將士們聞風而動，不請自來。每到一個城市，拿破崙會平和地對議員與市民們說：「戰爭已經結束，值得珍惜的是和平與自由！必須捍衛革命，不給逃亡份子機會。法國不再歡迎戰爭。我們將成爲最受尊敬的國家，但不會凌駕於他國之上。」

人們能聽懂這些話嗎？眞的可信？不透過戰爭？

行軍途中，拿破崙遇到一個舊時的部下。終於遇到了一個知己，拿破崙向他解釋說：「人們和過去不一樣了。以前，全國都在追求榮耀；現在，他們只想要自由。過去，我給國家帶來光榮；現在，我不會限制自由……不過，無政府主義是不允許存在的！」

有人勸拿破崙寬恕叛徒時，他說：「我不想理睬他們，他們會因此認爲我要承諾什麼。杜樂麗宮現在情況如何？」有人告訴他：「一切照舊，鷹旗的位置都沒變。」拿破崙聽了很高興，笑著說：「也許，路易國王很欣賞我們的鷹旗！劇院裡在演什麼？塔爾瑪好嗎？」

有人報告說國庫空虛。拿破崙看到了二十法郎上的國王肖像。說道：「看到沒有？又刻上了『上帝保佑國王』，當初我要求的是『上帝保佑法蘭西』，他們想到的只是自己，絲毫不考慮法蘭西的利益！」

如今，拿破崙再度掌權；波旁國王已經逃跑，多數居民擁護曾經的皇帝。如果以爲國王的殘餘軍隊會起來抗爭，簡直是荒謬。拿破崙距巴黎還很遠時，國王的衛隊就逃得無影無蹤了。拿破崙的部隊追上了國王，但放他逃往港口，只截留了他那六十車的銀子，還有他的大炮。法蘭西人不禁嘲笑這個胖國王：由外國軍隊護駕，從英國回到巴黎；如今，又狼狽地逃回英國，法國士兵跟在他後面追著。

巴黎似乎沒有什麼反應，也許，這個城市已經習慣於漠視一切。拿破崙登陸後到首都的二十天裡，新聞界竭盡所能，發布了如下要聞：

「魔鬼已經逃出流放之島。」

「科西嘉惡狼登陸坎恩。」

「猛虎在蓋浦出現，已被包圍，亡命徒逃入深山。」

「明天，拿破崙將直逼巴黎。」

「陛下重新入住楓丹白露。」

闊別一年之後，拿破崙不放一槍一炮，再次踏入王宮。巴黎對他的軍隊充滿畏懼，逃亡在外的貴族已經不知去向。拿破崙關注著輿論的導向，說道：「他們歡迎我進來，正如他們歡送別人離去。」

拿破崙把自己再次統治巴黎看作無上的榮耀。可是，他在這裡遭遇了道義上的抵抗。雖然，很多人重新投靠於他，但他們沒精打采，庸庸碌碌。拿破崙可不能這樣，他必須時刻精神抖擻。

拿破崙登陸法蘭西一個星期後，這天，梅特涅早晨六點起來，有人遞上一封信。信封上寫著：

「總領事館，熱那亞。」梅特涅沒有理會，扔在一邊，繼續睡覺。幾個小時後，他打開信讀道：「英國專員坎貝爾來訪，詢問是否有人在熱那亞發現過拿破崙，他已經離開了厄爾巴島。」

平地驚雷！昨天還在勾心鬥角的人，忽然團結一致。施泰因第一個說，應該宣布拿破崙不受法律保護，正如五年前，他被拿破崙宣布逐出法蘭西。哈布斯堡的法蘭西斯爲此徵求女兒瑪麗・路易絲的意見。四年前，她是個愛丈夫的好妻子，從來沒有說過一句丈夫的壞話。拿破崙對她溫柔體貼，事事讓她高興，他稱得上是模範丈夫。可是現在，她會爲丈夫說話嗎？

有誰能夠想到，這位奧地利公主，竟然當衆聲明，她與拿破崙已經沒有任何關係。爲什麼這麼做？她早已有了新歡！當年，拿破崙在她難產時，首先要保住的是她啊！這下，同盟國宣布：「拿破崙・波拿巴，咎由自取，阻礙世界和平，已經衆叛親離，爲社會所不容。」

拿破崙對此已經習以爲常。當年，他離開科西嘉時，家人也曾被宣布逐出法外。在聖克盧，人們高喊：「把他驅逐出境！」教皇不也曾將他逐出教會嗎？可是，這回與前三次大有不同。因爲，他對哈布斯堡充滿希望，他還想著爲皇后與兒子加冕呢！並且給妻子寫信說：「我重新擁有了法蘭西。人民與軍隊熱烈歡迎我的到來！只有冒牌的國王逃往英國，別人都留了下來……我等著你和孩子回來。」

他向盟國寫信說：「我奉上帝之命重回巴黎，我最大的心願，是與我的妻子兒子團聚！我現在所做的一切，爲的是法蘭西的人民，因此，我將恢復王位；適當的時候，我會讓位於皇子。要想達成此願，需要穩定與和平，我所嚮往的，是與各國友好相處。」

拿破崙眞的不再戰鬥，放棄自己多年的夢想了？他說，擁有法蘭西就足夠了。也許此次是發自肺腑之言。宣布將他逐出法國的，正是法蘭西斯皇帝，而且經過了拿破崙的妻子瑪麗・路易絲的同意，在奧地利都城簽字。拿破崙失利後，瑪麗・路易絲就已經棄他而去，帶著孩子，投向另一個男人的懷抱。對此，拿破崙心知肚明。可是，拿破崙沒有與那些背叛他的人爲敵，爲了自己心中的計畫，他甚至向推翻自己的人尋求友誼。

*　*　*

波旁王朝有時是非常聰明的，它攏絡國內最有才幹的人爲己所用。因此，王朝國歌響起之時，人們從四面八方歸順而來。萬萬沒有想到，拿破崙突然殺了個回馬槍。波旁王朝中有些人一時不知所措，去還是留？難以決定。這次，拿破崙也學乖了，知道了啓迪和微笑的重要。於是，那些曾爲他效勞的人，頃刻之間官復原職。馬雷、達武、科蘭可，重新成了他的內閣大臣。

有個馬蒙部下的將軍，當時不遺餘力的煽動馬蒙叛變。現在，他使勁擠出笑容，來到拿破崙面前想要給自己開脫，拿破崙傲慢地問：「你想怎麼樣？我根本不認識你！」烏迪諾來了。他與拿破崙一起作戰多年，現在重新回到他身邊。拿破崙說：「烏迪諾，你可知道洛林人對你的崇拜不亞於上帝？就是在去年，會有二十萬農民甘心爲你做任何事。可是，今天我卻要想辦法說服他們不來攻擊你！」拉普比這些人來得都晚。拿破崙驚嘆道：「你才來啊！難道眞想用武力與我比個高低？」拉普只能稱得上半個德國人，因爲他來自阿爾薩斯省，此時，他囁嚅著說：「陛下，我……」

拿破崙喊道：「惡魔！士兵們會蔑視你，阿爾薩斯人也不會放過你！」

但拉普如果那麼好打發，也就不會是個厲害的將軍了。他堅持說：「陛下，您要知道，有些事是迫不得已的。您宣布退位，離開了法國，是您勸我們要精忠報國；如今，您回來了……」

拿破崙回答：「新主子對你可好？是不是熱烈地歡迎你們？可是後來誰又把你們趕出門外？你讀

過夏多布里昂的作品嗎？難道我是個膽小鬼？他們把野心強加在我的頭上。要是人一天到晚都因爲野心而想些陰謀詭計，能像我一樣心寬體胖嗎？」

他好像故意在和這個勇敢的老戰友鬥嘴，拉普寸步不讓：「陛下，您必須承認，德雷斯頓戰役後拒絕談判，是不明智的。那時，我給您的報告，沒能引起足夠的重視……」

「你知道那樣的和平意味著什麼嗎？」忽然，他的語氣變了，拿破崙開始自己辯解道。

「難道你會害怕戰爭嗎？十五年來，你一直追隨於我！在埃及時，你還是個無名小卒，我把你扶植成將軍。今天，我會答應你的要求……我永遠記得你在莫斯科的表現。你在旦澤的功勳，無人能比。你和內伊，都是難得的將才！」說到這兒，拿破崙忍不住擁抱眼前的戰友，拉了一下他的鬍子說：

「你這個埃及和奧斯特里茨戰場的勇士，想拋棄我嗎？我還要讓你去指揮萊茵軍，去對付那些普魯士和俄羅斯人呢！兩個月後，由你負責到斯特拉斯堡迎接我的妻兒。從現在開始，你是我的副官！」

「是，陛下！」拉普馬上行了軍禮。

也許，拿破崙還記得波蘭謀殺未遂的事件，他身邊需要拉普。這是個忠誠、勇敢、守信的人；他在所有的軍官中，受傷最多。當初，投奔路易，是因爲肩上的責任感，絕非貪生怕死的小人。現在，他再次成爲拿破崙的得力戰將，像以往一樣，受到帝王的器重與信任，拿破崙比從前更深切地體會到：忠誠最重要。

內伊呢？他悔恨的心情難以表述，來到帝王面前時，神色不安，語無倫次：「陛下，您可能也知道，進軍貝桑松前，我在這裡，在杜樂麗宮，曾答應路易國王……」

「嗯，你答應了什麼？」

「要把您裝入鐵籠，帶到他的面前……」

拿破崙冷哼了一聲，說道：「你竟然有這樣的念頭！」

「陛下，請聽我說完。」內伊解釋道，「我是那麼說了，但是，我心裡不是那樣想的……」這下拿破崙真的發怒了，內伊只得退下。兩個月後，他才得以領兵作戰。

總參謀長貝爾蒂埃經歷的痛苦並不比別人少。拿破崙提起他時說道：「這個蠢東西，他的心地不錯呢。我對他沒什麼其他要求，只要他穿著皇家軍服好好保護我！」當初，貝爾蒂埃得知拿破崙重回巴黎後，整夜地睡不著覺，最後，像朱諾一樣，從陽臺上跳下去，撞死在碎石地上。

德•斯塔埃爾夫人竟然也給拿破崙寫信，對他的舉動表示欽佩。她在信中說：「如果能把法國欠我父親的二百萬法郎還上，我願意為法蘭西做事。」拿破崙毫不留情地回覆：「非常遺憾，我沒有錢。」

馬蒙、奧熱羅呢？拿破崙把他們都驅逐出境，因為，他們曾出賣自己的祖國。塔列朗呢？在維也納與巴黎之間往返，十八年來，與拿破崙結成牢不可分的朋友型敵人。雙方都暗自惋惜道：「為什麼如此精明的人竟然為對方效力？」

陰謀家富歇竟然回來了，仍然受命為警務司令，但本性難移，暗中耍著花招。他心中盤算著：「哦，他回來了。有誰願意他回來？我要監視他……此次回來，他好像更囂張了。看他能撐多久！」私底下，他與梅特涅保持聯繫。此事終於被拿破崙發現，憤怒地斥責道：「你這個亂臣賊子！」

門外的拉瓦萊特聽到了這些話：「你死心塌地與我作對，還假惺惺地來投靠我？你透過巴塞爾的銀行官員與梅特涅通信，就為這個，我可以絞死你，全世界的人都會拍手稱快。」

拿破崙感到高興的是，經過努力爭取，貢斯當答應爲他效勞。因爲，拿破崙對外宣稱要實行議會政治，很需要一個民主主義份子。儘管貢斯當不久前還在報上攻擊拿破崙，把他與當年的匈奴王阿提拉相提並論。據此，拿破崙已經有十五年沒見過他了，貢斯當把當時的會見詳細地記錄了下來。以下是一代帝王的自我陳述：

「國家對和平的渴求愈來愈強烈。我執政時，全法蘭西聽命於我……如今，時過境遷。民衆對憲法、選舉、自由要求迫切。不過，仍然有更多的人支持和擁護我……我，不僅是士兵的統帥，也是工人、農民的帝王……因此，人民重新回到我身邊。雖然我對他們不夠慈祥，可他們仍然喊著『陛下萬歲！』因爲，我們的利益是一致的……貴族則完全不同，他們要的是官位和財產……馬匹要服從騎手，我要能夠感到它在我胯下發抖……我確實爲建立世界帝國努力奮鬥過。我想，這也無可厚非，誰沒有自己的理想呢？」

「不過，如果我只統治法國，那麼，還是需要憲法的……我的觀點是：言論自由，出版自由……我原本就是平民，人民的要求，我會盡最大努力滿足……我不再想征服世界，要量力而爲。如今，我唯一的責任就是復興法蘭西，修建一部符合民意的憲法……我理解自由，因爲我就是在自由思想的環境中長大的。曾經，十五年來的辛勤努力付諸東流；要想從頭再來，需要二十年的時間，要以二百萬人的鮮血甚至是生命爲代價……」

「因此，我渴望和平，但這要透過勝利才能取得。我不想說冠冕堂皇的話，必須實言相告，一場可怕的戰爭已經不可避免。如果我們要贏，必須有人民的支援；人民是希望自由的，好，我答應你們擁有自由……重回巴黎，一切都變了。我現在已經四十五歲，不再年輕了。所以，我要實行君主立憲制。我肯定，這種體制，連小羅馬王也會贊同。」

拿破崙從厄爾巴島回來後，調整了自己的理想。他清楚地認識到：如果違背歷史的潮流，將難以立足。但是，無論如何，他也不會接受讓已經廢黜的波旁王朝重新執政，如果有什麼要來取代他，只能是民主。所以，對那些流亡貴族，拿破崙採取了更爲嚴厲的手段：沒收莊園，解散王家衛隊，取消封建爵位。這樣一來，他從舊貴族中掙脫出來。

新皇帝發布命令，重新揚起革命的風帆，他向官員發布文告說：「爲什麼我不顧艱難險阻，千里迢迢再次回到巴黎？因爲法蘭西處於危難之中……我對戰爭已經失去了興趣。曾經的皇帝永遠地消失了……過去，我的理想是建立歐洲合衆國，卻忽視了自己的祖國。現在，我的唯一目標是：維護法蘭西的安定，保護人民財產，崇揚思想自由。君主，是國家的公僕而不是主宰。」也許，不少人還記得，一年前他說過的：「我就是國家。」不過，正在由貢斯當起草的憲法，是依人們的期望。

可是，憲法完成後，人們大驚：怎麼是「憲法補充條例」？難道，他再次欺騙了我們？正在這時，維也納的盟國宣布向拿破崙開戰，但不針對法國；拿破崙當然要組織軍隊迎敵。二十年來，統治者翻來覆去講和平，可是，有誰眞正地做到了？有個參議員對拿破崙說：「有件事我不得不告訴您，婦女們公然宣布與您爲敵，她們的存在對您十分不利。」這次，拿破崙很難徵到士兵，最後，只有六萬人報名。

同樣，盟國的決定只是君主們的意願；他們的百姓與法國人民一樣，渴望和平。但是，這對拿破崙已經極爲不利。所以，最初法國歡迎他，但是歐洲國家的反對，使得法蘭西不願再爲他做出犧牲。如今，稍有起色的公債開始下跌。

拿破崙感到震驚，親自過問徵兵的消息，得到報告說：「會有人支持您的，陛下。」拿破崙低聲答道：「也許我將成爲孤家寡人！」

顯然，拿破崙失去了往日的精神，他好像更胖了。洗熱水浴的次數愈來愈多，而且時間愈來愈長。有個貼身隨從說：「他的心事重重，講話時也沒有了原來的自信和威嚴。」

才過去一個多月啊！那時，他精力充沛，鬥志昂揚，爲什麼突然如此頹廢？最大的打擊來自於他的皇后。拿破崙截獲了一封從維也納給拉瓦萊特的匿名信，上面提到了瑪麗•路易絲對他的輕視，還描述了瑪麗與奧地利軍官奈珀克[27]的戀情。拿破崙拿著這封信，氣得雙手發抖，把自己關在書房裡，拒絕接見任何人。

當年護送瑪麗•路易絲去維也納的梅內瓦，回到了巴黎。一整天，他都在不停地向拿破崙彙報維也納的情況。他親眼目睹了拿破崙在這危急的日子裡，連續幾十天精神不振，常常躺在沙發上，不言不語。梅內瓦詳細地向他講述小羅馬王的近況。這位昔日趾高氣揚的帝王，只能獨自在花園裡踱步，從別人的口中了解自己孩子的樣子。

這些打擊打垮了拿破崙，但也激起了他內心的矛盾。他本來已經決定順應時代，做個民主派，可是，外來的威脅卻在阻止他的民主建設。反法同盟們像一七九二年那樣，要挑起戰爭，因爲他們懼怕這個小個子軍人。拿破崙第一次不自願地應戰，而且，他面臨著重重危機，他亟須輿論的支持。戰火重燃，這應該是他當初要稱霸世界爲自己種下的惡果。

因此，拿破崙在法蘭西的民主建設被迫停止。幸好，貢斯當創編的六十七條憲法條文，包含了新的民主因素，比英國憲章前進了許多，成爲下個世紀的楷模和樣板。可是，拿破崙面對這樣的條文，提出兩點意見：一、關於貴族繼承，如果取得一兩次軍功後，貴族子弟可以繼承特權；二、拿破崙仍然大權獨握，因爲「我不能任由他人攻擊而沒有反應」。

正是這兩點意見，嚴重地影響了「憲法補充條例」的聲譽，民主人士對此極爲不滿。有人起來抗議，誠實的卡爾諾針對此發表過看法：「您的補充條例會讓人民產生意見的，我建議您予以修改。您必須這樣做，因爲我們的將來有賴於您的寬容。」拿破崙對他的直白非常不悅，卡爾諾卻接著說：「陛下，也許我的話衝撞了您，但是，您必須順應民衆的意願。」拿破崙答道：「敵人已經侵入，首先要做的是把他們趕走，然後才有時間考慮你的建議。」即使他非常想建立民主自由的新時代，但那畢竟非他所長。

統御才是拿破崙的專門！

滑鐵盧之敗

這是一個春天的早晨，陽光燦爛。城外的廣場上，熱鬧非凡。巴黎人成群結隊地擁向五月大校場，他們要去參加群衆集會，士兵們已經先到了。主席臺上，三色旗迎風飄揚，六百名下議員和幾百名上議員在此等待帝王的到來，他將在此宣誓忠於新憲法，然而大戰即在眼前。

已經有幾年沒出現過這樣的景象了。此刻，拿破崙已經出城，人們翹首以待，想一睹今日皇帝的風采。幾天後，他將率領大軍，爲帝位、爲祖國再次迎戰。人們原以爲，他仍然會穿著那身舊軍服。可是，眼前的場面多麼豪華！最前面，近衛軍儀仗隊威風凜凜，鷹旗和各種旗子迎風招展，身穿彩色服裝的近衛侍從，精神抖擻；最後，帝王的車由八匹駿馬拉著，裡面的拿破崙身穿白綢華服，頭戴鴕鳥翎帽，披著加冕時的斗篷端坐正中。

人們呆住了，因爲他們滿心期望回來的帝王能夠從天上降到人間，與他們平等相處；如今卻被這威嚴與豪華拒於千里之外。典禮後，新議長講話：「議員們將依據憲法的大綱修改法律。」接著，議長和公民們祝願將士們凱旋而歸。

拿破崙打起精神，宣布新憲法，並發誓將效忠憲法，士兵們不情願地歡呼。他們難以從這個華裝盛服的人身上，找到當初的波拿巴。歡呼沒有激情，有人說：「這不是奧斯特里茨和瓦格蘭姆的歡呼，陛下應該能夠注意到。」

七天後，拿破崙召開議會，他講話中避免談到五月校場時人民的不滿，說道：「不管誰取得勝利，都無權去侵略其他民族。」參議員們說道：「法蘭西政府也不能被勝利沖昏頭腦。」拿破崙沒說什麼，但憤怒得發抖。

呂西安最終加入了二哥的政權，成爲新議員，兄弟倆重歸於好，這是呂西安第一次成爲親王。他隨時跟隨拿破崙，到處發表演講，還到科學院做報告，從中得到大量錢財。路易因病沒來，熱羅姆表示隨時恭候；奧坦絲代行王后職責，因爲她的兩個兒子現在對拿破崙意義非凡。拿破崙領著侄兒們站在陽臺上，讓人們看到，他依然有繼承人。

出發前，拿破崙希望這是最後一戰，不幸被他言中了。他把作戰計畫告訴卡爾諾，卡爾諾堅持等援軍到齊後再動手。七月底以前，俄軍和奧地利軍隊都難以到達法國邊境。這樣，英軍和普魯士軍隊也不敢貿然進攻。因此，拿破崙有一個多月的時間，擴充自己的軍隊，把法國變成軍營。可是，拿破崙不贊成卡爾諾的建議，他說：「你的意思我明白，但我現在就需要一場勝利，必須速戰速決！」

從青年時代起，拿破崙還沒有像今天這樣冒險過，只有一小支軍隊，後備不足，卻要主動進攻！他不想讓對手有會師的時間，要先個個擊敗面對的敵人。如今，在沙勒羅瓦，拿破崙面對英軍和普魯士軍隊，要像當年波拿巴在米萊齊莫那樣；可是，那時的對手只是奧地利與皮埃蒙特軍啊！這最後一役竟然與最初一戰驚人地相似！

二十年過去了，他的對手們早已將他的戰術研究透徹；而他自身，過了二十年，精力已大不如前。雖然，在滑鐵盧之戰，拿破崙仍然行動敏捷，但怎麼也趕不上昔日的節奏了。和前幾次戰役一樣，他瞻前顧後，猶豫不定，不敢大膽出擊。占領沙勒羅瓦之後，沒有乘勝襲擊布魯歇爾。他讓內伊統率一半軍隊，順著布魯塞爾大道對抗英軍。可是，內伊的動作太慢，爲時已晚！內伊與威靈頓開戰，在毫無勝算之下被迫撤退。

還好，拿破崙率領的另一半軍隊，取得了林尼之戰的勝利。

最後一次勝利！布魯歇爾從戰馬上落下，傳言已經戰死。格奈森諾誓死不退，派人向盟軍告急。本來，拿破崙可以在第二天到瓦弗與友軍會合。可是，他卻沒有發布任何命令。等他命令格魯希[28]帶三萬軍隊追擊普魯士軍隊時，爲時已晚！普軍以驚人的速度捲土重來，與英軍會合。前一天，他能夠單獨擊敗普魯士軍隊，他想自己有把握擊敗英軍，七萬人夠了。可是，格奈森諾的頑強打破了他的計畫；而且，布魯歇爾沒死。

拿破崙的錯誤估計，造成了不可挽回的後果。弗里德蘭、阿斯佩恩—埃斯林、拉昂，他從沒有被擊敗過。萊比錫、奧布河上的阿克西，他失敗過，但那是因爲寡不敵衆。而這一次，是更嚴重的敵衆我寡！他太急於求成了，低估了敵人的能力。不過，如果把格魯希的部隊留在身邊，也許情況會好得多。

後人覺得，拿破崙最終的失敗，是因爲他年事已高。疾病常常困擾著這位三軍統帥，所以滑鐵盧戰役那天早晨，他沒能及時發布進攻命令。

六月中旬的一天早晨，太陽已經升起。普魯士軍隊都能夠在連日大雨後的道路上行軍，拿破崙率領的那些久經沙場的老兵當然沒有問題。可是，直到中午，他才發布命令，並說這樣才能在較硬的地面上架炮！過去，他會在伸手不見五指的早晨迷霧中站在前線，大吼著激勵他的士兵，在敵人都還在睡覺時猛烈進攻。今天，他竟然等到中午！

這半天的時間毀了他。拿破崙騎馬登上一個山坡，把士兵分成三列。他做好了身先士卒的準備，他即將打破敵人的防線，進軍布魯塞爾；他已經擬好了告比利時人民書。他不過是浪費了半天！

下午，有消息說普魯士比洛的軍團正在挺進。拿破崙頓時大驚，急忙下令召回格魯希。這是至關重要的一小時。命令能順利到達嗎？格魯希能擺脫敵人嗎？這個小時將決定戰局。他們一定要在普魯士軍出現之前擊退英軍。拿破崙指揮騎兵向敵軍發動猛烈進攻，但英軍的防線挺住了。他應該派出跟隨他多年的近衛軍嗎？還沒，還沒！比洛已經開火。拿破崙覺得要保證的應該是退路暢通，否則將有全軍覆沒的可能。不過，事實上，他們已經擊敗一半的英軍了。下午五點，近衛軍是有機會全殲英軍的，在當時英軍統帥威靈頓已經寫信給普魯士軍團：「除非你們的軍隊可以趕快來，全力的進攻，否則我們就要輸了！」這是發動進攻的最佳時刻！千鈞一髮之際，拿破崙再次猶豫不前。終於，時間過去了，他看到了準備進攻的普魯士軍。

多麼關鍵的選擇！這個偉大的統帥孤注一擲，但今日他已經注定失敗。七點，他命令最後五千名近衛軍，最精銳最老練的士兵們發動進攻。一切已經是徒勞。「陛下萬歲！」

這聲吶喊曾經震撼整個歐洲，十餘年間，這支傳奇軍團在整個大陸無往不利。但他們是無敵的嗎？「陛下萬歲」的喊聲，能阻止今天的太陽落下嗎？傳奇軍團的吶喊，終究歸於寂滅。

八點，普軍第三軍團出現在戰場，六萬法軍與十二萬盟軍對陣。法軍已經陣腳大亂，拿破崙第一次率領了一支逃亡的軍隊。眾人在槍林彈雨中疾馳了一個小時，拿破崙騎馬來到兩個殘餘的法軍方陣。很快，方陣被攻破，拿破崙只能騎馬繼續急行。到了第二天清晨五點，他才得以在一輛破車裡休息幾個小時。

巴黎會有什麼反應？拿破崙頭腦中閃過這個念頭。他仍然將希望寄託於巴黎：「在那裡，我還能徵集十五萬人，加上國民自衛隊，有三十萬兵力，足以擋住敵人進攻。」在給巴黎的最後幾項命令中，他以「勇敢！堅定！」結尾。

兩天後，拿破崙來到愛麗舍宮。戰場如夢，不過九天，他失去了用九年征戰贏得的帝國。

再次退位

一切還在繼續！

可是，內閣中，議會裡，大家衆說紛紜。此刻，拿破崙正與兄弟及大臣們舉行參政會議。他看上去有些疲憊，不過還沒有絕望。有些大臣提醒他，議會對他失去了信任。呂西安年輕氣盛，勸說拿破崙道：「解散議會，宣布巴黎處於戒嚴狀態，同時集結部隊，由你一人指揮。只有這樣，才有希望！」

拿破崙靜靜地聽著。十六年前的霧月十九日，呂西安在聖克盧宮，也是這麼說的。他對這個計畫表示贊同，但沒有立即執行。國防大臣達武不肯把殘存部隊交給拿破崙。爭論不休之時，議會宣布：如果有誰宣稱解散議會，將被視爲叛國。老拉法葉[29]說：「現在，只有一個人阻礙我們的和平。只要除掉他，和平指日可待！」

巴黎對此反應冷漠，議會要求拿破崙出席大會。拿破崙事後說：「我是想去的。但是，我太疲倦了，我也可以解散議會，但缺乏勇氣。」後來，議會要求內閣大臣出席會議，拿破崙不允許他們去。

兩院說這樣將廢除他的王位，他被迫讓步，派呂西安和大臣們去下議院說，帝王已組成了談判委員會。兩院喊道：「各國不會與他談判！他已經被盟國逐出，他現在必須退位，別無選擇！」

兩院群情激憤之時，拿破崙正與貢斯當在花園裡散步，忽然，他開口說道：「我個人無所謂，是法蘭西處在生死存亡之中！如果我退位，後果會是什麼？將士們只服從我的命令。要是三個月前，他們不歡迎我，倒是還可以理解。但是現在，敵人就在百里之外，他們竟然要推翻政府？如果法蘭西排斥我，無疑在傷害自己！他們之所以要我退位，是因爲恐懼！……現在，我要成爲統帥是當務之急！」

這時，大街上傳來：「陛下萬歲！」的呼聲。這是來自聖安東尼區工人的心聲。他們透過柵欄向花園裡探望，喊聲穿透了欄杆：「馬上成立國民自衛軍！陛下萬歲！」拿破崙對貢斯當說：「你聽見了嗎？我沒有給過他們任何榮譽，爲什麼他們要擁護我？這就是信念，他們支持我。如果我願意，不出一小時，議會就得解散……那些議員將因此遭到死亡的厄運！可是，不能因爲我一個人，花費如此的代價。我不希望在巴黎看到鮮血！」

十六年前的霧月十九日，拿破崙同樣地拒絕使用武力。當時，因爲名不正、言不順，不能在創業之初，聲名狼藉。可是，今天的謹慎，就顯得不合時宜了。與此同時，兩院正在祕密會談。呂西安把拿破崙的意思告訴議員，他們表示願意考慮。有的議員小心翼翼地說，也許退位可以拯救法國。誠實的卡爾諾走到講臺上，危急關頭，他仍然一如既往地擁護皇帝。當人們都對不可一世的拿破崙獻媚爭寵時，只有他敢於公開對帝王提出意見。西埃士也站出來維護拿破崙，像古羅馬人似的說：「雖然拿破崙此戰失利……那些野蠻人才是我們的冤家對頭，只有拿破崙能夠帶領我們大家把他們趕出去。等他完成歷史使命後，如果要獨裁，那時我們再處置他也不遲。但是，今天，我們別無選擇，必須與他共同作戰！」

拉法葉跳上講臺反駁：「你們沒有看到戰場上法國孩子們的累累白骨嗎？非洲、維斯杜拉河岸、俄羅斯的茫茫雪地，為了他，有二百萬人送掉了性命！難道，這還不夠嗎？」

已經是午夜時分，議會仍堅持讓拿破崙退位。

拿破崙躊躇不定。天亮後，參政會議再次召開。拿破崙有些情緒激動，不停地在室內走來走去。不久，兩院傳來資訊：「如果拿破崙不退位，將把他驅逐出境，不受法律保護。」薩瓦里和科蘭可走進來，在場的人都隨聲附和，勸他退位，呂西安此時也改變了立場。拿破崙說道：「也許，他們已經習慣了輝煌的勝利，沒有能力承受一點挫折。可是，曾經的輝煌是誰帶給他們的？以後的法蘭西將如何？我已經鞠躬盡瘁，別無他求。」

到了中午，拿破崙做出了決定，宣告政治生命結束。宣布他的兒子為拿破崙二世，兩院必須成立攝政團。可是，由誰來記錄這些呢？最佳人選只有呂西安！他的親弟弟，如果不是詩人，他此刻早已經攏絡住一大群不滿者了。也許，他成不了第二個拿破崙，但至少可以助他一臂之力啊！如今的呂西安，已經年過四十，過去的雄心壯志，苦於無法實現，只得轉而獲取文學藝術家的稱號。這次，他連續一個多月，為即將退位的二哥執筆，記錄下他的文告。之所以這麼做，更多的是出於同情，以此彌補兄弟間長年的不和。

彷彿歷史輪迴，許多舊事重演。拿破崙曾經罷免的五個督政，如今被重新任命，自稱臨時政府。可是，由誰來當主席呢？

富歇。

議會的情緒冷靜了下來。那些昨天還嚷嚷著要殺拿破崙的傢伙，現在派出代表來感謝拿破崙退位。面對他們的虛情假意，拿破崙說道：「國家不可一日無君，爲了法蘭西的將來，我決定退位。當然，也爲了我的兒子。只有在拿破崙家族的統治下，法國才有希望。」

與此同時，富歇一夥已經在商量，是讓奧爾良波旁王朝中布勞恩斯魏克家族擔任王位？還是由薩克森國王來繼任？富歇在文告中，總是使用國家一詞，沒有提到拿破崙二世。拿破崙發現了，但沒有反應。他的王朝在毀滅，多年的夢，再也沒有實現的機會。

晚上，拉瓦萊特來看望拿破崙的時候，他正在洗熱水浴，且已經洗了好幾個小時。拿破崙徵求他的意見：

「我該去哪裡？爲什麼不能去美國？」

「因爲莫羅去過了。」

拿破崙眞的在考慮去美國避難，而且向政府要求提供一艘船，政府只答覆他必須馬上離開巴黎。他一日不走，就會有群衆聚集在愛麗舍宮，嚷著要拿破崙出來專政。

拿破崙把許多文件資料燒掉，之後來到馬爾梅松。這裡，處處是約瑟芬的影子，拿破崙連續兩天閉門不出。死心塌地擁護他的人隨後跟到這裡：母親、奧坦絲、科蘭可、拉瓦萊特、呂西安還有約瑟夫。可是，拿破崙問誰願意與他同行時，又沒有人馬上站出來。萊特齊婭當然不會閃躲，但拿破崙覺得母親年紀已大，不該再去冒險。拉瓦萊特的妻子即將分娩，因此他目前也去不了。與他一起在厄爾巴島生活過一段時間的德魯奧，眼下在法國有急事走不開。祕書倒是答應陪他一起去，可是他雙目失明的母親不答應。拿破崙說：「你必須守在母親身邊。」說完，走開了。

波利娜，只會纏著他要珠寶，而奧坦絲反倒贈給拿破崙一串鑽石項鍊，眞是患難見眞情。拿破崙告訴她，將擁有一百萬法郎，但誰知道此款什麼時候能兌現？呂西安和歐仁各自得到了錢，小里昂的母親也得到了一大筆。

拿破崙麻木地做著這一切，對眼前的形勢隻字不提。不停地回憶過去，總是圍繞著約瑟芬。「我已經答應離開，今晚就走。我感到累了，法國和巴黎對我不再有吸引力。你們也好自為之吧！」

不過，走前他仍口授了告軍人書：「將士們！……雖然我身將離你們而去，但精神永遠與你們同在。我會記得每一個軍團，當你們奪取勝利時，我將為此感到驕傲……請記住：報效祖國。我永遠熱愛我的祖國。勇敢地擊退盟國！拿破崙會為你們喝采。用你們的英勇無畏維護法蘭西的榮譽和自由，你們，是不可戰勝的！」可是，政府不允許發布這一公告。

忽然，遠方傳來熟悉的聲音，拿破崙大驚。是炮聲！從聖鄧尼斯平原傳到這裡，敵人已經逼近巴黎，士兵們開始慌亂；還好很快又聚在一起，不時地給他帶來前線的消息。拿破崙馬上振奮精神：「有兩個縱隊？你們也一分為二，個個擊破！」晚上，拿破崙緊急擬訂保衛巴黎的作戰計畫。

第二天清晨，炮聲激勵了拿破崙，他恢復了鬥志，彷彿回到了波拿巴將軍的時代。他寫信給五位督政：「我願意親自領兵打仗。我的出現，能夠鼓舞士氣。我發誓，得勝之後，馬上辭去統帥一職。我是為法國而戰，不是為我自己。」

如此精忠報國，其勇可嘉。拿破崙在花園裡，身邊只有幾個軍官，大家焦急地等待回覆。真是小人得勢！富歇對此漠然視之，拿破崙憂心如焚，恨不得馬上拿起武器整裝出發。成年之後，他還從未如此請求過別人。使者帶來的回覆被撕得粉碎，答覆上寫道：「您真的以為政府成員都是傻子？會答應你的提議？我們希望你馬上消失離開。」拿破崙傷心地說：「為什麼當初我不把他吊死？不過或許，波旁家族會幫我做這件事。」

隨後，拿破崙換上便服，開始收拾行裝，奧坦絲把鑽石項鍊為他縫在黑綢帶裡。他想要回科西嘉，讓呂西安掌管該島。母親聽了眼睛一亮，立即贊同。但是，他很清楚，這是不可能的；美國是最後的選擇。可是，他沒有戰艦。大家都知道，對他來說，耽擱下去，會愈來愈危險。威靈頓正叫嚣著要他投降，很多議員願意把他交出去。

拉瓦萊特勸拿破崙即刻出發，但他固執地說：

「艦長得不到政府的命令，我無法離開。」

「別再等了，陛下！您下令起錨，答應給全體船員錢，如果船長不同意，把他轟上岸去。您要知道，富歇已經出賣您了。」

「帶我去海軍大臣那邊吧！」

拉瓦萊特派出信使去請求在床上睡大覺的德克雷，但德克雷說要找富歇才行：「我無能爲力。」哪裡找得到富歇？凌晨一點，拿破崙被叫醒，他仍然認爲美國是最好的去處，可是又拿不定主意：

「我將在那裡得到土地，過著農夫的生活。最終老死在那裡。」

「如果他們要把您交給盟國怎麼辦？」祕書不安地說。

「那就去墨西哥，那裡有愛國運動者，我會成爲他們的首領。」

「當地的政府會反對您。」

「那好，離開他們去卡拉卡斯，或者去布宜諾斯埃勒斯、加州都可以。我將航海漫遊，直至找到安全的避難所。」

「如果您被英國人逮住怎麼辦？」

「有些風險是不可避免的。英國有差勁的政府，但是個高貴又大方的偉大國家；再說，我已經別無選擇。難道像個傻子似的在這裡等著被威靈頓抓走？像昔日的英國約翰王[30]那樣？既然這裡已經不再歡迎我，必須得走。」

「但陛下您這樣是落荒而逃。」

「落荒而逃！什麼意思？」拿破崙吃驚又自尊受傷的樣子。

「英國人已在監視您了，您要做最壞的打算，對方一定會把話說得很難聽的。」

「那我要自殺嗎？弱者、神經不正常的人才會想到自殺！不管結局如何，我都要努力地活下去。」

祕書辯解道：「陛下，我沒有這個意思。可是，如果爲了法蘭西，必須以生命爲代價，您會怎麼辦？偉大的拿破崙大帝該怎麼作？」

拿破崙稍作沉思，說：「好，可是，我應該把自己交給誰？布魯歇爾？威靈頓？他們並不代表政府。他們只會把我當做俘虜，然後野蠻地處置我。」

「交給沙皇如何？」

「你不了解俄國人！不過，我會考慮你的建議，我不在乎自己的生命，只是，這樣眞的能拯救法蘭西嗎？」

不能再猶豫了，最後的時刻，母親萊特齊婭平靜地與兒子談話。忽然，有個士兵衝進來，他的名字叫塔爾瑪，後來成爲有名的演員，他覺得自己必須要來。他事後把將母子訣別的動人場面重現到了舞臺上。接下來，拿破崙邀請年輕的古爾戈將軍登上他那殘破的馬車。同行的還有陪他去過厄爾巴島的貝特朗一家，以及另外兩個隨從。幾個人驅車趕往羅什福爾港口，希望能在那裡找到船。拿破崙有些戀戀不捨，他希望有人來召他回巴黎。

途中，他們遇到北上的部隊。士兵們見到拿破崙非常興奮。他與帶隊的將軍們談論了一陣，隨後繼續前進。終於，來到海邊，大西洋靜靜地躺在那裡。約瑟夫竟然來了，他建議拿破崙乘坐前往美洲運酒的船隻。拿破崙化名米爾隆，這是他的第七個名字。名字使他回憶起了另一個海岸——科西嘉！他想起了阿爾科橋，那裡他看到在混戰之中，米爾隆撲過來掩護自己，卻中彈身亡！

也許是上帝的旨意。拿破崙再一次地與衆人商議，並產生了動搖之心，在此耽擱了十天。最終，決定駛往一個小島。他們本打算僱用兩艘漁船，因爲英國人無論如何也不會搜查這小船；但是，這一計畫最後被否定，那裡還有兩艘美國船。他也與一艘丹麥船上的人談過，海軍訓練學校的熱血青年，願意用通信船把他帶走。打算由十六名海軍見習生，趁著深夜把他祕密帶出港口。大家擠在一間小屋裡，和拉斯卡斯討論這個計畫。多數人主張回部隊，因爲南方的部隊歡迎皇帝，拿破崙不同意：「無論如何，我不會挑起內戰。我將告別政治，我累了，想去美洲休息。」

但他的自尊卻不允許他自己僞裝潛逃。不久，拿破崙聽說，波旁王朝再次回到巴黎，同樣是在盟軍的保護下。

要想從海上出走，已經不太可能，出路被英國巡洋艦「伯勒洛豐」[31]號擋住。拿破崙想：「再回巴黎不可能，難道我要被人在海上俘虜，帶往倫敦？二十年來，英國一直與我爲敵。法蘭西已經衰敗，英國成爲世界上當之無愧的大國。他們不是具有紳士風度嗎？在科西嘉，如果有人怠慢客人，是要遭刀砍的。」

拿破崙下定決心，於是口授致英國攝政王[32]的信：「目前，法國內部黨派紛爭，歐洲列強又與我爲敵，因此我決定退出政壇，投奔貴國，望予以容納。拿破崙」

他把希望寄託在英國，以爲對方會答應他的請求。第二天，拉斯卡斯把信交給「伯勒洛豐」號艦長，並與艦長梅特蘭談判。梅特蘭的上司霍瑟姆將軍早已奉命搜捕拿破崙，梅特蘭艦長盡力保護拿破崙，他說：「我將努力使法蘭西皇帝在英國受到禮遇，英國人民是慷慨的。」隨後，拿破崙穿上軍服，登上英國軍艦。

艦長梅特蘭站在甲板上，拿破崙以從未有過的尊敬舉起帽子，對艦長說：「我來到這裡，將自己託付於貴國，希望處在國王和你們的保護之中。」艦上的英國海員，逐個過來與他見面。拿破崙向他們詢問經歷過的海戰，然後評論起英法兩國海軍。他讚揚英國水兵清潔、高效。接著，他說：「我怎麼也想不通，你們的艦隊爲什麼能擊敗我們的軍艦？因爲，我們的軍艦是最好的，不管從哪方面講都比英國船艦堅實。而且，配備了很多大炮。」

梅特蘭答道：「我不是向您解釋過了嗎？先生，因爲我們的水兵比你們的有經驗。」拿破崙沒有說話。艦長繼續說：「如果您乘法國艦逃逸，馬上就會領教到英國水兵有多強的射擊力。」接下來，拿破崙與梅特蘭討論，爲什麼兩艘法國快艦，而且裝備有大炮，卻敗在英國的「伯勒洛豐」號艦下。艦長說，法艦無論如何打不過英艦。拿破崙親自檢閱艦上的裝備，不時地加以點評。梅特蘭後來說，他非常佩服拿破崙豐富的技術知識。

船艦離開海港航行。

很快，離開羅什福爾已經有十天，「伯勒洛豐」號停泊在普利茅斯港。當時正值七月，天氣晴朗，水面上擠滿了小船，人們爭先恐後想要領略昔日法國皇帝的風采。因爲倫敦沒有發布最後命令，訪問者不能隨便上船。水兵們非常高興，因爲他們天天都能見到拿破崙，他也和那些會講法語的人交談。岸上，成千上萬的人舉目張望。

拿破崙在船上的時間，大部分都留在船艙裡，他不想被人指指點點。心想再忍耐幾天，上岸後，就可以自由了。只是，船艙熱得叫人難以忍受，他不得不出來呼吸新鮮空氣。來到甲板上，他站在那裡，仍舊穿著那身經典的舊軍服。頓時，無數雙眼睛投向他，簡直要把人吞掉。

這讓拿破崙感到自尊受到了極大的傷害。突然，眼前的情景令人難以置信：成千上萬的人向他脫帽致意。放眼望去，人山人海，每個人都向他脫帽致敬！英國人用自己的行動表達了他們的敬意。漫長的三天。第四天，英國軍官來到拿破崙面前，把英國政府的決定告訴他。攝政王沒有直接答覆。文件上說：「如果英國政府給波拿巴擾亂歐洲和平的可能，勢必傷害到英國與盟國的感情。因此，拿破崙不可以在這裡獲得自由。」最終，聖赫勒拿島成了拿破崙的歸宿。或許，在那裡受到的限制會比較少。他可以帶三名官員，一名醫生和十二個僕人。

拿破崙聽到後，把文件放在桌上，強烈反對。他說：「我不是戰俘！……當初，是經過磋商，獲得艦長同意後登上『伯勒洛豐』號的。我將自己交給你們，有權要求得到收容和接待。羅什福爾和波爾多，三色旗仍在飄揚。我可以回到部隊，甚至可以到鄉下過隱居的生活。而我沒有，現在來到貴國，你們的艦長答應保證我的安全。如果我被欺騙，眞是有損貴國政府的尊嚴……在聖赫勒拿，不出三個月，我就會喪命。那只是一小塊岩石，我在那裡能做什麼呢？我不去！……不然，請貴國政府在這裡殺死我吧……我給攝政王一個絕好的機會，讓他可以名揚千古。曾經，我與貴國爲敵，正因爲如此，貴國得到了榮譽……你們的所作所爲，簡直是英國的恥辱！」

口頭抗議之後，拿破崙以驚人的意志承受著不公正的待遇。在普利茅斯，他忍受了十天的屈辱，面對英國人掠走他的行裝和金錢，毫無反應。按照規定，拿破崙和他被允許帶的隨行人員換船，登上了駛往聖赫勒拿島的「諾森伯蘭」號。

這是八月的一個早晨，拿破崙最後一次透過薄霧，凝望著法國海岸。他更關心的是遠處的巴黎，那才是他嚮往的地方；但巴黎卻把他拒之門外。他將與歐洲永別。夜幕下，天海一色。拿破崙站在船頭，仰頭注視著天上的星辰，尋找著自己的星座。

注釋

【1】聖甲蟲寶石，埃及人將之當作富饒、再生的象徵，用作護身符。

【2】盧道夫（一二一八年至一二九一年）：哈布斯堡王朝的創建人，法蘭西斯皇帝的祖先。拿破崙在這邊的意思是自己要成爲皇朝的開創者。

【3】指教皇對神職人員頒授宗教職務的權利。

【4】格列格里七世（一○二一年至一○八五年）：羅馬教皇，一○七三年至一○八五年之間在位，極力擴大教皇權力，反對世俗君王干預教會內部事務。

【5】蘇：法國最小的貨幣單位。

【6】漢撒同盟：即漢撒商業公會。十二到十三世紀間中歐諸城市之間的商業、政治同盟，以德意志北部城市爲主。到了十四世紀晚期至十五世紀早期到達顚峰，加盟城市多到一百六十個。十五世紀逐漸衰落，十七世紀中葉解體。

【7】科蘭可（一七七三年十二月九日至一八二七年二月十九日）：法國將軍、外交家。拿破崙的好友。一八一二年反對侵俄，要求去西班牙，未獲准。一八二三年至一八二五年間寫回憶錄，爲自己洗刷參與暗殺昂吉安公爵的罪名。該書於一八三三年發表，史學界評價很高。

【8】德國名劇作家和詩人席勒（一七五九年至一八○五年），著有《強盜》、《華倫斯坦三部曲》、《威廉・特爾》等作品。主張反對封建暴君。

【9】盧比孔河：義大利的一條河流。在凱撒稱帝之前的羅馬共和國法律中，規定將領不得率領軍隊越過盧比孔河，否則視爲叛國，危害了共和國的安寧。當時凱撒是高盧省總督，率領軍隊欲回羅馬與政敵龐培爭奪政權。率軍越過盧比孔河如果沒有成功奪下政權，就等著被處以叛國罪，後引申

爲破釜沉舟的孤注一擲行爲。

【10】巴格拉吉昂（一七六一年至一八一二年）：俄國親王，將軍。一七九九年追隨蘇沃洛夫元帥在義大利、瑞士作戰，立有軍功。一八一二年法軍侵俄，他率軍一路撤退。最後戰死沙場。

【11】李爾王：莎士比亞的著名悲劇，劇情敘述到後來衰老的李爾王被女兒拒於皇宮外，走投無路。

【12】西徐亞人：黑海北方的草原民族。

【13】馬萊政變：一八一二年十月二十二日，共和主義者馬萊越獄，隨即發動政變。聲稱拿破崙戰死俄羅斯，自封巴黎總督。宮廷一度大亂，但很快獲得控制。

【14】達奈家衆女兒：希臘神話中，達奈有五十個女兒，只有博爾涅斯特拉不受父親唆使，其餘四十九人都殺死了各自的丈夫。因此她們被罰在地獄中往無底的桶子灌水，永遠灌不滿，勞役不止。

【15】卡佩王朝（九八七年至一三二八年）：法國封建王朝，創立者休・卡佩。初時王權軟弱，後依靠市民與中小封建貴族支持戰勝許多大封建貴族，加強中央集權。後來的華洛亞王朝、波旁王朝都是卡佩的後裔。一七九三年路易十六在國民公會中受審時，被稱爲路易・卡佩。

【16】布魯歇爾（一七四二年至一八一九年）：普魯士將軍，人們稱之爲「前進將軍」。七十歲高齡仍率軍參加抗法戰爭，終於在滑鐵盧擊敗了拿破崙。

【17】聖日內維耶：巴黎的守護聖人，據說她阻止了匈奴王阿提拉的入侵，並且感化當時的法蘭克國王克洛維一世，成爲第一位受洗的歐洲國王，並使法蘭克王國基督教化。但她的遺骨於一七九三年，在法國大革命中被公開燒毀了。

【18】克利薩斯：西元前六世紀利底亞國王，以富有著稱。

【19】阿斯蒂安納克斯：希臘神話中特洛伊王子赫克特之子。特洛伊城破後，尤利西斯從特洛伊城牆上

把他扔下摔死。

【20】烏迪諾（一七六七年四月二十五日至一八四七年九月十三日）：拿破崙所封元帥。一八一四年四月要拿破崙退位，後效忠路易十八。

【21】麥克唐納（一七六五年十一月十七日至一八四〇年九月二十五日）：拿破崙所封元帥。幾乎參加了所有拿破崙發動的戰役。一八一五年三月拿破崙返法，麥可唐納陪同阿圖瓦伯爵從里昂逃出，因此被撤銷元帥稱號。不過他後來很好的照料拿破崙的幼妹卡羅莉娜。

【22】指瑪麗亞・德瑞莎（一七一七年至一七八〇年）：路易絲的曾祖母，神聖羅馬帝國皇帝查理六世之私生女，一七三六年嫁給洛林的法蘭西斯。查理六世的詔書內表示由女兒繼承皇位，引發奧地利繼承戰爭。情況危急時，勇敢能幹的德瑞莎抱著幼子，呼籲臣民支援皇室。

【23】莫蒂埃：（一七六八年二月十三日至一八三五年七月二十八日）：拿破崙所封元帥。一八一二年對俄戰爭中，統率青年近衛軍。沒有執行拿破崙炸毀克里姆林宮的指令，保留了這歷史悠久的古堡。一八三五年七月，國王路易・菲利浦遇刺時被誤炸身亡。

【24】塞利姆三世（一七六一年十二月二十四日至一八〇八年七月二十九日）：一七八四年至一八〇七年在位，爲奧斯曼蘇丹。會作詩、作曲，推行歐化，改革陸、海軍。一八〇一年法軍撤離埃及後，承認拿破崙稱帝，轉爲親法。後被穆斯塔法四世下令處決。

【25】貝特朗（一七七三年至一八四四年）：法國將軍，優秀的工程師，幾乎參加了拿破崙所有的戰役，受封爲伯爵。迪羅克陣亡後，升任宮廷總監。一八一四年與一八一五年兩次隨拿破崙流放，直至安葬拿破崙後才離開聖赫勒拿島。一八四〇年，貝特朗再度前往聖赫勒拿島，將拿破崙的遺體接回法國。著有《札記》，記載了拿破崙去世前七年中大部分的談話。

【26】梅內瓦：拿破崙忠實的祕書，瑪莉・路易絲母子被劫往維也納時，他與小羅馬王的一些保姆隨行，一年後返回巴黎。

【27】奈珀克：（一七七五年四月八至一八二九年二月二十二日）：瑪莉・路易絲的情夫，是奧地利將軍。路易絲爲他生了一子一女。拿破崙去世後正式結婚。

【28】格魯希（一七六六年至一八四七年）：拿破崙所封的最後一任元帥。一八一二年從俄國潰退時，指揮法軍殘部撤退。一八一五年六月滑鐵盧之役，負責指揮全軍三分之一的兵力，關鍵時刻沒能率援軍及時趕到，造成災難性的後果。有些歷史學家把滑鐵盧敗戰之責任歸於他身上。

【29】拉法葉侯爵（一七五七年九月六日至一八三四年五月二十日）：法國政治人物，參加過美國獨立戰爭，被譽爲「兩個世界的英雄」。擬《人民和公民權利宣言》草案，修改後通過。一八一五年堅決要求要拿破崙退位。一八三〇年七月，指揮國民自衛軍在七月革命中推翻了查理十世。

【30】約翰王：約翰二世，法國國王，一三五〇年至一三六四年在位。英法百年戰爭期間一次戰役被俘，押往倫敦。後死於倫敦。

【31】伯勒落豐：古希臘科林斯的一個英雄，據稱該人曾騎有翅膀的神馬，殺死了噴火怪獸。

【32】攝政王：後繼位爲喬治四世（一七六二年至一八三〇年），英王喬治三世之子。一八一一年至一八二〇年因父王有病攝政，一八二〇年繼位。

第五章　不屈的靈魂

在審判日時，拿破崙來到上帝面前，魔鬼開始宣讀波拿巴家族的罪行。上帝在寶座前打斷撒旦的話：「別再拿那些日耳曼人的咒詛來煩我了，如果你敢面對他的話，就把他帶下地獄吧！」

——歌德

流放之初

蒼茫的大海，水面上風平浪靜。在危岩上只見一個人獨自站立，背著雙手，遠眺四方。空曠、寂寞，時刻困擾著他。

遠遠看去，此人身材矮胖，看不大出來年紀多大。此刻，他仍然穿著綠色衣服，榮譽軍團的星章閃閃發光；手上拿著三角帽，腦袋很突出，褐色的頭髮已經出現斑駁白髮，雙肩依然有力的挺著。歲月在他的臉上刻下印痕，皮膚有些偏黃，彷彿經過日曬雨打的大理石雕像；沒有皺紋，但下巴看來有些臃腫，唯一漂亮的是鼻子和牙齒。他的雙手，亦保持得很好。他十分小心的保護它們；當批閱信件與政令時，他大都會使用鉛筆以免讓手上沾到墨汁。

醫生們詳細地記錄了他的健康狀況：「脈搏一般在六十二以下，胸腔呼吸正常……」拿破崙對自己的身體狀況也清楚，當然，他要充分地利用自身的能量。

「我好像聽不到自己的心跳，難道我沒有心臟？」他半開玩笑的說，「上帝賜給我兩大寶物：第一、能隨時隨地入眠；第二、嚴格控制飲食……多吃容易生病，少吃當然沒有壞處。空氣、水與清潔就是最好的藥物。」

他的身體強健，可以不停歇的從提爾西特騎馬到德雷斯頓，幾乎快五百里路，騎完臉不紅氣不喘；可以從維也納騎五十里到席馬林吃早餐，再騎回蕭恩布魯恩工作。經過長途遠征過整個波蘭，在午夜時分到拿華沙後，他早上七點又開始辦公。如果有一段時間需要長期坐著，他之後就會開始連續七天跑出去打獵；在一段時間的勞動後，他又會把自己一整天都關在房間裡。

他認爲，充沛的精力能夠挽救生命。他曾對梅特涅說：「之所以會死亡，是因爲缺乏活力。昨天，我從車上重重地摔出來，但是，我對自己說：我不能死。換了別人，肯定死了。」

他的身體很有力，但心思很敏感。如果他的外套太緊，他會直接將整件衣服從身上扯下來；如果鞋子不合腳也是一般，這時候他可是會狠狠的把僕人教訓一番。如果他穿著禮服時，僕人會小心翼翼的幫他套上外衣。當他忙得焦頭爛額之時（何時不是呢？）他會把早餐推開，從椅子上跳起來到處踱步，開始講話、發布命令。他的筆跡完全是隻沒辦法控制自己的手猛力揮舞的傑作；很多內容在百年之後後人還難以解讀。他總是在身上灑十分多的古龍水；當他心情極端緊繃時，他得馬上去泡熱水澡。當與英國的戰爭爆發，他與四位祕書連續工作三天三夜，然後馬上跑去泡了六個小時的澡。他認爲他時常在如此緊繃的心情下工作，實在很可能發瘋，「要不是我的血液流動得特別慢的話。」

只要他的身體健康，他可以承受的壓力是十分驚人的。但他到了四十歲之後，開始受到胃痛之苦；在他最後三年的戰事中，他時常出現突發性的胃痙攣。他的勇氣與決策或許都受到了影響；如果沒有這些病痛的話，歷史的走向勢必大不相同。

＊　＊　＊

是什麼支撐著拿破崙？自信，精力，夢想。

拿破崙自己曾說：「我與其他人不同，那些道德和老規矩不適合我。」他的第一篇政治論文，開頭就突出「我」。人到中年時，仍然初衷不改：「只有我，我的地位讓我懂得，什麼是統治。」他在任執政時也說過：「我堅信，要統治法蘭西，除我之外，別無他選。我的死亡，將是法國最大的不幸。」不過，他只對親信才說這樣的話。對俄戰爭失敗，有人問他：「現在由誰來維護法國的榮譽？」他回答：「我的名字。」

也許，人們把這歸結爲野心。其實，這是拿破崙自信的反映。抱負愈遠大，成就愈高，這是規律。爲此，他曾對朋友羅德雷解釋道：「我從不覺得自己有野心，如果有，那也是上帝賜給我的。但它不會唆使我去排擠別人……我從沒想過爲野心去奮鬥，更不會屈從於野心的支配。只是在恰當的時候，它才會冒出來。」

當他還是將軍時，就明確了自己的信念：重建法國。這是一種使命感，他對羅德雷說：「時代已經不同了。我的使命是建立國家，絕不是摧毀國家。」有一次，他提到詩人高乃依，自喻道：「此人的偉大從何而來？請問紅衣主教，您知道這是什麼？天才！上天給每一個人的禮物，但不是每個人都有能力接受它。高乃依就是那種全世界都會認同的人。」紅衣主教說，如果詩人並未虔誠的侍奉上帝，怎麼會有辦法接受上帝的禮物呢？拿破崙輕蔑地回答：「正因如此，我才說他很了不起！」雖然口中說的是他人，實在指自己的天賦異稟。

堅強的意志，不懈的追求，這是拿破崙生就的本領。在他看來，興趣只是完成事業的前提，意志如同智慧，是最強的動力。對於天才，他這樣描述：「我熱愛權力，是的，我愛它，只不過這是藝術家的愛。琴師愛琴，是爲了奏出動聽的樂曲。」

這也就是它爲什麼天生下來就是要領導他人。「當我說話時，就是下命令，否則我就保持沉默。」他或許還會加上一句：「我也協商。」他事實上花了不少功夫在與人協商上。當他只是個二十七歲的年輕將軍時，就得到了周圍人的敬佩。他只知命令，生來的指揮人才，無須人教。有誰能比他指揮得更好嗎？

自信，帶給他威嚴；那些君主帝王們，除了嫉妒別無他能。少年時代，同學就將他看作疆場上的統帥。提到拿破崙，將士們會感到發自肺腑的敬意。他的一個親信曾寫道：「他講話時，人們不由自主地被吸引，因爲他的話強勁有力；就是他不說話的時候，都能威懾大家；人們都知道，他不說話並不是因爲不高興。我們都感受到，他有一種崇高的思想，沒有人敢輕浮的對待他。」一次，拿破崙在馬爾梅松和朋友聊天時認眞地說：「我感覺不到荒謬的事，權力從不荒謬。」

他的另一特點是善於分析，稱得上是個心理學家。他對自己分析得很透徹，曾教導弟弟路易：「爲君之道，威嚴尤爲重要，不可苟於言笑……人民愛戴國君，不應缺少敬仰、尊重與畏懼。如果國王是個好好先生，國家必然亂成一團。」而他自己贏得的愛戴與敬畏，達到了無人可及的效果。

他強調威嚴，並非是冷血無情。相反，隨著年齡的增長，拿破崙待人愈來愈平易。他說：「眞正偉大的人，不會只盯著自己的業績不停地傻笑。」他從不張揚自己的成績，對此一笑了之。加冕典禮之前，拿破崙像個孩子似的說道：「以後，各國君王都得跟我稱兄道弟，有趣吧？」

有一回，拿破崙囑咐去聖彼德堡的大使說：「我在俄羅斯的兄弟是個很講排場的人，喜歡出外遊玩。這回，要讓他玩個痛快！」不過，有時直率過頭，會令那些君主們感到尷尬。那次，在德雷斯頓大王公們的宴席上，他說：「當時我還只是個小小的中尉軍官的時候，」在座的人大驚，低下頭看著自己面前的盤碟不知所措。拿破崙若無其事地繼續說：「當時我有幸在瓦倫斯第二炮兵團當中尉軍官……。」

在提爾西特時，他正好與沙皇同桌，卻探起身子問隔一桌子的人：「你們那裡一年能收繳多少糖稅？」在場的人都十分窘迫。因為，皇帝們是從來不知道這些事情，他們只知道花錢！

拿破崙一生真誠，因此從不隱瞞自己的錯誤。馬蒙在記述中寫道：「拿破崙是不說假話的，他的正義感很強，能夠寬恕別人的錯誤。只要你有充分的理由，他就會考慮你的意見。如果是合適的場合，你可以對他暢所欲言。」這段話是非常可信的，因為寫此話之前，拿破崙才剛剛斥責過馬蒙。

對於那些獻媚討好的人，休想從拿破崙這裡得到好處。同時，敢於直言相諫的人，他倒是非常尊敬。作家夏多布里昂曾經抨擊過拿破崙，但他卻不計較。在他執政期間，曾經常邀請那些敢於在會上頂撞他的人吃飯。法俄戰爭中，有名俘虜毫不隱瞞地講了莫斯科大火的情況。拿破崙大怒，下令把俘虜帶走，但立即命人召回，而且握著他的手說：「你是真正勇敢的人！」梅玉爾曾騙過他，用新歌劇冒充義大利作品贏得他的讚揚。帕西羅也在他的作品中混進西瑪羅薩的詠歎調，當他得知事情的真相後，一笑置之。

至於斯塔埃爾夫人，整整讓拿破崙擔心了十五年。她鼓吹歐洲自由，拒絕拿破崙統治大半個歐洲。為此，拿破崙禁止發行她的書籍，把她趕出巴黎，即使人在俄羅斯打仗時也不忘遙控國內政府要對付她，說她在煽動民衆的情緒；但在他的私人信件中，可見他對這個難纏的對手多所讚賞。

一次偶然的機會，拿破崙在巴伐利亞的軍官名冊中，發現了過去的戰友；於是，任命他爲侍從官。兩個人已經分離了十四年，出乎意料地在戰場上重逢。此時的法國皇帝與這位老戰友並肩而行，隨後，兩個人共同坐在一塊石頭上閒談。當他要爲拿破崙牽馬時，拿破崙連忙阻止：「這不是你的事。」說著，吩咐僕人把馬牽走，然後與友人回憶起過去，「還記得嗎？在貝桑松的尉官食堂裡，你憤怒地把餐巾扔在地上，喊道：決不與雅各賓黨同桌共餐！」邊說邊叫來參謀人員，把老戰友介紹給他們，「看，這可是當年的英雄。」然後，轉過頭來問戰友，「彈藥夠用嗎？大炮的性能怎樣？還需要多長的準備時間？」

一八一三年，埃爾富特那一幕，應該在拿破崙的頭腦中留下了深刻印象。當時，魏瑪共和國首相馮•米勒，竟然敢與暴怒的拿破崙抗爭。事情是這樣的：兩個顧問用密碼通信，被法國哨兵截獲，寫信者被逮捕。拿破崙向米勒發洩怒氣，揚言要放火燒毀耶拿，並槍斃兩名犯人。米勒面無懼色，爭辯道：「陛下，您不可以這樣做。百姓是無辜的，否則您將犯衆怒，歷史會記住您的錯誤！」他愈說愈激動，直逼拿破崙，像是要動手的樣子。拿破崙的手不由自主地握住劍柄，同伴連忙拉住米勒。過了一會兒，拿破崙平靜下來，說道：「你很勇敢，值得信賴。我會命令貝爾蒂埃重新調查此事。」後來，那兩位顧問被釋放。

榮譽，帶給了拿破崙自信：「如果法蘭西想借助我強大起來，就必須寬容我的弱點，我的尊嚴不可侵犯。我寧可被殺，也不受辱！」布里昂在他的書中說：「波拿巴年青時代並不關心法律，但有著極強的榮譽感，這正好彌補了他的道德意識。」在他執政時期，突然與布里昂分道揚鑣，要知道布里昂是他軍校時的好朋友，而且長期跟隨於他。原因是，這位朋友捲入了一場金融醜聞之中。事過多年，他也不允許布里昂進入榮譽軍團，並說：「崇拜金錢的人可能會成爲富翁，但卻與榮譽無緣。」後來，熱羅姆的一張支票不能兌現，拿破崙說：「就是傾家蕩產，也要償還債務。榮譽不可辱！」

加冕後，拿破崙把當年的一個公證人叫到面前。這個人當初勸約瑟芬，不要嫁給品行惡劣的人。拿破崙叫他來，就是要爲自己恢復名譽。他說：「統治者最令人鄙視的，就是沒有道德。俗話說「上樑不正，下樑歪」。執政者的品行不端，自然會影響社會風尚，危害深遠。」拿破崙談論這個話題，絕不僅僅因爲波旁王朝或者督政們的言行才有感而發。他是個非常自重的人，因此能夠不怒自威。有誰聽到過拿破崙說粗話嗎？絕對沒有。任執政期間，他禁止約瑟芬與那些舉止輕浮的人來往。多年之後，拿破崙知道約瑟芬又去見了塔里昂夫人，寫信責備她說：「塔里昂夫人不懂自重，你不要與她有什麼關係，我現在愈來愈看不起她。」

塔列朗多年與一女人同居，拿破崙知道後，下命令讓他正式娶這女子，否則就撤他的職。貝爾蒂埃被封爲親王時，拿破崙說：「你的浪漫史太久了。現在，你已經五十歲，如果活到八十歲，剩下的三十年留給你的妻子吧！」法國大革命時期，藝術中出現了裸體像，拿破崙命令必須蒙上布。當時，巴黎某廣場有一噴泉，水從裸體女人的乳房噴出，拿破崙吩咐把這些「奶媽」搬走，他說：「水神是處女，不可猥褻。」對於自己的女友，他也明令禁止，不許招搖。雖然他會給她們很多錢，但是不得利用他的關係得到權力。另外，他對外提倡夫妻共居一室，並說：「這樣有利於家庭穩固，能保證丈夫的忠誠，增進夫妻情感。約瑟芬如果能夠長期如此，就會知道我的全部心思。」

拿破崙是個知恩圖報的人。這不僅是仁慈，應該是一種驕傲，因爲他有能力讓有恩於己的人，得到豐富的回報。他對外宣講，不會依靠任何黨派，不讓自己因欠人情而被動。青少年時代的朋友和軍校同學，在拿破崙執政後，很多得到提升。就連當年布裡埃納軍校的一個神父，拿破崙也照顧他，讓他到馬爾梅松莊園做圖書管理員，其實，那裡沒有一本書。當年軍校的門房，後來成了他鄉間別墅的守門人。當他還是個尉官時，曾追求過一個貴族少婦，十六年後少婦向他求助，不僅得到了幫助，而且連她的弟弟也受到恩澤。當年，他曾與悲劇演員「喬治娜」交往過，多年後聽說她生活困難，主動派人送去很多錢。

在愛情方面，亦是如此。馬蒙曾說：「拿破崙心地善良，有恩必報，是個重感情的男子。」他曾在加冕典禮時對羅德雷說：「無論如何，我都沒有權利因爲我身居高位，就拋棄曾經共患難的妻子。……我不是個沒有良心的人。」他在給約瑟芬的信中寫道：「忘恩負義是卑鄙到極點的行爲。」

* * *

對於拿破崙來說，出身、門第是他所不齒的，因爲他本人是依靠自己的奮鬥獲得成功。一般來說，拿破崙不太能平等待人。他會出於自身的利益，挑選最能幹的人爲己所用；不過他又在意民心的向背，不得不口上宣揚人人平等。正是這些矛盾，造成了他的悲劇。

爲什麼法蘭西軍隊所向披靡？因爲軍官逃跑，士兵代替了軍官，最終成爲將軍。多年來，拿破崙就是不給梅特涅和施瓦岑貝格榮譽軍團的大十字紋章。後來，施瓦岑貝格的住宅起火，兩個人救火中的勇敢感動了拿破崙，這才發給他們勳章？他的弟弟路易在荷蘭濫發勳章，拿破崙知道後，不承認這些授勳者。他對路易說：「功勳章要發給眞正的功臣，怎麼能隨便頒發於人呢？……另外，你有什麼資格以自己的肖像爲勳章？還濫發給人？」

拿破崙的自負衆所周知，他說有本領的人不論出身。有一次，梅特涅把波拿巴家族的家譜表呈獻給帝王，拿破崙說：「把這些沒用的東西拿走！」然後發布公告：「波拿巴家族起源於霧月十八日[1]。」有一次，有人與他爭論起波拿巴的家族世系，他怒不可遏地嚷道：「任何人也不可以侮辱我，不要把我與國王相提並論！」但是不久之後，他又說：「我要做帝王們的布魯圖、共和國的凱撒。[2]」人們對他的話感到難以理解。他說：「我趕走的不是貴族，那些都是賤民；就如我沒有扶植賤民，那些都是貴族。」

有人覺得拿破崙未掌權前，是假意追求自由；一旦大權在握，就丟掉了當初的原則。這確實是個矛盾，他自己也說：「我來自人民，與民衆是一家……貴族們趾高氣揚，從不懂得寬恕。」於是，他成了政治家。不過，他口口聲聲只能獎賞功臣，卻把榮譽軍團的綬章掛在自己兒子的搖籃上，這不是很荒唐嗎？另外，得知西班牙被廢黜的國王稱他「兄弟」，拿破崙非常生氣，叫塔列朗告訴他要稱「陛下」。這些，都是拿破崙身上的弱點。還好，他自己意識到了，心情好時，就會努力克服。

關於皇位的繼承，拿破崙一直尤爲關心。他說：「有人說我謀權篡位，實在是可笑。那是因爲路易不配坐這個王座。如果我是路易，不管時代如何變遷，思想怎樣開放，也要阻止爆發革命……上帝賜給我好運，讓我擁有力量；我、帝國都是新生事物。」他給弟弟路易寫信說：「我會對一切負責，包括克洛維斯[3]時代到法國大革命；任何人若故意詆毀政府，都是對我個人的攻擊。」

看來，拿破崙爲了維護他統治的合理性，竟開始強調君王神授君權的合理性。難道他忘了，廢黜了舊君王，他才能夠上臺！

縱觀拿破崙的一生，他考慮最多的就是地位、身分問題。奧斯特里茨戰役大捷，當天晚上，拿破崙在考尼茨宮查收勝利品。俄國和奧地利的軍旗敗軍的文件等等，不停地送到他面前，令人目不暇給。可是，巴黎的信使一到，他立刻拋下一切。他關心的不是巴黎的公函，而是一封某婦女的來信。

此婦女說，貴族區弗隆德[4]人揚言說再也不會進宮。拿破崙看了大怒：「哼，這些人覺得他們比我強大？這些無能的舊貴族，馬上讓你們知道我的厲害！」

上述事件發生前不久，拿破崙把羅德雷從客廳叫到檯球廳，他一邊打球一邊隨意地說：「聽說參議院對貴族沒有感情，而且也不想效忠帝王。」羅德雷回答：「陛下，他們對您是忠心耿耿的。」拿破崙說：「我不需要對我個人忠誠，應該忠於我的帝國，不管誰繼承我的帝位，都應該對他盡忠。這才是眞正的貴族精神，你們缺乏的就是這些！」

此話已經暗示了皇位世襲的問題，因此拿破崙的第二次婚姻最初就埋下了苦澀的種子。只有兩件事是不以拿破崙的意志爲轉移的，即子嗣與出身。所以，他希望與正統王室聯姻，這樣可以一舉兩得。其實，他也是沒落的貴族出身啊！他說：「我的身世比較複雜，有人曾努力尋求我的家譜，甚至追溯到上古時代，可是也有些人說我是平民出身。這些都是錯誤的，波拿巴家族，曾經是科西嘉島的望族，雖然算不上高貴，但總比那些只會吃喝享樂的紈　子弟強得多。」

說這些話時，拿破崙才十六歲，一些貴族子弟常取笑他。青少年時期所受的蔑視，在他的頭腦中留下了極深的烙印。因此，當他能夠呼風喚雨時，當然不會去提拔那些無能的舊貴族。他並不是眞正的貴族，所以對門第、出身並不看重。表面上看，他是法國人，其實血管裡流著義大利人的血，所以他也沒有把自己眞的融到法蘭西，正如他不能接受舊貴族一樣。他以自己的意志，征服了法國，也征服了貴族，但卻總覺得失落。

拿破崙爲法蘭西贏得了無數的榮譽，不過，這些在與正統君主們較量時，並沒有占到多少便宜。因爲他不是純正的法國人，法國並不是他心目中的祖國，只不過像他鍾愛的情婦。所以，他追求她，能爲之獻身；但也可以拋棄她。正是這種不確定感，給了他快樂。他說：「我只熱戀一個情婦，那就是法蘭西。她對我始終如一，爲我不惜一切。如果我需要五十萬青年，她會毫不猶豫地交出！」情人間也會有產生矛盾的時候，因爲，他們想彼此控制。拿破崙這位專制的情人說：「蒼天可鑒，我所做的一切都是爲了法國！如果我給她的自由不夠多，那是因爲她不需要如此多的自由。」他常常孤傲地站在客廳中央，目光犀利地掃視賓客，大嗓門地說話。如果只有親信在旁邊，他會更加尖銳的批評：「總是那高盧人樣！輕浮，虛榮！他們什麼時候才能夠改掉這些壞毛病？」

同樣地，法蘭西對他也持懷疑態度。他們用拿破崙自己的話說：「登上帝位後，你已經不是法國人。你把自己搞得像是漂泊的荷蘭人，但就算外國的環境再好，它畢竟還是外國。」羅德雷評價拿破崙說：「他打錯了算盤。法蘭西對他不會比對拉法葉更熱情。他們崇拜、尊重他，是因爲他有利用的價值。」這樣的關係當然不會穩固，因此他的作用失去時，情婦就會無情地拋棄他。

拿破崙說：「如果我還有來生，一定要知道像高乃依這樣的詩人會如何評價我。」他非常崇尚歷史，認爲這是眞正的哲學。如果他沒有如此癡迷於歷史，也許會有不同的人生之路。他的理想與計畫，始終圍繞著歷史與想像，前者屬於理性，後者則歸於感性。歷史，讓他的思想翱翔於現實之外。在那樣的時代，他才能出衆，特立獨行，只有歷史能夠爲他提供借鑒。凱撒是他奮起的動力，在羅什福爾，提米斯托克裡斯成爲他的榜樣，從而決定退出政壇。

拿破崙任第一執政時，甚至有過寫幾篇羅馬史的衝動，以證明「凱撒沒有想當國王的念頭，他遭到暗殺，原因是他想聯合各政黨來建立新秩序。」他說，凱撒被害的地點是元老院，當時那裡有四十名反動份子。其實，他是借此暗示，必須清除參議院。

爲了紀念自己的豐功偉績，拿破崙派人把八座精美的大型浮雕安裝在凱旋門上。他常常邀請各國歷史學家和藝術家，與他們交流，目的在於透過他們，使自己名垂千古。當他發現自己的畫像太過逼眞時說：「當年，亞歷山大大帝沒有坐著讓人畫過像。」因此，他要求畫家畫一幅「騎在馬上，神態自若」的像。他喜歡腓特烈大帝的書齋，經常在那裡發布軍令。在無憂宮時，他把曾經爲腓特烈大帝作傳的作家請來；在倫巴底，他參觀奧古斯都門；在馬德里和莫斯科，他仔細地了解西班牙國王和俄國女沙皇的生活習慣。他樂此不疲，結果表明，這些都是值得的，它們幫他圓了早年的英雄夢。

拿破崙的一生，不斷用自己的雙手記錄著自己的歷史。軍務日誌中，戰役的開始、結束，他都詳細的記錄。他把這當做藝術來對待，爲的是給後人留下史料，也留下自己的英名。當他得到義大利王冠時，回想起了五年前的事，如同處在夢中：「不久的將來，也許，我們會在尼羅河畔得知，計畫已成泡影。那時，失望甚至是絕望；但是，我軍是不可戰勝的，義大利以爲我們還在紅海海岸時，我們卻如神兵天降，到達米蘭。」這期間，亞平寧山中的牧民都知道，他已經從埃及回到巴黎。

在與教皇的鬥爭中，拿破崙曾給歐仁寫過一封長信，而且以歐仁的口氣寫給教皇。信中說：「能與拿破崙並駕齊驅的只有居魯士[5]與查理曼。」拿破崙在春風得意時，對奧地利大使說：「你要清楚，我，是羅馬皇帝，夏多布里昂怎麼能把提比留斯[6]與我相比？他不過管轄從羅馬到卡普里的地區！圖拉眞[7]，奧勒良[8]就是另一回事。他們依靠自己的能力成功，名揚四方。你看不出來我與戴克里先[9]政權的相似之處嗎？影響力散布四方，到處都是帝國的眼線；如此的統治一個從根本上就驍勇善戰的帝國。……實在是個生來就要當凱撒的人啊！」

在這些榮譽與成就後，我們可以從一個歷史的角度來看這個人的個性。他就如一個喜愛下棋的棋士一般，熱愛的是下棋本身。在一場勝利過後，他可以很快地從大戰的熱情中跳脫，冷靜的從敵人的失敗中吸取經驗教訓。他與俘虜談話時，常常說：「你應該這樣，而不是那樣。不然，勝利就是你們的。」

他曾在瓦格拉姆勝利後，對布勃納伯爵說：「我知道你們都非常勇敢，攻擊力極強。你們知道我有多少兵力？……看來，你們的消息很靈通嘛！參觀一下我的部隊如何？……那好，看看我的地圖吧！阿斯佩恩－埃斯林戰役失利，是我的錯誤。」但是，滑鐵盧戰役是拿破崙心中解不開的結。在聖赫勒拿島，有個軍醫魯莽地問他對威靈頓的印象，拿破崙沒有回答。

拿破崙非常重視自己的聲譽。爲了自己的名聲，他願意付出一切。他不只追求當時的榮耀，而是要像拉丁文那樣，世代流傳。因此，名垂青史，是他奮鬥不已的目標。雖然，他明明知道生死無常。

他曾修改加冕誓言，宣誓中不僅包括保護法蘭西的疆域與人民，還要致力於臣民的榮譽。他讓人在諾曼第古戰場上，樹起紀念碑，上面鐫刻著：「偉人惜英雄」。他不只在戰場上暢想未來，在他命人爲失業者建房時，他說：「爲官一任，定要造福一方百姓，令後人能夠感念我們的恩德。」在他即將退位之時，堅決不肯放棄領土，因爲，這些領土記載著他的英名。

離開人世之前，拿破崙由衷地感嘆：「對榮耀的熱愛就如撒旦爲了爬上天堂而造的橋樑，榮耀是地獄般的過去與光榮的未來之間的連結。除了名字，我什麼也沒有給兒子留下。」

孜孜不倦

精力——拿破崙的又一性格要素。他的精力從何而來？

計算應該首當其衝。這並不是上帝賜予的，他說：「作戰之前，我會與自己辯論，不停地否定自己……對於作戰計畫，我會愼之又愼。我會做最壞的打算，表面上看，我很輕鬆，其實內心高度緊張。」

有一次，他對羅德雷坦率地講出了自己的心緒：「我不停地工作，思考再思考。如果說我對某件事已經胸有成竹，必將在此前深思熟慮；哪怕是細枝末節，也要前思後想。我要考慮到所有可能，其實，哪裡有上帝在保佑我？只不過我比別人考慮得更成熟而已。」

正因爲如此，拿破崙對每件事都精益求精，都以數位化思考。他的勝利，就源於他的數字推理。如果哪個官員彙報說，命令已經執行；拿破崙會把這種沒有具體解釋的報告退回，要求詳細報告。事無鉅細，他件件認眞，以此來決定下一步的工作。他在給歐仁的信中寫道：「三百多萬份肉食你是怎麼發的？……我應該能夠知道乾菜、酒、鹽和酒精的總數。我要求按軍團，按單位計算。你怎麼能讓他們籠統地算出一百多萬份乾草？你要清楚，我只有七千匹馬……什麼，四個月要十一萬法郎！那麼一年就是四十萬！這筆錢可以供養整個義大利了！」

拿破崙的信件，全部由他口授，然後從軍事或行政部門發出。不過，要想從信件中詳細地了解拿破崙的思想秉性，不免有些以偏概全。即使他在義大利戰局不利時，也會想到給國內去信。有一次，雖然軍事繁忙，他還是給那不勒斯國王繆拉寫了信，詳細地給他講解舞會上應該怎樣接待賓客，什麼時候去劇院，應該邀請什麼樣的人，不能請哪些人等。籌備埃爾富特與帝王們的會談時，拿破崙忽然想到，要找個負責人，把女演員們介紹給大公。他對法國社會問題的安排，最能說明問題。他說：「一般，每個家庭會有六個孩子，可能會有三個夭折，長大成人的三個中，兩人接替其父母，還有一人可爲國效力。」這就是他的精確計算！

另外，他的精力還體現在辦事的高效率上。他經常在命令中加上「快，行動起來！講求效率！」這句話。普魯士國王曾說：「你看他騎馬的時候，總在疾馳，至於後面發生什麼，他就不管了！」不過，拿破崙在談判桌上比騎馬要高明得多，必定要三思而後行。他的口頭禪是「分秒必爭」。因爲，他總有做不完的事。

有一次作戰期間，拿破崙寫信批評貝爾納多特：「因爲你的緣故，耽誤了我一整天，你可知道，戰場上分秒必爭！」

拿破崙毫不顧惜自己的身體，這也累壞了他的下屬。戰場上，他驅使將士們快步如飛；對於公務，同樣不放鬆。在與俄國簽約時，他要求塔列朗兩小時內擬出條約。爲了要解釋他爲何需要再婚，他下令法國駐外使節在一天內發出通告。一天夜裡，他突發奇想，要增加巴黎的人口。第二天早晨，他就吩咐內務大臣：「我要求巴黎十年之內，居民人口增至二百萬。你對此有何建議？」

有大臣提出：「陛下，能否改善巴黎的供水情況？」拿破崙聽了說：「你提得很好。明天，就會有五百人去拉維萊特開鑿運河。」

拿破崙曾這樣評價自己：「我很清楚自己的身分，雖然十二音節詩的格律我永遠也記不住；但是，有關部隊的情況，我瞭若指掌。」他如此說，是因爲知道自己有著超出凡人的記憶力。作戰過程中，各國重要關隘位置，他記得一清二楚。郵政局局長說過：「陛下能夠順口說出兩個城市間的距離，而我放下參考資料就一個也不知道了。」

他記憶的訣竅是把他的腦袋「當成一個衣櫥」。他說：「當我想要先把某件事情放一邊去的時候，就把關上一個抽屜並打開另一個。每一類的事情從來不搞混，放在它們該在的抽屜裡。等我想睡覺的時候，我就把所有的抽屜關上。」

當時，那些暴發戶們喜歡找到一種事物作爲自己的宗譜徽章。如星星、保護神、猛獸等。拿破崙將蜜蜂作爲皇朝的徽記，這與他的觀點相吻合。即：能者上，庸者下。他認爲，勤奮是成爲天才的重要因素。他自己則夜以繼日地工作，這是他生命中最重要的事。他因爲勤奮而擁有榮譽，爲後代青年樹立了榜樣。

許多人都親眼看到過拿破崙連續工作的情況。他的好朋友羅德雷曾說：「他的精力旺盛，能夠長時間地工作而不知疲倦。甚至可以不間斷工作十八個小時，而且能夠交替做幾項工作。我從來沒見他懈怠過工作，就是在極疲憊的狀態下，他仍舊會全神貫注地工作。起草法典的日子裡，不管埃及傳來什麼樣的消息，也不會影響他對這件事情的關注；而法典工作也沒有影響他對埃及發布命令。他能夠專時專用，同時會見縫插針，利用一切可能利用的時間工作。」

因此，拿破崙對下屬的要求也極為嚴格。他的私人祕書常常在深夜被召見，凌晨四點才能休息，可是七點時又有了新任務，還必須兩小時內完成。有時，會議要從晚六點開到第二天凌晨五點。在維也納蕭恩布魯恩宮的三個月時間裡，拿破崙的公文信件達四百三十封，這還不包括他的私人信件，同時他還下達了無數的命令。他憑著充沛的精力，主宰著法蘭西。他認為，自己的統合能力，無人能及。他能夠隨時根據需要改變計畫，不斷調整組合。

拿破崙認為，勝利是大家共同合作、齊心協力的結果。任何一個人的失職，都會影響到大局。他不會讓激情左右自己的決定，自信和尊嚴使他能夠克制自己的情緒。歷經磨難之後，他對任何事都能夠泰然處之，曾說：「我飽嘗世間的磨難和挫折，當它們再次降臨時，我已經處變不驚，只是在一小時後，才會感到痛苦。」得知奧坦絲的長子夭折，他去信安慰道：「活著就要經受苦難。勇者才能戰勝挫折。」

當然，拿破崙也有情緒激動的時候。他有些神經質，有時令他狂怒不已。有一次，貝爾蒂埃被塔列朗挑撥，惹怒了拿破崙。拿破崙氣得臉色鐵青，一把揪住他的衣領，用力推到牆上，吼道：「要是你再敢說這些話，看我怎麼處置你！」有時，窗子怎麼也關不上，他會把窗子卸下來扔到街上。

不過更重要的是，有時候他會以發怒爲手段，藉以達到某些政治目的。過後，他往往會承認自己的手段：「你看得出來我剛剛不是眞的生氣嗎？」那次在華沙的時候，他說：「你錯了，在這裡，我還沒有眞的發怒過。」某日他在跟他的小姪子玩鬧，並快樂的與宮女交談、開玩笑。突然英國大使來訪。他如一個演員般瞬間變臉，在衆目睽睽之下以暴怒到顫抖的姿態對英國大使破口大罵了一個小時。或許他眞的對英國人以及英國大使的來訪感到不滿，但這個狂怒的形象事實上是一次政治性的演出。

這些狀況讓許多人認爲拿破崙是個情緒化的人。還是塔列朗了解拿破崙，他說：「他比魔鬼厲害得多，不知矇騙了多少人。看到他在發怒嗎？那是假的，是他在表演！」

所以，拿破崙是個理性的人，他沒有因爲情緒而處罰過敵人或叛徒；對於被他擊敗的敵人，也能平等相待。

拿破崙的精神力量，是他得以成功的重要因素。這不是一般的想像，而是得益於多年的戰爭經驗。他說：「戰鬥中，我很少抽劍，我用的是眼睛，而不是武器。重要的是，整個過程中，讓自己保持旺盛的鬥志，這樣才能勝利。」

軍人的基本素質——勇敢，在拿破崙身上有著不同的體現。每次戰爭中，他都英勇殺敵，但他卻說：「人是會懼怕死亡的。」他自信地認爲，自己具有臨危不懼的勇敢。但他鄙視兩人間的決鬥，認爲那是毫無意義的。

這位軍隊的領導者很清楚知道人性與冷血的界線在哪裡。同一個人，一次對書房裡對梅特涅喊道：「對我這樣的人來說，不會因爲行爲涉及百萬人的性命就裹足不前。」卻亦可以在戰場上說：「如果各國君主目睹眼前的慘狀，就不會再發動戰爭了。」他在給約瑟芬的信中說：「戰爭中，屍體和鮮血隨處可見。看到這些，我十分難過。」在維也納蕭恩布魯恩宮時，他寫道：「我剛剛知道，洛包島上有近兩萬俘虜在挨餓，這是不人道的。請馬上送去麵包，讓他們吃飽。」可是，當他聽說停戰之後，還有法國士兵被殺，怒不可遏地下令：「洗劫村莊，並要放大火燒，讓他們不敢再輕舉妄動！」

拿破崙把戰爭看做藝術。他說：「不要以爲讀了若米尼的兵書，就能指揮作戰！……我經歷過六十次戰役，卻不敢說精通戰爭。」西班牙戰役後，他勸導一名將軍：「戰略是能否取勝的關鍵，而軍隊的裝備則在其次。」同時，他認爲軍隊的士氣在作戰中尤爲重要。他甚至會說：「有時，生死存亡的一刹那，會因爲突發的靈感決定最終的勝負。」其實，他這樣說不是沒有根據的。人們在經歷過戰爭後，會有一定的經驗積累。他說：「戰爭中，最勇敢的士兵也會想到退卻。關鍵之時鼓起他們的勇氣至關重要。」

作爲三軍統帥，拿破崙深知正確指揮的重要。他給哥哥約瑟夫的信中寫道：「國王帶兵時，士兵們是不會覺得有人在領導他們的，軍隊看到國王只會歡呼而已。如果一個人不是將軍，就不要占著統帥的位置，一定得給予將軍完整的權限去領兵。」歐洲的君主中，只有拿破崙出身軍隊。因此，他熟悉軍中的一切，了解將士們的心理。他自己也說：「關於戰爭的兵力、器械、炮火等，我樣樣精通。」

拿破崙在軍隊中一視同仁，革命的平等思想體現得最爲充分。表現突出的人才能受到嘉獎，雖然，他對自家兄弟沒有如此，但是，當他發現兄弟們的失職時，會嚴厲地責罵他們。他曾斥責熱羅姆說：「你的信寫得模糊不清，記住，戰爭中必須精確、肯定、明瞭！」得知約瑟夫在布倫大擺架子，與別人攀比時，拿破崙指責他說：「任何人都無權超過統帥。這裡，只有將軍！親王沒資格設宴。管好你的團才是你應該做的。」

埃勞戰役中，損失慘重，拿破崙禁止一位有名的醫生特別先跑去看一位受傷的將軍。拿破崙說：「所有的傷患平等，你要一個一個傷兵的好好照顧。」戰鬥結束後，拿破崙總會站在傷患旁邊，看到他們被抬上擔架才放心：「這是個勇敢的戰士，救活他就少了一份損失。」軍營中，他會對士兵噓寒問暖。士兵們也敬愛自己的統帥，甚至會與他講知心話。他叫他的士兵們「我的孩子」，士兵們稱呼他為「小班長」。

「我收到你的信件了，親愛的同胞，」他寫信給一位想要再回役的已退伍老擲彈兵，「你不需要再跟我敘述你的戰績，我知道你是我們軍隊中最勇敢的擲彈兵，能再度有你在我軍中是我的榮幸。相關部門會寄徵召令給你的。」

他從來不會跟任何人講自己的作戰計畫；但當他有疑問關於論功行賞時，他會徵求大家的意見，然後親手頒發鷹章。「軍官指出功勞，士兵們確認，皇帝核准。」這是塞居爾親眼看見的。

拿破崙的確喜歡戰爭，不過是以欣賞藝術的角度去喜歡，就如他喜歡權力一般。有一次他對著一位旅人半信半疑的笑著，那位旅人對他說在中國有某個沒有武器的島嶼。

「什麼意思？但他們總會有武器的！」

「沒有的，陛下。」

「長戟之類的，或者弓與箭？」

「這些都沒有。」

「匕首！」

「連匕首也沒有。」

「那這樣他要怎麼打仗？」

「那個島上從來沒有發生過戰爭。」

「什麼，沒有戰爭？」

那旅人堅持這個島嶼的存在，快把拿破崙搞瘋了。一個生來就是士兵的人沒辦法理解這種事情！其實，在內心深處，拿破崙也渴望和平，只不過這種願望算不上強烈。他屬於新時代的軍人，懂得精神勝於武力。著名雕刻家卡諾凡爲拿破崙雕塑的大理石像，拿破崙看後，覺得面部表情過於嚴肅，不滿地說：「那雕刻家以爲我是靠拳頭征服世界的嗎？」他覺得自己不只是個士兵，更是個領導者。當他還是第一執政時，他在議會裡說著：

「要怎麼評斷一個好的領導者？從他的心理素質開始：『觀察、計算、決定、口才、對人的了解。』但這些素質只是基本能力而已……如果個人能力與勇氣很優秀就可以當領導者的話，隨便一個勇敢的海盜就可以領導軍隊了。在世界上每個地方，殘暴的武力都威脅著道德價值。手持刺刀的人會在富有知識與內涵的人面前鞠躬……我非常清楚我自己是怎麼樣的人，身爲一個軍隊的領袖，我會讓科學院的人感到無聊；而任何一個年輕的鼓手都可以了解我的話。」

後來，他說得更具體了點。

「戰爭是時代的錯誤。總有一天，時代會進步到勝利不需要憑藉大炮與刺刀……到時不論是誰想要打破歐洲的和平，都不會成功。」

請記住這些是拿破崙，一個軍隊將領講的話。

* * *

他主要的精力都集中在人們身上。他很少硬去跟自然力量作對；少數有的幾次，結果都是慘敗。有誰比拿破崙征服過更多的人嗎？他所征服的不僅是軍隊與人群，更包括獨立的思想。

他認爲，每個人的行爲，最終目的是利己。人們因爲享樂、貪婪等而聚斂錢財；或者因爲虛榮、嫉妒而追逐名利。他覺得沒有什麼是至高無上的理想，所以，他依賴物質手段，當然，有時也會追求永恆的榮譽，但這不是他的本意。用歌德的話說：「拿破崙活在夢想之中，卻沒辦法理解無私的理想到底是什麼。他排斥無私這個想法，不相信這東西存在。其實，他總在爲實現自己的理想而奮鬥，卻不承認這個理想的存在。」

拿破崙的觀點是「人性中善與惡、勇敢與怯懦，是與生俱來的；至於後天發展如何，決定於他所受的教育和所處的環境。」他的成功就在於，善於利用人的天性。他能夠洞察別人的心理，曾說過：「我喜歡分析……『爲什麼』和『怎麼樣』，讓我不斷地進步。」有時，訓斥人也是他的一種手段，因爲我會根據他們的反應，知道他們在想什麼。這就像戴著手套擊銅，無聲無息；如果換成用錘擊銅，就會鏗然發聲。」

談話和提問，是拿破崙了解不同人的方法。有時，他的問題多得讓人難以承受，連珠炮似的發問，讓對方不知所措。另外，他喜歡自說自話。他的一個親信說：「我們的帝王有自言自語的愛好，並且以此爲樂！」有時，他與人談話長達五到八個小時，甚至會更久，而且幾乎都是對方在聽他說。他的語速很快，法語並不純正。

拿破崙是個非常節儉的人。他在執政期間曾說：

「人們都會認爲，我贏得了這麼多戰爭的勝利，一定會有些資產。其實，我現在的財產只有八到十萬法郎，再加上我的住房。做人何必要貪婪呢？有一天法蘭西不再歡迎我時，我可以無牽無掛地離開……可是，我周圍的人都在盜竊，聚斂了大量資財……怎麼辦？法蘭西已經腐朽。小人得勢後，總會想盡辦法爲自己謀得利益……裝修杜樂麗宮，他們竟然開口要二百萬！我要求縮減到八十萬，這幫無賴！」

「可是，你在戰場上耗費的錢比這些多得多。」羅德雷對他說。

「所以我更要節儉。」他能夠克己奉公，看不慣周圍的人貪贓枉法。

如何應對人，拿破崙有他自己的一套方法。每一步，都經過深思熟慮，不同的人不同對待。對於元帥和將領，只要他們立功，拿破崙就慷慨地賞賜。於是，這些人擁有了財富與榮譽。當然，拿破崙也因此而獲益：首先，群星燦爛，他自己也臉上有光；其次，將領們會因此更加依賴於他。那些窮苦出身的軍人，暴富後肆意揮霍，欠下債務時，只得求助於他。因此，他可以更好地控制這些人。關鍵之時，全憑他一人做主。

將帥中對拿破崙忠心不二的，應該是貝爾蒂埃和迪羅克。內伊則把自己比成上好子彈的槍，隨時聽候帝王的吩咐。而拿破崙，只對早年的戰友，或者能夠共患難的人才有感情。拿破崙離不開這些戰友，雖然他會對這些人毫不留情地發脾氣。瓦格蘭姆戰役後，他在營帳內責罵馬蒙，怪他把事情弄得一團糟。但是，十幾分鐘後，又任命馬蒙爲元帥。當他情緒低落時，甚至會厭世：「我覺得戰友都不可以信賴，我處在痛苦之中。」

即使是早年的朋友，如果犯了錯誤，哪怕是元帥，拿破崙也會鐵面無私地責罵。他曾訓斥朱諾：「你簡直荒唐得可笑！難道不明白自己是幹什麼的？別讓我再看到你！」在倫巴底，他指責一個將軍：「因爲你的無能，貪污成風。爲什麼我到今天才知道你膽小如鼠？滾吧，我不想再見到你！」在西班牙，有個將軍臨陣投降，半年後，拿破崙見到他，當衆斥罵了一個小時：「普通人可以投降，失敗是正常的。也許，我也會成為俘虜。但是，榮譽第一！戰場上，統帥投降，就該被槍斃！你投降就是犯罪，貪生怕死的東西……」

對於那些外國使臣，他利用坦白來讓生性多疑的傢伙們緊張不已。「機智與坦白在外交裡比狡詐好用多了。那些外交的老把戲都已經過時，他們的手法早已被研究透徹……沒有什麼比背叛更容易暴露出自己的弱點。」

在與英國重新開戰之前，他告訴英國使節法國海軍還需要多少年才有辦法跟英國海軍對抗，但他同時解釋他可以在多短的時間內召集到四十萬大軍。在蕭恩布魯恩宮，他對奧地利的談判人員說：「我話說到這裡。如果你們打敗我，我會同意更多優惠的條款；但如果我贏，你們的狀況可就艱辛了。自己想清楚吧，我想要的只是和平而已。」

拿破崙會透過察言觀色，了解他們的心理。生日那天，外賓們站成半圓形，拿破崙走到梅特涅面前停下來說：「大使先生，能告訴我貴國的皇帝需要什麼？難道想讓我去維也納？」他的態度蠻橫，目的是讓全歐洲知道他的威嚴。可是，兩天後梅特涅私人覲見時，拿破崙說：「現在沒有外人，我們不是法國皇帝與奧地利大使，不用說那些給其他人聽的話。」

第一次與奧地利議和前，拿破崙把會面地點安排在狩獵場。他不想要碰到被他擊敗的奧地利大公，以免他的和平宣言被質疑。他說：「我只打算在那裡花兩個小時，一半時間是吃飯，另外的一半時間在和對方談論戰爭。」他接見科本茲伯爵[10]時，親自布置杜樂麗宮的會客室，天色已晚，卻只點了一盞燈。沒有椅子，只有一張安排好位置的沙發。當塔列朗引導伯爵進會客室時，伯爵甚至難以看清拿破崙在哪兒，只好迷惑地坐在主人給他安排的沙發上。

接見王室與大公們時，拿破崙更是絞盡腦汁。在提爾西特，他在兩天之內遍邀親王大公，讓自己變得像是主人；在德雷斯頓，雖然爲客，仍以主人自居，廣納名流。不過，他絕不與王后們來往。

對於各國民衆，拿破崙卻不能夠得心應手了，與法國和義大利人的相處算是不錯的。他對參政院說：「我盡可能滿足大多數人的意願，即講求民主。當我想要結束在法國國內的戰爭時，我是個虔誠的天主教徒；在埃及，我是個土耳其人；當我想要贏得義大利人的心，我是翻越阿爾卑斯山的勇士。如果哪天我想讓猶太人認同我，我就會重建所羅門的神廟。這就是爲什麼當我在聖多明哥的部分地區鼓吹解放奴隸，卻讓島上其他部分維持奴隸制度的原因。」

他的政策在黑人國家裡並不太成功；在波蘭較好些。最令拿破崙感到棘手的是德意志人，因爲，他們所具有的特質，正是拿破崙所缺乏的；所以，他對德意志人總是喜憂參半。在埃爾富特，他想透過戲劇影響德意志的國王大公們，卻禁止上演喜劇。他說：「萊茵河這邊的人，不懂得喜劇。可以演高乃依的《青娜》，這部戲人物風趣，而且裡面有講述王室仁慈的內容，會對我們有利。」他覺得德意志人比較固執，會對當甘公爵之死耿耿於懷。拿破崙說：「我們要開拓他們的道德視野，這樣可以緩解心情抑鬱。德意志有許多這樣的人。」

法國的民衆對拿破崙是望而生畏的。十年中，人們一直懼怕他。他自己也說：「統治者在民衆面前，要具有威嚴，不可以討好群衆。那樣的話，如果滿足不了他們的要求時，就會怨聲載道！」不過，這種嚴厲與他天性中的眞誠相矛盾，有背於他的本意。他沒有能力用金錢去拉攏群衆，於是，用皇冠、排場等來吸引群衆。只是，這樣一來，他與民衆的距離逐漸疏遠。

於是，他想透過宗教來控制人民。他曾在參政院講話：「什麼是宗教？我覺得它並不神祕，只是一種社會秩序。它宣揚平等，給人們創立了天堂的概念，爲的是讓窮人安分守己……如果財產平等，社會將難以存在；可是，沒有宗教，就難以實現財產的不平等。富人揮金如土，窮人餓死街頭，爲什麼會有這種事實？因爲人們把希望寄託在上帝身上，相信死後能進入天堂。」

不過，拿破崙還是會盡力救濟窮人。當然，群衆也是他利用的物件。他說：「萬民之主，能夠扭轉乾坤，統治世界，並不是因爲他是領袖，而是因爲他發動了群衆。影響君王的人，頂多是個陰謀家；能領導群衆的人，才有能力改變世界。」

想像，也是拿破崙性格中的要素之一，豐富的想像帶給他自信和動力。然而，也正是因爲他的幻想與現實不斷發生衝突，最終導致了毀滅。

拿破崙說：「我到底該怎麼做？一切都處在變化之中。我不能支配自己的思想，只得任憑它們發展……人總會受到事物發展規律的限制，而且要適應環境。」這是他寫給妻子的家書。那些想像力極強的人，是不會讓自己被原則捆住手腳的。他會與時代同步，放飛自由的心靈，在前進中尋找未來。所以，時代造就了拿破崙，他的成功並不是偶然的。他說：「思想敏銳的人不會在意理論，他只不過利用理論，就像幾何學者，絕不是想要按直線移動，只是不想改變方向而已。」

他的雄心壯志在歐洲。雖然，他不斷地透過戰爭朝自己的目標努力，但他是嚮往和平的。只是，時代和環境不允許和平，他不肯屈服於人的性格也造成了戰爭的結局。

至於自己的理想，他說：「首先，把每個國家的人民組織成一個民族整體，這樣，有利於統一各國的法律、原則、思想等；其次，可以依照美利堅合衆國或希臘同盟，建立歐羅巴合衆國。這是多麼宏偉壯觀的前景，必將無比興盛與繁榮！目前，法蘭西已經統一；只是，西班牙還希望渺茫；至於義大利，還得需要二十年才有可能；德意志就更難了。我要爲此而不懈努力，像統一法國政黨那樣，去爭取，去奮鬥。我不怕因此而招來非議，事實會向他們證明一切……歐洲應該聯合成一體，人們有共同的祖國。這是大勢所趨，總有一天會實現。」

愛多恨少

拿破崙之所以具有傑出的才幹和超人的想像力，是因爲他的思想清晰。戰場上，他可以犧牲成千上萬的性命，卻會爲一個受傷、流血的士兵傷心不已。約瑟夫曾對他說：「只有我是關心您的人。」拿破崙不高興地回答：「沒這回事。我需要的是五億人的愛戴。」

他有著極強的自信，認爲自己能夠肩負治理各國的使命。因此，他不免有些偏執。比如，在戲劇裡，他都不喜歡有愛情故事：「愛情只能導致悲劇。在拉辛[11]時代，愛情是人生的全部，當然不能期望那樣的社會能夠有什麼豐功偉績。」至於他本人，也會努力地排除愛情的影響。他說：「我沒有精力去顧及感情。我認爲，愛情是缺少理智的行爲！……我不會愛上誰，甚至連兄弟們也不愛。我佩服的是迪羅克，他嚴肅、果斷，從不會流淚！讓女人們去多愁善感吧！男人應該意志堅定，不然怎麼去領導戰爭，更別想統治國家。」他說：「達律才稱得上我的朋友，因爲他與我同樣地冷漠無情。」在聖赫勒拿時，他說：「我已經五十歲，還談什麼愛情。……我沒有愛過哪個人，也許對約瑟芬有過一點愛，可那時我才二十七歲。加西翁的觀點我很贊同，他說並不在意生命，甚至送給別人也不可惜。」

他不願意承認自己熱烈的感情，頂多用「可能」、「有一點」來形容。他事實上也說過「我是我情感的奴隸，我珍視我的心多於我的頭腦。」

他對約瑟芬的感情，也不一定是出於眞正的愛，或許更多的是因爲嫉妒。後來，他在視察建築中的塞納河大橋時，遇到了昔日的情敵伊波利特。雖然事情已經過去，但他看到此人時，仍面色發白，心跳加速，好久才平靜下來。

不過，自稱冷血的拿破崙也有仁慈的一面。有一次，在義大利戰場上，有隻狗在主人的屍體旁嚎叫，他同情地說道：「可憐的傢伙，在爲它的主人傷心嗎？我被狗的悲痛感動了，甚至想寬恕敵人。現在，我終於理解了，爲什麼阿基里斯把赫克特的屍體扔給哀泣的普萊姆了[12]。無數將士在戰場上浴血奮戰，我卻無動於衷；也許，會有很多人有去無還，我都沒有落淚，爲什麼竟然被那隻狗的嚎叫感動呢？」

拿破崙的信中，常常充滿了深情。他在致康巴雷斯的信裡寫道：「我剛知道你生病了，非常著急。你還好嗎？眞希望你早日痊癒。你自己也要努力啊！儘快恢復健康，就算是爲了我對您的友誼，也該如此。」他在致科維塔的信中寫道：「親愛的醫生，您趕快去看望一下首相。首相病了好幾天，我怕庸醫耽誤了他的病。另外，別忘了去看看拉塞佩德。他的夫人前些天也病了，要抓緊治療，讓他們早日康復。他們都是我愛的人，您務必要治好他們。」

謝尼埃，一直撰文反對拿破崙，但困頓時，拿破崙卻出錢資助他，而且給了他一份工作。卡爾諾身負巨債時，拿破崙替他償還所有欠款，而且給他一大筆養老金。卡爾諾爲此要爲拿破崙工作，拿破崙只是讓他撰寫一篇軍事論文，讓他得以心理平衡。

百日王朝期間，拿破崙還曾暗中派人給舊貴族送去錢款。有一次，拿破崙無意中發現一封請求救濟的申請書，於是，在每份申請書邊上都寫上要給的數目，後來一一兌現。雖然他在生氣時，揚言要槍斃無數的軍官，但實際上仍然讓他們留任原職，他們最終卻背叛了他。

不過，他要求幾個朋友對自己必須無條件服從。這是他以自我爲中心的性格造成的。在聖赫勒拿島，蒙托隆有一段與他的關係不好，他說：「我把你當作自己的親生兒子，因爲，我愛你，相信你也愛我。我是個很專一的人，不會同時愛幾個人。父母們總愛自欺欺人，其實，他們絕做不到對所有的孩子一視同仁。我不能接受不完全的愛，那對我無疑是傷害。」

因此，拿破崙不喜歡西方婦女的開放。他嚮往東方，曾經說：「上帝的意思，婦女們要聽命於男子，只是我們被扭曲了，她們才敢踩在我們的頭上。男女不能平等！女人如同我們的財產，她們給我們生孩子，我們卻不會給她們生一個。男女有別，每個人在有權利的同時也有責任。女人已經有了美貌、魅力，當然要依賴於男人。」

拿破崙的一生，總被一個問題困擾著：即爲什麼沒有一個人能統治全人類？

他對宗教是排斥的，曾說：「我發現《舊約》中有一位偉大的人物——摩西。所以，我不能再接受譴責蘇格拉底[13]和柏拉圖的宗教。誰能證明，賞罰分明的上帝眞的存在？現實是，善良的人受到欺負，流氓地痞橫行霸道。看看塔列朗就知道了，他會壽終正寢。」因此，他不喜歡聽彌撒，從小到老，哪怕是流放到荒島，也不信奉任何宗教。對於自己的成就，他說是努力奮鬥的結果。《聖經》裡記載的種種奇蹟，他也不會相信。有一次，他對屬下說：「摩西根本沒有能力讓二百萬人解渴。」

什麼最終的審判？這對拿破崙是沒有威懾力的。他討厭空談道德，雖然有時會爲了政治目的偶爾爲之。在聖赫勒拿島時，他說：「如果上帝眞能看到我的委屈和困頓，並且能夠幫助我擺脫這種境況，我會多麼高興啊！難道這是非理要求？我問心無愧，不怕上帝審判。」因此，他決定，去世前不請神爲自己懺悔。不過，他又說將來的事不可預料。

拿破崙認爲，萬物都有自己的規律。他說：「打獵時，我曾經讓人解剖過鹿，發現它的器官與人的非常相似。其實，人只不過比它們高級一些而已。生物鏈起於植物，終於人類。」更令人驚嘆的是，拿破崙還發表過心理、物理學方面的言論。在聖赫勒拿的一個耶誕節，他說：「上帝爲什麼會允許一個暴君誕生，讓他驅使無數的士兵衝鋒陷陣，甚至丟掉性命？孩子的靈魂在何處？瘋子的靈魂又是什麼樣？誰能解釋電學、流體學、磁力學？也許，這就是大自然的奧妙所在。我覺得人的靈魂可能存在大自然環境中，當一個人出生時，腦子把它吸進頭腦來；等到死亡，它再回到大自然中，等著被另個人吸走。但又或許我們死了，就眞的是死了。」

但隨著年紀增長，拿破崙的有神論思想愈來愈明顯。有一次，因爲著名的學者拉普拉斯不承認有上帝存在，拿破崙說：「別人不承認，你也應該承認上帝的存在，因爲，你親眼目睹了造物主創造的事物。我們承認上帝，因爲事實證明了祂的存在。」在聖赫勒拿島，他說過：「確信上帝是存在的。」

這不是自相矛盾嗎？原因在於他的自尊。他不接受被擊敗的事實，只好歸咎於命運。在他強盛的時候，充滿自信：「我的心堅如磐石，閃電也奈何不了它。天掉下來，我們可以舉槍接住！」不過，他最終聽從了命運的安排。他說：「或許，上帝已經設計好這一切，命中註定，誰也無法更改。有誰能違背上帝的旨意嗎？」他曾對魏瑪伯爵夫人說：「請相信，上帝操縱著一切。我無能爲力。」可是，他對馮•米勒卻說：「總的看來，事物是相互聯繫的，冥冥中有隻看不見的手主宰著一切。我是受到上帝的眷顧，才取得些成績。」

不過，拿破崙不甘心把自己偉大的業績都歸功於上帝。路易有一把名貴的刀，猶豫半天，不知道該不該送給他。拿破崙知道後，從弟弟手中奪過刀：「放心，除了麵包，我不切別的東西！」一次，他得知約瑟芬出去算命，非常不高興；可是不久，他又問約瑟芬算命的情況。一八二〇年，施瓦岑貝格親王去世，拿破崙感到寬慰。因爲，他第二次結婚的那個晚上，施瓦岑貝格親王的官邸失火，他覺得是不祥之兆，親王已死，這下放下心來。

不過，他的決定從不會受到迷信的影響。相反地，他巧妙地利用這些，爲自己的政治服務。他在整個歐洲面前擺出「上帝的驕子」的姿態，對容易被誘惑的沙皇說：「順天而行，才能興旺發達。」有時，才能、天命和權力，會被拿破崙混在一起。他說：「運氣會讓我避開災難。」

拿破崙反對自殺。他執政後，明令禁止自殺。他認為自殺是懦夫的行為。不過，最後幾次戰役中，他曾有意戰死沙場。在楓丹白露的最後幾天，以及滑鐵盧慘敗後，拿破崙確實感到了厭倦人生。

一次，拿破崙站在盧梭墓前說：「如果這個人沒有到過世上，法蘭西會比現在安寧。」有人問為什麼，拿破崙回答：「他引發了人們的革命意識。」那人問：「您反對革命？」拿破崙說：「事實會證明一切。如果為了世界和平，盧梭和我最好都不要來到人間。」

慢慢地，拿破崙的思想在變化。但是，孤獨感卻自始至終伴隨著他；他說只有在沙漠中才感到自在。獨自坐在劇院的包廂裡，欣賞悲劇，這對他來說也不失為一種享受。也許，這預示了他的悲劇命運。他說：「什麼是幸福與不幸？沒有幸福，也就沒有不幸。」

拿破崙在岩島上說過：「世界在我的肩上，不堪重負啊！」

被困孤島

遙遠的古代，火山爆發，熾熱的岩漿從海底爆發，形成了小島。峭壁懸崖，像海中矗立的黑瘤，陰森恐怖。岩石上的大炮，讓我們知道這裡有人類居住。腳踩在地上，會聽到刺刺的響聲，那是風化了的火山岩層。

這，是大西洋中的一座死火山，遠離歐洲大陸，被英國統治。是的，它就是聖赫勒拿島。島上的農民勤勞質樸，東印度公司統治有方，因此，這裡也稱得上熱鬧。但是，沒有人願意長期居住在這岩層上。這裡約有一千二百名黑奴和中國人，他們住在這裡也是迫不得已，為那些住上幾年就走的白人服務。

在這個島上，人的壽命不會超過六十歲，因爲環境太惡劣了。氣候極其濕熱，天氣多變。剛才還悶得喘不過氣來，眨眼間便大雨傾盆。忽而熱得全身汗流，忽而冷得渾身發抖。白天暴曬，晚上又悶得難受。這樣的環境裡，痢疾、暈眩、發燒、嘔吐等極爲常見，更嚴重的是染上肝炎。英國每批新人來聖赫勒拿島換防，總要死上幾百人。島上的人患有疾病很正常，只有四、五處能夠不受季風襲擾，住起來比較安全。

島上有一塊寒冷的高地，海拔一千七百尺，荒無人煙，霧氣極重，最不適於居住。那裡，只有稀稀拉拉的橡膠樹，由於海風的摧殘，歪歪斜斜地苟延殘喘。這一帶被稱爲死林。拿破崙的住所就在這兒，英國人之所以選中此處，就是要害死心中的宿敵。

拿破崙沒來之前，這裡是五十年前建成的馬廄，此次臨時改成人住的房屋。那些黑奴和木匠，就在馬糞上鋪了地板。拿破崙搬進去沒幾天，地板就開始腐爛，臭氣彌漫，不得不住到另一間房子裡。他和隨從住進了牛棚。臥室陰暗、狹窄，褐色牆布上滿是白硝漬。做飯時，每個房間都能聞到油煙味，這倒與他三十年前在瓦倫斯時的情況有些類似。不過，那裡是乾燥的，而這裡潮氣太重，以至於每本書都是濕的。僕人的住處更是簡陋，一下雨就會四處漏水。

拿破崙有兩間小屋，每間長十四尺，寬十二尺，高十尺。臥室裡的地毯，已經磨沒了毛。屋裡的陳設極其簡單：薄窗簾、火爐、油漆木椅、兩張小桌、一個洗臉盆架和一張沙發，如此而已。書房只有一張桌子，兩把椅子。搖搖欲墜的架子上，滿是書籍，旁邊有張床。還好，拿破崙在臥室裡擺了些戰利品，有奧斯特里茨用過的小行軍床，外加一盞銀燈。

房間裡最多的客人是鼠！它們吃小雞，甚至敢咬病馬的腿，連貝特朗將軍的手也咬過。誰和老鼠同住？三位伯爵和一位男爵，還有他們的家屬，另外有兩名僕人。剛來時有四十人；六年後，拿破崙去世時還剩下一半。

拉斯卡斯[14]和他的小兒子在這裡住了一年。他是個流亡貴族，比拿破崙大一些。百日王朝時，引起拿破崙的重視，並且成了他的親信，被封爲伯爵。這是個辦事果斷的人，後來著有《聖赫勒拿島回憶錄》，得到幾千英鎊的收入。他的個子比拿破崙還矮，也和當年的波拿巴一樣瘦。他的修養很好，爲人隨和，是拿破崙流放期間最喜歡的夥伴兼祕書。他講笑話給拿破崙聽，逗他開心，而且還教拿破崙說英語。但遺憾的是，最終拉斯卡斯離開了這個島。此後，沒有人能夠像他一樣，帶給拿破崙快樂。

貝特朗[15]，對拿破崙的忠心無人能及。不過，他性情急躁易怒，不願意記錄拿破崙口授的話。貝特朗的夫人是克里奧爾人，年輕貌美，不甘心長年生活在這個環境極差的小島上，她總是懷念巴黎的日子，常常感到委屈。一天，吃飯時，拿破崙看到她的座位空著，非常不高興，說這裡可不是旅店。貝特朗聽了很是內疚，第二天，躲了一天沒露面，拿破崙爲此也很難過。他說：「如果在這裡不尊重我，比在巴黎時更令人傷心。」

古爾戈[16]，在拿破崙的最後幾次戰爭裡，身爲副官。他對拿破崙有著深厚的感情，追隨他來到聖赫勒拿島。可是，環境迫使他有些動搖：「我這麼做值得嗎？」來島上不久，古爾戈遇到了一位可愛的女士，爲此心神不定，在日記中寫道：「爲什麼我沒有自由？」對於拿破崙來說，這個年輕人很重要，因爲他懂得戰術，而且精通地圖學和數學。只是環境的原因，使得拿破崙的情緒很差，脾氣暴躁而且易怒。來到島上的第一天，就產生了矛盾。因爲，古爾戈年輕氣盛，不能容忍拿破崙對拉斯卡斯的器重。最後，拿破崙只得用命令壓制住古爾戈：「你們隨我來，讓我很受感動。現在，我們已經親如兄弟，要知道，有很多眼睛看著我們呢！」

孤島讓拿破崙學會了寬容，也學會了體貼，古爾戈對此感受頗深。他常常像父親似的和古爾戈交談，並許諾爲他找一個富有、漂亮的科西嘉姑娘。拿破崙會笑著對他說：「你是個男子漢，只是有些不夠成熟。」

不久，古爾戈的十字架被拉斯卡斯的僕人偷走了，拿破崙知道後，爲了避免矛盾，假說是自己拿錯了，親自還給了他。古爾戈發牢騷說錢不夠用，拿破崙勸他：「將軍！如果因爲錢少而逃跑，那是懦夫的行爲！」他告訴古爾戈，可以自由離開。不過，他會很快改變主意，對古爾戈說：「親愛的孩子，你看上去心情不太好。去沖個澡吧！那會讓你精神好起來。別胡思亂想了，不然會生病的。我已經不再富有，但仍有些積蓄。我知道欠你很多，所以我希望我的朋友們在這裡高興，如果你們板著臉，我會更加傷心。你知道我會有多難過？」大家聽了拿破崙的話，都感到很痛心、沉默，誰也不出聲。人們感到，這棟房子，就像將要噴發的火山。

接下來的幾天，大家都比較克制，沒有再發生新的爭吵。可是，和睦的氛圍沒有維持一周，一切又恢復了老樣子。古爾戈覺得島上的生活無聊而單調，兩年後，他就離開了這裡。走之前，口袋裡裝著聖赫拿巴島總督的介紹信。

蒙托隆伯爵陪同拿破崙流放到孤島，忠心可嘉。還是個孩子時，他就跟著波拿巴學數學。後來，追隨他參加過二十次戰爭。拿破崙死後，他對波拿巴家族的忠心仍然不變。在這個岩島上，他陪伴拿破崙度過了六年。回國後，又跟隨拿破崙的侄子一起被囚禁了六年。拿破崙執政時，貝特朗是宮廷總監，蒙托隆主管御廚，古爾戈負責御廏。來到島上後，三個人互相嫉妒，誰也不服從。時間實在是難以打發，幾個人無事生非。最後，誰也不理誰，必須要交流時就靠紙條傳遞意見。後來，蒙托隆的夫人和孩子們，離開這裡回到巴黎。

島上，誰對拿破崙最忠誠？僕人！這三個僕人中，馬爾尚跟隨拿破崙已經有四年了。另外兩個是科西嘉人，拿破崙離開法國時，找到了他們，這樣他把自己的出生之島與死亡之島聯繫起來。這三個人從不與敵人打交道，基布里昂尼是個話很少的人，桑迪尼時常請假，說是出去打獵。其實，他是想刺殺總督，然後自殺。拿破崙知道後，禁止他採取行動。不過，等桑迪尼離開後，他心中暗想：「科西嘉人都是好樣的！」

赫德森・洛爵士，監獄之島的總督。瘦高個子，年近不惑；紅頭髮，滿面雀斑，臉頰上褐色的斑非常突出，脖子上青筋暴露，淡黃色的眉毛卻很濃，甚至擋住了眼睛，難以正視。

總督的住所，地處島上避風最好的位置，花園是當地最古老而且最華麗的。拿破崙第一次見到他，心中暗想：「好可惡的一張臉！肯定是個陰險狡詐的傢伙，像個威尼斯警察似的。很可能，我會命喪他手。」

拿破崙並不是對島上的英國軍官都如此厭惡。其他的幾位軍官和海軍大將，都與拿破崙相處得很好。洛爵士與富歐不相上下，曾經是駐義大利的英國諜報處處長，如今懷著和富歐同樣卑鄙的念頭從事著現在的工作。他自認爲肩負著歐洲和平的重擔。

英國報紙，竭盡所能詆毀拿破崙。最令人生氣的是，很有名的一份英國報紙，毫無根據地誹謗拿破崙任意處死俘虜，並且說他的妹妹們作風下流。甚至，英國政府專門爲拿破崙制定了一項法案，規定：若有人膽敢企圖拯救拿破崙，格殺勿論。不過，一些輝格黨人，還有貴族院的兩位議員，對拿破崙充滿同情。這就是塞克斯公爵和霍蘭勳爵，霍蘭勳爵夫人還特意給拿破崙送來書籍和水果。另外一個貴族婦女，曾經對拿破崙恨得咬牙切齒。如今，卻勇敢地站出來，在倫敦四處奔走，爲他呼籲。有位偉大的英國律師寫下二十一篇論文，證明扣留拿破崙是不合法的。

至於那個總督，惡名昭彰。因爲他，整個小島才變成了監獄。爲此，他還特意制定了二十四條規定，如果有誰違反，將嚴懲不貸。他命人在詹姆士敦城大街貼上布告，禁止任何人與法國人交往，甚至不得擅自走近拿破崙住所附近。拿破崙等人的一舉一動，都受到嚴格監視。六年的時間，英國軍官們不眨眼地盯著這裡。有一面藍色小旗最爲重要，因爲如果發現拿破崙失蹤，將揮動此旗，可惜的是從來沒有用過。

拿破崙住所周圍，十二英里的範圍內爲界區，後來縮小到八英里。晚上九點開始，實行警戒，五十步一名士兵。貝特朗的家離這裡有一英里，如果九點後要見拿破崙，就要由兩名帶刺刀的士兵護送才行。

生來喜歡騎馬的拿破崙，在這裡只能在英國軍官的陪同之下，而且是在界內騎一下子。爲此，他提出抗議：「我對貴國的將士並沒有意見，經歷過無數戰火之後，在我心裡，軍人是一樣的。我不會做任何犯人做的事。」剛到島上時，拿破崙還不習慣對他的約束。有一次，他繞開英國軍官的視線，帶著古爾戈闖入私人園地，並告訴園主：「請爲我保密，別讓任何人知道我們來過這裡！」可是，到了後期，他從沒有出界過。有時會有要出去的衝動，可一想起要由英國軍官隨行，便又放棄了。

這樣，拿破崙的戶外運動愈來愈少，當然影響到了他的健康。更何況，當地的氣候如此惡劣。整天悶在屋裡，疾病迅速惡化，拿破崙常常感到兩腿腫脹。另外，赫德森•洛爵士只顧自己吃喝玩樂，常常忘記派人給拿破崙送新鮮的飲水或牛奶。拿破崙的胃病發作得更加厲害，想換張寬一點的床，都沒被批准，只好把沙發挪到旁邊！

來島後，所有人的錢都被沒收。沒辦法，拿破崙只好把一些銀盤拿出去典當。總督知道後，禁止居民購買，同時，派人以最低的價格買走。半年後，報上有文章指責他的野蠻行徑，讓他惱羞成怒，於是，規定了更加嚴格的條款，給拿破崙的飲食更為糟糕。

這個總督，比惡棍還可惡，想盡辦法折磨那些已經沒有自由的人。他在滑鐵盧周年紀念時，故意在長林附近閱兵，爲的是刺激拿破崙。如果郵局傳來諷刺拿破崙的作品，總督會特意叫人送給拿破崙的僕人；可是，有人把小羅馬王的胸像寄到島上時，卻被粗暴地沒收，說裡面可能藏有密信。拿破崙寫給英國攝政王的信，也禁止發送。後來，有人透過多方管道，把一綹小羅馬王的頭髮送到拿破崙手中。可惡的總督知道後，連忙向當局彙報，說有人企圖釋放籠中的囚徒。

他還曾假惺惺地看望過拿破崙。拿破崙等他走後，命人把咖啡倒掉，說：「剛才那個人離杯子很近。」拿破崙的身體狀況愈來愈差，總督卻把心地比較善良的英國軍醫奧馬拉調開。整個岩島，偵探遍地。他們監視所有的人，到實在無聊時，竟然會彼此互相監督。

拿破崙來到島上第三年，奧馬拉向倫敦彙報，說拿破崙的肝病，因爲氣候和環境的原因，再加上缺乏運動，情緒低落，病情大大惡化。攝政王應該看到了這份報告，但拿破崙依然被拘押在聖赫勒拿島。

陰險的總督假充好人，說他將努力爲拿破崙能夠騎馬鍛煉提供機會。其實，他的歹毒目的是，如果拿破崙再如此下去，很可能因中風而死。他說，要讓那個犯人死於慢性病，這樣，英國醫生就可以下定論，說被囚禁者屬於自然死亡。

剛到聖赫勒拿島時，拿破崙寫下了長達十二頁的抗議書，希望能帶到歐洲。他在文件中拒絕被人稱做「波拿巴將軍」，因爲那就否認了他的皇帝之位。很快，島上對他的限制愈來愈多，拿破崙被激怒了。他知道總督要來，就躲進屋內，告訴僕人說他不在家。

可是，有一天，他在花園中撞上了討厭的總督，他警告拿破崙花錢太多，要知道節儉。拿破崙忍無可忍：「你有什麼資格跟我說這些？不就是個小獄卒嗎？你能指揮的不是土匪就是逃兵。你可以處置我的生命，但休想讓我屈服！」總督聽後，跳上馬跑了。拿破崙嘆氣道：「如果在杜樂麗宮，我會為剛才的表現臉紅的。」

從此以後，總督對拿破崙的監視一如既往，但有事時只找拿破崙的僕人說，再也沒有與拿破崙見過面。有一天，他突發奇想，要見一見拿破崙。僕人們攔著不讓他進屋，忽然聽到門裡的聲音嚷道：「叫他帶上砍頭的斧頭。想闖我的房間，那就從我的屍體上跨過去。把手槍給我！」

直到拿破崙死後，總督才再次見到他。

這些日子以來，拿破崙總是盡可能地多睡會兒，好讓白天短些。鈴響後，馬爾尙進來，拿破崙問了天氣情況，然後，披上外衣，戴好頭巾。他想洗個澡，可是沒有香皂！奧馬拉醫生進來問候，和拿破崙用義大利語閒談，聊著島上的趣聞。喝咖啡，沒糖。報紙來了嗎？沒有。

古爾戈來了，開始筆錄。拿破崙邊走邊說，在小屋裡來回踱步，桌上，是一張埃及地圖。拿破崙經常和古爾戈一起吃早飯，然後，兩個人討論著如何用大炮作戰。下午，拿破崙坐在臥室的沙發上看書。累了，就看一會兒伊薩貝為他妻兒畫的像。書架上，有兩隻鷹和燭臺，是從聖克盧宮帶來的。中間，是小羅馬王的大理石半身像；牆上的鏡框裡，是他的四張小畫像。另外，還有一幅約瑟芬的畫像。對了，有個金錶，錶帶是用瑪麗・路易絲的頭髮編成的。

晚餐是一天中最豐盛的。拿破崙仍然穿著那件綠色舊軍裝，佩戴著榮譽軍團勳章。站在旁邊侍候的是個巴黎僕人。餐廳裡黴味很濃，基布里昂尼小心翼翼地為拿破崙切肉。人們默默地吃著，偶爾說上幾句話，內容大多是巴黎的物價。吃完晚飯，大家來到客廳，讀高乃依的劇本，已經翻來覆去念過許多遍了。拿破崙的感情過於充沛，反而念得不夠自然。有時候，聽衆會不由自主地睡著了。

每天要一分一秒地等時間，簡直是度日如年。這樣，過了六年。通常，用來打發時間的辦法是讀書，或者口授。以前，拿破崙一直沒有時間靜下來讀書。讀些什麼呢？大多是當初想讀卻沒時間讀的書。那時，他年輕氣盛，站在世界門外，四處求學，講求實用。如今，對他來說，世界的大門已經關閉。過去，他對歷史感興趣，現在，他開始研究詩文。其實，他本身何嘗不是一篇史詩？

最近開始讀《伊里亞德》，有時會讀到深夜。他說：「直到今天，我才能夠理解荷馬。他和摩西一樣，是時代的產物……我不明白，書中的人物爲什麼會態度粗魯？他們不是具有很崇高的理想嗎？」他不大喜歡奧德賽，認爲那些是冒險者的故事。他喜歡索福克里[17]的《奧狄斯》，另外，埃斯庫羅斯的《阿伽門農》，密爾頓的《失樂園》和《聖經》，他都很感興趣。《青娜》是他愛不釋手的作品。

當裝有書箱的船到達小島時，拿破崙會像個孩子似的高興。在島上，他蒐集了三千冊書，擠滿了潮濕的書架。只是，他讀得太快，一小時就翻完一本書，讀完了，就扔在地板上。爲此，僕人不停地爲他搬書。

開始時，拿破崙的動作和以前一樣俐落、敏捷。但有一件事被他忽略了：這裡，有的是時間。結果，他給自己規定的事很快就做完了。當年，與近衛軍告別時，他曾答應在厄爾巴島期間寫下他們的業績。可是，第一次放逐，沒有時間寫。這次，被流放後的第一年，就口述完成了全部內容。這部作品，源於一時的衝動和靈感。後來，他發現有本書對一八一五年坎恩登陸的記錄不眞實。於是，他滔滔不停地說，還向蒙托隆做著手勢，終於口授完當時的情況。此後，他憑著驚人的記憶，口述了百日王朝的全部過程。要知道，相關文件都在五千里之外呢！

有一次，他聽到下議院的一則消息，非常激動，連續口述十四個小時，直到記錄完畢。有時，連做筆記的人都支撐不住了，就換人接著寫。

很多時候，拿破崙會沉浸在對往事的回憶裡，尤其是當初取得的那些勝利。有人勸他：「陛下，爲什麼我們不記下義大利與埃及的戰爭，或者回顧一下執政時期的作爲？」於是，他開始口述那些戰役的詳細經過。幾個星期之內，三年間他所指揮的幾次重大戰役，無一缺漏。他在屋子裡走來走去，全神貫注地口述。屋外的一切，此刻對他都是不存在的。阿柯拉戰役被完整地記錄下來，拉斯卡斯嚷道：「《伊里亞德》也比不上這個精彩！」拿破崙苦笑道：「唉！你以爲還在宮中嗎？」

滑鐵盧之戰，拿破崙反覆口述了多次。因爲，儘管已成事實，他還是難以接受，爲什麼最終會失敗？後來，在一些英國的同情者幫助下，文件得以運往歐洲。於是，拿破崙竭盡所能，再次口述滑鐵盧戰役。他說：「這會讓我感到痛心疾首。」

當然，回憶錄中難免有失實之處。這並不是拿破崙有意而爲，因爲他想強調自己，才出現了失誤。比如，在講述戰爭經過時，有時會把下屬的功勞說成是自己的。但這並不影響大局，基本上是正確的。

可是，沒過多久，拿破崙對口授就失去了興趣。他曾打算用幾周的時間記錄一八〇〇年之戰，但卻拖延了下來。他吩咐古爾戈收集有關俄羅斯戰役的材料。當初，古爾戈也親自參加了一八一二年的戰爭。他開始閱讀一本描寫拿破崙的英文書，而拿破崙就在身邊，甚至會給他糾正書中的失誤之處！

拿破崙聽到巴黎來的消息時，會馬上口述答辯，而且條理分明，措辭得當。他曾計畫寫一篇關於戰爭藝術的論文，但隨即改變了主意，說道：「將來的軍官們會因爲打了敗仗而責備我，說是看了我的文章卻打輸。」他本身就是個重實踐，輕理論的人，不相信讀了兵法就能打好仗。如果口授中出現了問題，他最終會說得一清二楚。

有時候，會有訪問者來看望拿破崙。這樣，因爲情緒不錯，漫長的白天也顯得短了許多。英國旅遊者、學者、殖民地大亨，拿破崙都樂於接見。他們可以把他仍然思維敏捷的形象帶到歐洲。

拉斯卡斯的日記在歐洲發表後，引起了廣大人士對他的同情。他卻說：「你們去向歐洲控訴吧！我本人並無怨言。」隨後，又說，「我要嘛發號施令，要嘛就保持沉默。」

那些從島外來的人，會告訴拿破崙許多趣事。而島上服役的軍人，絕大多數都同情拿破崙。英國水兵上岸休假時，常常在他住處附近徘徊，爲的是找機會與他交談，並會送給他鮮花。拿破崙爲此非常高興。軍隊換防時，他會接見全體官兵，彷彿他們是法國人，而自己仍然是皇帝。他問將士：「服役多久了？負過多少傷？我最佩服的是第五十三團，希望聽到它勝利的消息。賓厄姆將軍，勇士們要離開你了，我知道你很傷心。不過，爲了安慰你，賓厄姆夫人將爲你生個小賓厄姆！」軍人們大笑，將軍的臉漲得通紅。分別時，士兵們會向這位被囚禁者衷心歡呼，表示祝願。

各個英國的盟國都在島上派了專員，不過他們來此的目的，是爲了滿足他們君主的好奇：拿破崙當然拒絕接見他們。他們留在這裡，是爲了證明拿破崙被牢牢地監視，無法逃脫。但是，雖然他們在島上一住幾年，卻從來沒有見到過他。這其中，只有一個人例外讓拿破崙允許跟他接觸，是法國來的一位侯爵。他是被路易十八派來監視拿破崙的。他幫助拿破崙得到最新的雜誌，拿破崙把自己的書借給他作爲回報。當拿破崙看到一位波旁公爵遭到暗殺的新聞，還請侯爵代爲轉達弔唁之意。

拿破崙心情好時，會主動找些活動消遣。一天晚上，他隨手翻閱著當初的官方年鑒，忽然像著了迷的補鍋匠，說道：「眞是了不起。我竟然統治著了八千三百萬人口，占全歐洲人口的一半還多！」接著，他和拉斯卡斯談起往事。大家都笑了，拿破崙也很興奮，叫人拿來香檳。歡樂的時光過得很快，已經是晚上十一點了。極爲高興的拿破崙笑著說：「時間過得這麼快！多麼快樂的時光！我親愛的朋友，你們讓我可以心情愉快地上床睡覺。」聽眾不禁為這句話感到酸楚、傷感。

沒事的時候，拿破崙就把蒙托隆七歲的兒子抱到腿上，給他講拉楓丹[18]的寓言故事。有時，孩子沒能分清故事中的狼與羊，逗得拿破崙哈哈大笑，孩子給他的囚徒生活帶來了快樂！

有時，吃完晚飯後，拿破崙在屋裡散步，哼著義大利詠歎調，自娛自樂。要是夜裡睡不著，他就讓拉斯卡斯給他講巴黎富人區的花邊新聞，或者對古爾戈說：「談談你的戀愛故事吧！我從來沒有精力注意女人，我怕她們會管著我。」實在無聊時，他會在會客室，與僕人們靠著門量身高。

很多時候，拿破崙上午把自己悶在屋裡，直到下午才出去透透氣。有一天晚上，實在熱得難受，就在外面待到半夜才進屋，還說自己打了勝仗，竟然能夠在戶外停留這麼久。有一次，他從梯子爬上了僕人們的閣樓，因為他聽說那兒很整潔，想親眼看看。結果，他驚奇地發現，衣櫃裡還有很多衣服。他下意識地摸了一下當執政時穿過的制服，那裡還有瓦格拉姆戰役時的馬刺，馬倫哥戰役時穿過的斗篷。過了一會兒，他才默默地下了樓梯。

忽然有一天，拿破崙遇到了一個比自己境遇還要悲慘的人。這就是托皮亞，是馬來人，遭人綁架後被賣作奴隸，來到這遙遠而荒涼的小島。他從早到晚地在花園裡勞動，拿破崙在路上碰到他時，忍不住會多看他兩眼，同時給他一枚金幣。托皮亞則會說著不太標準的英語表示感謝：「謝謝，您是好人。」

「太可憐了！」拿破崙對身邊的人說，不由自主地聯想到自己的命運。「妻離子散，背井離鄉，被賣為奴！還有比這更悲慘的嗎？如果是船長幹的，他就十惡不赦；要是船員一起劫持了可憐的托皮亞，情況就不同了。惡事往往是個人的主意，不太會是團體幹的。猶大就出賣了他的主子！」

再次遇到托皮亞時，拿破崙感嘆道：「人多麼可憐啊！像一架機器，雖然相貌不同，但心是一樣的。如果托皮亞是布魯圖，他會自殺；如果是伊索，現在應該是總督；如果是虔誠的基督徒，反而會爲自己的枷鎖感恩。可是，他只是個可憐的托皮亞，只能老老實實地低頭幹活。」過了一會兒，拿破崙又說，「不錯，托皮亞和理查王有著天壤之別。但是，把他帶到這裡的人，眞是卑鄙！托皮亞有自己的家，有朋友，有原本屬於自己的生活，現在卻淪爲奴隸，流落在荒島，直到老死。眞是造孽！」說到這兒，拿破崙忽然停住，疑惑地看著拉斯卡斯，說道：

「我知道你在想什麼：的確，他不是島上唯一的受難者。」拉斯卡斯點了點頭。拿破崙激動得喊了出來：「這不對啊！是的，他們對待我還算好的，至少還要假惺惺地注意影響，不至於那麼露骨；而且，我得到了補償，我們是有名望的受害者……很多人在注視我們。甚至有人在爲我們哭泣，爲我們悲嘆……厄運，也會帶給我們聲譽。」

不久，拿破崙買下了可憐的托皮亞，準備把他送回故鄉，好與家人團聚。沒想到，總督從中作梗，他說：「波拿巴是在拉攏人心，圖謀建立第二個黑人共和國，就像聖多明哥島[19]那樣。」於是，托皮亞只能留在島上，成爲淪落荒島的奴隸，與拿破崙終生相守。

骨肉天涯

母親的來信！萊特齊婭在信中寫道：「我年事已高，恐怕經不起兩千里的跋涉。也許，我會死於途中，但至少可以離你近些。」這封信發出一年後，拿破崙才收到，他流著淚反覆閱讀。反法同盟國不允許母親來，竟然說：「萬一她要幫那個魔鬼逃跑怎麼辦？」此時，萊特齊婭和她的孩子們，都被逐出了法國。

她不能再回到故鄉。上一次去科西嘉島是島上還在動亂之時，很久很久以前了；這一次，全歐洲都不允許她返歸科西嘉。她只好去了羅馬，還好教皇收留了她。為了兒子，她不停地奔走呼號，想把兒子遷到環境好一些的地方。沙皇倒是同意了，可是哈布斯堡和英國一心想置拿破崙於死地，怎肯答應？而且，他們不准叫親屬給拿破崙寄錢。

萊特齊婭上書各位君主：「我，是一個痛不欲生的母親，滿懷希望，請求各位點燃我的生命之火。關於拿破崙被囚之事，懇請諸位予以考慮。我相信，你們是善良的，能夠憑藉手中的權力，善待你們曾經是朋友的君主。我祈求你們，因為，你們能夠代表上帝的意願。國家的利益是有限的，而你們會因為寬容而流芳千古。」

沒有回覆。

拿破崙後來才知道，母親被誣衊在科西嘉陰謀叛亂，說她提供了數百萬鉅款。教皇派人去調查此事，萊特齊婭說道：「請告訴各位：如果我有幾百萬鉅款，當然會用來救我的兒子。那樣，可以裝備一支艦隊，完全能夠從島上把他救出來。把他囚在那裡是不人道的。」

拿破崙知道這些話，心中充滿驕傲和自豪！他還沒聽到母親的另一番話呢！萊特齊婭曾質問一個奧地利貴族：「為什麼我那兒媳只顧在義大利享樂，而不去聖赫勒拿島陪伴她的丈夫？」

他的兄弟呂西安與約瑟夫去了美國，不久，熱羅姆也去了。他們都改了名字。西班牙的革命者把約瑟夫，他們的前國王擁上墨西哥寶座。拿破崙知道後興奮不已：「我猜約瑟夫不會同意，因為他追求的是享樂，怎麼肯把重擔搭到自己肩上？不過，這對英國倒是件好事。因為，如果約瑟夫主宰墨西哥，肯定會與西班牙和英國決裂。看來，我應該支持他當墨西哥國王呢！他是愛我的，會為我向英國政府說話。可惜的是，他肯定不會答應。」

其他的弟妹們，沒有什麼消息。熱羅姆最長壽，拿破崙三世時，他還健在。拿破崙很少接到親人的來信。卡羅利娜曾經向母親要錢，萊特齊婭拒絕道：「這些錢都是皇帝的，我只是先幫他存著。」她在給呂西安的信中寫道：「當一個人失去高位後，如果還過著奢侈的生活，與人比富，只能被人嘲笑。」至於奧坦絲與波利娜，仍然在演喜劇，和當年在馬爾梅松宮時一樣。

不久，拿破崙得知，貝爾納多特已成為瑞典國王。德西蕾呢？這個拿破崙最早的情人、未婚妻，最終成了王后，並且活到第二帝國。瓦洛斯卡伯爵夫人，丈夫死後，改嫁給一個法國貴族。拿破崙聽後表示贊成，想到自己為她和兒子所做的安排，放心地說：「她的生活應該可以，有一定的積蓄。」那個沒有心計的古爾戈答道：「陛下每月都給瓦萊夫斯卡夫人一萬法郎。」拿破崙漲紅了臉，問道：「你怎麼知道？」

國王繆拉和內伊元帥，最終被槍決。拿破崙接受這個士兵生涯常有的結局。他生氣的是，繆拉竟然愚蠢到從卡拉布里亞登陸。對於馬蒙，拿破崙也沒有過多的埋怨，只是說：「我為馬蒙感到惋惜，以前，我真的很器重他。他不是個壞人，人都是怯弱的。」事實上，正是馬蒙破壞了每一個可能使拿破崙得救的行動！

此時的巴黎，對波旁王朝的統治怨聲載道。逃亡貴族和新貴族雖然無德無能，卻仍然身居高位。有個叫黎歇留的，一直逃亡在國外，對法國毫不了解，現在竟然鎮守要地。老將拉法葉，已經成為無產階級的領袖，正醞釀著新的革命。有些省份想要懸掛出三色旗擁護拿破崙二世，然而馬蒙，這個拿破崙當年的戰友，粉碎了這一運動，後來他當上了大臣。

拿破崙平靜的讀到法皇路易十八解散了議會，因為有太多議員同情拿破崙。每天，都有人被以叛國的罪名被判處死刑。在流放的第一年，拿破崙還曾對革命抱有希望：「為什麼我此時被囚禁？命運眞是無情！是誰在那裡領導人們行動？誰來拯救絞架上的勇士？」爲此，他不停地在屋裡徘徊，直到第二天。

有一次，拿破崙嚷道：「如果我是在美洲，除了莊園外，什麼也不會管。」其實，不過是說說而已，他是不會去美洲的。他自己就說：「如果我去美國，要和約瑟夫在一起，不用在這裡吃苦，也不用人擔心，可是，這樣的話我的事業也就完全絕望了。命中註定，我要死在這裡，除非，我能回巴黎。」

不久，爲了看守拿破崙一個人，英國政府竟然要把部隊從二百人增加到三千人。聖赫勒拿島上的駐軍，每年花費要三十二萬英鎊，但這有什麼用呢？士兵們都站在拿破崙這邊。爲了救拿破崙，有六名來自巴西里約熱內盧的軍官被捕，他們打算用類似潛水艇的裝置把他帶出島去。另外，有兩個去印度的船長，想用船把拿破崙帶走。拿破崙仔細地聽了他們的建議，沒有同意。還有一次，拿破崙正與古爾戈工作時，蒙托隆闖進來說，有個人的護照只剩下一小時期限，可以馬上帶他走，必須立即決定。拿破崙沉默又沉默，依然拒絕了。

爲什麼他不接受別人的幫助逃走？因爲法國此刻動盪不安，他決定留下來。他固執地認爲，巴黎的人們會召他回去。不久，巴黎發生暴動，有人說，法國可能召他回去，拿破崙也覺得有希望，卻又說道：「爲什麼要我回去呢？難道還會讓我指揮軍隊？可是，我已經老了。……爲了兒子，我決定留在這裡。我要用自己的性命，爲兒子爭回王冠。」

雖然拿破崙並不懼怕死亡，但是，有時候仍然會情緒消沉。一點小事不順心，都令他難以接受。有一次，貝特朗因爲生氣，沒有來這裡吃飯，爲此，拿破崙一連幾天心情鬱悶。他說：「我知道自己已經無足輕重，沒想到，最親近的夥伴也不肯來看我，這太令我失望了……」拉斯卡斯想勸解，被他阻止：「你什麼也不要說。讓我把話說完，好了，一切都過去了，算了吧。就當沒發生這件事。」在這樣的情緒下，任何人也休想見到他，他會說：「我已經死了，誰也不見。」然後，把自己關在屋裡，一聲不吭。

這天，蒙托隆和古爾戈，因爲裝修房間的事吵起來。拿破崙爲他們調解，伯爵夫人氣得直哭。拿破崙提議下棋，之後，大家共進晚餐，飯後，朗誦《以斯帖記》[20]。

有時候，會發生一些可笑的事情。比如，跑掉了一頭乳牛，拿破崙爲此十分生氣，古爾戈吃飯時，臉色陰沉，因爲他要爲丟牛事件負責。飯後，拿破崙說他喜歡伊斯蘭教義，隨後又談到基督教。離開客廳時，拿破崙仍然不高興，卻竭力掩飾著，小聲嘟囔著：「莫斯科！五十萬人！」也許，人們前一天還看到拿破崙滿面笑容，第二天卻發現他情緒低落。他會擔心：「我兒子會受到什麼樣的教育？他們是不是要教他恨我？真可惡！」

拉斯卡斯寫好了滑鐵盧戰役這一章，嘆息著勝利被敵人奪走時，拿破崙沒有答話，卻對拉斯卡斯的兒子說：「孩子，把《在奧立斯的伊斐妮亞》給我拿來。」或者，他會讓人讀拉辛的《昂朵馬格》給他聽。

我來到這個我的兒子被抓走的地方：一下子就好，
讓我們的淚水合流！
這是我所剩下的一切
赫克特與特洛伊。
請允許我，主啊，

讓我每天去看他一次……

此時拿破崙會大吼著打斷讀書聲：「夠了！離開；我想要自己靜一靜！」

每天，拿破崙的活動愈來愈少，隨之而來的是無聊與日俱增，他的心情愈來愈糟。開始時，他還威武地乘車出遊，兩旁有侍從騎馬相隨，對他畢恭畢敬。他在花園散步時，沒有得到允許，誰也不敢上前。如果有客人來訪，必須由副官通報才行。

有一次，拿破崙在看《風流人物錄》，與朋友們開玩笑，說他們都有資格列入此書。古爾戈說：「陛下最應該被錄入此書。」拿破崙問爲什麼。古爾戈回答：「是您最先創立共和國，陛下，後來，您又變成了皇帝。」拿破崙說：「有道理，嗯，帝國應該是最好的共和國！」

主顯節的時候，拿破崙爲孩子們準備了蛋糕。可是，總督責備他們花錢太多，且現在肉價已經漲到四十蘇了，拿破崙笑道：「見鬼去吧！你應該告訴他，這塊蛋糕大概花了一個多皇冠吧。」

貝特朗向總督抗議，內容有關拿破崙的稱呼和待遇。總督回覆道，他沒見到島上有什麼皇帝。拿破崙知道後，毫無表情，只是讓古爾戈備馬。古爾戈回答，那匹馬送去鐵匠那邊釘馬蹄鐵，要三枚拿破崙幣才會把馬送回來。拿破崙聽了大怒，只得強壓怒火。可是，第二天，他實在忍不住了，向古爾戈發脾氣：「爲什麼要提那個釘馬蹄鐵的來羞辱我？」古爾戈不知如何答對。

有一次，餐桌上肉的肉質實在是太差，難以下嚥，拿破崙說：「我並不計較這些，只求我們所受的待遇能夠被世人知道，做下這種惡行的人應該被人唾棄！」

流放以後，拿破崙的性格也在慢慢地發生變化。有一天，他與一位漂亮的英國女士在外面散步，隨意地閒談著。這時，有幾個黑奴抬著沉重的箱子從他們面前經過，那位女士鄙夷地喊道：「快走！」拿破崙說：「夫人，你沒有看到他們抬著重物嗎？」那位女士很尷尬。其實，沒有流放之前，拿破崙很少這樣爲別人考慮過。

只有與總督賭氣時，拿破崙會偶爾擺擺帝王的威風。平時，他的生活非常儉樸，甚至比當中尉軍官時還厲害。有時候，因爲沒有菜，廚房只能炒豆子，拿破崙也不挑剔。他說：「我在巴黎時，每天有十二法郎就夠了。吃飯只用一個半法郎，我的房間，每月才交二十法郎。至於僕人，有一個就行。我願意和財力相當的人交朋友。只要你願意，在什麼情況下都可以快樂。我相信，『波拿巴先生』和『拿破崙皇帝』同樣幸福。」

有一天，拿破崙的醫生突然暈倒。醒來後，卻發現拿破崙在照顧他。而且，正跪在旁邊，給他灌醋呢！後來，科西嘉僕人基布里昂尼臨死前，拿破崙問醫生：「如果我去看望他，會有助於他恢復嗎？」醫生告訴他正好相反。因此，拿破崙沒有去。

拿破崙在玩牌時，竟然設立了一筆基金。爲什麼？因爲他想爲島上最美麗的一個女奴贖身。

有時候，拿破崙往日的激情又迸發出來。他會晃動著欄杆說：「我倒希望他們把我送到荒島上，不過，要給我兩千人，要配有武器。那樣，我將再建一個輝煌的殖民地。」爲此，他還眞的開始盤算，需要多少金錢和物資。可是，如今他是個沒有自由的人，只能在想像裡尋找安慰。

剛來島上不久時，有一天，他與拉斯卡斯騎馬在外面散步，忽然說道：「我們來到目的地，這裡是正在開墾的土地。」皇帝跳下馬來，揮起鋤頭，開始鋤草，而且速度極快。勞動時，他什麼話也不說，直到最後。他派我去給那個犁田人一枚拿破崙幣。接著，我們繼續趕路。

回顧

拿破崙自己說：「我的錯誤導致失敗。我，才是自己最大的敵人。」他把這段話寫在自己的備忘錄裡。這並不是一時興起說出的話。拿破崙執政的最後幾年，多次向親信們提到自己的過失與錯誤。如今，在島上，更是不止一次說過這樣的話。有時好像發自肺腑，有時又像是自言自語而已。他有時會說：「閉上眼睛，所有的錯誤都展示在我面前，如同噩夢一般。難道是我太貪了嗎？……弓拉得太滿，自己斷了。我太過自信。」

最後，拿破崙終於承認了自己用人不當，他說：「是我看錯了人。我眞的沒想到法蘭西斯會不顧及親情。而且我實在愚蠢到家，竟然聽從梅特涅的讒言，他是要置我於死地的。那個塔列朗，應該把他留在我身邊，這樣才能更好地監視他。如果他能從我身上得到足夠的好處，就不會去投靠別人了。那麼，我現在應該高枕無憂呢！如果當初我相信了富爾敦的話，也許現在是另一番景象。可是，那些笨蛋學者卻嘲笑他的發明，連我也被耽誤了。」

想到提爾西特，拿破崙覺得維持普魯士王室是個錯誤。早在一八一二年，就應該先結束西班牙的戰爭才對。他想起卡爾諾曾經勸過自己，唉。滑鐵盧之戰，如果能及時發布命令也不至於慘敗。最不可挽回的是，自己徹底失敗後，爲什麼要去英國？如果把自己交給亞歷山大或者美國，都會比現在的處境要好。

外面的一點風吹草動，都會引起拿破崙的無限感慨：「我若在美國，情況要比現在好得多。至少不會像現在這樣，時常被那個可惡的總督欺侮。也許，美國可以成爲新法蘭西的核心。一年內，我將擁有六萬人……那才是首選的避難處啊！廣闊無垠的土地，而且，那裡的人們崇尚自由和民主。要是我心情不好時，還能夠騎馬出去散散心，或者像個普通人一樣無拘無束地旅遊。可是，我在歐洲太顯眼了，與每個國家都有瓜葛……當初，我應該仔細地化裝之後，想辦法去美國。只是，那樣將有損我的尊嚴。現在，我只能期望巴黎再次處於危難之中；這樣，法蘭西將再次需要我。可是，一切都只是假設，如今，我被困孤島，沒有誰能救我！」

拿破崙對自己的結局做了清晰的反思。此刻，他再次想到自己的家族觀念，悔之晚矣。其實，在法蘭西的最後那段日子裡，他就已經意識到此點，只是一切都太遲了。他說：「對於我的那些兄弟姐妹們，純粹是我的愚蠢造成今日之果。我太縱容他們了；只要家人提出要求，總是想辦法滿足。實際上，是我助長了他們的貪念！如果我嚴格限制他們，他們將不得不聽命於我；那樣的話，我當然有希望稱霸世界。可惜，我沒有成吉思汗的運氣，他的四個兒子爭先恐後地爲父親效命。我把兄弟們扶上王位，他們就以君主自居，不再聽從我的命令，甚至想辦法與我爲敵。或者，他們覺得我影響了他們的獨立，轉眼間，他們成了眞的國王。這是我自食其果！這些沒良心的東西！有了危險時都往後撤，不用敵人要求，他們自己就跑下臺！」

千悔萬悔，但拿破崙從不後悔自己稱帝這件事。相反，他卻反覆強調：「只有我，才能將革命與封建統一起來。建立帝國，對統治者與人民都有好處。振興歐洲，是我的理想。遺憾的是，上帝不支持我，最終功虧一簣。」

拿破崙一直認爲，現在是過去的延續，歷史必將影響著未來。因此，他知道，要想輕而易舉地在歐洲建立起夢想的王國是不可能的，更不可能在幻想的荒島上建立國家。他覺得，沒必要毀滅已經存在的東西，只要把它們稍加改變，爲現在服務即可。所以，他會延用舊的形式，同時努力實現自己新的理想。他說：「人們看到我大權在握，會把我當成華盛頓。但那談何容易！也許，我在美國有可能實現，當一個總統。可是在法蘭西，我只能做個君王。」

如果從出身來看，拿破崙既算不上平民，也稱不上貴族。有一次，他與英國人談論英國，說道：「是誰眞正締造了國家？當然不是一小撮貴族或者有錢人，是人民！是的，暴民掌權後，馬上自稱良民；如果失敗，爲首的幾個會被絞死，被稱做強盜。這就是典型的成者爲王，敗者爲寇。」

讀過伏爾泰的《凱撒之死》後，拿破崙說，其實他很早就想寫《凱撒傳》。旁邊人說：「您已經在寫了」。拿破崙聽了大笑：「我？你太天眞了！如果我成功的話，那還有得說。實際上，我比凱撒的運氣要好，至少現在還活著！」

拉斯卡斯的記錄中寫道：「拿破崙談論到自己的豐功偉績時，好像在說三百年前的歷史。蒙托隆伯爵夫人也說過：『我彷彿至身於另一個世界，在與死者對話。』」

對於人們所指責的他的罪行，拿破崙拒不承認。他否認雅法的瘟疫患者之死，連處決昂吉安公爵也認爲是塔列朗的責任。這天，他頭腦一熱，把昂吉安事件的經過向一位英國醫生詳細講述了一遍。他說自己當時所處的位置，必須要考慮到自身的安全。

不久，拿破崙很想知道奧馬拉醫生對自己是什麼印象。他相信這位醫生對他非常眞誠，但又想了解他的眞實想法。這一天，兩人在一起喝葡萄酒。拿破崙忽然問：「你沒有見過我之前，覺得我是什麼樣的人？請直言。」奧馬拉回答，說他當初認爲拿破崙是個沒有道德的怪物，爲達目的，會不擇手段。拿破崙聽後還是忍不住生氣，嚷道：「我就知道是這樣！也許，很多法國人也和你的想法一樣。他們會說：『看啊！他不惜一切代價往上爬，卻不會考慮這過程中犯下多少罪過！』」

有一天晚上，拿破崙睡不著，腦子裡亂得很，於是，把蒙托隆叫來，口授他的話。他說自己一直是追求和平的，每次戰爭，都力求透過談判解決。接著，他談論起英、法兩國革命，說道，「克倫威爾功成名就時，正值壯年。他靠的是狡詐與欺騙，登上頂峰。而我，年少有爲，憑藉自己輝煌的戰績成名……誰說我用鮮血作代價？換他處在我的位置，會怎麼做？那樣的時代，社會動盪不安，誰能夠不需要代價就取得勝利？我覺得，像我這樣的普通百姓，要想處處無可非議而取得萬人之上的地位，是不可能的。什麼情況下，我都會這麼說！」

拿破崙在自己的敘述中，並沒有把責任推到別人身上，更沒有怨天尤人。在流放的日子裡，他的正義感反而愈來愈強。如今，他的頭腦清晰，儼然成了哲學家，而且爲人更加寬容。他宣稱人類是有良心的，忘恩負義的只是小人，只不過，人們有時會有些貪婪。他甚至會原諒奧熱羅、貝爾蒂埃等人，說自己給了他們過高的地位，讓他們難以勝任。從這可以看出他眞的寬容了。他曾說：「其實，誰能恰到好處地把握好應該給人們多少呢？……他們有自知之明嗎？那些離我而去的人，在我飛黃騰達之時，肯定不會想到要背叛我。是困境擊垮了我，而不是因爲有人出賣……也許，他們已經在後悔。難道，我擁有的朋友和支持者還不夠多？誰能說清到底有多少人愛戴我？如果不是這樣，也許我的命運會更糟！」拉斯卡斯的記錄中說，此時的拿破崙，多用沉默來表達自己的不滿。

和拿破崙一起到孤島上的人，都有寫日記的習慣。這些拿破崙很清楚，甚至讀過一些相關的作品，但一般不作評價。他腦中想的是，這些記錄能夠值多少錢？爲此，他還預言說，他死後，這些日記的發表會給作者帶來多少收入。事實上，他遠遠低估了這些東西的價值。但有一點是對的，這些日記，對後人研究他，認識他，起到了不可估量的作用。

拿破崙習慣口述，在講的過程中會很注意表述的方式，爲的是筆者記錄得更順暢些。口授的過程，相當於對自己的思想進行整理與總結，他的精神境界也因此得到昇華。

有一次，連續五天，拿破崙把自己關在屋裡，拒絕接見任何人。他不停地閱讀，但並沒有讀到什麼東西，頭腦中一片空白。孤獨的歲月，給了他回顧自己人生的機會。一連五天，他都在審視著自己。也許，從來沒有人像他這樣，如此深刻地剖析自己。這一過程，比他指揮奧斯特里茨戰役還緊張，嚴肅程度超過了在參政院開會。他像是被縛的普羅米修斯[21]，本想爲人類謀幸福，卻將自己困於懸崖之上，不斷地因痛苦而呻吟。拿破崙想到：自己不過是個身著舊衣服的小個子！二十多年來，爲著自己的夢想，不懈地努力，最終卻困在荒島。

有人送來一本書，內容關於他的聲明、公告等內容。拿破崙讀了一會兒，把它扔在一邊，對拉斯卡斯說：「未來的歷史學家，會給我相應的評價，事實勝於雄辯。是我，使得法蘭西重新回到和平與穩定，我爲她贏得了太多的榮譽。我把大革命的毒瘤徹底地清除乾淨，使得各國人民逐漸覺悟。我任人唯賢，不以門第取人。賞罰分明，使我們的軍隊獲得了聲譽和榮耀。難道，這些不值得歷史學家去爲我辯護嗎？如果有人指責我獨裁，那他們一定沒有好好研究當時的情況。那樣的時代，必須專制。誰說我限制了人們的自由？無政府狀態下，難道要讓人們爲所欲爲？爲什麼要發動戰爭？那是形勢所迫，我從來不主動侵略誰。至於統治世界，全球統一是大勢所趨。怎麼能把這說成是野心呢？就算如此，我的目的是崇高的。建立理性的國家，充分發揮人類的才能，自由地享受生活，這難道不對嗎？後人應該爲我沒有實現如此宏偉的藍圖而感到惋惜。」最後，拿破崙說：「親愛的，以上的話是我今生所得。」

六年的囚禁生涯，拿破崙幾乎沒有讚美過自己。他總是說：「四十次戰爭的勝利算不了什麼，萬民臣服應該是衆望所歸。我哪裡擁有什麼英名？滑鐵盧戰役，足以抹殺掉所有的勝利；最後一幕，總會讓人刻骨銘心。留給後人的是法典和參政院的會議紀錄，以及我與大臣們的通信文件。我認爲，法典簡明扼要，會對後世影響深遠。我建立學校，是爲了培養人才。我執政法蘭西時，犯罪率在降低；

而當時的英國，犯罪率卻在上升。最理想的情況應該是：歐洲統一，統一的法典，統一的上訴法院。」

當拿破崙發現英國報紙說他藏匿了大宗財產時，又驚又怒，從椅子上跳了起來，氣宇軒昂地講道：「想知道拿破崙有多少財產嗎？沒錯，多得數不勝數。但是，並沒有人藏匿它。安特衛普和弗拉興海港，是世界上最出色的，即使是冬天，也可以使用；敦克爾克、哈佛和尼斯的水里工程；瑟堡的巨型船塢；威尼斯的碼頭，誰人能比？還有，安特衛普至阿姆斯特丹的大道，庇里牛斯至阿爾卑斯山，帕瑪至斯庇齊阿，薩沃納至皮埃蒙特的大道，哪個不震驚世界？新的羅浮宮，巴黎的水利工程，塞納河沿岸的碼頭等等。拿破崙用三百萬法郎贖回唯一的王冠寶石，爲了扶植農業，花去了數百萬法郎……拿破崙的財產都在這裡！資產超過數十億，並將經久不衰，萬古長存！」此話擲地有聲，歷史將爲他證明；尤爲難得的是，這些豐功偉績是在戰爭年代裡作出的，而且沒有欠債！

一個世紀之後，人們才開始認識到：拿破崙絕不僅僅因爲滑鐵盧之戰而流傳於世。

有一天，吃完晚飯，大家在閒談。有個僕人問拿破崙，什麼時候感到最幸福？在場的人衆說紛紜：拿破崙說，他最幸福的是第二次結婚，而且喜得太子。

「當第一執政時不幸福嗎？」僕人問。

「並不，因爲當時我對前途沒有把握。」

「稱帝呢？」

「在提爾西特時，我已經意識到福禍無常。不過，我還是打了個勝仗。那時，我口授談判條件，沙皇和普魯士國王都向我獻媚。不對，那算不上最幸福。在義大利獲勝後，民衆圍著我高呼：『解放者萬歲！』當時，我二十六歲，感到自己前途充滿光明，能夠達成大業。我彷彿飄到空中，難免有些得意，卻沒有想到自己已經遠離了大地！」

什麼是幸福？拿破崙的快樂是建築在勝利的基礎上的，他的幸福就是工作和業績。他所追求的，是不朽的英名。很早以前，在科西嘉，拿破崙就意識到自己的一生將不斷地為名譽所累。如今，流放到這孤島之上，英名的吸引力對他仍然有增無減。他清楚地知道，之所以能夠名揚世界，是因為他的赫赫戰功。他曾問，是不是巴黎人都聽說過拿破崙？拉斯卡斯回答說，即使在英國威爾斯最僻遠的山區，那些放牧者也知道拿破崙。這使得拿破崙暫時忘卻了島上的痛苦，彷彿置身於幸福之中。

報紙上的一則新聞，引起了拿破崙的感慨：「當然，反動勢力即將毀滅！正義必將戰勝邪惡。我們為世界作出了偉大的貢獻，眞理是永遠存在的！我們將受到各國人民的尊敬，被世界認可，萬古流芳。無論如何，我創立了一個新的時代，點燃了人們心中的火把。不管是敵人還是朋友，都將踏著我的足跡前進。我代表著新思想，新觀念。我的威名，將繼續震懾著各國的君主！」

事實上，拿破崙對自己的政治地位估計過高，這對挽救他的王朝毫無意義。忽然，他想到：最後的幾次戰役，應該讓自己在炮火中永生。他甚至在考慮：應該在哪一次戰役中捐軀沙場才合適？為此，他多次談到這個問題，像個劇作家在尋找劇中的高潮：「我應該在莫斯科殉職。那樣，我的英名將毫髮不損……為什麼上帝不在克里姆林宮給我一顆子彈？歷史將把我與亞歷山大大帝，與凱撒相提並論。事情發展到今天，我已經無足輕重。」他還說到了自己對後世的影響：「如果我戰死在博羅迪諾，人們會為我而惋惜，就像對待當初的亞歷山大大帝。不過，在滑鐵盧犧牲也不錯。也許，在德雷斯頓戰死更好。」他這樣不停地設想著。最後，總結自己的一生說：「我的人生將成為一部不朽的作品！」

難忘故鄉

一輪紅日從東方升起，人們還在睡夢之中。有個穿白色外衣的人，來到門前。他腳上穿著紅拖鞋，頭上戴著寬邊帽，一手拿著鐵鍬，另一隻手搖動著一個大鈴鐺。原來，他在叫人們出來幹活。一切按計畫執行：要砌一面牆，同時延長一道水溝，再圍海造田。不一會兒，房門陸續打開，人們帶著鐵鍬，拿著耙子、斧頭，來到拿破崙身邊，等候他發布命令。

這時的拿破崙，看上去像是年過半百的浮士德。[22]

這是拿破崙生命中的最後一年。他已經下定決心，無論發生什麼事，都將留在島上。他曾向政府申請，造一座涼亭，但一直沒有批准。這次，他決定自己動手，乾脆建一個花園。首先，要築一道半圓形的牆，用來遮陽避風，而且，這樣可以擋住哨兵的監視。其次，挖好幾個蓄水池用來貯存雨水。園內，要種上花草和樹木，計畫中有桃樹，橘樹等。拿破崙在自己的窗前種了一棵橡樹，這是西班牙戰爭時期的老友和英國炮兵團鼎力相助，從開普敦運來的。所有的人都過來幫忙，醫生、蒙托隆、貝特朗都參加了這項工程。那個值班的英國軍官，走過來的時候，拿破崙剛剛接過一塊草皮，小心地鋪在地上。

用了半年多的時間，工程完工。一個小花園出現在荒島上，不失為一道亮麗的風景，連總督的女兒都悄悄地趕來觀賞，這是拿破崙留給後人的最後奇蹟。他已經感到將不久於人世，想盡力美化自己的終老之地。此時，他獨自吟著伏爾泰的詩：「是否還有機會一睹巴黎的容顏？我已經不再奢望。」拿破崙說，又快到他的生日了，這將是最後一個生日。他慷慨地把禮物送給孩子們，晚飯時，大家聚在一起，他就像一家之主，慈祥得像個父親，對每個人都很和藹。

這年秋天，拿破崙最後一次騎馬外出，跑得很遠，很累，這是最近四年來第一次超出界外。如今，他很少再口授，不過，有時實在睡不著，也會口授。他評論蒂雷納，腓特烈大帝和凱撒所指揮的戰役，或者評論伏爾泰的《穆罕默德》，維吉爾[23]的《伊內特》，甚至還談論過自殺。此時，他的得力祕書古爾戈和拉斯卡斯，離開孤島已經很多日子，他們回歐洲去了。拿破崙覺得更加孤獨，有時長時間地站在那裡，百般無聊，手指不停地敲著門框，抬頭望著天上的海鷗。他不需要用望遠鏡巡視海岸了，靜靜地等待死神的來臨。

與此同時，法國再次爆發了反抗波旁王朝的暴動。這次，由軍隊發起，民衆踴躍支援。可是，拿破崙聽到這消息後，毫無反應。他生命前的最後半年裡，曾經有過兩次被救出島的可能，都被他拒絕了。他說：「上帝讓我死在這裡。如果在美洲，我可能被暗殺。我將以生命爲代價，挽救我的王朝，因此，我必須留在聖赫勒拿島。」

沒過多久，拿破崙病入膏肓。拿破崙的肝臟有病，而島上的氣候對此非常不利。他三十五歲時就說過，自己很有可能和父親一樣，死於肝病。胃病也時常困擾著他，疼得他在地上打滾。

對於自己的病，拿破崙還是很在意的。每次，都要詳細問清藥物的效用，才肯服用。他曾傷心欲絕地說：「爲什麼我現在對床褥這麼眷戀？就是御座也沒有這個舒服。我竟然可憐到如此地步！以前，我從來不會在意睡眠；如今，卻整日睡不夠，連眼睛都不願意睜開。過去，我能夠同時給四個祕書發布不同的命令，那才是拿破崙啊！」有個僕人說看到了彗星，拿破崙答道：「那是凱撒將死的徵兆。」[24]醫生連忙說根本沒有彗星出現，拿破崙卻說：「哦，有沒有彗星都不重要，人早晚要死的。」

現在的這個醫生叫安東馬奇，也是科西嘉人。因爲拿破崙與總督的關係很差，所以在奧馬拉醫生被調走後，有一年多的時間沒有醫生。最後，母親萊特齊婭夫人多方奔走，才派來了這位同胞醫生。

同時來的有兩名神父、一名僕人和一名廚師。分別多年之後，拿破崙終於可以從這些人嘴裡知道一些母親的情況。提起母親，拿破崙感慨頗多，說道：「偉大的母親，給了我一切。我從她那裡學會了做人，知道了努力工作。」

生命垂危之時，孤獨的拿破崙身邊，有五個科西嘉人，但只有兩個還算有用，即那個貼身僕人和廚師。兩個所謂的神父，一個耳聾，而且身體有殘缺，連話都說不清楚；另一個，剛從神學院畢業，不知天高地厚。那個醫生，安東馬奇，年紀輕輕，也沒有什麼經驗，而且爲人自負。但不管怎麼說，拿破崙看到了同胞，不禁想起故鄉科西嘉島。過去的幾十年，他死心塌地要做法蘭西人，總在抑制著對故鄉的思念之情。生命即將完結，塵封已久的鄉思如海浪般湧上心頭。他生是義大利人，死是義大利人！

生命的最後日子裡，拿破崙講的是義大利語；即使說法語，也時常夾著母語。有一天，他得知有個議員攻擊他，說爲什麼不久前，法國人要擁護他爲皇帝，還說連古羅馬人都會看不起科西嘉。拿破崙並沒有發怒，相反的，他認爲這是對科西嘉人的稱讚。「因爲，連古羅馬人都知道，科西嘉人是不可征服的。而且，科西嘉島地處法國與義大利之間，當然要出個天才來統治這兩個國家。」

於是，科西嘉再度成爲拿破崙的祖國。他無比感慨地說：「啊！醫生，告訴我，什麼時候能夠再次看到科西嘉湛藍的天空？多麼希望我能飛回故鄉，島國人民將張開臂膀歡迎我。難道你以爲盟國能在科西嘉控制我？你應該了解我們的人民，他們的勇敢和驕傲無人能比！島上的一草一木，我都非常熟悉！」拿破崙說，他曾經想爲科西嘉作點貢獻，讓法國人看到他對故鄉的熱愛。但是因爲種種原因，沒能實現這個計畫。他大力頌揚島民的精神，稱讚他們崇尚榮譽。當然，這使他想到了保利。提到故鄉，拿破崙有些情緒激動，說道：「故鄉的山山水水都令人難以忘懷！泥土散發著芬芳，沒有哪裡的土地能與她相提並論……只是，我再也沒有機會去看她一眼；我現在流落異鄉，沒有了祖國！」他終於意識到自己沒有祖國，生命之終，才暴露出內心的眞實感情。

可是，這個科西嘉醫生對拿破崙絲毫沒有同情之心。他覺得拿破崙的病痛是裝出來的；認爲那是爲了引起人們的注意，想借此離開孤島。所以，拿破崙病重之時，他竟然不在場。原本，拿破崙還曾想利用生病之事做些文章，現在卻連保命都成了問題。他已經瀕臨死亡，可同胞卻認爲這是演戲！有記錄表明，拿破崙與這個醫生相處得十分不好。他想趕走安東馬奇，要求總督把他轟回歐洲；這正中總督的心意：兩個科西嘉人爭鬥，他正好觀戰。拿破崙去世前的一個多月，總督想擅自進來，看看拿破崙到底什麼樣。這對拿破崙來說，無疑是個刺激。

拿破崙身邊的人急遽減少。他去世前的幾天，四個人和那個老神父去了歐洲，剩下的兩個也生了病。最後留在拿破崙身邊的是蒙托隆，但他也已經歸心似箭。他已經給自己的妻子寫信，說正想辦法找人替他。拿破崙得知貝特朗決定不走，深受感動。不過，眞正從未想過要離開這裡的，是他的僕人馬爾尙。拿破崙對他說：「再過幾天，恐怕會只剩下你我兩個人了。不過，我相信你會陪伴著我，直到爲我闔上眼睛。」

有一件事讓拿破崙頗爲痛心。那天，被拿破崙一直當好友的貝特朗，在與他爭論時說：「路易十六倒臺後，如果由奧爾良公爵執政，是我最願意看到的事。」拿破崙當時沒有反應，不過，他心裡非常痛苦，事後說：「沒想到，我一手栽培起來的貝特朗，貴爲國家重臣，竟說出這樣的話！」

後來，拿破崙的健康每況愈下。他產生了依戀的感覺，有生以來，第一次渴求家人的幫助。他想到最喜歡的妹妹波利娜，於是口授一封信給她，不過用的是第三人稱。信中說：「皇帝現在迫切希望，殿下能將他的情況告知社會，他現在被困孤島，已經生命垂危，痛苦萬分。」

四月中旬，拿破崙去世三周前，他把房門鎖上，向蒙托隆[25]口授遺囑。記錄者寫完後，又把口述念給拿破崙聽。不過，遺囑必須由拿破崙親筆書寫才能有效，因此，拿破崙又寫了五個小時，完稿時渾身直冒冷汗。

拿破崙在遺囑中聲明，他生於羅馬教會的懷抱，必將終生屬於這個教會。曾經，他在法蘭西重新建立此一宗教，並予以保護。當然，拿破崙的內心並沒有眞正接受其教義。後來，他想到英雄之墓，於是表態，說他雖然不是純正的法國人，但衷心希望做法蘭西人。他寫道：「我希望，死後能把我的骨灰安葬於塞納河畔，因爲，我熱愛那裡的法國人民。」

最讓拿破崙不放心的，是他的兒子。他把自己所有的希望都寄託在孩子身上，他把自己所擁有的地位都繼承給兒子。而且，他對自己的「妻子」說，他的愛始終如一，請她好好照顧他們的孩子。雖然，兒子現在生活在奧地利，但不要讓他忘了自己是法國人。

最後，拿破崙說道：「我不幸早逝，這是英國執政及其幫兇所致。」不過，他又寫道：「不久，英國人民會爲我報仇。」在結尾，他說，馬蒙、奧熱羅、塔列朗和拉法葉的叛變，導致了他的失敗。不過他補充一句：「我已經不再記恨他們。但願未來的法蘭西，也像我一樣寬恕他們。」接著，他想到了自己的親人。寫道：「路易在一八二〇年曾對我進行誹謗，我現在已經不再追究此事。」

後面的部分是遺產分配。拿破崙的遺產，是他十四年來省吃儉用所得。再加上他自己購置的傢俱器皿，以及在義大利的財產，總金額共有兩億法郎。他說，沒人有權利沒收這筆財產。他從財產中拿出一半，分給當初和他一起參戰並且生還的官兵，按照服役期長短分配；另有一部分，留給反法盟軍入侵法國期間，那些被破壞的城市。財產的確定，首先譴責波旁王朝政府扣留了他的金錢和證劵。而軍人和民衆將對拿破崙的所作所爲產生好感。其實，拿破崙也期望透過遺囑維護他的王朝，就像當年馬克安東尼[26]對羅馬人民宣讀凱撒的遺囑那樣，激發人們的感激之情。

遺囑的下方，列出了九十七名受益者。爲了這些人選，拿破崙愼之又愼地思考，每天，他想到故人的名字，覺得應該就列入他的遺囑。誰有幸成爲受益者呢？

蒙托隆將得到二百萬法郎，貝特朗和僕人馬爾尙，每人得到五十萬。馬爾尙，是拿破崙唯一稱爲朋友的僕人。他在遺囑中說：「我希望他能夠娶近衛軍軍官的親屬爲妻。」馬爾尙、貝特朗和蒙托隆，共同成爲遺囑執行人，每一份手寫的文件上，都蓋有四顆印章，即皇帝的飛鷹和兩位伯爵的紋章，還有馬爾尙這個普通百姓的簽名。

聖赫勒拿的僕人，每人都得到一份贈品，那三位軍醫：拉雷，波賽和埃默雷也都各有一份。拿破崙評價拉雷說：「他是我所結交的最有德行的人。」同時，他把每份十萬法郎的財產，遺贈給親近的各位將軍。祕書、兩位作家、厄爾巴島衛隊，以及捐軀疆場的將領遺孤，馬伕、僕人等，包括科西嘉島故友的子女，甚至他當年的乳母也都有份。連奧松上學時老師的子女，土倫服務時統帥的後裔等，都沒有忘記。尤其値得一提的是，副將米爾隆的後裔（當時米爾隆爲救拿破崙而身亡），拿破崙對此念念不忘，給了他們豐厚的財物。另外，他決定將軍官康蒂隆也列在授贈之列，因爲，康蒂隆曾經被誣告，說他企圖謀殺威靈頓。拿破崙在遺囑中寫道：「康蒂隆當然有權謀殺那個寡頭政客，是他，把我葬送在聖赫勒拿島。就算康蒂隆殺了那位公爵，也是爲了法蘭西。」

拿破崙留給母親的是一盞銀燈。這盞燈，伴隨他在聖赫勒拿島的日日夜夜。兄弟和妹妹們各自得到一份特殊的贈品。當然，拿破崙的主要遺產留給了他的兒子。孩子將擁有他的紋章、行軍床、馬鞍、馬刺、鼻煙盒、勳章、書籍。他說：「希望他能珍視這些東西，雖然並不値錢，但能讓他想起那曾經威震世界的父親。」

「我在奧斯特里茨配戴的劍；……我的鑲金旅行箱，我在烏爾姆用的，在奧斯特里茨用的，在耶拿，在艾勞，在福雷德蘭，在洛包島，在波洛汀諾……四盒在路易十八的桌上找到的，在一八一五年三月二十日於杜樂麗宮找到的；……我的鬧鐘，是腓特烈二世的鬧鐘。我從波茨坦拿的；……一件藍色斗篷（我在馬倫哥戰役上穿的）；……一把軍刀；……一條上有榮譽軍團勳章的項鍊。」

他把自己的每一項物品都委託給親信保管，命令在他兒子滿十六周歲時交給他。

他還寫道：「馬爾尙將保存我的頭髮，將之做成手環，飾以金片，分送給皇后瑪麗•路易絲，我的母親，以及我的兄弟姊妹們、姪子、外甥、主教，最多的部分給我的兒子。」

對於兒子可能感興趣的人和物，拿破崙一項也沒有忘記。他說：「我希望遺囑執行人能夠蒐集雕刻、圖畫、書籍以及紀念章。這些將對我兒子的思想將起到很大作用，同時能夠清除某些居心不良的人灌輸給他的錯誤觀念。我要讓他看到事情的眞相，以免被蒙蔽……我死後，一生的英名將是他此生最大的榮耀……再者，我不希望我的孩子再從我母親那裡獲得饋贈。因爲他已經擁有了比其他子女多的東西。不過，我倒希望母親把她自己的畫像，我父親的畫像，或者一些小物件留給我的孩子；讓他知道，這些是祖父母傳給他的珍貴遺物。」

由此可以看出，拿破崙在生命終結之前，思想簡單而樸素。提到父母時，拿破崙的情緒非常激動。不過，說到別的時，情形就大不相同了。他要求那些以拿破崙之名爲兒子命名的人，比如貝特朗或蒙托隆的後代，在孩子成年之後，必須恢復拿破崙的名字。

拿破崙精心地爲合法繼承人考慮之後，在遺囑的最後，寫道：「關於小里昂，我不反對他從事文職工作，只要他自己喜歡就可以。至於亞歷山大•瓦洛斯卡，我希望他在軍隊中爲法蘭西效勞。」拿破崙怎麼也不會想到：小羅馬王死後數年，里昂，那個娶了一個廚娘的無賴，在美國結束了他那不光彩的一生；倒是瓦洛斯卡伯爵則頗有盛名。他長大成人後，出任路易•菲利浦執政時期的外交官，第二帝國時，成爲政府大臣和上議員。他天資聰穎，風流倜儻。這個波蘭夫人所生之子，才是他眞正的愛情結晶，無愧於拿破崙的一世英名。

拿破崙去世前，又給小羅馬王立有第二份遺囑。這天凌晨三點左右，拿破崙突然召見蒙托隆。這段日子，蒙托隆對拿破崙倒是忠心耿耿，隨叫隨到。他在記錄中寫道：「我走進房間時，陛下正坐在那裡，兩眼炯炯有神，我還以爲他又發燒了。陛下彷彿看出我的不安，態度溫和地說：『我現在感覺很好，只是，剛才和貝特朗談論時，忽然想到，我的遺囑執行人見到我兒子時，應該怎麼說……所以，我叫你來，把我對兒子的遺訓記錄下來，準備寫吧』。」

說是幾句話，蒙托隆眞的記錄時，足足有十二頁。如此長篇大論，卻沒有一個字談及戰爭，其中，宣揚和平占了絕大部分。這裡，記錄了他掌權開始後，十九世紀的歐洲所有的思想，而且也提到了他想像中的第二次統治，並且談到了治理國家的設想。接著，他對自己過去的工作進行了客觀的評價。然後，放眼於未來，預測新的政治形勢，勾畫著二十世紀的藍圖。拿破崙從孤島上向全歐洲發出呼籲，要團結統一，希望各民族友好相處，共同創造自由、平等、博愛、文明的社會。

他還提道：「我的孩子不要有爲我復仇的念頭，要從我的經歷中吸取經驗和教訓……他應該以和平統治爲指導思想，千萬不要盲目地模仿我，引發毫無必要的戰爭，如果那樣，他就是最愚蠢的傢伙。重新發動戰爭，意味著我的第二代同樣失敗……人們不應該重複做同一件事。至於我，戰爭是形勢所迫，迫不得已而爲之，當時，只有透過武力才能主宰歐洲。現在，用理性去征服，會有更好的效果……新思想已經在法國和歐洲生根發芽，不能讓歷史倒退。讓我把希望寄託在他的身上……」

接著，拿破崙又說道：「也許，英國會允許他回到巴黎。不過，就當前局勢看，法英之間若想達成共識，法蘭西必然要付出巨大的代價。這很可能導致兩種後果：或者兩國開戰，或者與英國鼎足而立，平分世界貿易。我分析，第二種情況應該是比較明智的選擇。因爲，在相當長的一段時間內，法國的外交問題會比國內的情況重要得多。我希望留給孩子足夠的力量，力爭更多的支持，以便能繼續我未完的事業。」

「我的孩子不可以借助外國勢力登上王位。統治不是最終目的，流芳千古才是你應該追求的目標。我希望他能夠盡可能多地與我的家人接觸，他的祖母是位非常偉大而傑出的女性。……我想，如果他領導有方，是能夠很好治理法蘭西，因爲這個民族比其他民族更容易統治。法蘭西人思維敏捷，明辨是非。不過，關鍵在於要使他們保持理智，如果被人利用，則可能很容易煽動起怨恨情緒，甚至導致叛亂。」

「我的孩子不應被一切政黨左右思想。要記住，廣大民衆才是最值得關注的，當然，對那些賣國求榮的傢伙，絲毫不能手軟。對於人民所犯的錯誤，要盡可能地寬容，注意及時獎勵對國家有功的人才。在法國，是不能依靠政黨的。他們無德無能，如果把希望寄託在他們身上，無異於在沙灘上建房，怎麼能夠持久與穩固？記住：擁有了廣大民衆的支援，才能成就事業。一直以來，我都遵循著這一原則，他應謹記爲父的教導。要明白，爲政之道，重要的是爭取民心。『民可載舟，亦可覆舟』，他應該懂得這個道理……憲法對治理國家的幫助不大，不過，它的基本原則仍應是全民選舉。」

「至於當初我所封的那些貴族，不會對我的孩子有多大的幫助……。」

「專制是十分必要的。因爲，人們會賦予我超常的權力……當然我的孩子情況與我的狀況會有所不同：他的力量會被減少，要考慮到民衆對自由的追求；要知道，君主的目的不是統治，而應該傳播教化、引領道德、播種幸福。虛假的事物是靠不住的……」

「法蘭西人民追求自由和榮譽。能夠爲此而不顧一切，甚至達到狂熱。因此，政府要以客觀的態度來對待民衆的要求，力求公正。……安邦定國之道，不是非要遵循完善的理論，要根據實際情況，量力而行，努力有所建樹，盡可能滿足社會的需要。我建議，統治政府時，要很好地借助出版社這一有力工具，把正確的思想和輿論傳播到全國各地，尤其是那些偏遠地帶，絕對不能忽略。但如果不能很好地控制新聞工具，則可能適得其反……當今時代，如果不能主宰萬物，勢必被其阻撓，甚至引來殺身之禍。你應該具有新思想，在我已經建立的基礎上，努力奮鬥，力爭統一歐洲。現在，歐洲正處於變型時期，想要抑制她的轉變是不可能的。要因勢利導，這樣才能事半功倍，成功的希望也會因此而增加。當然，你面臨著很多困難。如果環境所迫，必須要採取武力手段才能解決，應該徵求大家的意見，不要一意孤行。一八一二年時，如果我擊敗俄國，那麼世界和平指日可待。今後，你要面對的問題是：如何統一歐洲。這其中的關鍵是地中海，因爲，地中海沿岸，能夠爲各國提供便利。希望我的孩子能繼續我未完成的事業，不辜負爲父的期望。如果他們不讓我的孩子去維也納……」

忽然，一切戛然而止。拿破崙的體力已經消耗殆盡，沒有辦法繼續把給孩子的教誨完成。不過，這位偉人的臨終遺言，雖然是對兒子說的，但對一百年後的歐洲，仍然意義非凡。

英靈永逝

終於，浮華散去，一切歸於平淡。滔滔不絕的口述，閃耀著天才的光芒；遺憾的是，拿破崙沒能圓滿地說完自己對兒子的訓誡，就永遠地閉上了眼睛。此時，拿破崙靜靜地躺在那裡，外界的喧嘩，再也與他無關。

他曾說：「我死之後，你們就可以無牽無掛地返回歐洲。在巴黎，開始你們新的生活。我呢？會在天堂與那些勇士們重聚。嗯，那裡有克萊貝、德賽、貝西埃【27】、迪羅克、內伊等，他們會熱烈地歡迎我。那時，我們再次相逢，談論我們共同開創的事業。我會把自己後來的遭遇告訴他們。在那裡，我們也可以和斯奇比奧父子【28】，或者漢尼拔、凱撒等人談論我們的戰役，想想，那將是多麼愉快的事情！如果活著的人看到這麼多傑出的軍人在一起，不知道要嚇成什麼樣呢！」

這就是拿破崙的臨終奇想。在他成千上萬的發言中，這段話眞的稱得上天眞可愛。他終於可以看見英雄鬼魂齊聚一堂，看到自己與古羅馬的英雄談心。當他正說在興頭上時，有個英國醫生走了進來。拿破崙被拉回現實。馬上，他調整好情緒，進入了新的角色，開始講話，表達自己對死亡的觀點。他說：「離我再近些，貝特朗，幫我翻譯，不要漏掉我說的任何一個字。我的死亡，是因爲有些人居心叵測，執意要置我於死地造成的。原本，我對英國充滿希望，認爲這是個寬容大度的國家，能夠收我於危難之中。可是，我錯了。他們竟然置國際法於不顧，給我套上鎖鏈，將我困在孤島……他們甚至爲此找出各種藉口，爲自己慘無人道的暴行開脫責任。四個國家，共同襲擊一個孤苦的人！要讓全世界知道，他們讓我在這個小島上過著什麼樣的生活！對我百般羞辱和虐待！……他們毫無人性，精心策劃，讓我求生不能，求死不得。這個惡毒的總督，就是徹頭徹尾的劊子手！縱然要死，我也要像高傲的威尼斯共和國那樣！我要將被害之恥辱留給英國王室！」

慷慨激昂地痛斥之後，拿破崙躺在枕頭上。醫生被驚得目瞪口呆，拿破崙的同伴們也不知所措。這是什麼？是他的結束語？抗議？威嚇？還是？這天晚上，拿破崙讓人給他朗讀漢尼拔征戰錄。

第二天早晨，即一八二一年四月二十一日，拿破崙去世前的半個月，科西嘉神甫被召見。他來島以後，拿破崙命他每星期日做彌撒，平時，從不與他接觸。此刻，他問神父：「你懂得什麼是『停靈會堂』嗎？曾經主持過這種儀式嗎？哦，沒有！那麼你的第一次應該是爲我主持的！」拿破崙告訴他怎麼做：「我死後，你要在我床邊設置祭壇，照往常那樣做彌撒，直到我入土。」

這天晚上，神父與拿破崙談了近一個小時。神父那次沒有穿正式的聖袍，所以，他只能與拿破崙談話，卻不能聽他懺悔。四十年來，拿破崙從來沒有接受過聖餐，此刻也不例外。

這一段時期，拿破崙的病情迅速惡化，已經有幾個星期沒理髮了，臉更加消瘦，黑黑的。他覺得臥室太悶，而且空間狹小，透不過氣來，於是命人把床搬到會客室。胃痙攣時常折磨著他，不過，這個堅強的人，只要病痛稍稍輕些，哪怕只有片刻的工夫，也會抓緊時間口授，該給哪些人饋贈。有時，拿破崙會在恍惚裡看到一群婦女，只是，瑪麗•路易絲不在裡面。他說：「我見到了我的約瑟芬，爲什麼她不與我擁抱？……她一點都沒變，像原來一樣可愛。她說，我們很快會再見面的，而且永遠不分離。你們沒看到？」說這話時，他像個孩子般地天眞。

病情稍有好轉，拿破崙就會叫人爲他讀最近的報紙。如果聽到有攻擊他的消息，仍然會情緒激動。他叫人拿來遺囑，用顫抖的手寫道：「是我下令將昂吉安公爵逮捕，並付諸審判。我這樣做，是爲了保護法國人民的安全、利益和榮譽。當時，阿圖瓦伯爵本人也供認，他在巴黎豢養著六十名刺客。我必須爲國家的安全負責。」

四月二十七日，拿破崙再次命人取來遺囑，吃力地重新蓋上圖章。隨後，他讓僕人把箱子、衣櫥裡的東西列出清單，吩咐他們把重要文件放入信封，同時別忘了在信封上寫清說明。要知道，他是在嘔吐的間隙完成這些的。每個人，都要加蓋本人圖章，而且要仔細核對包裝上貼的清單。看來，拿破崙對英國沒有一點信任感！

停下來時，拿破崙想：還有什麼沒處理？對了，床罩下還有好些東西。他說：「我快不行了，時間已經不多，得馬上布置好後事。」忽然，他看到了奧坦絲的鑽石項鍊。當初，她出入杜樂麗宮盛會時，總是戴著這條項鍊，讓她增色不少。拿破崙離開馬爾梅松宮那天，奧坦絲親手將它縫入他的腰帶。現在，拿破崙把這條項鍊送給馬爾尙。那個金製鼻煙盒，拿破崙用最後的一點力氣，在蓋上刻了自己名字的首字母，然後，把煙盒送給醫生，說道：「我鄭重地提出請求，爲我進行屍解，對於胃部要仔細檢查。如果我的推測沒錯，我和父親死於同一種疾病。你可以從路易那裡得到我父親的病歷，把他與你的解剖結果比較一下。我之所以這樣做，是爲了避免我的孩子也患上這個可怕的疾病。請告訴我的孩子，儘量預防，以免遭受與我相同的病痛。」六年間，島上的氣候令拿破崙情緒煩躁。幾天前，他還在指責英國人，竟然讓他住在這樣的島上，無異於謀殺。可是，他現在爲什麼要求解剖屍體？這不等於否認了他之前的說法？他當然不會不明白，但是，爲了兒子的安全，他只能這樣做。他不希望孩子染上家族病。

接下來，拿破崙要給島上的政府發布公告。他開始口授：「總督先生，拿破崙皇帝由於病痛的折磨，將不久於人世。茲將此事稟報於您……請貴國政府商量有關運送其遺體之事，同時考慮其隨從人員的返歐事宜。」

拿破崙說：「蒙托隆伯爵，你要在上面簽字。」也許，這是他所有口授的命令中，最爲精采的一次。有誰能想到，久經沙場，敢於笑對死亡的人，在他離開人世時，可以坦然從容地安排後事，而且心境如此平和。

四月二十九日，拿破崙已經發燒了整整一夜，稍微清醒時，他又口授了兩份通告。一份談到如何利用凡爾賽宮，另一份是關於重建國民自衛軍的事情。他說：「我現在感覺很好，也許可以騎馬跑三十英里呢！」可是，第二天，他就不省人事，陷入昏迷狀態，這樣持續了五天，直到去世。

在這五天的昏迷中，拿破崙偶爾有清醒的間隙，這都不會被他放過，抓緊一切時機發表宣言：「在我昏迷時，不管出現什麼情況，也不許英國醫生進來……你們必須忠於我的命令，不許做任何有損我英名的事。只是，我的一生，弓拉得太滿……因此，法蘭西最終沒能實現我理想中的自由體制。不過，人民會理解我的心願。我相信，你們也會這樣，最後，請不要違背我們的準則，維護我們的英名！」

第二天，拿破崙頭腦中湧現出他的少年時代，科西嘉的往事一幕幕展現在眼前。忽而，兒子天真可愛的形象進入他的腦海，他對兒子的思念之情更加強烈。接著，他想到科西嘉島上有他的產業，馬爾尙一字不差地記下了他的口授：「阿雅克修那裡，有我的房屋及附屬建築，不遠處的鹽坑附近，有兩幢房屋暨花園，還有其他在阿雅克修地區的所有產業，都遺留給我的兒子。這大約有五萬法郎。我留給……」

這是拿破崙最後的一次口授。昏迷中，他彷彿看到了早年的戰友，大喊道：「德賽！馬塞那！勝利就在前面！衝！快！我們……」

第二天，神父主動來到這裡。在他衣服裡面，好像有什麼東西不願意讓人看見。他說要與拿破崙單獨在一起，時間不長，他走出來說：「臨終塗油禮已經完畢。只是，由於他胃的情形，其他聖禮不能進行。」

難熬的最後一夜！凌晨，拿破崙處在昏迷之中，蒙托隆聽到他在囈語：「法蘭西！……士兵們！……將軍……約瑟芬！」這是他最後的話。突然，他不可思議地從床上跳下來，緊緊地抱住蒙托隆，兩個人滾到地板上，伯爵沒有辦法呼救。隔壁的阿香波聽到聲音，衝了進來，這才救出蒙托隆。也許，這是拿破崙最後的戰鬥，卻沒有人知道他要對付的是誰。

此後的一整天，拿破崙呼吸平穩。他好像要喝水，但已經無法吞嚥。人們把海綿沾醋放在他嘴唇上。屋外，正下著雨。屋內，一位昔日的伯爵，一個平民，守候在皇帝的行軍床邊。

五點鐘，大西洋上風暴驟起，兩棵剛剛種下不久的大樹被連根拔起。與此同時，屋內的病人正在垂死掙扎，但是，沒有痛苦的表情。拿破崙的眼睛睜得大大的，凝視空中，彷彿在尋找著什麼。太陽西沉時，一代帝王停止了呼吸。

中午，耀眼的陽光，刺得人睜不開眼睛。拿破崙的屍體被放在書桌上，他靜靜地躺著，再也不會起來口授命令。周圍，有五名英國軍醫，三名英國軍官，另外，還有三個法國人。這裡成了臨時的解剖台，由安東馬奇進行解剖。這個科西嘉醫生從拿破崙的身體裡取出肝臟，切開後，讓大家檢查，並解釋說：「各位，請看好，胃的潰爛部附著在肝上。我們可以得出什麼結論？那就是，聖赫勒拿的氣候，加重了胃的病情，陛下因此而早逝。」

大家舉手表決。這位科西嘉醫生把手指伸入潰爛的胃壁，多數人認爲，只有胃部病情嚴重，其餘內臟尚好。驗屍報告寫好後，每個醫生都簽上姓名。隨後，他們把拿破崙的遺體塗上防腐油，上面蓋著馬倫哥戰役時的鑲金繡花戰袍。帝王的遺體被放到靈堂裡，供人瞻仰。島上的英國守軍，自發地列隊前來弔唁，並向拿破崙的遺體行禮致敬。人們都說，皇帝看上去安詳而莊嚴。自從加冕稱帝之後，拿破崙的體形有些像古羅馬皇帝，而且不斷發胖，但奇怪的是，死後竟然奇跡般地恢復了青年時的瘦削和勻稱。

英國當局拒絕將拿破崙的遺體運往歐洲。於是，只能將他埋葬在島上。墓址是一個幽谷，旁邊有兩棵垂柳，還有清泉。下葬時，鳴放禮炮，這是英國將軍的待遇。不遠處，飄揚著各色軍旗。總督當時也在，宣稱他已經寬恕了拿破崙。

墓穴由六塊炮座上拆下來的石板蓋成。只是，還差一塊怎麼也找不到，最後，從一座新建房屋的爐子上拆下三塊上釉的瓦，暫時代替。總督不准在墓碑上寫「拿破崙」，只能寫「波拿巴」。法國人提出抗議；最終，墓上無名。拿破崙生前的傢俱全部拍賣，房子被一個農民買下，後來改成了磨坊。拿破崙住了六年的兩間小房，一間成了牛欄，另一間當做豬圈。

只有一件事，英國政府做得算是尊敬死者，即墓旁設崗。十九年來，英國哨兵輪班站崗，守衛著拿破崙，直到後來他被運回巴黎。

還沒有遷墓，有關人員已經回到歐洲。拉斯卡斯之子在倫敦遇到總督，當衆給了一頓痛打。巴瑟斯特，這位國防大臣兼林業大臣，對拿破崙的處理負有不可推卸的責任，最終因抑鬱而自殺身亡。英國的有志之士，無不爲這位偉大的流放者所受到的野蠻待遇而感到痛心。

後來，科西嘉醫生去了義大利。呂西安不肯見他，瑪麗•路易絲也拒絕接見，安通馬爾基來到羅馬，拜訪了萊特齊婭•波拿巴。這位母親執著地堅持，連續三天，她都在聽安東馬奇講拿破崙的經歷。她默默地坐在火爐旁，邊聽邊流淚，傷心不已。最後，他把銀燈交給了拿破崙的母親，然後乘船回科西嘉。

此後，萊特齊婭又活了十五年。女兒埃里茲和波利娜都在她之前死去，甚至有幾個孫子也沒她活得長。後來，她已經不能行走，癱瘓在床，雙眼失明。不過，她仍然常常對著兒子的半身像，一動不動，悼念死者。

那些忠於皇帝的人，萊特齊婭都熱情地接見。她讓僕人照舊穿著拿破崙王朝時期的衣服。她所乘坐的，是歐洲最後一輛標有拿破崙王朝紋形盾章的豪華馬車。有時，她會聽到一些孫子的消息，知道他生活在維也納宮中。只是，孫子沒能來羅馬看望祖母，二十一歲時早逝。若不是這樣，瑪麗•路易絲還不會與婆婆聯繫，但萊特齊婭拒絕回信。後來，她可以返回法國的，但她拒絕回去，因爲她的子女都不被允許回法蘭西。

拿破崙去世九年後，波旁王朝覆滅，奧爾良王朝建立。新國王知道拿破崙對巴黎的影響，於是下令，把十五年前拆下來的拿破崙像，重新豎立在旺多姆圓柱上[29]。萊特齊婭聽到熱羅姆講的這些消息時，已經臥病在床。不過，她高興得竟然能夠下床走動了。這是她癱瘓以來，第一次自己走到會客室，失明的雙眼注視著兒子的雕像，喃喃地說：「陛下，您已經回到了巴黎。」

一八四〇年，儒安維爾親王在父親路易・腓力普的命令下，率軍艦來到聖赫勒拿島，把拿破崙的遺體接回。同年十二月十五日，九十萬巴黎人民冒著嚴寒，來到塞納河畔，迎接曾經的帝王。最後，靈柩被送到老殘軍人退休院的圓頂大堂。一八五五年，英國維多利亞女王攜王子來到老殘軍人退休院，弔唁拿破崙，並讓王子在拿破崙墓前下跪。

注釋

【1】即一七九九年的霧月政變，波拿巴奪取政權之日。

【2】布魯圖終結帝王，凱撒終結共和國：凱撒把羅馬共和國的體制漸漸改向獨裁，相當於終結羅馬共和；布魯圖則因爲凱撒如此而殺了凱撒，相當於終結了帝王（雖然凱撒至死時亦尚未稱帝）。拿破崙說這個意指自己要開創新的時代。

【3】克洛維斯（四八〇年至五一一年）：法蘭克王國的創建者。西羅馬帝國於四七六年滅亡後，軍事首領克洛維斯統一高盧，建立法蘭克王國，建都巴黎，並皈依天主教。其王朝按家族名，稱之爲

墨洛溫王朝。

【4】弗隆德：一六四八年至一六五三年間，法國國內爲了反對專制而興起的政治運動，參加者又稱爲投石黨人。

【5】居魯士（公元前六〇〇年至前五二九年）：居魯士二世，波斯王國的創建者，波斯國王。締造前所未有大帝國，被尊稱爲「巴比倫之王，萬王之王」。

【6】提比留斯（公元前四二年至前三七年）：羅馬皇帝。個性深沉、嚴厲，被羅馬當代的文人定義形象爲殘暴、好色。但近代史學加以當時帝國安定、富饒的狀況，重新肯定他的統治。

【7】圖拉眞（五二年至一一七年）：羅馬皇帝。是第一位不是義大利半島出身的羅馬皇帝，在任內放棄維護奧古斯都以來保守既有疆界的政策，重新採取羅馬共和國時期向外侵略的強勢作風。

【8】奧勒良（二一二年至二七五年）：羅馬皇帝。在他統治期間收復了過去羅馬曾經擁有的三分之二疆域，是少數幾位軍人出身皇帝的其中之一。

【9】戴克里先（二四五年至三一三年）：羅馬皇帝。在任內實行了「四帝共治」，即讓羅馬的東、西方各有正、副兩位皇帝執政。後來兩邊的政權再也沒有歸爲一統，後世將之稱爲東羅馬帝國與西羅馬帝國。

【10】科本茲（一七四一年至一八一〇年）：奧地利政治家。在一七九一年至一八〇五年間出任駐巴黎大使。

【11】拉辛（一六三九年至一六九九年）：法國偉大的詩人。他使十七世紀的法國古典戲劇達到近乎完美的境地。一七六六年他的《安德洛瑪克》一劇首次上演，轟動一時。

【12】荷馬史詩《伊里亞德》中，特洛伊城被攻破，王子赫克特戰死，阿基里斯出於憐憫，將赫克特的

屍體還給國王。

【13】蘇格拉底（公元前四六九年至前三九九年）：古希臘著名哲學家。爲宣揚學說，經常在雅典的街頭巷尾宣傳其思想。其名言爲「美德即知識，愚昧是罪惡之源」，主張應讓有知識、才幹的人治理國家。公元前三九九年，被以「對國家的神不敬」的罪名判處死刑。

【14】拉斯卡斯（一七六六年六月二十一日至一八四二年五月十五日）：法國海軍軍官、伯爵。長期流亡英國，因編纂過《歷史地圖集》而引起拿破崙的注意。一八一五年，百日王朝期間投靠拿破崙，攜子隨拿破崙流放聖赫勒拿島。在十八個月中，眞實記錄了拿破崙的談話和口述作戰史。一八二三年，發表了《聖赫勒拿島回憶錄》，轟動整個西歐。

【15】貝特朗（一七七三年至一八四四年）：法國將軍，優秀的工程師，幾乎參加了拿破崙所有的戰役，授封爲伯爵。迪羅克陣亡後，升任宮廷總監，一八一四年與一八一五年兩次隨拿破崙流放，直至安葬拿破崙後才離開聖赫勒拿島。一八四〇年，貝特朗再次隨人前往聖赫勒拿島，將拿破崙遺體接回法國。著有《札記》，記載拿破崙去世前七年中的大部分談話。

【16】古爾戈（一七八三年至一八五二年）：法國將軍、歷史學家。一八一四年的布里埃納戰役曾救過拿破崙。一八一五年隨拿破崙流放聖赫勒拿島，記錄了拿破崙口授之戰爭史，後發表兩卷本的《聖赫勒拿：男爵古爾戈將軍日記》。

【17】索福克里（公元前四九六年至前四〇六年）：古希臘著名悲劇家。

【18】拉楓丹（一六二一年至一六九二年）：法國著名寓言家。

【19】聖多明哥島：當時分爲兩部分，其中的一半屬海地，黑奴以解放，並成立了世界上第一個黑人共和國。

【20】《以斯帖記》：舊約聖經的一卷，敘述猶太美女以斯帖嫁給波斯國王薛居斯一世爲王后，說服國王收回成命，取消殺死全部猶太人的命令。

【21】普羅米修斯：希臘神話中，盜取天火讓人類得以生火的神。因爲盜取天火而被宙斯綁縛在高加索山的懸崖上，日日被禿鷹啄食內臟，食完後又再生，日日月月受無盡的折磨。

【22】《浮士德》：德國詩人歌德創作的著名詩劇。其中第五幕，年已過百的浮士德率領千萬民衆日夜努力，開發海邊沙灘地，築堤防、挖渠整田。

【23】維吉爾（公元前七〇年至前一九年）：古羅馬最偉大的詩人，著有《埃涅阿斯記》。

【24】莎士比亞的《凱撒》一劇，公元前四四年三月十四日夜裡，羅馬雷電交加，各種惡兆相繼出現。凱撒之妻做惡夢，勸丈夫次日不要外出。果然在隔日凱撒遇刺。

【25】蒙托隆（一七八三年至一八五三年）：法國將軍。一八一五年攜眷追隨拿破崙流放聖赫勒拿島，直到拿破崙病故。一八四〇年又陪伴拿破崙的侄兒一同被囚禁多年。一八四七年獲釋。從一八五五年起，瑞典醫生認爲拿破崙可能死於砷中毒，而謀害者是蒙托隆，是他長期在酒中放毒。許多醫生不同意此看法。

【26】馬克安東尼（公元前八二年至前三〇年）：古代羅馬卓越的軍事政治領袖，凱撒的親密戰友。凱撒遇刺後，他動員市民反擊謀殺者。公元前四三年與屋大維、李必達締結爲期五年的獨裁聯盟，即後三雄（前三雄是凱撒、龐培與克拉蘇）。在埃及期間，成爲埃及女王克麗奧佩特拉的情夫。公元前三一年因爲與屋大維對抗，馬克安東尼逃往埃及，於公元前三〇年八月自殺。

【27】貝西埃（一七六八年八月六日至一八一三年五月一日）：拿破崙所封元帥。一八一二年，在博羅迪諾戰役中勸阻拿破崙不要動用禁衛軍，遭人非議。一八一三年五月一日，在盧岑戰役中被砲彈

擊斃。

【28】斯奇比奧（公元前一八五年至前一二九年）：古羅馬名將，公元前一四六年滅迦太基城，將迦太基改爲羅馬的一個行省。公元前一三四年至前一三三年，遠征西班牙，確立羅馬帝國對西班牙的統治。

【29】旺多姆廣場圓柱上，原來豎有拿破崙雕像，復辟王朝期間（一八一八年）被取下。一八三三年在公共輿論的壓力下，奧爾良王朝又把拿破崙像放在圓柱頂上。

附錄：拿破崙生平大事記

一七六八年：法國從熱亞那購得科西嘉島。

一七六九年八月十五日：拿破崙誕生於科西嘉阿雅克修。

一七七九年四月二十五日：進布里埃恩軍校學習。

一七八四年十月：轉入巴黎王家軍校。

一七八五年

九月：獲少尉軍銜並畢業。

十一月：在瓦倫斯「拉費爾炮兵團」服役。

一七八六年九月：返回科西嘉。

一七八九年

八月二十七日：法國制憲議會通過《人權宣言》。

九月：拿破崙重返科西嘉。

十一月五日：科西嘉首府巴斯提亞民衆與國王軍隊間爆發矛盾，拿破崙捲入其中。

十二月十五日：法軍占領羅馬，並征服那不勒斯。

一七九〇年七月十四日：保利在流亡二十二年後，返回科西嘉島。

一七九一年

二月：拿破崙返回奧松原團隊駐地。

六月：被調往另一個團隊，任中尉，駐紮於瓦倫斯。

九月三日：法國議會通過《一七九一年憲法》，法蘭西成爲君主立憲國家。

十月：拿破崙參加科西嘉國民自衛軍。

一七九二年至一七九三年二月：參加征討薩丁島戰鬥，失敗後返回科西嘉。

一七九二年

四月一日：拿破崙當選科西嘉國民自衛軍中校。

四月八日至十二日：發動「政變」，企圖占領城堡，失敗後，逃離科西嘉。

五月二十一日：拿破崙以平民身分返抵巴黎。

五月二十八日：重返陸軍，授上尉銜。

六月二十日：拿破崙目睹巴黎民衆衝入杜樂麗宮。

八月十日：法國民衆屠殺國王的瑞士籍衛隊士兵，拿破崙救出一名衛兵，使其免遭馬賽人的砍殺。

九月十七日：拿破崙重返科西嘉，任國民自衛軍營長。

一七九三年

六月：與保利派爭奪阿雅克修城堡失敗後，波拿巴全家逃往法國。

七月：拿破崙在阿維尼翁從事軍務。

九月一日：負責土倫共和軍炮兵的指揮事宜。
十二月十七日：拿破崙擊退英國和西班牙海軍，收復土倫港，因戰功晉升旅長，授准將銜。

一七九四年

二月：出任炮兵總監，同年七月被派赴熱那亞。
八月六日：拿破崙被捕，八月二十日獲釋。

一七九五年

三月：參加海軍行動，目的是收復被英軍占領的科西嘉，以失敗告終。
五月：拿破崙拒不前往西路軍，起程去巴黎。
九月十五日：由於拒不前往旺代，以違反軍紀處置，拿破崙被從將領名冊中除名。
十月五日：法國王黨份子在巴黎發生暴動，拿破崙指揮炮兵予以鎮壓。

一七九六年

二月二十三日：拿破崙被任命爲遠征義大利方面軍司令。
三月九日：與德•博阿爾內子爵遺孀約瑟芬結婚。
三月十一日：率軍起程赴義大利。
四月十二日：率法軍在芒泰諾泰擊敗奧、撒盟軍。
五月十日：洛迪大捷，拿破崙被士兵稱爲「小班長」。
十一月十五日：阿爾柯拉之戰開始。拿破崙好友米爾隆爲掩護他而中彈身亡。

一七九七年

二月十九日：法軍征討羅馬教皇庇護六世，教皇向拿破崙割地求和。

五月：拿破崙與威尼斯的使節在米蘭簽訂盟約。
七月：與熱那亞簽訂盟約。
十月十七日：法軍擊敗奧地利軍隊，迫使奧簽訂《坎波—福米奧和約》。拿破崙在義大利北部建立西沙爾平共和國。第一次義大利戰爭結束。
十二月五日：拿破崙返回巴黎。

一七九八年

二月：視察法國西海岸。
四月十二日：被任命爲東方軍司令。

一七九九年

一月：拿破崙下令成立駱駝騎兵團。
五月二十日：猛攻阿克九周不下，拿破崙下令撤退。
八月二十二日至二十三日：拿破崙祕密離開埃及。
十一月九日（霧月十八日）：拿破崙發動政變，推翻督政府，建立三人執政。

一八〇〇年

五月：拿破崙從日內瓦進入義大利，第二次義大利戰爭開始。
六月十四日：拿破崙在馬倫哥戰役中擊敗奧軍，再次控制義大利。
十二月二十四日：法國王黨份子暗殺拿破崙未遂。

一八〇一年三月二十七日：拿破崙與羅馬教皇庇護七世達成協議，恢復天主教會活動。

一八〇二年

一月二十六日：阿爾卑斯山南共和國改名爲義大利共和國，拿破崙任總統。
一月至三月：拿破崙下令清洗立法院。
八月四日：拿破崙爲法蘭西共和國終生執政。

一八〇三年

一月：拿破崙下令成立元老院。
二月十九日：拿破崙成爲瑞士聯邦「調解員」。

一八〇四年

三月二十日：處決孔代家族後裔的昂吉安公爵，將其葬於萬森城堡的壕溝中，因而招致一片譴責之聲。一八一六年，法國政府下令重新安葬。
三月二十一日：拿破崙正式頒布《法國民法典》。
五月十八日：《共和十二年憲法》（第六部憲法）頒布，宣布法國爲法蘭西帝國，拿破崙爲帝國皇帝。
五月十九日：拿破崙冊封第一批元帥，共十八位。
十二月二日：拿破崙在巴黎聖母院舉行加冕典禮，稱拿破崙一世。

一八〇五年

一月：拿破崙廢黜那不勒斯王朝。
五月二十六日：拿破崙在米蘭加冕爲義大利國王。
十二月二日：拿破崙指揮的法軍參加「三皇之戰」，俄、奧聯軍慘敗，潰不成軍。

一八〇六年

八月六日：拿破崙下令解散神聖羅馬帝國。
十一月二十一日：拿破崙頒布《柏林敕令》，封鎖不列顛群島，禁止歐洲大陸任何國家與英國通商。

一八〇七年

七月：拿破崙在波蘭占領地建立華沙大公國。
十月十二日：拿破崙命令朱諾率軍從西班牙入侵葡萄牙。
十二月十七日：頒布《米蘭敕令》，宣布凡來往於英國港口、殖民地或英占領區的船隻，一律緝捕。

一八〇八年

三月一日：拿破崙為軍中貴族賜爵封號。
七月二十日：廢黜西班牙波旁王室，派其兄約瑟夫出任西班牙國王，繆拉任那不勒斯國王。
十月：拿破崙與沙皇亞歷山大在埃爾富特會晤。
十二月四日：進入馬德里，約瑟夫復位。拿破崙頒布敕令，宣布廢除西班牙封建制度。
十二月十六日：在馬德里發布敕令，剝奪男爵施泰因的公權。

一八〇九年

一月十六日：拿破崙離開西班牙。
六月十一日：教皇將拿破崙逐出教門。
十月十二日：拿破崙閱兵時，一德國青年謀刺未遂。
十二月十六日：法國元老院宣布拿破崙與約瑟芬離婚。

一八一〇年

四月二日：拿破崙與奧地利公主瑪麗•路易絲結婚。

八月五日：拿破崙簽署特里亞農稅則，以阻止英國殖民地產品進口。

十月十八日：在楓丹白露簽署敕令，規定沒收和焚毀來自英國殖民地的產品。

一八一一年

三月二十日：拿破崙喜得太子。

一八一二年

九月十四日：法軍進入莫斯科，俄軍故意縱火，全城一片火海。

十月十九日：拿破崙下令法軍撤退。

十二月五日：拿破崙獲悉巴黎政變，決定離開大軍，先回國。

十二月十八日：抵達巴黎。對俄戰爭以失敗告終。

一八一三年

四月十五日：拿破崙離開巴黎趕赴前線。

十月十六日至十九日：來比錫民族之戰，法軍大敗，拿破崙撤回萊茵河西岸。

十月至十二月：威靈頓從西班牙攻入法國西南部。

一八一四年

一月二十五日：拿破崙告別家人後，奔赴前線，這一別竟成訣別。

一月二十九日：在布里埃納擊敗反法盟軍。

二月一日：在拉羅蒂埃擊敗十萬盟軍的進攻。

二月十日至三月二十一日：在尚波貝爾、蒙米賴、蒙特羅、拉昂、阿爾西等地，以少勝多，擊敗反法盟軍。
四月六日：拿破崙被迫簽署退位書。
五月四日：拿破崙在盟國專員護送下抵達厄爾巴島，開始第一次流放生活。

一八一五年

二月二十六日：拿破崙離開厄爾巴島，乘船向法國本土前進。
三月一日：在法國南部儒安港登陸，並向巴黎進軍。
三月二十日：拿破崙重返巴黎，建立「百日政權」。（三月二十至六月二十二日）
四月二十二日：拿破崙接受帝國憲法附加條款。
六月十四日：率軍進入比利時，迎戰反法聯軍。
六月十八日：滑鐵盧戰役，法軍敗退。
六月二十二日：拿破崙再次被迫宣布退位。
七月十三日：拿破崙致函英國攝政王，表示願前往英國，祈求英國的保護。
七月十五日：被迫登上英艦「伯雷勒芬」號。
八月十日：拿破崙一行乘英艦「諾森伯蘭」號，前往聖赫勒拿島，開始第二次流放生涯。

一八二一年五月五日：拿破崙病逝於流放地——聖赫勒拿島。

風雲人物 001

拿破崙

Napoleon Bonaparte

作　　者　埃米爾·路德維希（Emil Ludwig）
譯　　者　鄭志勇
發 行 人　楊榮川
總 經 理　楊士清
總 編 輯　楊秀麗
副總編輯　劉靜芬
責任編輯　林佳瑩、王柏喬、游雅淳
封面設計　井十二設計研究室、王麗娟
出 版 者　五南圖書出版股份有限公司
地　　址　106台北市大安區和平東路二段339號4樓
電　　話　(02)2705-5066
傳　　真　(02)2706-6100
劃撥帳號　01068953
戶　　名　五南圖書出版股份有限公司
網　　址　https://www.wunan.com.tw
電子郵件　wunan@wunan.com.tw
法律顧問　林勝安律師
出版日期　2013年 7 月初版一刷（共三刷）
　　　　　2019年 3 月二版一刷
　　　　　2024年 2 月二版三刷
定　　價　新臺幣480元

國家圖書館出版品預行編目資料

拿破崙／埃米爾.路德維希（Emil Ludwig）著
；鄭志勇譯. -- 二版. -- 臺北市:五南圖書出版股份有限公司, 2019.03
面； 公分. --（風雲人物；1）
譯自： Napoleon Bonaparte
ISBN 978-957-763-277-7（平裝）
1.拿破崙(Napoleon I, Emperor of the French, 1769-1821) 2.傳記

784.28　　108000970